혐오와 모욕 사이

뉴스통신진흥총서 24

B E T W E E N H A T E A N D C O N T E M P T

嫌惡 혐오와 侮辱 모욕 사이

이재진 · 이영희 지음

한양대학교 출판부

일러두기

1. 인명과 지명 등의 외래어는 최대한 외래어표기법에 맞추어 표기하였다.
2. 단행본, 잡지, 학회지, 일간지 등은《 》으로, 법, 논문, TV 프로그램명, 인터넷 팟캐스트명, 게임명 등은〈 〉으로 각각 표기하였다.

머리말

우리나라에서 혐오표현이 거론된 지는 오래되었지만, 혐오표현이 본격적으로 연구되고 한국의 사회 문제로 대두되리라는 주장이 제기된 것은 불과 20년 전인 1999년부터이다. 이때는 '혐오언론'이라는 표현을 사용하였다. 회상해 보면 20년 전만 하더라도 혐오표현은 매우 생소한 단어였다. 영어 단어 Hate Speech는 어떻게 번역할 것인가에 대한 사회적 합의도 없이 최근 4~5년 사이에 '혐오표현'으로 번역되어 왔다. 물론 이를 두고 오역한 것이라며 견해를 달리하는 입장 또한 존재한다. 이처럼 혐오표현이 연구된 지 20년이 된 지금까지도 용어에 대한 합의조차 이루어지지 않았다는 점을 통하여 미루어 짐작해 볼 때, 혐오표현은 우리 사회에서 해결하기 어려운 사회 쟁점 중 하나임을 알 수 있다.

최근 연구들을 살펴본 결과 혐오표현은 온오프라인에서 모두 문제시되지만 온라인에서의 혐오표현은 사회에 상당한 피해를 입히는 것으로 나타났다. 더욱이 온라인의 모든 플랫폼에서 혐오표현은 광범위하게 나타나고 있다. 이러한 혐오표현에 노출된 경우 대부분은 그냥 무시하며 넘어가

거나, 공개적 대응을 하지 않는 등의 소극적인 태도를 보이고 있다. 이처럼 대응이 소극적일 수밖에 없는 이유는 바로 피해를 보더라도 이를 처벌할 마땅한 방법이 없기 때문이다.

혐오표현이 사회에 막대한 피해를 입힌다는 것은 모든 혐오표현 연구에서 지적하고 있는 공통점이다. 다만 혐오표현을 법적으로 규제할 것인가, 아니면 비법적 방식으로 제지할 것인가에 대한 논의는 합의점을 찾지 못하고 있는 듯하다. 그러나 최근 차마 입에 담을 수도 없는 악성 댓글 등으로 인하여 극단적인 선택을 하는 사례가 늘어나면서, 더 이상 혐오표현을 이대로 방치해서는 안 된다는 국민적 여론이 우리 사회에 형성되기 시작하였다. 비록 혐오표현을 법적으로 규제해서는 안 된다는 의견이 있어 왔지만, 현실적인 법적 규제와 비법적인 제지가 병행되어야 한다는 의견 또한 오랜 기간 있어 왔다. 그럼에도 불구하고 아직까지 혐오표현을 어떻게 규제할 것인가를 판단하기는 쉽지 않아 보인다.

이 책에서는 모욕죄법을 개정하여 혐오표현을 규제하는 방향으로 정책이 이루어질 필요성과 그 가능성에 대하여 논하고자 한다. 이를 통하여 현재의 모욕죄 규정인 〈형법〉 제311조에 제311조의2를 제정하여 혐오표현의 경우 벌칙조항을 두는 것을 제시하고자 한다. 독일의 경우 집단표시에 따른 모욕죄를 인정하고 있으며, 이를 통하여 혐오표현을 규제할 수 있는 근거를 마련하고 있는 중이다. 일본 법원 또한 최근에 혐한 Hate Speech에 모욕죄를 적용하여 처벌한 바 있다. 우리 법원도 판례를 통하여 집단표시에 따른 모욕죄의 적용 가능성에 대한 판결을 내려주기를 바란다.

아울러 민사적인 방식으로 풀어나가는 경우 징벌적 손해배상제도(징벌적 배액배상제도)의 도입을 고려할 필요가 있다고 판단된다. 형사든 민사든 혐오표현에 따른 모욕죄에 해당하는 모든 사람을 처벌하거나 손해배상하는 것은 사실상 불가능하기 때문에, 일벌백계의 성격으로 혐오표현에 대한 이익형량을 해 나가는 것이 필요하다. 물론 이러한 법제도적 규제가 능사는 아닌 만큼 자율적 규제가 병행되어야 한다. 이를 위해서는 언론 역시 혐오표현을 조장하는 보도는 지양하고 우리 사회에 만연해 있는 혐오표현을 제지하는 데 동참할 필요가 있다.

혐오표현은 어쩌면 세계화와 신자유주의를 따르고 있는 우리 사회가 지불해야 할 불가피한 사회적 비용일 수도 있다. 이 비용을 최소화하기 위해서는 근본적인 인식의 전환과 사회 각계의 적극적인 참여와 노력이 필요하다. 왜냐하면 혐오표현은 사회의 차별과 갈등을 치유하고 예방하기 위하여 우리 모두가 해결해야 할 과제이기 때문이다. 결국 '혐오와 모욕 사이'는 혐오표현 문제를 완화하기 위한 다양한 방법을 모색하여 우리는 함께 살아간다는 공존의 명제에 부합하는 방법을 찾음으로써 그 사회적 비용을 줄이려는 시도이다.

마지막으로 기존 연구와 더불어 이 책에서도 언론의 역할이 매우 중요하다는 것을 알 수 있다. 언론은 혐오표현의 피해를 최소화하고 이를 제지하기 위한 노력을 하기보다는 관행 등을 이유로 혐오표현을 확대하고 있다는 의혹을 받아왔고, 실제 관련 기사를 분석해 본 결과 이는 사실로 드러났다. 앞으로 언론은 이를 미연에 방지하기 위해서라도 규범적 기사를 보도하기 위한 노력을 기울여야 한다.

이 책은 아마도 또 다른 비판이나 논란을 불러올 수도 있다. 저자들은 이 또한 혐오표현에 대한 논의가 진일보하는 하나의 과정이라고 생각한다. 이 책이 제자리걸음 중인 혐오표현 논의의 촉매제가 되어 학문적으로나 실질적으로 우리 사회에 기여하기를 염원한다.

2020년 4월

이재진·이영희

차례

표와 그림

제1장

혐오표현을 다시 생각하다

1

혐오표현,
무엇이 문제인가

2018년 12월 10일 '인권의 날' 70주년 연설에서 문재인 대통령은 우리 사회에 만연해 있는 차별과 혐오를 개탄스러워 하며 "이러한 차별과 혐오가 우리 사회를 갈라놓고 미래를 어둡게 만든다"라고 목소리를 높였다. 문 대통령의 이러한 지적은 우리 사회의 현실을 적나라하게 드러내는 것으로, 결국 한국 사회의 미래는 차별과 혐오를 어떻게 극복해 나아가느냐에 달려 있다고 해도 과언이 아닐 것이다.[1]

특히 고도의 초연결 사회(hyper-connected society)를 살아가고 있는 한국인들은 소셜 미디어와 SNS에서 넘쳐나는 혐오표현에 무방비로 노출되어 있다. 혐오는 우리 사회를 위태롭게 하는 가장 심각한 문제 중 하나로 등장하였다. 또 우리는 국제 결혼을 통한 해외 이주자, 취업에 따른 장기체류 외국인, 그리고 예멘 난민에게 이르기까지 해외에서 국내로 수백만 명

1 2019년 12월 중국 후베이성 우한시에서 발병한 바이러스성 호흡기 질환 '코로나바이러스감염증-19'(COVID-19)가 우리 사회에 만연해 있을 당시 혐오를 우려하는 여론 또한 대두되었다.

의 인구가 유입되는 사회에 살고 있다. 이렇듯 우리의 환경이 급격히 변화함에 따라 혐오표현을 규제해야 한다는 주장은 설득력을 얻고 있다(김남국, 2017). 더욱이 최근 들어 미투(#MeToo) 운동과 여성을 혐오하는 내용의 댓글이 증가함에 따라 더 이상 혐오표현을 그대로 두어서는 안 된다는 사회적 공감대가 형성되기 시작하였다(이재진, 2019.10.28.).

이처럼 혐오표현과 그 규제가 논의되고 있지만 한국에서 '혐오'가 역사적·사회적 맥락에서 문제로 등장하게 된 것은 그리 오래된 것은 아니다. 원래 '혐오'(hatred)라는 감정은 단순한 기피나 분노 또는 분개와는 다르고, 오염물에의 접근이나 체내화에 대한 이질적 거부감이 핵심적 요소이다(Nussbaum, 2018, pp.166~170). 오염물이라고 평가되는 대상은 광범위하지만, 그 초점은 동물과 그 부산물, 배설물, 부패 등이다. 즉 '혐오'란 자신이 무엇인가에 오염될 수 있다는 생각이며, '혐오감정'의 핵심은 자신을 오염시킬 수 있는 것에 대한 거부감에 있다. 이러한 감정은 사전적으로 극히 싫다는 일상적인 감각과는 다른 차원의 것이며, 그 감정의 근원 또한 다른 것이다(국가인권위원회, 2016).

이러한 혐오의 감정이 표출의 대상으로 바뀌면서 오늘날의 혐오표현으로 진화하였다. 과거 한국 사회는 혐오표현을 사법적으로 처리하지는 못한 채, 이에 대한 사회적 인내만을 강요하는 경향이 있었다(이재진, 1999). 즉 한국에 있어 혐오표현은 역사적으로 '사회 문제'였다. 매우 차별적인 표현에 여성, 장애인, 어린아이가 노출되었다. 최근에는 노인이나 탈북자, 다문화 가정을 비하하는 표현이 '일상화'되고 있다(윤하나·김상호, 2018). 차별적 표현의 표적이 된 집단은 이런 표현을 감내하는 것 외에는 방도가 없었다. 그러나 한국 사회가 점차 소외 계층에게 관심을 기울기 시작하면서 이들을 향한 혐오표현을 규제해야 한다는 목소리도 점점 커지고 있다. 특히 정치적인 목적하에 '정치권을 중심으로 이러한 목소리가 대두'되기 시작하였다.

그러나 혐오표현은 '사회적 문제'일 뿐 아니라 '개인적 표현의 자유'와도 밀접하게 연관되어 있다. 만일 인권법이나 (성)차별 방지법 등의 법적 제한을 통하여 특정의 발언(speech)을 규제하게 된다면, 이는 자칫 개인의 표현의 자유를 억압하는 일이 될 수도 있다. 다시 말하자면 사회적 분위기로 인하여 특정 발언을 법으로 규제하게 된다면, 이는 자연스럽게 발현되는 개인의 생각과 감정을 억압하는 행위가 된다. 여기에 바로 혐오표현 규제와 관련된 딜레마가 존재한다.

이러한 딜레마는 오프라인뿐 아니라 표현의 자유가 강조되는 사이버 공간에서 더욱 문제가 된다. 주지하듯이 이미 사이버 공간은 자유로운 소통을 위한 공론장이라기보다는 개인의 인격권 침해의 바다가 되어 버린 느낌이다(Gandy, 1994b). 특히 2013년부터는 일간베스트(이하 일베)가 여성과 전라도를 혐오하는 메시지를 만들어 뿌리고, 2018년 온라인을 중심으로 한국을 뜨겁게 달구었던 미투(#MeToo) 운동은 이성(異性)에 대한 혐오표현을 우리 사회의 중요한 화두로 만들었다. 이러한 이유로 혐오표현에 대하여 정부와 정치권 일각에서는 규제논리를 앞세워 강력한 대처방안을 주문해 왔다. 특정 사회의 혐오표현은 오프라인은 물론이고 온라인상에서도 그 사회 내부의 갈등상황을 드러낸다.

한국에서의 혐오표현은 주로 장애인이나 상주 외국인, 동성연애자, 그리고 여성에 대한 차별문제와 관련되기 때문에 법적인 측면에서 혐오표현의 개념은 1998년부터 추진해온 인권관련법의 제정을 위한 논의의 범주에서 고려될 수 있다. 1999년 7월부터 남녀차별 금지법과 성폭력범죄의 처벌 등에 관한 특례법(이하 성폭력방지법)' 등 인권관련법이 발효되고 이에 대한 개정이 이어지면서 여성에 대한 차별적 언어가 혐오표현의 논의를 요구하는 것은 물론이고, 외국인 상주자(해외 동포 포함)에 대한 피부색이나 민족, 또 성적 요인에 근거한 혐오 감정의 표출이 국제화와 선진적 민주화를 지향하는 과정에서 '인권문제'와 함께 사회적 쟁점으로 표면화되었다.

혐오표현은 2013년을 기점으로 학계에서도 많은 관심을 가지게 되었으며, 이에 대한 연구와 논의가 활발하게 전개되고 있다. 학계의 시각은 정치권과는 달리 다양한 스펙트럼을 보이지만 대체로 혐오표현을 함부로 규제할 수 없는 표현의 자유 문제와 직결된다는 점에 무게를 두고 있다. 정치인, 그리고 고위 관료를 포함하는 공적 존재들은 자신을 겨냥한 혐오표현에 대하여 규제의 필요성을 강하게 피력하고 있는 반면, 학계 전문가들은 무분별한 혐오표현 규제는 본질적인 측면에서 표현의 자유마저 침해할 소지가 있다며 규제론에 대하여 신중한 자세를 취하고 있다.

최근 들어 다양한 관점에서 혐오표현을 분석하려는 연구가 점차 늘어나고 있다. 그러나 이러한 연구 또한 단선적이고 단편적으로 진행되고 있기 때문에 혐오표현의 본질 및 올바른 규제 방법에 대한 논의가 아직 체계적이면서도 종합적으로 이루어지지 않고 있는 실정이다. 이에 근거하여 이 책에서는 기존의 혐오표현 관련 연구들을 체계적이고 종합적으로 정리하고 모욕죄 규제의 법적 테두리에서 혐오표현을 규제할 가능성이 있는지에 대하여 살펴보고자 한다.

이를 위하여 첫째, 한국에서 혐오표현 관련 연구 논문이 처음 학술지에 게재된 1999년부터 2019년 중반에 이르기까지 지난 20여 년간 혐오표현에 대한 연구가 어떠한 관점에서 이루어져 왔으며, 이러한 연구들을 아우르는 이론적 논거는 무엇인지, 그리고 어떠한 규제방식을 제안하고 있는지에 대하여 메타분석을 실시하였다. 즉 혐오표현에 관한 국내 연구가 어떻게 이루어져 왔는지를 알아봄으로써 혐오표현 규제론의 경향성을 살펴보고자 한다.

둘째, 혐오표현과 유사한 모욕적 표현이 개인의 인격권을 침해한 경우, 형사적 책임을 묻는 현행 모욕죄를 적용하여 혐오표현에 대한 규제가 가능한지의 여부를 살펴보고자 한다. 2019년 일본 사법부는 인터넷을 통하여 혐한(嫌韓) 헤이트 스피치(Hate Speech)를 배포한 사람에게 모욕죄를 적용한 처벌 판결을 내린 바 있다(권혜림, 2019.01.17.). 이는 일본에서 혐한 헤이트 스피치를 모욕죄로 인정한 첫 번째 사례이다. 일본의 사례에 비추어 볼 때, 한국에서도 혐오표현을 모욕죄로 처벌할 수 있는지 살펴볼 필요가 있다. 아울러 독일도 집단표시에 따른 모욕죄가 인정되는 국가 중 하나로 알려져 있다.

셋째, 주요 선진국을 포함한 외국의 경우에 혐오표현 문제를 어떻게 해결하고 있는지를 기존 연구와 보도 자료를 통하여 살펴보고자 한다. 외국의 사례는 한국이 처한 혐오표현의 문제를 명확히 파악하는 데 중요한 참고자료가 될 것이다. 아울러 "주요 선진국의 경우 혐오표현을 규제하지 않는 나라는 한국뿐"이라는 홍성수(2016) 교수의 지적을 교훈 삼아 혐오표현을 규제하게 된다면, 앞으로 어떠한 방향으로 혐오표현을 규제하게 될 것인지를 가늠할 수 있는 지침서로서의 역할을 하리라고 본다.

넷째, 혐오표현의 규제에 대한 언론의 보도 경향을 살펴보고자 한다. 특정 표현을 규제하기 위해서는 먼저 사회적 합의에 도달해야 한다. 규제의 대상인 국민들로부터 타당성을 인정받는 것이 선행되어야 한다. 이를 위해서는 언론이 규제의 내용이나 정도, 그리고 다른 기본권과의 관계에 대하여 어떻게 보도하고 있는지를 눈여겨볼 필요가 있다. 실제로 사법보도가 문제될 경우 사법부는 언론에 불만을 표출하기도 한다. 그럼에도 '언론은 어려운 사법문제의 핵심내용을 국민들이 이해하기 쉽게 전달하는 역할'을 한다는 점에서 언론의 보도가 규제의 수용과 법제화에 매우 중요한 역할을 할 것이라 예상할 수 있다(유용민, 2017). 이에 근거하여 우리 언론은 어떠한 시선으로 혐오표현의 규제를 바라보고 있는지 사설에 대한 프레임분석을 통하여 살펴보고자 한다.

종합적으로 이 책은 최근 가장 핵심적인 사회 쟁점이 된 혐오표현의 규제 모델에 초점을 둠으로써 향후 입법논의가 진행될 경우 주요 자료로 활용되리라 기대해 본다. 또한 혐오표현과 모욕죄에 관한 연구가 아직 '거시적 시각' 또는 '전체적 시각'을 바탕으로 한 이론적 논의가 진행되지 않았다는 점에서 학문적·사회적 기여를 하리라 판단된다. 국내외 문헌분석을 통하여 혐오표현의 심각성 및 규제 사례를 알아봄과 동시에 혐오표현과 모욕죄의 의미를 파악하고, 판례분석을 통하여 국내의 모욕죄 법리로서 혐오표현을 규제할 수 있는지 알아보고, 기사분석을 통하여 혐오표현에 대한 언론의 관점을 살펴본다면 혐오표현의 실질적인 해결 방안에 근접할 수 있을 것이다. 이는 우리 사회에서 혐오표현이 줄어드는 데 실질적 도움을 주리라 판단된다. 무엇보다 이 책은 점차 온라인에서의 언론 자유와 개인의 인격권의 이익형량이 중요해짐에 따라서 이를 통한 적절한 피해구제를 실행할 수 있는 논의에 대하여 총정리 하고자 하였다는 점에서 의미가 있다.

2

혐오표현의 정의

많은 언론 보도를 접하여 알고 있듯이 2000년대에 들어오면서부터 외국인, 난민, 이민자, 성 소수자 등을 향한 '증오'와 '혐오', '차별 선동'이 인터넷과 소셜 미디어 등을 통하여 전 세계로 확산되고 있다. 유럽에서는 난민이나 이주자, 무슬림 소수자들을 향한 차별과 혐오표현(hate speech)이 두드러지게 나타남에 따라 사회통합과 인권 문제가 주요 화두가 되었다. 유엔(United Nations)을 중심으로 한 국제사회는 혐오표현을 심각한 세계적 문제라고 인식하고 이에 대한 대응책 마련에 고심하고 있다.

그런데 이러한 상황에서도 정작 혐오표현이 무엇인가에 대해서는 명확하지 않다. '혐오표현'은 학자들이 만들어낸 용어일 뿐, 실제로 무엇이 혐오표현인가에 대하여 보편적으로 수용되는 정의는 아직 나오지 않았다(이재진, 1999 등). 유럽평의회(Council of Europe)가 발간한 안나 베버(Anne Webber)의 《혐오표현 매뉴얼》(*Manual of Hate Speech*)에 따르면 혐오표현은 다음의 상황을 아우른다. 이는 첫째, 인종적 혐오(증오)의 선동 또는 어느 인종에 속하는가를 근거로 사람 혹은 집단을 향하여 혐오표현(증오표현)

을 선동하는 행위, 둘째, 종교를 근거로 한 혐오(증오)의 선동행위(구형찬, 2017)(이는 믿는 자와 믿지 않는 자 간의 구별에 근거한 혐오의 선동과 동일시될 수 있음), 셋째, 유럽평의회 각료회의의 '혐오표현' 정의에 따른 '공격적인 민족주의와 자민족 중심주의에 의하여 표출되는 불관용에 근거한 기타 형태의 증오를 선동하는 표현행위'를 포함한다(Weber, 2009). 그러나 이와 같은 범주 안의 행위만을 혐오표현이라고 단정지을 수는 없다. 왜냐하면 혐오표현은 개별 국가나 사회의 특성에 따라 다르게 수용되기 때문이다.

이 책에서는 원어 hate speech를 '혐오표현'으로 번역하였다. 따라서 혐오표현에 대한 정의를 내리기 전에 무엇보다 우리말로 이를 어떤 용어로 정리할 것인가에 대한 논의가 필요하다. 지금까지의 'hate speech'와 관련된 국내 연구들을 살펴본 결과, 아직 국내 학계에서는 이를 우리말로 어떻게 번역하는 것이 적합한가에 대한 합의가 이루어지지 않고 있다(Kang, Lee, & Park, 2020). 이는 영어 hate speech의 'hate'가 내포하고 있는 역사적·경험적·사회적 의미가 국가마다 다르기 때문이다. 그리고 'speech'의 개념 또한 단일하지 않기 때문에, 표현을 하고 싶어도 자신의 견해를 직접적으로 피력할 수 없던 당시에는 '언론'과 같은 의미였으나, 표현을 자유롭게 할 수 있는 현재로서는 '표현' 또는 '발언'이라는 의미가 더 적확한 용어로 인식된다(홍성수, 2018; 이준웅·박장희, 2018).

한국에 'hate speech'를 최초로 소개한 이재진(1999)은 이를 '혐오언론'으로 번역한 바 있다. 반면 조소영(2002a; 2002b; 2016)은 '적의적 표현행위'로, 유민석(2015)과 이정념(2016)은 '혐오 발언'으로, 최철영(2015)은 '증오언설'로, 배연관(2015)과 오희순(2016), 그리고 이준웅과 박장희(2018)는 '증오 발언'으로, 박용숙(2014)과 전시은(2016)은 '증오표현'으로, 박배근(2003)은 '증오표현언론'으로, 심경수(2007)는 '증오언론'으로 각각 번역한 바 있다.

그러나 'hate speech'에 대한 논의가 가장 활발하게 진행되었던 2013~2018년 연구들의 대부분이 이를 우리말로 '혐오표현'이라고 번역하였고, 최근 김현경, 박보람, 그리고 박승환(2012), 이준일(2014), 문연주(2014; 2017), 이상경(2017), 홍성수(2015; 2016), 이승현(2016a; 2016b), 노재철·고준기(2016), 조규범(2016), 박지원(2016), 이보배(2016), 홍주현·나은경(2016) 또한 이를 '혐오표현'으로 채택하였다. 이에 근거하여 이 책에서도 '혐오표현'이라는 용어를 사용하기로 한다.

한국어 표기법의 비통일성 문제와 유사한 맥락에서 혐오표현의 정의 또한 일관되지 않다. 최근의 연구들은 혐오표현에 대한 정의를 내리기보다는 혐오표현이 역사적·경험적·사회문화적 맥락에서 다양하게 이해되고 있음을 지적하는 경향을 보인다. 그럼에도 전통적인 정의에 따르면 혐오표현이란 "인종이나 민족, 종교 그리고 성적 정향성(orientation)에 근거하여 폭력이나 증오, 또는 차별을 유발하는 무절제하고, 위협적이고, 모욕적인 표현"이라고 할 수 있다(Coliver, 1992; 이재진, 1999). 이재진(Lee, 1997)은 혐오표현을 "폭력적이고, 모욕적이며, 겁먹게 하며 학대하는 표현으로서 폭력과 증오 그리고 차별을 유발한다"라고 설명한다.[2]

이러한 전통적인 정의와 크게 벗어나는 것은 아니지만 혐오표현의 정의는 상대적이고 다양한 범주를 포함한다고 볼 수 있다. 예를 들어 박해영(2015, 141쪽)은 "인종, 성별, 민족, 국적, 종교, 장애 등 객관적으로 해악성이 큰 차별사유를 이유로 개인이나 집단을 혐오하거나 폭력을 선동하는 표

2 Hate speech is abusive, insulting, intimidating, and harassing. And it may lead to violence, hatred, and discrimination.

현"을 협의의 혐오표현으로, 기타 차별적 이유로 이루어지는 경우를 광의의 혐오표현으로 나누어 볼 수 있다고 설명한다.

최철영(2015, 303~304쪽)의 경우 혐오표현에는 "특정한 사람이나 집단에게 모욕, 위협 또는 괴롭히려는 의도의 발언 또는 폭력, 증오 또는 차별을 야기할 수 있는(capable of instigating) 정신적 살인(spirit murder) 발언"이 포함된다고 보았다. 이러한 근거에서 그는 미국이 연방헌법의 표현의 자유에 따라 명백한 위험이 있다고 판단되는 폭력적 발언에 대하여 법의 보호를 부여하지 않고 처벌하는 법률을 제정할 수 있게 되어 있으며, 독일의 경우는 홀로코스트와 관련된 언설에 대하여 엄격한 처벌을 가하고 있음을 고려해야 한다고 피력한다. 아울러 이를 일본의 역사문제 관련 표현에 적용하여 현재보다 더 적극적인 혐오표현 처벌이 필요함을 주장한다.

김민정(2014, 148~151쪽)은 개념 정의의 핵심 사항인 '표현의 대상'과 '표현의 유형'을 검토한다. 우선 표현의 대상이 되는 이들은 특정 집단의 정체성을 가진 소유자로 "역사적·사회적 소수로서 정신적·신체적 핍박을 받아온 역사적·사회적 경험이 있는 집단"이라고 파악한다. 또 표현의 유형으로는 이들 집단을 향한 "차별, 적대, 혹은 폭력이라는 구체적인 결과를 유발하는 직접적인 선동/유도 행위"라는 미국식의 협의 범주와 "혐오의 감정을 옹호, 확산, 조장, 정당화하는 모든 표현행위들"이라는 유럽식의 광의 범주를 함께 제시한다.

이들 연구자 외에 많은 연구자가 혐오표현에 대한 정의 또는 개념화를 시도하였는데, 이를 정리하면 〈표 1〉과 같다.

〈표 1〉에 근거하여 혐오표현을 정의 내리거나 개념화하자면 전통적 측면(역사, 종교, 인종)과 현대적 측면(민족, 성별, 소수자) 그리고 실질적 해악성이 큰 협의의 의미와 그렇지 않은 광의의 의미로 나눌 수 있다. 이때 한

표 1 **혐오표현의 정의 또는 개념**

연구자 (연구 연도)	정의 또는 개념
이재진 (1997; 1999; 2000)	인종이나 민족, 종교, 장애 그리고 성적 지향에 근거하여 폭력이나 증오 또는 차별을 유발하는 무절제하고 위협적이고 모욕적인 욕설
조소영 (2002a; 2002b)	여성, 레즈비언, 동성애자를 포함한 다른 차별적인 집단 또는 인종적·민족적·종교적 이유로 대상자들을 비방하는 적의를 가진 공격적이고 인종주의적인 표현
박배근 (2003)	인종, 종교, 민족성 또는 민족적 출신을 이유로 한 증오를 선동하고 고무하는 언론 혹은 박해적이고 증오를 담고 있으며 품위를 손상시키는 말
심경수 (2007)	특정 인종, 성, 종교에 대한 편파, 경멸적 발언
이준일 (2014)	특정 대상에 대한 내면의 혐오감을 외부로 드러낼 뿐 아니라 그 사람이 소속된 특정 집단에 대한 차별적 감정을 드러내는 표현행위
박용숙 (2014)	인종, 민족, 종교, 성별 등의 이유로 증오 등을 표명하는 표현
최철영 (2015)	혐오표현은 특정한 사람이나 집단에게 모욕, 위협 또는 괴롭히려는 의도로 행해지는 폭력, 증오 또는 차별을 야기하는 모든 표현의 형태
김민정 (2016)	사회적·역사적으로 차별과 억압을 받아온 소수자 집단의 정체성을 공격하는 행위
이승현 (2016a or 2016b or 2016c)	역사적으로 뿌리 깊은 부정적 전형화와 편견을 통하여 일상적·사회구조적·제도적으로 반복적이고 지속적인 차별을 받아온 소수집단을 표적으로 하여 이루어지는 행위
헌법재판연구원 (2016)	인종·민족·국적·종교·연령·장애·성별 그리고 성 정체성 및 성적 지향 등과 같은 사람의 특성에 근거하여 사람 또는 그와 같은 특성을 가진 사람의 집단에 대하여 혐오의 감정을 공격적으로 표현하거나 그와 같은 혐오를 선동·확산·조장하는 표현
배상균 (2017)	특정 대상에 대한 인종, 출신 국가, 종교, 성적 지향, 성별, 장애 등 스스로 주체적으로 바꾸기 어려운 사안에 기초하여 개인 또는 집단을 공개, 협박, 모욕하는 언행

연구자 (연구 연도)	정의 또는 개념
이승선 (2018)	지역·민족·인종·국적·종교·장애·성별·성 정체성·연령 등 일정한 속성을 이유로 특정 집단이나 특정 집단구성원에 대하여 차별, 모멸, 혐오적인 의사를 표현하거나 다른 사람들도 이에 동참하도록 선동, 선전하는 것
윤성옥 (2019)	개인의 타고나거나 인지된 속성에 대하여 차별과 편견을 기반으로 한 공격적 표현이나 선동적 표현(행위)

국에서 나타나는 혐오표현은 비교적 '현대적이고 광의의 의미 유형'에 해당하는 것으로 판단된다.

전술한 대로 최근 인터넷과 소셜 미디어가 발전하면서 문제가 된 혐오표현은 원래 한 국가의 사회적·역사적 맥락을 반영한다. 예를 들어 미국에서 나타나는 인종차별은 노예제의 역사와 더불어 이민자로 구성된 나라라는 특수성에서 비롯된 것이다. 한편 일본에서 나타나는 혐오표현의 경우 그 주요 공격 대상이 재일조선인이라는 점은 일제 식민 지배와 해방 이후 양국 관계 등, 이 현상의 근저에 동아시아의 국제관계와 역사 문제가 뿌리내리고 있음을 알려준다.

한국에서의 혐오표현은 여타 나라들과는 그 성격을 달리한다. 한국에서는 계층 간의 증오, '종북 세력' 욕설하기, 소위 일베 현상을 통하여 두드러지게 된 여성과 성 소수자에 대한 혐오 발언 등을 주요한 혐오표현의 사례로 볼 수 있다. 한국 사회에 혐오표현이 만연해 있다는 사실은 국가인권위원회가 2016년 2월 19일에 발표한 〈혐오표현 실태조사 및 규제방안 연구〉 프로젝트에서도 잘 드러난다.

이 연구는 온오프라인상의 혐오표현에 대한 조사를 실시하여 혐오표현을 통한 낙인과 편견을 경험한 소수자 집단이 일상생활을 영위하기 어려울 정도로 스트레스와 우울증 등 정신적 고통을 겪고 있음을 밝혔다. 특히 성 소수자, 장애인, 이주민, 여성의 절반 이상이 혐오표현으로 인하여 일상생활에서 불안을 느낀다는 문항에 공감을 보였다는 대목은 혐오표현이 한국의 경우에도 결코 가벼운 문제가 아님을 보여주는 직접적인 지표이다.

더욱이 혐오표현은 개인, 혹은 특정 소수자 집단의 차원이 아니라 사회 전반에 심각한 해악을 끼치는 커뮤니케이션 현상으로 부각되고 있다. 혐오표현은 소수자에게 직접 해악을 끼칠 뿐 아니라 제3자가 소수자를 차별하고 혐오하도록 조장하는 증오선동도 포함하는데, 증오선동은 집단적 증오범죄로도 발전할 가능성이 크다.

그러나 이러한 혐오표현을 규제한다는 것은 쉬운 일이 아니다. 규제에 대한 필요성은 더욱 커지고 있는 반면 그 규제가 자칫 표현의 자유에 대한 과잉 규제가 될 수 있기 때문이다. 따라서 만일 규제의 필요성에 근거하여 가능한 범위 내에서 최소한의 규제를 하고자 한다면, 현재의 법 테두리 안에서 적절한 법 개정만으로 규제가 가능한지를 살펴볼 필요가 있다. 특히 혐오표현과 가장 유사한 표현 형태인 모욕죄를 규정하고 있는 형법의 개정과 적절한 적용을 통하여 대단히 선동적이고 해악이 심한 혐오표현을 규제할 수 있는 방법을 찾아보는 것은 그래서 이 시점에서 적절한 연구가 될 것이라고 판단된다.

3

혐오표현의 쟁점 및 규제 논의 전개

혐오표현 규제 논의

거듭 강조하지만 혐오표현은 모든 국가에서 공통으로 발생하는 사안이다. 그래서 혐오표현이 존재하는지 아닌지의 문제가 아니라 혐오표현이 얼마나 그리고 어떠한 사회적 쟁점이나 해악을 야기하는지에 주목해야 한다. 이러한 문제에 봉착하여 각 사회가 처한 상황에 맞게 어떠한 조치를 취할 것인가의 논의가 긴급히 필요하다. 즉 어떤 방식으로 혐오표현을 규제할 것인가는 명확하지 않지만 어떤 방식으로든 혐오표현의 규제가 필요하다는 인식에는 공감대가 형성되어 있다.

특히 혐오표현은 현대 기술이 만들어낸 온라인이라는 새로운 커뮤니케이션 공간에서 활개를 치며 인권을 위협하고 있다(조소영, 2002b). 혐오표현은 커뮤니케이션의 특성상 오프라인보다는 온라인에서 더욱 광범위하고 빠르게 확산될 뿐 아니라 사회에 엄청난 파장을 불러일으킨다. 국내의 혐오표현 또한 온라인상에서 더욱 많은 논란을 빚음에 따라 그에 대한 허용 또는 규제의 문제가 이론적으로 그리고 구조적으로 고찰될 필요성 및 당위성이 제기되고 있다.

이러한 인식에 근거할 때 규제의 대상이 되는 혐오표현은 어떤 종류의 표현인가 하는 의문이 가능하다. 윤성옥(2019)은 이와 관련하여 사회적인 해악을 따져서 판단하되 적어도 규제의 대상이 되는 혐오표현은 다음의 요건이 필요하다고 지적한다.

첫째, 혐오표현은 국가, 인종, 민족, 종교, 성적 지향, 직업, 성별 또는 장애와 관련된 '개인적 정체성'에 근거하여 특정 집단구성원에 대하여 차별, 모멸, 위협적 의사를 표현하거나 다른 사람들이 이에 동참하도록 선동·선전하는 표현행위를 일컫는다(Chetty & Alathur, 2018; 이승선, 2018).

둘째, 혐오표현은 그 표현의 대상(표적)이 되는 소수자를 향한 멸시, 차별, 모욕, 위협으로 인한 인간존엄성 침해의 역사가 존재하는 표현행위를 말한다(국가인권위원회, 2016, 8~21쪽; 박용숙, 2018). 따라서 특정된 '역사적으로 차별받아온 집단'이어야 하며, 이때 혐오표현의 해악은 다수이더라도 동일하고 그래서 다수자도 피해자가 될 수 있다(박승호, 2019).

셋째, 혐오표현은 차별과 편견에 기반한 인종혐오, 외국인혐오, 반유대주의 등과 같이 실제적이거나 인지된 선천적 특성 때문에 사람이나 집단을 표적으로 한 적대적이고 악의적인 표현행위를 포함한다(Cohen-Almagor, 2011).

넷째, 혐오표현은 인종 등 사람의 특성에 근거하여 사람 또는 그와 같은 특성을 가진 사람의 집단에 대하여 혐오의 감정을 공격적으로 표현하는 것뿐만 아니라 혐오를 선동·확산·조장하는 표현을 포함한다(헌법재판연구원, 2016, 8~9쪽). 이러한 표현은 단순한 표현보다는 표현과 물리적 행위의 중간적인 성격의 행위에 가까워서 규제나 처벌이 가능하다는 인식이 있다(박용숙, 2018).

다섯째, 혐오표현은 발화자, 내용, 표적 집단(목표 대상) 등에 따라 정도의 차이는 있지만, 그 효과나 영향력으로 인하여 인지상의 피해가 발생하게 된다. 이러한 피해를 인지하지 않는다면 혐오표현으로 간주하기가 어려울 수 있다. 따라서 혐오표현의 경우 '의도'와 '행동'이 중요하기 때문에 살인미수와 같이 직접적인 피해를 입히지는 않았더라도 그 의도나 목적에 따라서 형사 처벌이 가능하다고 판단된다(Chetty & Alathur, 2018; 임중호, 2013).

이 같은 지적처럼 혐오표현은 사회적 영향력과 피해 발생 가능성이 크다는 점에서 규제 논의가 전개될 수 있다고 판단된다. 최근 4~5년간 혐오표현을 주제로 한 많은 연구와 세미나 등이 있었으며, 특히 홍성수가 이를 가장 많이 연구한 것으로 조사되었다. 홍성수(2018)는 혐오표현이 실제로 사회에 미치는 영향력이 매우 크다는 점에 주목한다. 그는 '된장녀', '김치녀', '맘충' 등을 예로 들며, 혐오표현의 대상이 남성일 때보다 여성일 때 그 표현의 강도뿐 아니라 차별과 폭력으로 가는 파급력 또한 확연히 크다는 점을 강조한다. 그는 몇 가지 점에서 혐오표현을 개념화하고 있다.

무엇보다 혐오표현이란 소수자를 대상으로 한다는 것이다. 또한 혐오표현은 다양한 수위의 차별, 적대, 배제, 폭력의 말들을 포괄적으로 담고 있다. 그러나 혐오표현에 대해서는 바라보는 사람이 누구인가에 따라서 다르게 느껴진다고 한다. 즉 혐오표현은 차별적 괴롭힘, 편견 조장, 모욕·멸시·위협, 그리고 증오선동과 같은 표현을 통하여 상대적으로 열악한 특정 집단의 부정적인 측면을 고정 관념화한다. 역사적·사회적으로 차별받은 경험이 있는 경우에는 혐오표현의 파괴력과 파급력은 적지 않다고 피력한다. 이들에게 혐오표현은 '실질적인 삶의 고통' 중 하나라는 것이다.

홍성수(2018)는 이러한 혐오표현을 규제하기 위해서는 모욕죄 등의 형사적 규제는 '상징기능'이 강할 뿐 하나의 규제 가능성에 그친다고 한다. 오히려 더 많은 표현이 더 바람직하므로 혐오표현에 대한 대항표현으로 맞서야 한다고 보았다.

윤이경(2016)은 최근 우리 사회에서 논란이 벌어졌던 단체 카톡방에서 오고 간 여성 성희롱 표현 등을 주목한다. 카톡방에서의 특정 여성에

표 2 **혐오표현의 규제 가능 방식**

<table>
<tr><td rowspan="9">법적 규제</td><td>입법을 통한 규제</td><td colspan="2">관련법 제·개정, 특별법 제정</td></tr>
<tr><td>형사 규제</td><td colspan="2">형사처벌</td></tr>
<tr><td>민사 규제</td><td colspan="2">손해배상</td></tr>
<tr><td>행정 규제</td><td colspan="2">차별 규제(금지), 방송통신심의위 심의, 국가인권위 권고</td></tr>
<tr><td rowspan="5">정부 차원</td><td>교육</td><td>공무원 및 시민 인권교육, 언론진흥재단 등을 통한 미디어·디지털 리터러시 교육 실시, 각 초중고 학교에 리터러시 교육 권고</td></tr>
<tr><td>홍보</td><td>국가적 차원의 홍보, 캠페인, 영화, 공익 광고 등 영상물 제작을 통한 인식 제고(특히 학교·기업 대상 홍보), 공모전이나 크리에이터 지원을 통한 시민참여 유도</td></tr>
<tr><td>정책</td><td>공공기관 또는 교육기관에서의 반차별 정책 시행</td></tr>
<tr><td>지원</td><td>소수자(집단)에 대한 각종 지원</td></tr>
<tr><td>연구</td><td>차별 문제에 대한 조사, 연구, 가이드라인</td></tr>
<tr><td>비법적 규제</td><td>자율규제</td><td colspan="2">스포츠, 온라인 영역에서의 자율 규제, 사기업·대학에서의 자율 규제(약관이나 조례에 의한 규제), 인권단체, 시민단체의 반차별운동·모니터링·시민 참여 캠페인</td></tr>
</table>

출처 홍성수(2018), 171쪽에서 필자들이 재구성

대한 성적 비하 발언에 대한 처벌은 기본적으로 〈성폭력방지법〉 제13조상의 통신매체를 이용한 음란행위 또는 형법상의 명예훼손죄, 모욕죄를 통하여 성립될 수 있음을 고찰하고, 불특정 다수의 여성일 경우에는 개인의 표현의 자유를 침해하지 않는 영역 내에서 규제가 필요하다는 주장을 하고 있다. 또한 대학생을 포함한 일반인들에게 성희롱의 위법성 인식을 위한 예방 교육이 필요하다고 판단한다.

유사한 시각에서 이정념(2016)은 온라인에서의 댓글 문화가 혐오표현의 확산을 가속화하고 있음에 주목하고, 최근 유럽인권재판소가 온라인 혐오표현으로 발생한 피해의 책임을 인터넷 포털제공자에게 물은 판결을 분석한다. 그리고 한국의 경우에도 유럽인권재판소의 판결 결과에 비추어 구체적으로 온라인상의 혐오표현을 규제할 입법의 기준을 정해야 한다고 밝힌다.

이러한 논의를 중심으로 혐오표현의 규제 방법은 〈표 2〉와 같이 정리할 수 있다(홍성수, 2018).

법적 규제

입법적 규제

〈표 2〉에서 가장 우선적으로 생각해 볼 수 있는 것은 현재 직접적으로 관련된 법이 없다는 점에서 입법을 통한 혐오표현 규제를 판단할 수 있다. 특히 온라인 혐오표현에 대한 법학 연구들은 국내에 이를 제재할 명확한 법이 부재함을 지적하고 기존의 법조항이나 외국의 판결 등을 통하여 새로운 입법의 필요성을 주장한다. 이광정(2017)은 혐오표현을 금지하는

입법은 기준이 명확해야 하고 이를 위해서는 그 대상을 명확하게 해야 한다고 지적한다. 즉 금지의 유형을 물리적 폭력에만 한정할 것인가 아니면 혐오를 선동하거나 고취하는 혐오표현도 금지의 대상으로 할 것인가, 금지의 사유를 어떻게 정할 것인가에 대하여 명확히 하는 것이 전제되어야 한다는 것이다. 그는 성적 소수자에 대한 혐오표현도 처벌의 대상으로 삼고 있는 캐나다 사례를 참고할 것을 권한다.

실제로 혐오표현을 규제하려는 시도들이 정치권을 중심으로 이어졌다. 이들은 혐오표현을 규제하기 위한 다양한 형태의 입법에 돌입하였다. 어떠한 입법적 활동이 있었는지, 그리고 어떠한 특징을 갖는지에 대한 분석에서 윤성옥(2019)은 혐오표현을 규제하기 위한 입법적 시도는 네 가지 방향으로 이루어졌음을 밝혔다.

첫 번째, 형법을 통한 규제이다. 안효대 의원 법안은 현행 형법에 혐오범죄를 신설하여 인종 및 출생 지역 등을 이유로 타인을 증오(혐오)하는 행위를 하는 경우 처벌할 수 있도록 하였다(의안번호 5550호, 2013.06.20.). 다문화 가정, 외국인 체류자가 증가하고 있는 가운데 인종차별적 발언과 지역감정을 조장하는 차별적 발언을 규제하려는 목적으로 입안되었다. 신설된 〈형법〉 제311조의2(혐오)는 친고죄로 1년 이하의 징역 또는 1000만 원 이하의 벌금에 처하도록 하였다. 그러나 이 법안은 제19대 국회 임기만료와 함께 2016년 자동 폐기되었다.

두 번째, 혐오표현에 대한 개별법의 입안을 통한 규제이다. 관련해서는 김부겸 의원의 혐오표현 규제법안 발의가 대표적이다(의안번호 11936호, 2018.02.13.). 이 법안에 따르면 혐오표현을 행한 자는 3년 이하의 징역 또는 3000만 원 이하의 벌금에 처한다(안 제18조). 또 혐오표현으로 타인에게 손해를 가한 자는 손해배상의 책임이 있고, 악의적인 것이 인정되는 경우 법원 손해액의 2배 이상 5배 이하의 배상금을 판결할 수 있도록 하였다(안 제16조). 즉 징벌적 손해배상이 가능하도록 하였다. 아울러 국가가 혐오표현에 대한 정책을 수립하고 피해자를 보호할 수 있는 체제를 정비하고 있다. 국가 및 지방자치단체는 혐오표현 대응을 위한 조치나 필요한 체제를 정비해야 한다(안 제9조, 제10조). 국가인권위원회는 혐오표현 확산방지 및 규제를 위한 기본계획을 3년마다 수립해야 하며(안 제7조), 혐오표현 피해자는 국가인권위원회법에 따라 진정할 수 있고 국가인권위원회의 시정명령을 이행하지 아니한 자는 3000만 원 이하의 이행강제금을 부과한다(안 제11조). 이러한 김부겸 의원의 발의안은 그러나 일부 종교계의 반발로 얼마 지나지 않아 철회되었다.

온라인 혐오표현이 점차 큰 사회적 문제가 되면서 전기통신망법 또는 전기통신사업법을 통한 규제 강화도 시도되었다. 신용현 의원 법안은 〈정보통신망 이용촉진 및 정보보호에 관한 법률〉(이하 정보통신망법) 제44조의7 제1항 불법정보 유통금지 조항에 혐오표현을 신설하여 금지하도록 하였다(의안번호 14522호, 2018.07.24.). 박선숙 의원의 전기통신사업법 개정안은 해외 본사를 둔 부가통신사업자도 국내 사업자와 동일하게 규제하기 위함이었는데, 이 법안은 부가통신사업자가 이용자에게 차단수단을 제공해야 하는 불법정보로서 혐오표현을 포함한 것이 특징이다(의안번호 14522호, 2018.07.24. 제22조의6 제1항). 신용현 의원 법안도 김부겸 의원 법안과 같이 사회적 반발에 부딪쳐 철회되었다.

세 번째, 국내의 특수한 상황을 고려하여 5·18민주화운동 특별법 개정안을 통한 혐오표현 규제이다. 이철희 의원 법안은 5·18민주화운동에 대하여 부인·비방·왜곡·날조 또는 허위사실을 유포한 자는 7년 이하의 징역 또는 7000만 원 이하의 벌금에 처하도록 하였다(의원번호 18768호,

2019.02.22.). 박지원 의원(의안번호 65호, 2016.06.01.)은 신문, 방송이나 각종 출판물 또는 정보통신망을 이용하여 5·18민주화운동을 비방·왜곡하거나 사실을 날조하는 행위를 한 자는 5년 이하의 징역 또는 5000만 원 이하의 벌금에 처하도록 하였다(안 제8조).

네 번째, 여성혐오와 관련된 법안의 입안이다. 정춘숙 의원은 여성차별과 혐오로 인한 여성폭력 방지를 위하여 여성폭력방지기본법안(의안번호 12065호, 2018.02.21.)을 발의하였다. 이 법안은 여성폭력 방지와 피해자 보호 지원에 관한 국가의 책임을 명백히 하고, 여성폭력방지정책의 종합적·체계적 추진을 규정하며, 여성폭력 피해자 지원시스템, 폭력예방교육 등을 담고 있다.

다음의 〈표 3〉에서 볼 수 있듯이 혐오표현에 대하여 본격적인 법의 제·개정을 통한 규제시도는 2013년도에 오면서 본격화되었음을 알 수 있다. 다만 정춘숙 의원 발의안이 수정가결되었을 뿐 다른 발의안들은 대부분 폐지되거나 계류 중인 것으로 나타났다. 발의안에서 공통적으로 드러나는 것은 대부분 '차별'이나 '비하' 그리고 '왜곡'하는 발언을 규제하고자 하는 것이며, 이에 대한 형사적 책임을 규정하고 있다는 것이다. 또한 온라인에서의 사업자의 책임과 방송통신위원회, 방송통신심의위원회, 국가인권위원회 등 기존의 언론규제와 관련된 기관의 책임에 대하여서도 규정하고 있다. 이는 혐오표현으로 인한 피해구제가 필요한 경우에 국가가 개입해야 한다는 의미로 여겨진다. 그러나 현재 2018년에 있었던 미투(#Me-Too) 운동의 여파로 여성폭력방지기본법만이 수정가결된 것은 정치적 이해관계에 있어서 대립되는 차이와 시대적 환경의 변화에 따른 표현의 자유문제가 연결되어 있기 때문으로 보인다.

정치적인 이해관계에 따라서 혐오표현을 규제하는 것이 쉽지 않은 배

표 3 **혐오표현 관련 주요법안 발의안**(2019.09.06. 현재)

의안번호	대표 발의자 및 발의자 수	제안 일자	제·개정 법안	주요 내용	혐오표현 정의	결과
5550	안효대 (50)	2013.06.20.	형법	혐오죄 신설. 외국인 혐오, 지역감정 등 차별적 발언금지. 위반시 1년 이하의 징역, 1000만 원 이하의 벌금	인종 및 출생 지역 등을 이유로 공연히 사람을 혐오	임기만료 폐기
11936	김부겸 (20)	2018.02.13.	혐오표현 규제법	혐오표현행위 규정 / 혐오표현 금지 / 국가인권위 기본계획수립 / 중앙행정기관장, 지방자치단체장 및 교육감 시행계획 수립 / 국가인권위 시정명령권 / 법원의 임시조치 명령권 / 손해배상 책임 및 징벌적 배상금 / 혐오표현 3년 이하 징역 또는 3000만 원 이하 벌금	합리적인 이유 없이 행해지는 성별, 장애, 병력, 나이, 언어, 출신 국가, 출신민족, 인종, 피부색, 출신 지역, 용모 등 신체조건, 혼인 여부, 임신 또는 출산, 가족행태 또는 가족 상황, 종교, 사상 또는 정치적 의견, 전과	철회
11934	김부겸 (20)	2018.02.13.	국가인권 위원회법	국가인권위원회의 업무에 혐오표현에 대한 조사와 구제 추가 / 위원회의 조사대상에 혐오표현 포함	동일	철회
15603	신용현 (10)	2018.09.18.	정보통신망법	불법정보로 인종·지역·성별, 신체적 조건 등을 이유로 행해지는 차별 편견 조장내용 금지 / 방통신의위 심의 / 방통위 시정명령권	인종, 지역, 성별, 신체적 조건 등을 이유로 차별하거나 이에 대한 편견을 조장하는 내용	철회

14522	박선숙 (10)	2018.07.24.	전기통신사업법	부가통신사업자의 불법정보 등 유통방지조치 불법정보에 '혐오·차별·비하 표현을 내용으로 하는 정보' 포함 / 사업자의 모니터링 의무, 정보삭제 등 유통방지 조치, 국내대리인 지정, 과기정통부, 방통위 시정명령권	혐오·차별·비하 표현을 내용으로 하는 정보	대안 반영 폐기
18768	이철희 (166)	2019.02.22.	5·18 민주화운동 특별법	5·18민주화운동 부인·비방 또는 허위사실 유포 등의 금지 7년 이하 징역 또는 7000만 원 이하 벌금	5·18민주화운동에 대하여 부인·비방·왜곡·날조 또는 허위사실 유포	계류
2000065	박지원 (38)	2016.06.01.	5·18 민주화운동 특별법	신문, 방송이나 각종 출판물 또는 정보통신망을 이용하여 5·18민주화운동을 비방·왜곡하거나 사실을 날조하는 행위를 한 자는 5년 이하의 징역 또는 5000만 원 이하의 벌금	신문, 방송이나 각종 출판물 또는 정보통신망을 이용하여 5·18민주화운동을 비방·왜곡하거나 사실을 날조하는 행위	계류
12065	정춘숙 (15)	2018.02.21.	여성폭력방지 기본법	여성폭력 정의, 여성폭력방지정책 수립, 지원시스템, 폭력예방교육 등		수정 가결

출처 윤성옥(2019), 79~83쪽에서 재구성

경에는 '포괄적 차별금지법'이 입법화되기 힘든 상황과 유사한 맥락이라고 판단된다. 포괄적 차별금지법 제정을 위한 입법 시도가 몇 차례 있었으나 종교계 등의 강력한 반발로 결국 법제정에 실패한 바 있다. 이에 따르면 혐오표현 규제를 위한 독립된 법을 제정하는 것은 사실상 쉽지 않다는 것을 알 수 있다. 따라서 만일 혐오표현을 법적으로 규제한다면 기존의 관련법을 개정하는 선에서 이루어져야 할 것이라는 점을 알 수 있다.

윤성옥(2019)은 형법이나 5·18민주화운동 특별법 또는 정보통신망법 등을 개정하는 방향으로 가닥을 잡는 것이 바람직하다고 본다. 이 중에서 가장 현실성이 높은 것은 기존의 형법상의 모욕죄 규정에 혐오표현 규제(혐오죄)를 두고자 하는 안효대 의원 발의안이라고 할 수 있다. 비록 임기만료로 폐기 되었으나 가칭 혐오죄를 통하여 우리 사회의 통합에 장애가 되는 지역감정, 외국인 혐오표현에 대하여 적절한 수준에서의 규제를 금지하고 있어서 좀 더 현실적인 형태의 조치라고 판단한다. 다만 혐오죄에 대한 대상을 "인종 및 출생 지역 등을 이유로 공연히 사람을 혐오한 자"에 제한하고 있어서 성별이나 장애 여부, 병력, 용모 등 신체조건, 학력 등에 따른 차별적인 표현에 대한 규제에는 어려울 수 있다는 문제를 안고 있다는 점을 지적한다.

결국 정리를 한다면 기존의 입법 시도가 대개 실패로 돌아간 것은 몇 가지 이유 때문으로 판단된다(윤성옥, 2019). 무엇보다 규제가 현실적으로 쉽지 않다는 것을 가늠하게 한다. 입법기관인 국회가 혐오표현 규제를 강력하게 요구하고 있지 않은 이유가 있는 것으로 추측된다. 아울러 법조항의 명확성이 부족하다고 판단된다. 특히 제재를 엄중히 하기 위해서는 법의 명확성이 특히 요구된다는 점에서 입법안들이 부족하다고 판단된다.

또한 현행 제정법안들은 성별, 장애, 병력, 나이, 언어, 피부색, 혼인 여부, 가족 형태는 물론이고 정치적 의견에 이르기까지 너무 대상이 광범위한 만큼 한계가 드러난다. 우선순위를 정하는 것이 필요하다고 판단된다. 아울러 혐오표현의 규제를 위한 금지 행위가 모호한 측면이 있다. 규제 법안들은 선동, 고취 행위, 멸시, 모욕, 위협 행위, 게시, 배포 행위, 수치심, 모욕감, 그리고 두려움 등 정신적 고통행위로 구분함으로써 금지행위를 정하는데 이 또한 불명확하다.

마지막으로 법안들은 규제의 주체를 명확하게 제시하지 않는다. 다만, 정부기구에서 한다면 이는 표현의 자유를 규제하는 셈이 되니 국가인권위원회의 시정명령권 등을 이용할 것을 제시하고 있다.

형사적 규제

표현의 자유 문제로 인하여 내용규제적 제한은 엄격해야 하지만 온라인상의 혐오표현을 표현범죄로 바라본다면 형사규제가 가능할 것으로 보는 연구들이 있다. 이러한 형사규제에는 대표적으로 사이버 명예훼손죄와 모욕죄가 포함된다. 이보배(2016)는 형사적 규제방안으로 사이버 명예훼손, 형법상 모욕죄, 불법정보송신행위, 각종 범죄에 대한 예비죄 처벌규정이 포함된다고 분석하였다. 이들은 혐오표현의 해악을 규제할 수 있는 강제적 방안으로 인정되지만, 처벌 대상을 지나치게 한정할 경우 실효성의 문제가 발생할 수 있고 처벌 대상을 확대할 경우 표현의 자유를 침해하는 딜레마에 빠질 수 있다는 점에 유의해야 한다고 피력한다. 이러한 이유로 형사적 규제를 하는 경우 그 기준이 명확해야 하며,[3] 규정에 대한 합헌

3 혐오표현에 대한 개념이 여전히 분명하지 않고, 그 내용 역시 신중히 파악해야 하는 만큼 규제 방법을 정도에 따라 다르게 검토할 필요성이 있다(박해영, 2015).

성 심사가 엄격한 심사기준에 따라 이루어지도록 해야 한다고 지적한다.

법 규정으로 보면 우선적으로 〈형법〉 제307조와 제309조, 〈정보통신망법〉 제44조의7과 동법 제70조, 그리고 〈형법〉 제311조 등의 명예훼손과 모욕에 관한 법리에 적용될 여지가 있다. 〈형법〉 제307조와 제309조는 명예훼손죄로, 특정인 혹은 인격을 보유한 단체의 명예를 훼손하였을 때 적용된다. 중요한 것은 집합적 명사를 쓴 경우에도 그것에 의하여 그 범위에 속하는 특정인을 가리키는 것이 명백하면 이를 각자의 명예를 훼손하는 행위로 볼 수 있다는 것인데(대법원 2000.10.10. 선고 99도5407 판결), 집단을 가리키는 혐오표현의 경우에도 특정될 수 있는 표현이 사용되었다면 명예훼손으로 처벌 가능함을 보여준다.

〈정보통신망법〉 제44조의7 제2항은 사람을 비방할 목적으로 공공연하게 사실이나 거짓의 사실을 드러내어 타인의 명예를 훼손하는 내용의 정보의 유통을 금지하며, 동법 제70조는 제1항과 제2항을 통하여 사람을 비방할 목적으로 정보통신망을 통하여 공공연하게 사실 혹은 거짓의 사실을 드러내어 다른 사람의 명예를 훼손한 자는 3년 이하의 징역 또는 3000만 원 이하의 벌금에 처한다고 정함으로써 사이버 명예훼손에 따른 형사적 처벌을 규정하고 있다. 명예훼손이 정보통신망 내에서 발생하는 경우, 해당 법리를 통하여 직접적 처벌과 규제가 가능하도록 한 것이다.

사실이나 허위사실 적시가 아니어서 명예훼손에 해당하지 않는다고 판단된 표현에도 〈형법〉 제311조에 의해 모욕죄가 적용될 수 있다. 모욕죄는 명예훼손과 동일한 보호법익을 가지고 있지만, 실제 명예에 관한 죄의 일반적 포괄 규정으로써 명예훼손보다 넓은 범위에 적용된다(박혜진, 2009). 사이버 명예훼손죄와 형법상 모욕죄는 행위 성립요건, 사실적시, 위법성 조각사유, 처벌 유형에서 차이가 있지만, 개인의 인격을 침해하는 행

위를 규제하는 법으로써 혐오표현과 밀접한 관계를 지닌다.[4]

또한 최근 익명으로 행해지는 명예훼손과 모욕죄에 대하여 인터넷 서비스 제공자를 상대로 한 소송이 증가하고 있는 현상에서도 논의점을 발견할 수 있다. 해당 논란에 대한 각국의 태도는 서로 다르지만, 국내에서는 인터넷 서비스 제공자가 명예훼손으로 책임을 부과받은 사례가 있다(대법원 2009.04.16. 선고 2008다53812 판결). 이 판결의 다수의견에 따르면,[5] 온라인게임 내 신고 시스템을 통하여 해당 표현을 인지할 수 있고 표현에 대한 기술적 관리통제가 가능한 업체에게도 유사한 의무가 부여될 수 있을 것으로 보인다.

현재 형법상 처벌은 형평성의 문제나 표현의 자유와 관련되어 논란이 지속적으로 제기되고 있지만, 사용자에게 직접적이고 가시적인 문제의 해결을 가능하게 하는 유일한 방법으로 여겨지고 있다. 많은 유저들이 명예훼손과 모욕죄의 성립조건을 배워 실제 소를 제기하고 있는 것도 이 때문이

4 인격권 침해에 관한 두 가지 법리가 온라인게임 내에서 발생하는 개인의 인격권과 관련된 표현에 대한 대응을 가능하게 한다는 점은 대전지방법원 2014.12.10. 선고 2014고정1713 판결, 인천지방법원 2015.03.20. 선고 2014고정3756 판결 등을 통하여 확인할 수 있다.

5 해당 판결의 다수의견은 명예훼손적 게시물이 게시된 목적, 내용, 게시 기간과 방법, 그로 인한 피해의 정도, 게시자와 피해자의 관계, 반론 또는 삭제 요구의 유무 등 게시에 관련한 쌍방의 대응태도 등에 비추어, 인터넷 종합 정보제공 사업자가 제공하는 인터넷 게시공간에 게시된 명예훼손적 내용의 불법성이 명백하고, 위 사업자가 위와 같은 게시물로 인하여 명예훼손당한 피해자로부터 구체적·개별적인 게시물의 삭제 및 차단 요구를 받은 경우는 물론, 피해자로부터 직접적인 요구를 받지 않은 경우라 하더라도 그 게시물이 게시된 사정을 구체적으로 인식하고 있었거나 그 게시물의 존재를 인식할 수 있었음이 외관상 명백히 드러나며, 또한 기술적·경제적으로 그 게시물에 대한 관리·통제가 가능한 경우에는, 위 사업자에게 그 게시물을 삭제하고 향후 같은 인터넷 게시공간에 유사한 내용의 게시물이 게시되지 않도록 차단할 주의의무가 있고, 그 게시물 삭제 등의 처리를 위하여 필요한 상당한 기간이 지나도록 그 처리를 하지 아니함으로써 타인에게 손해가 발생한 경우에는 부작위에 따른 불법행위책임이 성립한다고 보았다.

다. 그러나 여전히 형사적 규제가 온라인상의 혐오표현을 처벌하는 데 있어 실효적 방법이 아니라는 지적이 있다. 왜냐하면 성립조건이 오프라인에 기준을 두고 있고, 온라인이라는 특성이 고려되고 있지 않으며, 외적 명예 보호로서의 모욕죄가 분명한 한계를 가지고 있기 때문이다(이승현, 2016b).

민사적 규제

우리 민법은 제750조(불법행위의 내용)에서 '고의 또는 과실로 인한 위법행위로 타인에게 손해를 가한 자는 그 손해를 배상할 책임이 있다'라고 규정하여 불법행위에 대한 민사상의 금전적 배상을 청구할 수 있다. 또 동법 제751조(재산 이외의 손해의 배상) 제1항에서 '타인의 신체, 자유 또는 명예를 해하거나 기타 정신상고통을 가한 자는 재산 이외의 손해에 대하여도 배상할 책임이 있다'라고 하여 재산상의 손해뿐 아니라 정신적인 고통으로 인한 손해에 대하여서도 배상하도록 되어 있다. 혐오표현 중에서 모욕의 경우에는 이로 인한 정신적 피해에 대하여 민사적인 피해구제를 받을 수 있도록 하는 조항이다. 이러한 조항은 오프라인은 물론이고 사이버 모욕죄에도 적용된다.

민사적 규제는 혐오표현을 차별행위에 해당하는 불법행위로 명시하여 법원에 손해배상을 청구할 수 있는 규정을 두거나 또는 모욕죄에 대한 민사적 소송에 대하여 배상을 하도록 하는 것이다. 이를 위하여 이재진(2019.10.28) 등은 민사소송에 있어 징벌적 손해배상제도를 두도록 하는 제언을 하였다.[6] 이들은 현대의 사법제도의 특징은 형사적 처벌보다는 민

6 이는 실제로 배액배상제도에 가깝다. 좀 더 정확히는 징벌적 배액배상제도라고 하는 것이 옳다.

사적 해결을 선호하는 추세에 있으며, 벌금보다는 과료를 선호한다는 점에서 형사적 처벌보다는 민사적 손해배상을 통하여 피해구제가 실효성 있게 해결되도록 유도하는 것이 중요할 것이라고 본다. 다만, 소송을 하면 피해자가 경제적·시간적 문제로 인하여 피해구제가 시의적절하게 이루어지지 못할 우려가 있으므로 법원 소송으로 가기 전에 조정이나 중재 절차를 거칠 수 있으면 바람직할 것이라 판단한다. 이러한 경우 관련 기관은 언론중재위원회나 국가인권위원회가 될 수 있다고 보았다.

비법적 규제

약관에 의한 규제

사이버 공간 내의 혐오표현은 사이트의 약관을 통하여 규제가 가능하다. 특히 관련 법 규정이 없는 경우 효과적일 수 있다. 예를 들어 최근에 문제가 되고 있는 온라인 게임에서 혐오표현 문제를 해결하는 데 적용 가능하다. 약관은 온라인게임 회사와 유저 간의 계약서로, 다수의 계약자와 계약을 체결하기 이전에 잠정적 합의를 표시하는 문서이다. 약관은 엄밀한 의미에서의 법은 아니지만, 약관의 규제에 관한 법률(이하 약관법)에 의해 규제되며 온라인 게임의 미비한 법체계를 보완하고 법적인 증거가 되어준다는 점에서 규정으로서의 강제성을 띤다. 특히 〈약관법〉 제30조 제2항에서 특정한 거래 분야의 약관에 대하여 다른 법률에 특별한 규정이 있는 경우를 제외하고는 이 법에 따른다는 내용을 명시함으로써, 온라인 게임의 약관의 내용은 사실상 〈게임 산업 진흥에 관한 법률〉 외 몇 가지의 법률에 명시된 조항 외 모든 부분에서 법적 효력을 가지는 계약서라고 할 수 있다.

대부분의 온라인 게임은 약관을 통하여 차등적 이용 제한 정책을 명시한다. 게임 내 표현이 부적절하다고 여겨질 경우, 게임의 이용과 관련한 패널티(penalty)를 부과하는 방식으로 유저의 행위를 제재할 수 있다. 예를 들어 〈리그 오브 레전드〉에서는 언어폭력의 횟수에 따라 해당계정 이용 제한 14일, 30일, 영구, 동일명의 모든 계정의 이용 제한 및 회원가입 제한이라는 차등적 제재 방식을 규정하고 있다. 또한 언어폭력의 정도가 심할 경우, 차수에 관계없이 높은 제재나 영구 이용 제한이 내려질 수 있음을 별도 표기하고 있다. 〈오버워치〉에서는 부적절한 언어의 사용이라는 항목에 욕설, 비·속어, 비하, 비방하는 표현 및 언어 사용, 음란, 저속, 성적 수치심을 느끼게 하는 표현, 게임 외적으로 위협을 가하는 표현 및 언어 사용 등을 제재한다는 점을 밝히며 침묵, 일시정지, 영구정지에 이르는 세 단계의 제재 기준을 공개하고 있다(박현아·이재진, 2016; 박현아, 2017).

자율적 규제

자율규제는 현재 온라인 공간에 대한 규제에서 가장 빈번하게 거론되는 방식으로, 법적 규제와의 결합을 통하여 단점을 보완하는 방향으로 제안된다. 그러나 자율규제는 역사적 경험이 축적되어 있지 않은 분야이므로, 법에서 구체적인 방법과 절차를 제시하는 것이 자율규제의 활성화에 기여할 수 있다는 지적들이 많다(박현아·이재진, 2016). 자율적 규제를 위하여 실행 절차나 기구의 구성을 법에서 명시하거나, 약한 의미에서의 법이라 할 수 있는 행동 강령을 정하고 이를 준수하게 하는 것도 가능하며, 행동 강령의 근거와 기준을 국가법에서 제시하고 구체적 내용을 사업자에게 맡기는 방식도 활용될 수 있다(황승흠, 2014). 이는 공동규제라고도 명명되며 의무적 자율, 승인적 자율, 조건부 강제적 자율, 자발적 자율규제의 네 가지 형태 혹은 ISP나 사업자의 행동 강령, 등급 및 내용 선별 시스템, 이용자 영역의 핫라인 등 세 가지 유형으로 나누어질 수 있다.

예를 들어 온라인 게임에 대한 자율규제의 주체가 온라인게임 사업체에 있다면, 가장 중요한 요소는 기술에 있다. 온라인게임이 인터넷 기술을 바탕으로 한다는 것을 제외하고도, 온라인 분쟁해결 방식,[7] Notice and Take Down 방식, One-stop 구제방식 등의 효율적이면서 실효성 있는 피해구제를 가능하게 하는 기술적 규제는 강조되어야 할 필요가 있다.

미디어·디지털 리터러시

이는 규제방안이라기보다는 예방을 위한 교육에 가깝다. 혐오표현에 대한 규제는 단기간에 걸쳐 이루어지는 것이 아닌 만큼 장기적인 안목에서 가장 중요한 방법이라고 판단된다. 이에 대하여 문화체육관광부(2019)에 따르면 각계에서 다양한 차원의 예방 및 대응 방안에 대하여 노력을 기울여야 한다. 연구자들은 대학생들을 대상으로 에세이를 통한 혐오표현 노출 경험을 서술하게 하고 이를 분석하여 기존의 실태연구에서 나온 바와 같이 온라인에서 상당히 많은 혐오표현에 사회적 약자, 소수자들이 피

7 온라인 분쟁해결(Online Dispute Resolution, ODR)은 대안적 분쟁해결(Alternative Dispute Resolution, ADR)을 온라인으로 처리하는 시스템을 의미한다. 해당 시스템을 통하여 온라인을 통한 협상·조정·중재가 가능하며, 소비자와 거래업자들은 서로 간의 분쟁을 신속하고 간단히, 낮은 비용으로 해결할 수 있다는 특징을 가진다(이재진, 2015). 전자 처리시스템을 통하여 온라인 공간에서 분쟁을 처리한다는 점에서 공간 자율성이 확보되며, 당사자들이 직접 만나야 하는 기존의 분쟁해결제도에 비해 시간과 비용의 소모가 절약될 수 있으며, 동시다발적으로 여러 사건을 처리할 수 있고, 법원과 같은 분쟁해결기관에 비하여 쉽게 접근할 수 있다는 점이 구체적인 장점으로 여겨진다.

해를 본다는 점을 실증적으로 밝혔다. 연구자들은 청소년들이 많이 이용하고 있는 게임 대화창에서 혐오표현이 자주 등장한다는 점을 들어 심각한 우려를 나타냈다.

연구자들은 혐오표현을 위한 다양한 규제방안에 대하여 전체적으로 검토한 뒤 전문가 인터뷰를 통하여 열 가지 영역에서의 규제방안을 제시하였다. 이는 ① 입법개선안, ② 혐오표현 규제안, ③ 방송통신심의위원회의 역할, ④ 인터넷사업자의 자율규제, ⑤ 피해자 지원 방안, ⑥ 사회적 인식 전환 방안, ⑦ 교육 방안, ⑧ 정부 홍보 방안, ⑨ 정부의 기타 역할, 그리고 ⑩ 언론 및 미디어의 개선 방안이다. 이를 통하여 연구자들은 네 가지 차원에서의 사회적 소통방안의 필요성을 제언을 하였다.

첫째, 개인적 차원에서는 가정에서의 부모의 실천 및 자식들에 대한 교육이 필요함을 강조하였다. 특히 인성교육, 자기표현과 경청, 존중 교육, 사회적 약자를 배려하고 공격적 표현을 자제하는 능력을 키워주는 교육, 잘못된 인정 욕구로 인하여 나타나는 혐오표현에 관한 인지교육, 인터넷 혐오표현이 생산되고 확산되는 요인에 관한 미디어 리터러시 교육이 중요함을 강조하였다.

둘째, 사회적 차원의 경우 인터넷 사업자의 종사자를 대상으로 하는 교육과 캠페인 활동을 통하여 혐오표현 유통을 예방하며, 언론사의 기자나 PD 등 제작자 대상의 교육, 언론이나 미디어를 활용한 캠페인 활동, 보도 및 제작 준칙의 마련과 실천, 혐오표현 예방 콘텐츠 제작 등을 통하여 실행할 수 있다. 아울러 시민단체는 혐오표현의 문제를 체계적으로 모니터링하고, 이를 시민들과 공유하기 위한 노력을 해야 한다고 덧붙였다.

셋째, 정부 차원의 경우, 혐오표현의 개념과 범위에 대한 기반을 마련하고 현실 적용 가능한 가이드라인을 제정하며, 학교 교육 과정 개편 등

교육에 대한 제도적 지원, 기업·기관 대상 교육 프로그램 마련 및 지원, 그리고 시민단체 활동 지원 등을 주문하였다. 구체적으로 예를 들어 미디어의 경우에는 차별적 표현 등 혐오표현의 사용을 금지하고, 혐오표현의 노출을 통한 확대 재생산을 막고, 차별과 배제의 문제를 해결하기 위한 콘텐츠를 적극적으로 제작하는 활동을 통하여 혐오표현에 대응할 수 있음을 밝혔다.

넷째, 인터넷 혐오표현을 예방하기 위한 입법 차원의 실천 방안으로 인권교육법과 미디어교육지원법을 제정하는 방안을 제안하였다. 특별법인 혐오처벌법(가칭)을 제정하거나 차별금지법을 제정해서 하위 조항으로 혐오표현을 처벌하는 대응방안도 제시하였다.

4

한국의 혐오표현 연구

혐오표현 연구의 시작과 전개

외국의 경우 혐오표현에 대한 연구는 그 역사가 꽤 오래되었지만 한국에서 혐오표현 연구는 언제부터 시작되었는가? 법적인 규제 시도와 별도로 또는 이와 함께 국내에서 혐오표현에 대한 규제는 언제 시작되었고 현재 어떠한 연구가 이루어지고 있는가? 국내에서 본격적인 혐오표현 연구는 1999년 이전에는 아직 나타나지 않았다. 현재까지 한국에서의 혐오표현 연구는 이재진(1999)에 의하여 시작된 것으로 알려져 있다(〈표 4〉 참조). 그는 hate speech를 '혐오언론'으로 번역하였는데, hate speech는 혐오를 포함한 표현이지만 그 표적대상이 명확하고 전달의 의지가 강하다는 측면에서 '혐오언론'으로 번역하는 것이 바람직하다고 보았다. 연구에서 그는 미국에서의 혐오표현과 관련된 판결례들을 분석하면서 한국에의 함의를 밝히고자 하였다. 한국의 경우에도 외국인들이 늘어나면서 혐오표현의 문제가 곧 현실이 될 수 있음을 지적하였다.

그러던 것이 한동안 연구가 주춤하다가 최근 4~5년, 길게는 6~7년 사이에 혐오표현과 관련된 많은 저술들이 쏟아져 나오게 된다. 유의선(2019)에 따르면 Dbpia를 통하여 '혐오표현'을 검색하면 거의 2만 건의 혐오표현 관련 연구, 논문, 저술, 논평, 신문기사 등이 검색된다고 한다. 그만큼 1999년 이후부터 연구가 시작되어 최근에 들어 상당히 많은 저술들이 도출되었다고 하겠다. 그러나 이러한 저술들 중에서 전문학술지에 게재된 논문은 아직까지 많지 않은 편이다.

좀 더 구체적으로 살펴보면 1999년 이재진의 연구가 나온 이래, 2000년에 나온 또 다른 이재진의 연구는 인터넷에서의 혐오표현의 문제를 다루고 있다. 그는 인터넷상의 커뮤니케이션이 폭발적으로 증가하면서 혐오표현이 문제가 될 수 있음을 지적하고 있다. 혐오표현이 오프라인보다 온라인에서 급속히 전파될 수 있으며, 그 사회적 파급력과 영향력이 크다는 점에서 온라인에서 혐오표현에 대한 대비를 해야 한다는 점을 강조하고 있다.

이후 2002년 조소영 교수의 연구가 나오면서 혐오표현의 연구가 관심을 끌고 연구의 대상으로 인식되기 시작하였다. 그는 hate speech를 '적의적 표현'이라고 보았다. 국제인권법상의 표현의 자유와 증오표현을 연구한 박배근(2003)의 논문도 초기 연구에 포함된다. 그런데 아쉽게도 이때까지는 혐오표현에 대한 한국 사회의 관심이 높지 않았고 주로 외국 사례들에 대한 분석을 했기 때문에 관련 연구들이 주목을 받지 못하였다. 즉 1999년 처음 연구가 나올 때만 하더라도 한국에서는 '혐오표현이 없었다'라는 견해도 있었던 점을 감안하면 한국은 오랫동안 혐오표현 연구에 있어 불모지였다고 할 수 있다.

혐오표현 연구의 초기 단계에서는 전술한 대로 대부분 해외 문헌의 정의를 인용하거나 참고하는 방식의 작업이 주가 되었다. 예를 들어 해외 문헌상 정의를 인용하여 혐오표현을 "인종, 종교, 민족성 또는 민족적 출신을 이유로 한 증오를 선동하고 고무하는 언론 혹은 박해적이고 증오를 담고 있으며 품위를 손상시키는 말"(박배근, 2003), 해외 문헌의 정의를 제시한 후 "여성, 레즈비언, 동성애자를 포함한 다른 차별적인 집단 또는 인종적·민족적·종교적 이유로 대상자들을 비방하는 적의를 가진 공격적이고 인종주의적인 표현"(조소영, 2002a; 2002b), "인종이나 민족성, 종교 그리고 성적 지향에 근거하여 폭력이나 증오 또는 차별을 유발하는 무절제하고 위협적이고 모욕적인 표현, 다시 말해 성적·인종적·민족적 차이에 입각한 모욕적인 욕설"(이재진, 2000) 등으로 설명하고 있다.

혐오표현에 대한 연구가 본격적으로 시작된 것은 오랫동안 우리 사회에서 국적, 장애, 성별, 성 정체성 등 그 특성에 따라서 소수자라 구별되고 낙인찍힌 이들의 인권과 평등을 위한 움직임이 여러 방면에서 활발해짐에 따라 이들에게 행해지던 온오프라인에서의 혐오의 문제가 우리 사회의 중요한 현안으로 부상하면서(최란, 2018), 혐오표현을 규제해야 한다는 사회적 목소리가 높아진 때부터라고 하겠다(국가인권위원회, 2016).

〈표 4〉는 처음 혐오표현이 나온 이후 2019년 9월 현재까지 약 20년간에 걸쳐 전문학술지에 발표된 논문 현황(국문)을 보여준다. 〈표 4〉를 통하여 알 수 있듯이 1999년부터 2019년 8월 31일까지 약 20년간에 걸쳐 총 103건의 전문학술지 게재 연구가 도출되었다. 전체적으로 보면 2013년까지의 연구는 13건(12.6%)에 불과했으나 2014년부터 2019년 8월까지 90건(87.3%)으로 나타나 최근 5~6년 사이에 대부분의 연구들이 이루어졌음을 알 수 있다. 다시 말하자면 1999년 첫 논문이 나온 이후 2013년까지 법학 분야(언론법 포함)를 중심으로 매년 0~2건에 달하는 소수의 전문

표 4 1999~2019년 8월 한국에서의 혐오표현 관련 전문학술지 게재 논문

연도	법학			커뮤니케이션학	사회학/여성학/심리학	정치학	역사학	언어학/문학	기타 학문	계
	비교법/국제법	헌법	형법 등 기타 (언론법 포함)							
1999	1									1
2000			1							1
2001										0
2002	1	1								2
2003	1									1
2004		1	1							2
2005										0
2006										0
2007	1									1
2008										0
2009		1								1
2010										0
2011			1							1
2012		1	1							2
2013	1									1
2014	1	1	4		1					7
2015	4	6	2	4	1				1	18
2016	3	5	5	5		1	1	1		21
2017	3	3		1	4			1	2	14
2018	1	3	2	3	2	1		2	1	15
2019	1	5	3	1	3			1	1	15
계	18	27	20	14	11	2	1	5	5	103

학술지 게재논문이 나오다가, 2014년부터 법학 분야 이외의 분야에서 연구들이 이루어지기 시작하였다. 2014년 7건, 2015년 18건, 2016년 18건, 2017년 14건, 2018년 15건, 그리고 2019년 8월까지 15건으로 나타나 최근 약 6년간의 연구(80건)가 이전 15년 간 나온 연구 수(13건)보다 6배 이상 더 많다는 것을 확인할 수 있다. 이처럼 최근에 연구들이 많이 나오게 된 것은 이전까지는 혐오표현이 중요한 사회적 아젠다로 인식되지 못하고 있었기 때문이라고 추측해 볼 수 있다. 다시 말하자면 연구의 시작은 1999년이라고 할 수 있으나 2010년대에 들어서야 비로소 혐오표현에 대한 본격적인 법리해석 및 규제 요소에 대한 분석 그리고 온라인에서의 혐오표현에 대한 연구 등이 시작되었다고 하겠다(이재진, 2000; 조소영, 2002a; 심경수, 2007 등).

이는 일간베스트저장소(이하 일베) 등이 우리 사회의 중요한 화두로 떠올랐고, 실제로 혐오표현 및 유사한 표현들이 인터넷에서 모욕죄 등으로 제소되거나 고발되는 경우가 늘어나고 있는 최근의 흐름과도 조응한다. 여기에는 우리 사회에서 쉬쉬하면서 묵인되거나, 혐오표현으로 인한 인격적 피해 등에 대하여 둔감하였던 사회적 환경 또한 영향을 끼친 것으로 보인다. 그러나 미투(#MeToo) 운동에서 볼 수 있듯 최근 여성을 대상으로 한 범죄가 여성혐오 담론 속에서 공론화되고, 한국에 거주하는 불법 이주 노동자나 결혼이주 여성들이 겪는 인권 문제가 여러 차례 제기되면서 혐오표현은 다양한 분야에서 학문적 관심을 끌게 된다. 따라서 혐오표현에 대한 최근의 사회와 학계의 주목은 혐오표현을 더 이상 방치해서는 안 된다는 사회적 논의가 확장된 결과라고 할 수 있다. 즉 한국 사회에서 혐오표현이 심각한 사회적 문제로 등장한 것은 비교적 최근의 일임을 알 수 있다.

전문학술지 게재 연구를 학문 분야별로 살펴보면 법학 분야가 65건(63.1%)인 반면 비법학 분야가 38건(36.9%)로 나타나 한국에서는 혐오표현에 대한 논의가 법학 분야를 중심으로 이루어졌음을 알 수 있다. 비법학 분야의 연구 중 가장 많은 연구는 커뮤니케이션학 분야(14건, 36.8%)에서 이루어졌다. 다음으로 사회학/여성학/심리학 분야의 연구가 많은 것으로 나타났다(11건, 28.9%). 흥미로운 점은 언어학/문학 분야에서의 연구가 2016년부터 나오기 시작한 것이다(5건, 13.1%). 반면 정치학 분야는 2건, 역사학 분야는 1건으로 많은 연구가 이루어지지는 않은 것으로 나타났다. 기타의 경우에는 종교학, 교육학, 경찰학, 발달장애, 지역연구 분야에서 각 1건씩의 연구가 집계되었다.[8] 연구의 수나 분야로 판단한다면 외국의 경우에 비추어 아직까지 법학 중심의 연구에 치우쳐 있으면서 연구 분야가 다소 제한적임을 알 수 있다. 실제로 외국의 경우 법학 분야뿐 아니라 정신분석학이나 철학, 정치학, 인류학, 미학, 의학, 언어학, 비교문학, 종교학, 역사학 등의 분야에서도 많은 연구가 이루어지고 있으나 한국의 경우는 그렇지 못함을 알 수 있다.

2013년을 기점으로 혐오표현에 대한 관심이 크게 증가하면서(이승현, 2016a; 홍성수, 2018), 2014년부터 혐오표현 연구가 본격화되기 시작한다. 특히 법학 분야뿐 아니라 여러 다른 분야에서 연구들이 조금씩이지만 나오기 시작하였다.[9] 이처럼 혐오표현 관련 학술적 논의가 한국 사회에

8 혐오표현에 대한 복수의 논문을 게재한 사람들 중 홍성수, 이승현(5편 이상), 조소영(4편)이 가장 많이 연구한 것으로 나타났다. 그 외 이재진, 김수아, 박용숙, 김지혜, 이준일, 이정념, 문연주 등이 2편 이상의 혐오표현에 대한 연구를 발표한 것으로 나타났다.

9 전문학술논문 이외에 최근 조규범(2016)이나 박미숙 · 추지숙(2017), 그리고 전찬영 · 나은희 · 최철호 · 김민정(2018) 등 정부기관에서 혐오언론의 규제와 관련하여 연구보고서가 꽤 나오고 있

서 본격화된 것은 세 가지 계기에서 찾아 볼 수 있다. 우선 전술한 바와 같이 국제화 또는 세계화로 인한 외국인들의 한국 유입이 크게 늘어나고 결혼이나 취업 등을 통한 상주인구가 증가하고 피부색, 민족 등에 근거한 혐오표현의 등장이 잦아지면서 혐오표현이 체계적인 연구 주제로서 주목을 끌기 시작하였다는 점이다. 특히 한국 거주 외국인들의 범죄율이 증가하고 불법, 탈법 행위들이 미디어를 통하여 알려지면서 이들을 향한 자국민들의 부정적인 감정표현도 사회문화적인 문제로 등장하게 되었기 때문이라고 할 수 있다.

두 번째로 혐오표현에 대한 법적·문화적·역사적·사상적·종교적 접근을 통한 다양한 연구들은 2013년 소위 '일베'를 중심으로 한 호남, 여성, 그리고 외국인 혐오가 가시화되고 사회적 의제로 등장하면서 시작되었다고 볼 수 있다(홍성수, 2016). 많은 연구들이 온라인 커뮤니티상의 혐오표현이 어떤 양상으로 유통되고 있는가에 대하여 다양한 방식으로 접근해왔고(김학준, 2014; 송민수, 2016.), 특히 여성혐오와 관련하여 문화주의적 접근 또는 여성주의적 접근 연구가 다수 이루어졌다(김수아, 2015; 김수아·김세은, 2016; 손희정, 2015; 엄진, 2016).

다. 이들 보고서는 대개의 경우 기존의 연구들을 정리하고 관련 판례들을 분석하거나 피해자들의 조사를 통하여 규제방식을 제시하고 있다. 아울러 미국·유럽·일본의 혐오표현 현상에 대한 비교분석이나 제언, 그리고 관련법 규정 등을 분석하여 향후 관련 입법이 필요할 때 어떠한 방향성을 견지해야 하는가에 대한 내용을 담고 있다. 대학교 학위논문에서도 혐오표현이 연구주제로 나오기 시작하였다. 2003년 석사논문이 나오기 시작하였고, 13년 뒤인 2016년에 박사논문이 나왔다. 2019년 8월 현재까지 박사학위논문 3편, 그리고 석사학위논문은 약 30편 정도인 것으로 나타났다. 이들 학위논문 중 법학논문보다 비법학논문이 더 많은 것으로 집계되었다. 이는 2018년부터 나온 비법학 분야 석사학위논문이 다수 배출된 이유로 보인다. 최근 비법학 분야에서 가장 많은 학위논문이 나온 분야는 커뮤니케이션학(사회학, 여성학 포함), 교육학, 그리고 종교학 분야였다.

세 번째는 계층 간의 격차 심화 등에 따른 사회문화적 갈등이 표출되면서이다. 몇 년 전 부상한 헬조선 담론은 계급 이동이 어려워진 한국의 사회경제적 조건이 투영된 담론이다. 또한 부(富)를 대물림하는 금수저와 빈(貧)을 대물림하는 흙수저 간 계급 이동의 불가능성 및 소통의 불가능성을 이야기하는 수저계급론을 통하여 한국 사회의 계급 갈등의 문제가 보편적 공감을 얻고 있다. 이러한 담론들이 가시화됨에 따라 계층을 바탕으로 한 혐오가 한국 사회의 지배적 화두로 인식되기 시작하였고 이런 문제의식에 입각한 연구들이 생산되고 있다.

이러한 계기를 통하여 혐오표현에 대한 관심과 우려가 사회 각계에서 제기되었고, 시민단체와 학계 등의 세미나와 논문 주제로서 다루어지면서 언론에서도 혐오표현에 대한 보도를 비중 있게 다루기 시작하였다(홍성수, 2015). 2016년에는 혐오표현과 관련하여 가장 많은 연구들이 쏟아져 나왔다. 이는 혐오표현에 대한 한국 사회의 관심이 크게 높아졌음을 반영하는 것으로 보인다. 2018년과 2019년의 경우에도 다양한 관점과 접근으로 논의가 이루어졌다.

전체적으로 볼 때 혐오표현이 불러오는 해악에 대한 연구자들의 이해는 유사하며, 이것이 혐오표현 연구를 가능하게 하는 공동의 계기(요인)가 되고 있는 것으로 판단된다. 연구들은 우선 혐오표현은 사회의 소수집단을 표적으로 삼기 때문에 해당 집단의 자유와 존엄성을 훼손한다고 지적한다. 이주영(2015)은 혐오표현이 특정 소수자들에게 수치심 등 고통을 주며, "소수자에 대한 사회적 편견을 고착시켜 이들의 평등권과 공적인 장에의 참여를 제약한다"라고 설명한다. 같은 맥락에서 이승현(2016a)은 혐오표현이 일상적·사회구조적·제도적 차원에서 소수집단의 표현의 자유를 제한한다고 주장하며, 김민정(2016)도 혐오표현이 소수집단의 정체성을 공격하는 행위라면서 그 해악성을 지적한다.

또한 혐오표현은 특정 집단뿐 아니라 사회 공동체 차원에서도 해악을 불러일으킨다는 점에서 연구의 필요성이 제기된다. 이러한 혐오표현은 민주주의와 사회적 공존을 위태롭게 하고(이주영, 2015), 집단적인 증오범죄로 이어질 수 있는 증오선동의 위험을 지닌다. 이승현(2016b)은 혐오표현의 확산이 사회 전체적으로는 공론장의 왜곡을 가져온다고 말한다. 혐오표현의 표적 집단구성원이 대항할 힘을 찾지 못하여 공론장에 참여할 기회를 박탈당함으로써 공론장의 왜곡이 발생하고, 더 나아가 무분별한 혐오표현은 공론장의 토론문화를 왜곡시킨다는 것이다. 즉 혐오표현은 민주주의 사회 공론장의 기본 전제인 사회 구성원 간의 상호존중을 결여하기에 사회적 해악이 된다는 것이다.

혐오표현 연구의 특성

혐오표현에 대한 연구는 논의가 크게 두 가지 방향을 보이는데, 규제에 대한 찬반 논의와 규제를 위한 입법 여부와 관련된 논의로 구분할 수 있다. 무엇보다 찬반 논의는 학문적 영역과 상관없이 규제론과 비규제론으로 우선 구분할 수 있다. 규제론의 경우 새로운 입법을 통한 규제와 기존 법리를 통한 규제로 나눌 수 있으며, 이러한 입법관련 논의는 주로 법학 관련 연구들에서 이루어지고 있다.

혐오표현 규제론자들은 무엇보다 소수자를 향한 혐오표현이 초래하는 실제적 해악에 주목한다. 혐오표현에 노출된 표적 집단은 모욕, 공포, 편견, 멸시, 자책, 모멸 등으로 인하여 정신적 고통에 시달리게 되고, 혐오표현은 폭력이나 차별 등을 선동하여 표적 집단에 대한 공격성을 자극할 수 있다고 주장한다(이재진, 2000; 조소영, 2003). 같은 맥락에서 월드론(Waldrone, 2012)은 혐오표현은 '표현'이 아니라 '행위'로 보아야 한다고 주장한다.

따라서 연구자들은 표현 단계에서의 예방적·선제적 조치가 정당화될 수 있다고 본다. 표현(언론)의 자유를 고려하여 단순히 '사상의 자유 시장'에 맡기는 것은 비현실적이고 소수자의 피해가 걸려 있다는 측면에서 일정한 규제는 불가피하다는 것이다. 아울러 혐오표현은 역사적·문화적 경험에 근거할 때 일방향적 커뮤니케이션이기 때문에 규제가 필요하다는 지적도 있다. 즉 커뮤니케이션의 본질은 양방향성이고 공유와 참여가 중요한 반면, 혐오표현은 권력의 무게에 따라서 커뮤니케이션이 일방적으로 이루어지게 되어 언론의 자유의 본질적 의미가 제대로 반영되고 있지 않다는 것이다(Lee, 1997; 이재진, 1999).

간단히 말하자면 규제론자들은 규제의 사회적 필요성이 존재하므로 다양한 방식을 통하여 혐오표현에 대한 규제를 실시해야 한다고 피력한다. 그러나 규제를 옹호하는 경우에도 법적 테두리에서 최소한의 규제가 될 수 있도록 해야 한다는 의견이 다수를 차지하였다.

최소한의 규제 시각에서 이정념(2019)은 혐오표현은 심각한 사회적 문제를 일으키는 악의적이고 공격적인 표현으로서 적절한 기준을 마련하여 법적 정당성이 인정되는 범위 내에서 제한될 수 있다고 보았다. 유사하게 박승호(2019)는 혐오표현을 형사법으로 규제하고자 할 때 진정한 협박과 증오선동적인 표현만 하도록 하고, 비형법적 규제는 민법과 행정법에 의한 규제, 그리고 포괄적 차별금지법 제정을 통하여 하는 것이 바람직하다고 보았다. 유사하게 박호현, 장규원 그리고 백일홍(2017)은 표현의 자유가 중요하기는 하지만 절대적인 자유는 아니며, 혐오표현이 타인의 명예나 인격을 심대하게 침해하는 경우 피해를 막기 위하여 혐오표현이 일정 부분 규제되는 것이 맞지만 형사적 규제만으로는 바람직하지 않고 민사적이고 행정적인 규제도 같이 적용될 수 있어야 한다고 하였다. 이뿐 아니라 사회 분위기 조성에 작용할 수 있는 구조적 규제(constructive regulation)도 같이 고려될 필요가 있다고 피력한다. 이러한 구조적 규제를 위해서는 중앙정부와 지방 정부 모두의 노력이 요구되며 개인들의 자치적인 노력이 병행되어야 한다고 주장하였다.

여성혐오에 대한 규제를 강조한 연구들도 있다. 박건우와 이정읍(2019)는 여성혐오 문제인식에 대하여 성별, 정치 성향별, 그리고 인터넷을 통한 혐오표현 노출 여부 등이 중요한 영향을 미치는 것으로 보았다. 다양한 미디어를 통한 혐오표현에 대한 노출은 혐오표현을 경험하지 않은 집단에 비해 여성 혐오문제 인식과 심각성에 대하여 인지가 높은 것으로 나타났다고 밝혔다. 결국 여성혐오와 성차별의 극복을 위해서는 범국민적 차원의 인식전환과 보다 높은 수준의 공론화가 필요하다고 제언한다.

이승선(2018)은 혐오표현을 규제하기 위해서는 명예훼손법리가 아닌 별도의 혐오표현 규제 법리를 적용해야 한다고 주장한다. 증오선동, 반인륜적 역사 부정의 혐오표현은 본질적으로 규제하여 인간의 존엄을 보호하고 사회적 공공성, 토론과 비판을 토대로 하는 민주주의 시스템을 보장할 것을 주장하였다.

그러나 혐오표현이 사회적 해악이 있다고 하지만 그 혐오표현에 대한 규제는 자칫 언론표현의 자유를 제약하게 될 수 있다는 반대 의견(비규제론)도 만만치 않다. 반대론자들은 현재까지 혐오표현의 규제로 얻을 공적 이익이 혐오표현을 헌법적 영역에서 보호하는 이익보다 크지 않다고 인식한다. 즉 혐오표현의 규제를 반대하는 경우에는 혐오표현에 대한 규제는 명예훼손, 모욕죄와 같이 특정되지 않는다는 측면에서 피해나 해악을 입는다는 사실이 너무나 막연하며, 문제가 되면 기존의 법률에 근거해서 해결할 수 있다는 점에서 혐오표현을 범죄화하여 미리 막아서는 안 된다는 것이다. 또한 비록 혐오표현으로 인하여 해악이 예상된다고 하더라도 사상의 자유시장의 원리 속에서 주장과 반박의 과정을 통하여 제도적이고 근본적으로 해결하는 것이 이상적이라는 것이다.

아울러 기가 죽지 않도록 자기 정체성의 강화 또는 내성을 기른다는 측면에서 혐오표현을 규제해서는 안 된다는 논지도 있다. 즉 혐오표현의 표적이 되는 소수자들이 사회 속에서 느끼는 정체성의 혼란을 바로잡을 수 있다는 측면에서 혐오표현을 처벌해서는 안 된다는 것이다. 이와 함께 이러한 혐오표현을 못하게 하는 것이 본질적인 차이나 내재된 문제를 해결하는 것이 아니라 임시방편적인 약방문에 불과하고 오히려 상처를 더 크게 만들 수 있다는 지적도 있다. 다시 말하자면 혐오표현에 대한 규제는 잘 해야 미봉책일 뿐 자칫 규제를 하다가 더 큰 문제를 낳을 수 있기 때문에 보다 근본적인 규제 방식을 찾아봐야 한다는 것이다(Lee, 1997).

구체적으로 조소영(2016)은 적의적 표현이라는 표현행위에 대한 법적 규제는 표현의 자유권이라는 헌법적 보장 정신에 비추어 근거 법령의 명확성이 요구되고 해석 및 적용의 엄격성이 요구된다는 점에서 확대 또는 유추해석이 함부로 허용될 수 없다는 점에서 정보통신망법 개선의 필요성을 제기한다. 유사하게 이준일(2017)은 혐오표현의 규제 대상이 되는 집단의 존엄성 침해의 문제가 있기는 하지만, 이를 제한하기 위해서는 그 침해가 심각하고 이를 제한함으로써 얻게 되는 질서유지 또는 타인의 명예나 권리보호 등의 공익이 우월하다는 사회적 공감대가 형성되기까지는,

그리고 사회적으로 역사적으로 합의된 혐오표현의 정의가 없는 경우 혐오표현은 아직까지 헌법적 보호대상으로 보아야 한다고 피력한다.

최종선(2018)은 한국은 혐오언론을 규제할 종합적인 법이 존재하지 않고 개별법만 존재하므로 자칫 언론표현의 자유를 침해할 우려가 있다고 본다. 혐오표현을 규제하기 위해서는 다양한 분야의 이해 당사자들의 의견 청취 등 의견수렴 절차를 통하여 규제 대상이 되는 혐오표현을 어떻게 정의할 것인지, 규제 대상의 범위 설정 및 피규제자의 예측 가능성 확보 방안 등을 선행적으로 마련해야 한다고 강조한다. 즉 혐오표현을 규제하기에 앞서 다양한 선행요건들을 충족시키는 것이 중요하다는 것이다.

조제성(2019)은 혐오표현의 등장은 온라인에서 형성된 커뮤니티 사이트가 특정 성향의 개인이 집중될 수 있는 역할을 해줌으로써 시작되었다고 봐도 과언이 아니라고 지적한다. 특정 커뮤니티 사이트에서 사용되는 은어, 비속어가 혐오를 포함하고 있다고 보았다. 분석결과, 과도한 인터넷 사용은 혐오표현 경험 빈도를 증가시키는 원인으로 작용하는 것으로 나타났다. 또한 혐오표현 경험이 높아질수록 온라인 혐오 가해경험이 높아지며, 이 경로를 통하여 오프라인 혐오 가해경험 또한 높아진다는 점을 확인하였다. 오프라인 혐오표현 가해요인으로 혐오표현 경험과 표현의 자유보장은 영향을 미치지 않았으며 온라인 혐오표현 가해경험을 거치면서 영향을 미치는 것으로 나타났다고 밝혔다.

유은준(2019)은 혐오는 싫어함의 원초적 감정이기 때문에 완전히 배제하거나 제거할 수는 없으나 이것이 왜곡되어 극단적 폭력 현상이 되어서는 안 된다고 주장한다. 그는 혐오는 성(性)적 영역뿐 아니라 인종적 혹은 민족적 영역에서 다양하게 나타나고 있으며, 혐오와 권력이 결합하여 가해자 없이 피해자만 양산하는 폭력적 성향을 지속하는 것이 문제라고 파악하였다. 이를 해결하기 위해서는 혐오에 맞서는 한나 아렌트(Hannah Arendt)의 이해를 통하여 살펴보아야 한다고 주장한다. 즉 현실을 이해하고 침묵하지 않고 참여하는 권력을 통하여 혐오에 맞서야 한다는 의견을 피력한다. 유사하게 이준웅과 박장희(2018)는 증오 발언과 혐오 발언을 구분해야 한다면서, 강건한 민주주의 실현을 위해서는 발언의 자유를 적극적으로 행사하되 사회적 약자와 소수자 보호를 위한 증오 발언 개별영역의 규제체계를 필요로 한다고 보았다.

이처럼 첫 번째 연구방향이라고 할 수 있는 규제 찬반론은 상당히 치열하게 논의가 전개되고 있는 것을 알 수 있다. 두 번째 연구방향으로, 규제 찬반 논의와 아울러 혐오표현 규제에 대한 입법화의 필요성 여부에 대한 찬반 논의가 조심스럽게 이루어지고 있다. 입법 찬성론은 혐오표현을 한 사람을 처벌하자는 측면에서 보다는 이로 인하여 발생하는 피해를 구제하는 측면에서 법제화가 필요하다는 취지를 담고 있다. 대표적으로 김민정(2016)은 혐오표현이 "사회적·역사적으로 차별과 억압을 받아온 소수자 집단의 정체성을 공격의 대상으로 삼는다는 점에서 모욕죄 혹은 명예훼손죄로 처벌되는 표현들과 그 성격이 다르다"라고 전제한다. 다만 혐오 감정을 표현하는 행위라 하더라도 다양한 유형이 존재하는데, 사적인 혐오표현의 경우 현행법으로도 처벌할 수 있지만, 공적인 혐오표현의 규제에 관해서는 추가 법령의 필요성을 제시한다. 즉 사적인 혐오표현은 기존법으로 해결하되 이것이 불특정 다수의 소수자 집단을 대상으로 하는 표현을 규제하는 쪽으로 입법의 방향을 잡아야 한다는 논의이다.

이주영(2015) 또한 혐오표현에 대한 판단과 규제를 유형화한다. 형사적 규제와 비형사적 규제의 기준을 달리하여 형사적 규제의 경우에는 국가형벌권이 남용되지 않도록 목적성 요건, 개연성 기준을 더욱 엄격히 적용하고, 비형사적 규제의 경우에는 해악의 예방과 소수자 보호에 무게를 두도록 적용 기준을 완화하는 방안을 모색해야 한다는 것이 요지이다.

물론 이러한 입법방식의 규제조차도 표현의 자유나 다양성, 형평성 측면에서 반대의 목소리도 나오고 있다(이승현, 2016a). 그러나 입법을 통한 규제를 반대하는 경우에도 방식에 대한 우려가 많으며 규제의 필요성 자체를 완전히 부인하는 것은 아니다. 예를 들어 유의선(2019)은 혐오표현의 규제요건으로 ① 특정 집단의 본질적 특성을 겨냥하여 그 구성원의 인격이나 정체성, 신체적·정신적·장애 요소 등을 합리적·공익적 이유 없이 비적정 용어로 조롱하고 비하하거나, ② 혐오적 표현으로 인하여 피해 집단 구성원이 통념적 관점에서 극심한 정도의 심리적 고통을 받을 수 있거나 심지어 폭력, 살인 등 반사회적 범죄 및 차별의 희생자가 될 가능성이 예견될 때 충족될 수 있는 것으로 보고, 이에 대한 대항담론을 실질적으로 행사할 수 없는 경우에는 적극적으로 공적 규제가 작동할 것이라고 보았다. 가능한 한 민사적 규제나 자율규제를 중심으로 실시하되 형사적 규제는 불가피한 부분에 대해서는 지나치게 표현의 자유가 위축되지 않도록 비례성과 명확성의 원칙에 준하여 규제 범위의 적정성, 법규제의 명료성 등의 확보할 수 있는 방안을 검토해야 한다고 주장하였다.

규제를 둘러싼 논의를 정리하자면, 외국의 경우에 혐오표현을 규제하지 않는 나라는 한국뿐이라는 홍성수의 판단과 같이, 여기서는 이러한 문제에 대하여 기존의 논의를 종합적으로 정리하고, 외국의 경험을 살펴서 '혐오표현의 허용과 한계를 둘러싼 다양한 이익들이 적절히 비교형량이 될 수 있는 보편적 이론적 틀을 구축하는 것이 필요할 것'이라 요약할 수 있다.

전문학술지에 실린 논문은 아니지만 혐오표현에 대한 학술서가 나오면서 혐오표현의 연구를 좀 더 체계적이고 이론화하려는 모습을 보이게 된다. 혐오언론에 대한 법학적 접근을 취하는 저술 또한 외국의 출판물에 대한 번역본으로, 주로 2016년 이후에 활발하게 출판되었다. 주디스 버틀러(Judith Butler)의 《혐오 발언》(1997/2016), 제레미 월드론(Jeremy Waldron)의 《혐오표현, 자유는 어떻게 해악이 되는가?》(2012/2017), 얀 오스터(Jan Oster)의 《미디어 자유는 기본권이다》(2015/2017) 등이 대표적인 예이다. 국내에서도 여성학 연구에서 많이 인용되는 버틀러는 《혐오 발언》을 통하여 "궁극적으로 혐오 발언에 대한 어떤 규제도 제정하지 말자"라고 주장한다. 왜냐하면 규제는 특정 발언에 대하여 의미를 '재부여'하고 '재수행'함으로써 이런 발언에 자극을 받아 도전할 수도 있는 자들을 침묵시키도록 작동할 수 있기 때문이라는 것이다.

홍성수와 이소영이 공역한 월드론의 《혐오표현, 자유는 어떻게 해악이 되는가?》는 혐오를 발언할 권리도 존중받아야 하는가에 대하여 심각한 문제 제기를 하면서 버틀러와는 다른 시각을 제시한다. 혐오표현이 난무하는 환경과 혐오표현이 없는 환경 두 가지 선택 가운데 개인의 존엄과 사회적 지위를 보장할 수 있는 길이 무엇인지를 살펴본다. 핵심은 혐오표현으로부터 사람들을 보호하는 것이 아니라 "포용의 공공선과 정의의 기초에 관한 상호 확신의 공공선"을 지키는 데 있다고 보기 때문이다.

이들 번역서는 서구에서 혐오표현에 대한 학술적·법제적 담론을 엿볼 수 있게 해주며, 혐오표현 문제에 막 발을 내딛기 시작한 한국 사회에도 여러 시사점을 제공한다. 이처럼 외국의 혐오표현 현상 및 법제적 접근을 소개하거나 그에 대한 연구물을 번역하는 작업은 국내 혐오표현 현상을 학술적으로 이해하려는 노력의 시발점으로 여겨진다. 국내에서도 증오와 차별이 역사 속에서 오래 지속되어 왔지만, 그것이 혐오표현이라는 하나의 담론으로 구성되지는 못했던 만큼, 외국의 선례와 선행 연구를 통하여 국내 담론을 형성하려는 노력이 이루어져왔다. 그러나 한국의 혐오표현과 관련해 법제적 접근을 보여주는 구체적 연구서는 아직 없다. 이는 혐오표현이 국내에서 심각한 사회적 문제로서 오랫동안 인식되지 못했거나, 비록 그런 인식은 있었으나 이에 대한 사회적 관심이나 이론적이고 체계적인 학술적 접근이 부족하였다는 사실을 반영하는 것이라고 하겠다.

온라인 혐오표현

거의 모든 국가에서 인터넷과 소셜 미디어 이용률이 크게 늘어나면서(한국의 이용률 2017년 89.9% 이상) 온라인에서의 혐오표현의 문제가 함께 증가하여 심각한 수준에 도달하였다. 방송통신심의위원회(2016)에 따르면 차별·비하 관련 시정 요구 건수가 2011년 4건에서 2016년 7월 기준 1,352건으로 크게 증가함에 따라 정부는 대책 마련에 고심하고 있는 것으로 나타났다. 이렇게 국내에서도 온라인 공간에서의 혐오표현이 많은 논란을 낳음에 따라 그에 대한 허용 또는 규제의 문제가 이론적으로 그리고 구조적으로 고찰될 필요성 및 당위성이 제기되고 있다.

유럽의 경우 유럽평의회(Council of Europe)는 온라인상의 혐오표현을 대상으로 한 'No Hate Speech Movement' 캠페인을 전개하고 있고, 미국의 경우 남부 빈민법 센터(Southern Poverty Law Center)나 반명예훼손연맹(Anti-Defamation League)에서 인터넷상의 혐오표현을 감시하고 있는 것으로 알려지고 있다.

온라인 혐오표현에 대한 사회적 우려는 미국에서 이미 오래전부터 나타나기 시작하였다. 1990년대 들어 발생한 온라인 혐오표현의 확산은 인종주의적 혐오 그룹 사이트(hate group sites)가 급격히 증가한 것과 밀접한 관련이 있다. 인터넷이 보급되면서 나타난 이들 혐오 사이트의 이슈는 대부분 이미 역사적인 사실로 인정되고 있는 유태인들에 대한 '홀로코스크'(Holocaust)를 부인하는 것이다. 혐오그룹은 자신들의 홈페이지를 통하여 아우슈비츠 감옥에서 유태인들이 고단한 몸을 목욕탕에서 쉬는 모습을 보여주면서 어느 누구도 그곳에서 처형된 바 없다는 주장을 펼쳤다. 그들은 사이트를 통하여 인종주의나 민족주의 활동을 위한 금전적인 지원을 호소하기도 하며, 심지어 유색인종에 대한 백인들의 성전(holy war)을 부추기기도 하였다(LA Times, 1995.04.16., p.M2). 1990년대 말까지 미국에서는 400개 이상의 인터넷 사이트에서 활발한 혐오운동을 펼친 바 있는데, 대표적인 것이 최초의 본격적 혐오집단 웹사이트로 알려진 데이비드 듀크(David Duke)가 운영하는 스톰프론트(Stormfront)였다. 이 사이트(http://www.stormfront.org)를 통하여 이들 혐오 사이트들에 접할 수 있는데 이들은 반유태주의, 백인 우월주의, 신나치주의, 홀로코스트 부정(Holocaust denial)을 기치로 삼고 있다(Eatwell, 1995, p.A9).[10]

한국의 경우 반이주자, 반외국인노동자 등을 표방하는 소위 '반다문화 커뮤니티'들이 2000년대 후반부터 활동을 시작하였으며, 2010년 이후에는 동성애 반대 커뮤니티들이 활동을 시작하였다. 이러한 커뮤니티가

10 홀로코스트 부정 사이트(Cohen-Almagor, 2011). http://vho.org/aaargh/engl/engl.html;http://www.adelaideinstitute.org/; http://www.toben.biz/; http://www.air-photo.com/english/; http://www.blacksandjews.com; http://www.ety.com/HRP; http://holywar.org; http://www.holocaustdenialvideos.com; http://www.landoverbaptist.net/showthread.php?t=9197; http://www.goodnewsaboutgod.com/studies/spiritual/home_study/holocaust_lie.htm.

얼마나 조직적으로 활동하는지는 다 알기 어렵고 이들이 혐오집단이라고 단정하기는 어렵지만, 관련 게시판에 남겨진 여러 차별적인 표현들은 혐오표현으로 될 가능성이 많다는 점에서 우려가 된다. 이러한 커뮤니티는 알려진 것만 해도 〈다문화정책반대〉, 〈우리문화사랑국민연대〉, 〈다문화정책〉, 〈다문화바로보기실천연대〉, 〈외국인노동자대책 범국민 연대〉 등 수십 개가 있는 것으로 나타났다(국가인권위원회, 2016).

이처럼 독버섯같이 늘어나는 혐오집단 사이트에 대한 인식이 미국에서부터 점차 국제적으로 확대되면서 국제법상의 규제에 대한 찬반 논란이 일고 있다. 먼저 국제인권헌장(Universal Declaration of Human Rights, UDHR)의 언론 자유와 개인의 보호에 대한 규정이 문제가 될 수 있다. 〈국제인권헌장〉 제19조에 따르면 개인은 누구라도 공공질서의 유지, 공중보건이나 도덕적인 문제를 제외하고는 언론의 자유에 대한 침해를 받을 수 없다고 규정하고 있다. 반면 제20조에서는 특정의 인종적·국가적·종교적인 증오나 폭행을 촉발하려는 의도를 가진 표현의 경우에는 언론의 자유가 제한될 수 있다고 명시하고 있다.

따라서 온라인에서의 혐오표현에 대하여 과연 서로 상충하는 국제법 조항이 어떻게 적용될 것인가가 쟁점으로 부상하고 있다. 캐나다의 경우 실정법상 혐오표현을 금지하고 있으며, 독일이나 오스트리아에서 역사적 사실인 홀로코스트(Holocaust)를 부정하는 것은 위법이다(Lambert, 1995, p.1G). 특히 독일은 극우파들의 테러 사태가 심해지자 언론계가 공동으로 대응에 나서 웹사이트(http://www.netzgegenrechts.de)를 개설하고 청소년들이 극우파의 선전과 선동에 빠지는 것을 방지하도록 노력한 바 있다(연합뉴스, 2000.08.17.).

이처럼 혐오표현은 SNS 등 개인 미디어의 발전과 더불어 더욱 광범위

그림 1 **혐오의 피라미드**

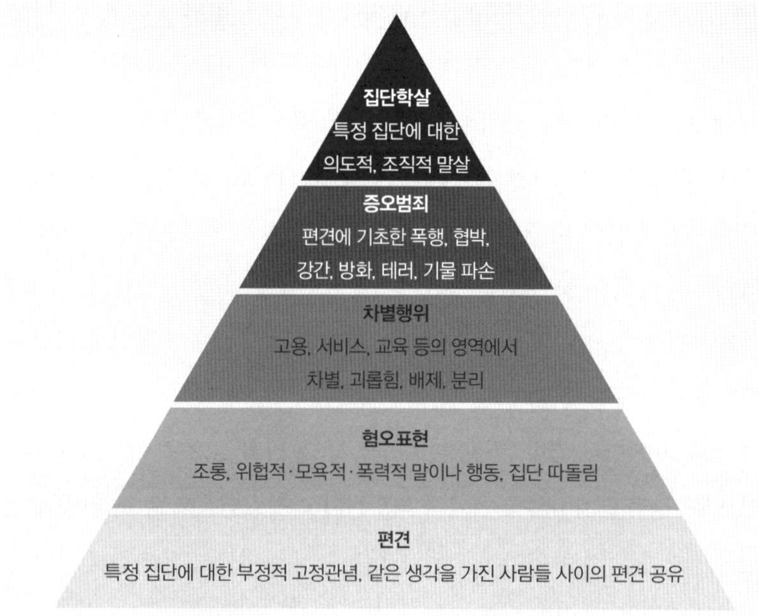

출처 홍성수(2018), 84쪽에 근거하여 《경향신문》, 2018.01.15.

하게 확대되면서 인권 침해와 명예훼손 등의 위법적 행위로 이어질 뿐 아니라 자살, 증오, 사회적 불신과 같은 부작용을 일으킨다(박태순, 2014). 특히 인터넷상의 익명성 및 비대면성으로 인하여 피해의 확산이 매우 크며 선동과 자극을 통하여 증오심을 키우거나 실제 폭력행위로 이어지는 경우도 발생한다(박미숙·추지현, 2017, 4쪽). 이러한 점은 혐오의 폐해를 단계별로 보여주는 〈그림 1〉 혐오의 피라미드에 잘 나타나 있다(홍성수, 2018).[11]

11 혐오의 피라미드는 표현의 자유에 대한 국제인권기구인 Article 19에서 제시한 "'Hate Speech' Explained a Toolkit"에서 혐오로 인한 피해의 사다리 모델로서 특정 집단에 대한 부

혐오의 피라미드는 5단계 또는 6단계 피라미드가 있는데, 5단계 피라미드를 간단히 설명하자면, 1단계(편견)에서는 특정 집단에 대한 부정적인 스테레오타입, 개그, 루머 및 비슷한 생각을 가진 사람들과의 대화, 부정적 정보는 받아들이고 긍정적 정보는 차단, 몰이해한 발언을 하는 상황을 포함한다. 2단계(혐오표현)에서는 특정 집단을 대상으로 조롱하거나 모욕/경멸/위협적 언사, 비웃음, 사회적 기피, 비인간적 대우나 희생양을 만드는 행위를 하게 된다. 3단계(차별행위)에서는 1~2단계 근거한 본격적인 차별행위를 벌이는 것으로 고용이나 서비스 교육 주거지 등에서 차별을 하고 괴롭힘을 행사하는 현상이 벌어진다. 이는 결국 4단계(증오범죄)에서 발생하는 기물 파손이나 협박, 폭행, 테러리즘, 강간, 방화 등으로 이어지고 궁극적으로는 제5단계(대량학살)에서 의도적이고 시스템적으로 한 인종을 말살시키는 큰 범죄로 이어지게 된다. 이러한 피라미드는 단순한 편견이 큰 범죄로 연결될 수 있는 위험성을 잘 보여준다.[12]

이러한 위험성은 오프라인보다 온라인에서 더 클 수 있다. 이정념(2016), 한국정보화진흥원(2019) 등에 따르면 온라인 혐오표현이 오프라인 혐오표현과 다른 것은 아니지만 몇 가지 특징을 지닌다.

첫째, 온라인상의 혐오표현은 오래 지속되어 영향력을 발휘할 수 있다는 점이다. 일반적으로 혐오표현은 휘발성이 있지만 온라인에서의 혐오표현은 쉽게 사라지지 않고 인터넷 어딘가에 숨어 있다가 검색을 통하여

정적 고정관념과 태도나 편견이 궁극적으로 집단살해(genocide)에 이르게 될 수 있다는 점을 도식적으로 보여준다(홍성수, 2018). 여기서 금지(규제)되어야만 하는 발언(speech must be restricted)은 국제법상, 또는 어느 사회에서도 미치는 해악의 심각성으로 인하여 규제의 필요성이 인정된다. 한국의 경우에도 예외는 아니다.

12 많은 연구자들은 일단 이러한 과정이 시작되면 중간에 멈추기는 어렵다고 경고한다.

드러나게 된다. 이 때문에 다른 형태의 미디어보다 온라인에서의 혐오표현의 해악이 더욱 클 수밖에 없다는 특징이 있다.

둘째, 온라인 혐오표현의 확산성이 매우 크다는 특징이 있다. 저장 능력이 무한대인 온라인에서의 복제는 너무나 광범위하게 확산될 수 있다. 혐오표현을 전파시키는 데 드는 시간과 비용이 적기 때문에 혐오집단이 혐오를 확산시키기 위하여 온라인을 그 주 무대로 삼는 경우가 많다.

셋째, 온라인은 다양한 플랫폼으로 존재하며 다양한 이용자가 접근할 수 있다는 점이다. 온라인 공간은 단일한 공간이 아니며, 다양한 플랫폼으로 이루어진다. 그리고 그 플랫폼은 개별 이용자들의 특성에 맞게 설정되어 있다. SNS의 사례를 보면, 발화자는 대상이 누구인가에 따라서 트위터, 페이스북, 카톡 등을 다양하게 쓸 수 있으며, 블로그나 포털 사이트 커뮤니티 등을 이용할 수 있다. 커뮤니티의 경우 집단적 동질성이 매우 높으며 좀 더 조직적이다. 여기가 때로 혐오표현의 표출 장소가 되기도 한다.

2016년 국가인권위원회가 실시한 조사에 따르면, 한국에서는 온라인 혐오표현 피해가 매우 '일상적'으로 발생하고 있는데, 혐오표현을 온라인 뉴스나 영상의 댓글에서 접하는 경우가 가장 많았고(78.5%), 온라인 카페나 커뮤니티 댓글(73.7%), 페이스북 댓글(73.3%), 블로그 댓글(60.1%) 등의 순으로 혐오표현을 경험하는 것으로 나타났다. 즉 온라인의 경우 댓글을 통하여 혐오표현을 접하는 경우가 대부분인 것을 알 수 있다. 댓글 이외에도 온라인 뉴스 기사나 영상 사이트, 온라인 카페나 커뮤니티 사이트, 웹툰 등에서도 경험한 것으로 조사되어 혐오표현이 일부의 온라인 공간에 집중되어 있다기보다는 다양한 곳에 광범위하게 퍼져 있는 것으로 보인다(국가인권위원회, 2016).

이처럼 일상화된 온라인상의 혐오표현 경험의 문제를 지적하는 연구들이 2012년부터 나오기 시작하였다. 박창호(2012)는 다음(Daum)과 조선닷컴 기사의 댓글 1200여 개를 분석하였는데, 내용의 근거를 제시하며 차분히 설명하거나 사건의 이해에 필요한 정보와 대안을 담은 이성적 댓글은 전체의 28.1%에 불과한 반면, 근거가 없는 흥분, 분노, 좌절 등의 감정적 표현을 사용하거나 욕설 및 거친 어조를 지닌 어조를 지닌 비이성적 댓글(소위 악플)이 전체의 71.9%에 달하고 있음을 밝혔다. 또한 한 일간지의 조사에서는 한국의 주요 포털사이트 3곳의 댓글 중 14.3%가 악성 댓글이며, 그중 욕설과 협박이 65.3%에 달하는 것으로 나타났다(양혜승, 2018).

역시 다음(Daum)을 분석한 한희정(2016)의 연구에 따르면, 토론 공간인 아고라에서 이주여성과 관련된 글과 댓글의 담론을 분석한 결과 2011년 이후 올라온 이주여성 관련 글의 대부분이 혐오담론(표현)에 해당되었다. 혐오담론 중 많은 글이 대부분 이주여성을 매춘과 연관시키고, 한국 남성을 피해자로 간주하면서 이주여성에 대한 과도한 증오심을 표출한 것이었다.[13]

이광진(2017)은 표현의 자유는 민주사회에서 불가결한 권리 중 하나이고, 이를 구현하기 위한 의사표현의 형태는 다양하게 존재한다는 점을 전제로 보았다. 그는 이러한 의사표현의 형태 중에는 표현의 자유의 가치를 향유하지 못하는 것도 있는데 그러한 것 중에서 최근 논의되고 있는 것 중의 하나가 혐오표현이라는 것이다. 한국은 사이버 공간에서의 자유로운 표현활동이 활발하게 이루어지고 있고, 이러한 공간에서 타인의 권리를 침해하는 표현이 개인이나 특정 집단에 대한 혐오를 선동하는 부작용이

13 소위 악성으로 단정할 수 있는 모든 표현이 모욕죄에 해당할 수 있는 것으로 보인다(박권일·김학준·허윤·위근우·이준일, 2016).

나타나고 있다는 점과 결혼이민이나 유학 등으로 다문화사회가 되면서 이러한 현상이 온라인은 물론이고 오프라인상에서도 나타나고 있다는 점을 경계할 것을 주문한다.

혐오표현은 댓글뿐 아니라 다양한 곳에서 다양한 유형으로 나타난다. 박미숙과 추지현(2017)의 연구에 따르면 혐오표현은 채팅방과 같은 실시간 대화 중 혹은 게임 사이트나 〈일간베스트〉(이하 일베)와 같은 온라인 커뮤니티 안에서 발생하는 경우가 상대적으로 많았으며, 익명성이 강하여 게시 장소에 접근하는 사람들이 피해자를 식별하기 힘든 곳에서 더욱 빈번하게 일어났다고 밝혔다. 이들은 일베에 대한 연구에서 4개 주요 차별사유별(여성혐오, 인종혐오, 장애혐오, 성 소수자 혐오) 혐오표현 게시물 8만 1890건의 분포 양상을 분석하고 여성혐오표현이 가장 많았으며 이는 장애, 성 소수자, 이주자에 대한 혐오와도 결합하여 나타나는 양상을 보였다고 밝혔다. 조선족의 경우에는 잠재적 범죄자로 보는 표현들이 문제라고 지적하였다. 그런데 이러한 온라인 혐오표현을 경험하였을 때 대부분의 응답자들이 혐오표현이 문제가 있다고 생각하면서도 다른 사람에게 알리거나 반대하는 입장의 글을 올리기보다 이를 무시하고 넘어갔던 경우가 많은 것으로 나타났다(국가인권위원회, 2016).

혐오표현은 최근 유행하는 1인 미디어에서도 문제가 되고 있다. 김지수와 윤석민(2019)은 유튜브(YouTube)와 아프리카 TV, 두 플랫폼에서 동시에 활동하고 있는 대표적인 토크/캠방 창작자 4명의 방송 100건을 대상으로 내용분석을 실시한 결과, 대부분의 토크/캠방 방송(87%)에서 여성혐오 발언 맥락이 최소 한 번 이상 등장하였으며 평균 3.77회(SD=3.32)의 여성혐오 발언 맥락이 등장함으로써 굉장히 빈번히 사용되고 있다는 점을 밝혔다. 혐오 발언 등장한 대화의 주제는 대화/소통(25.0%), 외모/뷰티

(17.6%), 오락/이벤트(16.2%) 등의 순으로 나타났으며, 특히, 토크/캠방 방송의 제목에서 여성혐오 발언이 상당히 자주(23%) 사용되고 있었는데, 그 중 외모(47.8%)와 관련된 발언이 가장 많았고, 나이 혹은 능력에 관한 여성혐오 발언이 제목에 포함된 경우는 1건도 발견되지 않았다. 아울러 썸네일의 경우, 전체 영상 중 15%가 여성혐오표현을 포함하고 있었으며, 여성성(40%)과 외모(33.3%) 유형의 혐오표현인 경우가 대부분으로 나타났다.

박원우와 윤혜영(2018)은 1인 미디어에서의 혐오표현 사례를 조사하여 사회적으로 이슈화된 사례가 많이 있음을 밝혔다. 이들은 그중 BJ 철구의 사례를 최악의 혐오표현으로 들었는데, 2018년 5월 12일에 별풍선을 518개를 받게 되자 "별풍선 518개! 폭동개!"라고 말하면서 5·18민주화운동을 비하한 사건을 들었다.

가장 최근에는 온라인 게임공간에서도 혐오표현을 경험한 경우가 늘어났다는 연구들이 나오고 있다. 온라인 게임 유저들은 자연스럽게 텍스트나 음성 채팅을 통하여 다른 유저들과 의사소통을 하고 정보를 주고받는다. 이러한 과정에서 플레이 경험이 향상되고 게임에 대한 애착과 접속률이 높아지는 장점이 있는 반면, 동시에 욕설과 혐오표현, 성희롱 등 폭력적인 문자 및 음성에 남녀노소 구별 없이 노출되고 있다(김미선·이도영·이종원, 2019). 이러한 상황하에서 실제로 유저들은 온라인 게임에서 혐오표현에 노출될 위험이 대단히 크고(송두헌, 2018; 김민선·이도영·이종원, 2019), 본래의 게시물보다 이에 달리는 댓글로부터 혐오표현을 더 많이 경험하는 것으로 나타났다(박현아·이재진, 2019).

이처럼 댓글 등 온라인 공간에서 퍼져나가는 혐오표현은 새로운 커뮤니케이션 수단 및 현대 기술이 가져온 인권에 대한 가장 중요한 위협들 중 하나로 인식된다. 온라인에서의 혐오표현은 온라인 커뮤니케이션의 특성 때문에 오프라인에서보다 널리 그리고 빠르게 확산됨으로써 그 파장의 결과가 엄청난 상황을 만들어낸다. 이와 관련하여 윤이경(2016)은 최근 우리 사회에서 논란이 벌어졌던 단체 카톡방에서의 여성 성희롱 표현 등에 대하여 주목한다. 카톡방에서의 특정 여성에 대한 성적 비하 발언에 대한 처벌은 기본적으로 〈성폭력범죄의 처벌 등에 관한 특례법〉(이하 성폭력방지법) 제13조상의 통신매체를 이용한 음란행위 또는 형법상의 명예훼손죄, 모욕죄를 통하여 성립될 수 있음을 고찰하고, 불특정 다수의 여성일 경우에는 개인의 표현의 자유를 침해하지 않는 영역 내에서 규제가 필요하다는 주장을 하고 있다. 또한 대학생을 포함하여 일반인들에게 성희롱의 위법성 인식을 위한 예방 교육이 필요하다고 판단한다.

이처럼 성희롱과 함께 실제로 여성혐오는 온라인에서 가장 빈번하게 일어나고 있고 대부분 여성의 외모, 여성성, 나이, 능력에 대한 신체적·성적 공격으로 나타난다(김수아, 2015). 흥미롭게도 여성혐오의 경우 남성들이 역차별이라는 프레임 속에서 일어나게 되며 실제로 기존 연구에서 신자유주의 상황에서 취업, 연애, 결혼 등 남성성을 안정적으로 수행하기 힘들어진 남성들의 불안이 투시된 것이라는 기존의 연구와 맞아 떨어진다.

이와 함께 댓글 문화가 온라인 혐오표현의 주요 원인이 된다는 지적이 있다. 이정념(2016)은 온라인에서의 댓글 문화가 혐오표현의 확산을 가속화하고 있음에 주목하고 최근 유럽인권재판소가 온라인 혐오표현으로 발생한 피해의 책임을 인터넷 포털제공자에게 물은 판결을 분석하였다. 그는 한국의 경우에도 유럽인권재판소의 판결 결과에 비추어 구체적으로 온라인상의 혐오표현을 규제할 입법의 기준을 정해야 한다고 밝힌다.

온라인 혐오표현에 대한 입법적 연구들은 국내에 이를 제재할 명확한 법이 부재함을 지적하고 기존의 법조항이나 외국의 판결 등을 통하여 새로운 입법 과정의 필요성을 주장한다. 특히 SNS 등의 온라인 공간에서 여성혐오 등을 포함하는 혐오표현이 증가하는 추세인 반면, 이를 적절히 해결할 수 있는 기준이나 사회적 합의가 없기 때문에(오선희, 2016) 입법이 필요하다는 것이다. 이와 함께 온라인 커뮤니티 및 뉴미디어 테크놀로지를 통하여 혐오표현이 확산되어 가는 현실의 규제를 위한 연구의 필요성은 더욱 요구되고 있다.

이에 대하여 이상경(2017)은 온라인 공간의 규제를 주체의 역할과 영향력에 따라 자기규제(Self-Discipline), 사업자자율규제(Private Self-Regulation), 공적 규제(Public Regulation), 그리고 공동규제(Cooperative Regulation) 방식의 네 가지로 나누었고, 국가인권위원회(2016)는 형사규제, 민사규제, 행정규제의 국가법적 규제와 자율규제, 그리고 형성적 규제로 분류한 바 있는데, 연구자들은 이러한 규제들이 상황에 따라 선택적 또는 병행적으로 적절하게 사용되어야 하며, 어느 하나가 배타적으로 활용되어야 한다거나 우선적으로 선택되어야 한다고 보기는 어렵다고 보았다. 박현아·이재진(2019) 역시 온라인의 법질서를 정립할 수 있는 규제 방법론으로 법, 사회규범(social norms), 기술(technology)이 중층적으로 동원되어야 하며, 단순히 정부규제만이 강조될 것이 아니라 기업, 시민이 규제의 복합적 주체로서 참여해야 한다고 보았다.

최근의 온라인 혐오표현 규제관련 연구들은 '누가 책임을 지는가'에 주목한다. 고홍석(2019)은 온라인 혐오표현은 크게 ① 웹 커뮤니티 사이트, ② 포털서비스 카페/블로그, ③ OTT 서비스, ④ 소셜미디어에서 발생하고 있는데 여기에서 ISP들은 그 수준에 맞는 책임이 있다고 주장하였다. 즉 ISP들이 일정 부분을 책임져야 한다는 것이다. 같은 맥락에서 임석순

(2018)은 혐오표현물을 방치한 정보통신서비스 제공자 등에게 이들 죄에 대한 방조의 책임을 물을 수 있을 것이라고 보았다. 또한 양혜승(2018)은 포털에서의 범죄 뉴스를 분석하고 난무하는 온라인상의 특정 지역에 대한 혐오표현을 줄이기 위하여 포털 사이트가 일정한 대책을 마련해야 한다고 제안한다.

임석순(2018)은 최근 온라인상 혐오표현이 사회적으로 중요한 이슈가 되고 있으며, 혐오표현의 규제에 대하여서도 대체로 그 필요성에 대한 공감대가 형성되었다고 본다. 다만 그간의 논의는 대체로 혐오표현 그 자체를 대상으로 하고 있다. 그런데 오늘날 혐오표현은 상당수 사이버 공간에서, 사회관계망 서비스를 통하여 형성되고 확산되기 때문에 정보통신서비스 제공자에게도 일정한 책임을 지워야 한다는 목소리가 높아지고 있다고 피력하였다. 현재로서는 혐오표현물을 온라인상에 게시한 사람에 대해서는 그 내용에 따라 형법상 명예훼손죄나 모욕죄, 정보통신망법상 사이버 명예훼손죄의 죄책을 물을 수 있을 것이고, 동시에 게시물을 방치한 정보통신서비스 제공자에게는 방조책임을 물을 수 있을 것으로 보인다. 이를 위해서는 먼저 혐오표현물 게시 행위가 어떠한 구성요건에 해당하는지와 정보통신서비스 제공자의 범죄 참여 형태를 검토하고, 혐오표현물 게시 행위에 대한 종범이 성립하기 위한 보증인 지위가 정보통신서비스 제공자에게는 어떠한 형태로 인정될 수 있는지를 살펴야 할 것이라고 주장한다.

제2장

모욕죄를 다시 들여다보다

1

모욕죄의 현대적 의미

관련 판결이 급증하면서 최근 우리 사회에 가장 큰 쟁점으로 등장한 것은 바로 모욕죄이다(박장희, 2019). 특히 댓글을 다는 문화가 일반적인 한국에서는 온라인상의 모욕이 가장 골치 아픈 사회적 쟁점으로 대두되었다. 지난 2008년 사이버 모욕죄를 신설해야 한다는 정치계의 제안과 입법 시도 등이 있었으나 언론의 자유, 표현의 자유와 연계된 사회적 반대에 부딪혀 성공하지 못하였다. 그러나 아직 사이버 모욕죄 논의의 불씨는 남아 있다고 할 수 있다. 왜냐하면 모욕적 표현과 혐오표현이 겹치는 영역이 상당히 넓게 분포되어 있기 때문이다(박미숙 · 추지현, 2017; 국가인권위원회, 2016).

이러한 이해에 근거하여 제2장에서는 모욕과 모욕죄가 무엇이며, 구성요건은 어떠하며, 사이버 공간에서의 모욕죄 관련 논의가 어떻게 이루어지고 있고, 관련 판례의 판결 경향은 어떠한가를 살펴보고자 한다. 이러한 분석을 통하여 모욕관련 법을 적용하여 혐오표현에 대한 규제가 가능

한지, 가능하다면 어느 정도 가능할지를 모색하고자 한다.[14]

일단 모욕이란 무엇인가에 대한 물음으로 시작할 필요가 있다. 국립국어원 사전에서 모욕의 의미는 "깔보고 욕되게 함"으로 풀이된다. 좀 더 구체적으로 모욕이란 경멸(Missactung), 무시(Nichtactung), 경시(Geringactung)의 통고를 통하여 타인의 명예를 침해한다는 것이라고 의미 내리기도 하고(김상호, 2008, 59쪽), 사회적 평판을 깎아내리는 가치판단을 다른 사람을 지목해서 함으로써 이루어지는 범죄를 일컫기도 한다(김성천·김형준, 2001). 학자들 중에는 모욕이란 "사실을 적시하지 아니하고 사람에 대하여 경멸의 의사를 표시하는 것을 말하며 추상적 관념을 사용하여 사람의 인격을 경멸하는 가치판단을 표시하는 경우가 이에 해당한다"라고 하거나, "사실을 적시하지 아니하고 공연히 경멸 등의 부정적 가치판단으로 타인의 명예를 훼손하는 것을 말한다"라고 하거나, "사실의 적시 없이 피해자의 도덕성에 관하여 가지고 있는 추상적 판단이나 경멸적인 감정표현을 말한다"라고 하거나, "구체적 사실의 적시 없이 사람에 대하여 경멸의 의사를 표시하는 것을 말하며 사실의 적시가 있더라도 그것이 구체적이지 않으면 모욕에 해당한다"라고 하거나, "구체적 사실의 적시 아닌 단순한 추상적 판단이나 경멸적 감정의 표현(욕설)으로써 사회적 평가를 저하시키는 것"이라고 설명하고 있다(표성수, 2015, 9~10쪽).

간단히 말하자면 모욕죄란 공공연히 사람을 모욕함으로써 성립하는 범죄를 말하는 것이다. 구체적으로 모욕죄란 '사회적 평판을 깎아 내리는 가치판단을 다른 사람을 지목해서 함으로써 이루어지는 범죄'라고 할 수

14 기존 온라인상의 혐오표현에 대한 규제대안으로 모욕죄를 다룬 연구들은 김민정(2014), 윤이경(2016), 이승현(2016a)의 연구 등이 있다.

있다(김성천·김형준, 2001, 303쪽). 이에 대하여 우리 〈형법〉 제311조에 "공연히 사람을 모욕한 자는 1년 이하의 징역이나 금고 또는 200만 원 이하의 벌금에 처한다"라는 모욕죄 규정이 있다. 이에 따르면 '공연히 사람을 모욕'한 것이 모욕죄의 구성 요소임을 알 수 있다.

외국의 경우에는 모욕죄가 거의 없는 것으로 알려져 있는 반면,[15] 한국에서는 형법상의 모욕죄에 대한 처벌은 상당히 무거운 것으로 알려져 있다. 우리 형법에 따르면 비록 형량은 폭행죄가 높지만 모욕을 '폭행'보다 더 엄중히 징계하고 있다고 평가된다. 그만큼 모욕을 당하는 것이 사회적으로 큰 피해를 주는 것으로 인식하고 이러한 피해를 예방하고 피해가 발생하였을 때 이에 대한 구제를 해 주는 것이 중요하다는 것으로 풀이된다.

모욕죄를 통한 혐오표현(증오 발언)의 규제 가능성과 관련하여 박장희(2019)는 2009년 인종차별적 발언에 모욕죄를 적용한 사건이 있었고, 2014년 5·18민주화운동 희생자의 관을 택배에 빗대 사진을 인터넷 사이트에 게재한 이에게 모욕죄를 적용한 사례가 있음을 밝히고 있다. 같은 맥락에서 김민정(2014)도 해악을 끼치는 공적인 증오 발언에 대하여, 현재의 모욕죄를 일부 수정하여 적용할 것을 제안하였는데, 현재의 모욕죄로 처벌하고 있는 추상적 판단 및 감정의 표현에 대한 처벌 범위를 소수자 집단의 정체성에 대한 공격을 담고 있는 추상적 판단 및 감정의 표현으로 좁혀

15 현재 모욕죄는 일본, 대만, 독일, 그리고 대한민국에만 있는 것으로 나타났다. 독일과 일본은 명예훼손죄와 모욕죄를 형법에 규정하고 있으나, 대한민국 형법이 명예훼손죄를 반의사불벌죄로 하고 있는 데 반해, 이 두 나라는 모욕죄와 함께 명예훼손죄를 친고죄로 하고 있다. 또 독일에서는 표현의 자유가 위축되는 것을 우려하여 명예훼손죄와 모욕죄를 비범죄화하려는 방안이 논의되고 있다. 표현의 자유를 중시하는 미국이나 서유럽 각국에서는 모욕죄는 물론 명예훼손죄도 형법상의 범죄가 아니다. 다만 민사상의 불법행위로 위자료 청구의 대상이 된다.

서 적용 가능한 것으로 보았다.

최근 혐오표현과 관련하여 많은 연구를 내고 있는 이승현(2016a)도 혐오표현 중에서 집단모욕죄의 적용 가능성을 살피면서, 문맥상 개인 혹은 특정 가능한 소수의 개인들을 파악할 수 있다면 수적으로 적은 집단이 지칭될수록 모욕죄 적용 가능성이 높아진다는 점을 지적하였다. 집단의 크기나 비방의 희석 여부에 근거하여 혐오표현에 대한 모욕죄 처벌이 (예외적이기는 하지만) 가능할 수 있다고 판단하였다.

그러나 이러한 시각에 대한 반대 의견도 강력하다. 무엇보다 모욕죄에 대한 연구가 제대로 이루어지지 않았다는 지적이 많다. 즉 모욕죄를 통한 혐오표현에 대한 규제가 이루어질 수 있다는 단편적인 언급에 그치거나, 모욕죄를 통한 혐오표현 규제 가능성에 대한 법리적 분석에 방점을 두는 데 그쳤다는 것이다. 기존의 논의들은 혐오표현을 규제해야만 한다는 규제론의 기본 전제에서 출발함으로써, 모욕죄를 통한 혐오표현 규제의 실효성이나 그로 인한 역효과 가능성에 대하여 충분히 다루지 못하였다는 점을 지적한다(박장희, 2019).

아울러 모욕죄 도입의 역사를 살펴볼 때 모욕죄가 다른 명예죄인 명예훼손과 마찬가지로 피해 예방이나 피해 구제를 위한 목적으로 도입되었을까에 대해서는 의문이 든다. 왜냐하면 1953년 형법이 제정되기 이전에는 소위 구형법이라고 하는 일본 형법(1912년 제정)이 적용되었는데 여기에서 명예훼손과 함께 모욕죄 규정이 존재하였기 때문이다. 구체적으로 구형법은 1912년 조선형사령에 의하여 적용된, 1907년에 제정되고 1921년과 1941년에 개정된 일본 형법을 의미한다.

〈구형법〉 제34장(명예에 관한 죄) 제231조(모욕)는 "사실을 적시하지 않는다 할지라도 공연히 사람을 모욕한 자는 구류 또는 과료에 처한다"라고 규정하고 있다. 1953년 형법의 내용과 다르기는 하지만 사실이 아닌 감정적 표출 등의 경우 공연성, 모욕, 구류, 과료 등이 모욕죄와 연관된다. 일본 형법은 강점기 시대 한국 사회를 지배하기 위하여 적용된 법인 만큼 이 법을 그대로 수용한 우리 형법은 모욕죄에 대한 신중한 사회적 고려 없이 구형법상의 규정을 우리 입법자들이 그대로 차용하여 형법을 제정함으로써 오히려 이로 인한 사회적 혼란을 야기하게 되었으며 결과적으로 표현의 자유를 침해하게 될 위축효과가 매우 클 가능성이 있다는 이유로 모욕죄를 폐지해야 한다는 지적이 있어 왔다(손태규, 2018).

과연 모욕죄는 형법 제정상의 취지나 이유와 달리 개인의 인격권을 보장하고 피해구제를 위하여 역할을 해왔는가? 아이러니하게도 구형법에서는 모욕죄에 대한 형벌상의 규정이 '구금 또는 과료'로만 되어 있는데, 1953년 제정될 때에 형벌의 수준을 높이고 이를 구체화하게 된다. 1953년 제정된 〈형법〉 제311조(모욕)는 "공연히 사람을 모욕한 자는 1년 이하의 징역이나 금고 또는 1만 5000원 이하의 벌금에 처한다"라고 규정하였으며, 1995년 개정된 〈형법〉 제311조(모욕)에서 "공연히 사람을 모욕한 자는 1년 이하의 징역이나 금고 또는 200만 원 이하의 벌금에 처한다"라고 하여 형법상의 규정을 개정하였다(개정 1995.12.29.).

구형법(일본 형법)에서는 양형의 한계를 두지 않아서 얼마나 구금이나 과료를 부과하였는지 관련 판례를 분석하지 못하여 명확하지는 않지만, 1953년 우리 형법 제정 당시 양형을 좀 더 명확하게 하여 규제 여부를 판단하려는 경향을 보인다. 물론 형법에서 모욕에 대하여 정의를 내리지 않은 상황에서 구체적인 양형을 부과하기 힘들었을 것으로 보이기도 하지만 일제 강점기 일본 왕실이나 정부 또는 관료들 나아가 기득권층인 일본인에 대한 비판이나 욕설을 임의적으로 규제하기 위한 목적이 있었을 것으

로 판단된다(이재진·이민주, 2006).[16]

기존 연구들에 따르면, 비록 이러한 부분에 있어 양형이 구체화되어 임의성이 줄어들기는 하였지만 여전히 모욕죄가 형법에 살아남은 것은 정부나 관료 또는 기득권층에 대한 감정적 표현을 규제하려는 의도 또한 살아남게 된 연유라는 점을 유추할 수 있다. 이는 명예훼손법의 역사와 유사한 측면이 있는데 언론(표현)을 규제하려는 목적으로 명예훼손법이 동원된 것과 같은 선상에서 모욕죄를 이해할 수 있을 것으로 보인다. 전술한 대로 이러한 이유로 모욕죄가 폐지되거나 폐지되지는 않더라도 비범죄화하는 것이 바람직하다는 의견도 계속적으로 개진되고 있다.

이러한 모욕죄 논란은 2008년 전술한 사이버 모욕죄 신설을 둘러싸고 사회적 논의가 진행되면서 더욱 커지게 된다. 인터넷을 중심으로 한 사이버 공간에서 무차별적으로 생산되는 막말(악성 댓글)이 이용자들의 인격권을 심대하게 훼손하고 있으나 이에 상응하는 법적 규정이 마련되어 있지 않다는 점이 문제라는 조사결과와 주장이 정치권을 중심으로 제기되었다. 이를 토대로 입법을 하려는 시도들이 있었으나 표현의 자유를 침해한다는 여론에 부딪혀 결국 입법화되지는 않았다. 이런 측면에서 본다면 과연 1953년 형법을 제정할 때 모욕죄 도입에 대한 국민의 여론을 수렴하거나 일제 강점기에 표현의 자유를 억압하기 위하여 이용된 배경을 입법

16 휘트먼(Whitman, 2000)에 따르면 서구에서의 모욕죄는 원래 귀족적 명예를 보호하는 결투법에서 기인하였는데, 이는 존경을 표현하는 법, 즉 사회적 지위가 낮은 이가 자신보다 높은 이에게 복종하는 법의 전통에 자리한다. 이에 근거하여 박장희(2019)는 결국 모욕죄는 사회적 지위가 낮은 이가 자신보다 사회적 지위가 높은 이에게 존중을 표하지 않음에 대한 처벌이라고 본다. 이렇게 볼 때 우리 형법상의 모욕죄는 식민지 시대의 지배를 효율적으로 하기 위한 제도로 활용되었을 목적이 매우 큰 것이라 여겨진다.

부가 고려하였다고 한다면 모욕죄 도입이 결코 쉽지는 않았을 수도 있다고 예상된다.

그럼에도 지금까지 모욕죄가 형법상에 잔존하는 이유는 무엇일까? 모욕죄가 꼭 필요하다는 인식이 줄어들기는커녕 오히려 더욱 커지고 있는 이유는 무엇일까? 즉 형법이 휴전이 이루어지기 직전 혼란 상황에서 제정된 법이라는 한계가 인식되고 있고, 사회적 논란이 커지고 있음에도 여전히 폐지되지 않고 있는 이유는 무엇일까? 특히 모욕죄는 처벌 정도가 심하여 표현의 자유를 침해한다는 지적이 있고, 외국의 경우에도 모욕죄가 거의 존재하지 않는다는 점에서도 모욕죄를 폐지해야 한다는 지적이 있음에도 아직도 모욕죄가 남아 있는 것은 아마도 정치적 의도가 배경이 되는 소위 '사회적 필요성'이 남아 있기 때문으로 추정된다.

법의 목적인 질서유지를 명목으로 표현을 규제할 수 있는 조항을 살려두었지만 우리 사법부는 그 도입의 목적을 명확히 밝히지 않고 있다. 특히 미디어가 크게 늘어나고 소셜 미디어 등을 통하여 개인의 인격권 침해 사건들이 급증하고 있고, 그 사회적 영향력과 파급력이 큰 이유 때문에 개인의 인격권 침해가 커질 수밖에 없는 상황에서 이에 대한 예방과 피해 회복은 여전히 필요하다는 인식이 사법부에 남아 있기 때문일 것으로 해석된다.

2

모욕죄의 구성요건 및 사회적 쟁점

명예훼손과의 차이

모욕죄의 속성을 명확히 이해하기 위해서는 명예훼손과의 차이를 통하여 살펴보는 것이 필요하다. 우리 형법에서 규정하고 있는 명예훼손죄와 모욕죄의 차이를 쉽게 살펴볼 수 있는 것이 바로 소위 '아나운서 모욕 사건'이다(대법원 2015.12.24. 선고 2105도6022 판결). 이 사건은 변호사 출신 국회의원이 아나운서 지망생들과 함께한 술자리에서 "아나운서로 성공하려면 자신의 전부를 줄 생각을 해야 한다"라고 발언한 것에 대하여 한국아나운서협회 회원 150여 명이 명예훼손 혐의로 해당 국회의원을 고소함으로써 시작되었다.

흥미로운 점은 아나운서협회는 명예훼손으로 고소를 하였지만 법원은 1심과 2심에서 명예훼손이 아닌 모욕죄로 유죄판결을 내렸으며, 대법원은 최종적으로 모욕죄에 대하여 무죄를 선고하였다. 이처럼 명예훼손 혐의로 제기한 소송이 모욕죄에 대한 판결로 끝난 것은 명예훼손죄와 모욕죄의 차이가 있기 때문으로 보인다.

우선 명예훼손과 마찬가지로 모욕죄가 성립하기 위해서는 '공연성'이 요구된다.[17] 여기서 공연성이란 '명예훼손과 같이 불특정 또는 다수인이 직접 인식할 수 있는 상태'를 의미한다(오영근, 2006, 225쪽). 〈형법〉 제311조상의 불특정 다수란 의미를 대법원은 '2인 이상의 불특정인'이라고 판시한 바 있으나(대법원 1956.12.07. 선고 4286형상280 판결), 이는 현재 수용되고 있지 않고 특정 소수인 앞에서 모욕하는 경우에는 모욕죄가 성립하지 않는다고 보아야 한다는 견해가 다수설이다(오영근, 2006 등). 왜냐하면 모욕죄의 경우 사실이나 허위사실의 적시가 없기 때문에 전파 가능성이 적다는 특징이 있기 때문이다.[18]

그러나 모욕죄의 구성요건은 실제로 명예에 관한 죄 전체의 일반적 포괄 규정에 해당하기 때문에 공연성의 의미도 명예훼손의 그것보다 더 넓게 이해해야 한다는 지적이 있다(김일수·서보학, 2007, 207쪽). 따라서 밀접한 친구 사이, 일정한 사람만이 모이는 국무회의, 이사회 석상이라고 하더라도 한 사람이 다른 사람에게 그 형식이나 행위 상황으로 보아 순전히 모욕적인 언사를 표출하였을 때는 공연성이 인정된다는 것이다. 또한 모욕의 성립은 표시 당시에 제3자가 이를 인식할 수 있는 상태에 있으면 되고, 반드시 제3자가 인식함을 요하지 않고, 피해자가 그 장소에 있을 것을 요하지도 않으며 피해자가 이를 인식하였음을 요하지 않는다고 하겠다(대

17 일본 형법에 따라서 우리 형법에서도 명예훼손이 성립하려면 '공연성'이 요구된다.

18 판례에 따르면 "피해자와 동업관계에 있고 친한 사이인 사람에게 피해자에 대한 험담을 한 경우, 피해자가 근무하는 학교 이사장에게 피해자의 비리를 고발한 경우, 피해자의 친척 1인에게 불륜관계를 말한 경우, 피해자 본인에게 사실 혹은 허위사실에 기초한 험담을 한 경우"에는 공연성이 부정되었다.

법원 2004.06.25. 선고 2003도4934 판결).[19]

최근 대법원은 "〈형법〉 제311조의 모욕죄는 사람의 가치에 대한 사회적 평가를 의미하는 외부적 명예를 보호법익으로 하는 범죄로서, 모욕죄에서 말하는 모욕이란 사실을 적시하지 아니하고 사람의 사회적 평가를 저하시킬 만한 추상적 판단이나 경멸적 감정을 표현하는 것을 의미한다. 그런데 언어는 인간의 가장 기본적인 표현수단이고 사람마다 언어습관이 다를 수 있으므로 그 표현이 다소 무례하고 저속하다는 이유로 모두 형법상 모욕죄로 처벌할 수는 없다. 따라서 어떠한 표현이 상대방의 인격적 가치에 대한 사회적 평가를 저하시킬 만한 것이 아니라면 설령 그 표현이 다소 무례하고 저속한 방법으로 표시되었다 하더라도 이를 모욕죄의 구성요건에 해당한다고 볼 수 없다"라고 판시하였다(대법원 2015.12.24. 선고 2105도6022 판결). 다시 말하면 모욕죄는 언어, 태도, 문서, 도화, 공개연설 등 방법에는 제한이 없으나 적어도 사람을 경멸하는 내용의 가치를 포함해야 한다. 그래서 모욕은 사회적 평가를 저하시킬 만한 의견이나 감정의 진술이나 표출이며 이는 사실보다는 의견에 가까운 표현이라고 할 수 있다.

19 "공연성이란 불특정 또는 다수인이 인식할 수 있는 상태를 의미하므로, 다수인이라 해서 단순히 2인 이상을 말하는 것이 아니고 비록 개별적으로 한 사람에 대하여 사실을 유포하더라도 이로부터 불특정 또는 다수인에게 전파될 가능성이 있다면 공연성의 요건을 충족한다 할 것이지만, 이와 달리 전파될 가능성이 없다면 특정한 한 사람에 대한 사실의 유포는 공연성이 없다(대법원 1992.05.26. 선고 92도445 판결)." 전파 가능성과 관련하여 판례를 살펴보면, 甲은 乙녀의 시어머니 丁과 동네사람 丙이 있는 데서, "乙녀가 시커멓게 생긴 놈하고 매일 같이 붙어 다닌다"라고 말한 것에 있어서 전파 가능성이 인정되었다. 나아가, 판례는 전파성 이론에 의해 한 사람에 대하여 명예훼손의 사실을 유포하더라도 범죄가 성립할 수 있다고 판시하고 있다. 즉 공연성에 대하여 전파 가능성 이론을 따라, 다수인이 아니라 1인에게 사실을 유포하였어도 다수인에게 전파될 가능성이 있다면 공연성 요건이 충족된다고 하였다.

또한 '사실의 적시 없이 피해자의 도덕성에 관하여 가지는 추상적 판단이나 경멸적인 감정표현'이 주로 모욕죄에 해당된다(대법원 1987.05.12. 선고 87도739 판결). 이때 언론보도에 의한 사실의 적시란 반드시 사실을 직접적으로 표현한 경우에 한정할 것은 아니고, 간접적이고 우회적인 표현이더라도 그 표현의 전 취지에 비추어 그와 같은 사실의 존재를 암시하고, 또 이로써 특정인의 사회적 가치 내지 평가가 침해될 가능성이 있을 정도의 구체성이 있으면 족하고, 신문 등 언론매체가 특정인에 대한 기사를 게재한 경우 그 기사가 특정인의 명예를 훼손하는 내용인지의 여부는 일반 독자가 기사를 접하는 통상의 방법을 전제로 그 기사의 전체적인 취지와의 연관하에서 기사의 객관적 내용, 사용된 어휘의 통상적인 의미, 문구의 연결 방법 등을 종합적으로 고려하여 그 기사가 독자에게 주는 전체적인 인상을 기준으로 판단하며, 여기에다가 당해 기사의 배경이 된 사회적 흐름 속에서 당해 표현이 가지는 의미를 함께 고려해야 한다(대법원 2003.01.24. 선고 2000다37647 판결 등 참조).

그런데 사실을 적시하였다고 하더라도 '구체성이 없는 경우'(구체적 사실을 적시하지 아니한 경우)에는 명예훼손죄가 될 수 없으며 모욕죄가 된다(대법원 1994.10.25. 선고 94도1770 판결). 문제된 글이나 말의 내용이 모욕인지 아니면 무례하거나 건방진 표현인지는 사회통념에 따라서 객관적으로 결정된다(오영근, 2006). 이때 농담, 무례, 불친절, 또는 건방진 표현은 사회적으로 수인될 수 있는 반면, 모욕적 표현은 형법상 범죄가 된다. 듣기 기분 나쁜 표현이라고 하여 모두 모욕적 표현이라고 보기 어려우며 이는 사회적으로 수인될 수 있는 농담이나 무례, 불친절한 표현 등과는 구분되어

야 한다는 것이다.[20]

예를 들어 우리 법원의 판결에 따르면 다음과 같은 표현들은 모욕에 속한다고 판단하고 있다.

> '도둑놈, 죽일 놈'(대법원 1961.02.24. 선고 60도864 판결), '빨갱이 계집년, 만신, 첩년'(대법원 1981.11.24. 선고 81도2280 판결), '개 같은 잡년, 시집을 열두 번을 간 년아, 자식도 못 낳은 창녀 같은 년'(대법원 1985.10.22. 선고 85도1629 판결), '늙은 화냥년의 간나, 너가 화냥질을 했잖아'(대법원 1987.05.12. 선고 97도739 판결), '아무것도 아닌 똥꼬다리 같은 놈'(대법원 1989.03.14. 선고 88도1397 판결), '망할 년'(대법원 1990.09.25. 선고 90도873 판결), '애꾸눈, 병신'(대법원 1994.10.25. 선고 94도1770 판결)

그 외에도 많은 사람이 있는 데서 "저 망할 년 저기 오네"라고 하는 것도 모욕죄가 되며(대법원 1990.09.25. 선고 90도873 판결), "아무것도 아닌 똥꼬다리 같은 놈이 잘 운영되어 가는 어촌계를 파괴하려 한다"(대법원 1989.03.14. 선고 88도1397 판결)라는 표현도 모욕죄가 성립된다고 보았다.

위와 같은 표현들이 소위 사회적 수인이라는 사회상규에 벗어나는 것이라고 할 수 있다. 그 표현을 살펴보면 대체로 범죄, 성적 비하, 장애, 가정불화나 비윤리적 행위를 빗대는 것이 대부분이다(대법원 1961.02.24. 선고 60도864 판결; 대법원 1981. 11.24. 선고 81도2280 판결 등). 이러한 표현들이 우리 사회의 정서적 측면에서 볼 때 수치심과 분노를 야기할 수 있는 혐오표

20 여기서의 문제는 모욕과 무례, 불친절한 표현, 농담을 구분하는 객관적인 기준을 마련하기 어렵다는 점이다.

현과도 직접적으로 연결된다고 판단할 수 있다. 그러나 모욕죄가 성립하는 표현들이 사회상규에 위배가 되는가 안 되는가는 그 객관적 기준을 찾기가 결코 쉽지 않으며 여전히 어떠한 표현의 수인이 어느 정도인가에 대한 법원의 판단이 결정적이다.

아울러 위와 같은 표현에 모욕죄가 성립하기 위해서는 '고의(고의성)'가 있어야 하는데, 법원은 미필적 고의로도 족한 것으로 판단하고 있다. 이때 고의는 행위자가 '타인에게 공연히 그의 인격적 가치와 명예를 무시, 경멸하는 의사표시를 한다'라는 점에 대한 인식과 의사를 필요로 한다(김일수·서보학, 2007).

모욕죄의 구성요건에 해당하는 행위의 경우 명예훼손과는 달리, 일반적 위법성조각사유가 있는 경우 위법성이 조각될 수 있는데, 예컨대 〈형법〉 제20조상의 정당행위(신평, 2004) 또는 '경미한 모욕'의 경우 사회상규에 위배되지 않기 때문에 위법성이 조각될 수 있다고 본다(오영근, 2006; 박상기, 1999, 187쪽; 배종대, 1996, 236쪽; 이재상, 2000, 183쪽). 아울러 명예훼손에 부수된 또는 일부 인정된 경우 제310조가 적용될 수 있다.[21] 소수설의 경우 '정치·학문·예술 등의 분야에서 종종 행해지는 비판 내지 논평에는 어느 정도의 무가치판단의 표시'를 피할 수 없으므로, 만일 무가치판단에도 불구하고 비판과 논평이 공익성을 띠는 경우에는 〈형법〉 제310조를 유추적용해야 한다고 주장한다(이재상, 2000, 194~195쪽). 이처럼 모욕죄의 특성과 명예훼손죄와의 관계가 상당한 차이를 보이고 있음을 알 수 있다.

우리 대법원은 2011년 판결에서 "명예훼손죄에 있어 사실의 적시란

21 명예훼손과 함께 선고되는 경우도 다수 발견되고 있다.

가치판단이나 평가를 내용으로 하는 의견표현에 대치되는 개념으로서 시간과 공간적으로 구체적인 과거 또는 현재의 사실관계에 관한 보고 또는 진술을 의미하는 것이며, 그 표현 내용이 증거에 의한 입증이 가능한 것을 말하고, 판단할 보고 내지 진술이 사실인가 또는 의견인가를 구별함에 있어서는 언어의 통상적 의미와 용법, 입증 가능성, 문제된 말이 사용된 문맥, 그 표현이 행하여진 사회적 상황 등 전체적 정황을 고려하여 판단해야 한다"(대법원 2011.09.02. 선고 2010도17237 판결)라고 하였다.

형법상 명예훼손은 제307조 제1항과 제2항에, 그리고 모욕은 제311조에 각각 규정되어 있어 검사가 기소한 범죄의 구성요건 해당 여부를 판단하기 위하여 양자를 엄격히 구분할 필요가 있다. 그러나 민법상으로는 사실 적시인지 아니면 의견 표명에 불과한지에 대한 법적 평가의 차이에 불과하고, 청구원인을 구성하는 사실관계인 표현행위도 동일하며, 그 근거규범도 〈민법〉 제750조, 제751조에 기한 손해배상청구권으로 같으므로 양자는 동일한 소송물이고 청구권원이 동일하다고 볼 수 있다.

이처럼 명예훼손이나 모욕은 형법상으로는 엄밀하게 구분되지만, 민법상으로는 모두 인격권 침해로서 불법행위를 이유로 한 손해배상 책임을 발생시킬 수 있고, 어떤 글이 사실 적시가 포함된 명예훼손적인 내용이든, 단순 의견 표명을 넘어서는 모욕 또는 모멸적인 표현이든 이는 모두 〈민법〉 제750조, 제751조에 의하여 정신적 손해에 대한 손해배상책임으로 하나의 청구권원을 이룬다. 이에 대하여 대법원은 원심에서 사실 적시에 의한 명예훼손으로 인정한 표현을 사실 적시로 볼 수 없어 파기환송하면서 그 부분이 모멸적인 표현에 의한 인신공격에 해당하여 의견 표명으로서의 한계를 일탈한 불법행위가 될 수 있을 것이라는 점을 명시하였다(대법원 2003.03.25. 선고 2001다84480 판결).

정리하면 모욕죄는 명예훼손죄와 유사한 모습을 보이나 다음과 같은 몇 가지 측면에서 공통점과 차이점을 구분할 수 있다(대법원 2003.11.28. 선고 2003도3972 판결; 대법원 2004.06.25. 선고 2003도4934 판결).

첫째, 명예훼손과 모욕죄는 양자 모두 타인의 가치에 대한 사회적 평가를 보호법익으로 하고 있는 점은 동일하나 명예훼손은 사회적 평가를 깎아내릴 만한 구체적인 사실의 적시가 있는 경우에 성립하고, 구체적인 사실의 적시까지는 가지 못하고 단순한 추상적인 판단이나 경멸적 감정의 표현으로써의 사회적 평가를 저하시키는 행위에는 모욕죄가 성립한다. 명예훼손의 경우에는 내적명예의 훼손만으로는 성립되지 않고 외적명예의 손상이 구성요건이 된다. 그래서 단순히 자신의 기분이 상하였다는 이유만으로 명예훼손으로 인한 책임을 물을 수 없다. 이러한 경우에는 대부분 모욕죄가 성립된다.

둘째, 모욕죄는 명예훼손과 위법성 조각사유에서 다르다. 일반적인 모욕죄의 위법성 조각사유에 대해서는 그 논의가 나눠어져 있으나, 다수설이나 판례(대법 1959.12.23. 선고 4291형상539 판결)는 모욕죄에 대한 〈형법〉 제310조의 적용을 부정하고 있다. 〈형법〉 제310조는 "제307조 제1항의 행위가 진실한 사실로서 오로지 공공의 이익에 관한 때에는 처벌하지 아니한다"라고 규정하고 있다. 즉 명예훼손의 경우 진실성(상당성)과 공익성 요건이 만족되면 면책되는 데 반해, 모욕죄의 경우 대개 이러한 요건들이 고려되지 않는다. 전술한 바와 같이 모욕죄의 경우 〈형법〉 제20조상의 정당행위가 위법성 조각사유로 적용될 수 있다.

셋째, 명예의 주체가 되는 것은 자연인 이외에 법인과 법인격이 없는 단체를 포함하는 것은 서로 유사하나, 자연인에는 젖먹이나 정신병자, 백치도 포함되지만, 살아 있는 사람에 국한되므로 사자(死者)에 대한 모욕죄는 성립될 수 없다.

넷째, 형법상 모욕죄는 친고죄인 반면 일반 명예훼손죄는 반의사불벌죄로서 성격이 다르다. 명예훼손의 경우에는 피해자의 의사가 없는 경우에는 처벌할 수 없다.[22] 이처럼 명예훼손과는 다른 모욕죄가 최근 증가하고 있는데 그 원인을 박형상(2007, 13쪽)은 무엇보다 인터넷 사이트를 통하여 악플 등 댓글을 달 기회가 많아지고, 안티(인터넷)카페가 늘어났으며 녹취·녹음 기술이 발달함에 따라 모욕적 언사를 쉽게 채증할 수 있게 된 점에서 연유한다고 판단한다. 아울러 전통적 상하관계와 남녀관계가 민주화되고, 진보와 보수 진영 간의 대립이 심각해진 요인, 그리고 외모 지상주의가 심해지면서 신체 용모에 대한 비방이 늘어난 것을 그 원인으로 분석하였다. 다시 말해 인터넷이나 소셜 미디어가 급속히 보급되고 이용되면서 이로 인한 사회적 변화 속에서 타인에 대한 비방이 늘어나고 이를 쉽게 얻을 수 있다는 점도 모욕죄가 늘어나는 요인이라는 것이다.

사이버 모욕죄

사이버 모욕죄는 말 그대로 사이버 공간에서의 모욕적인 표현으로 발생한 죄를 의미한다. 사이버 공간(cyberspace)은 접근 가능한 누구라도 자유로이 필요한 정보를 취득하거나 배포할 수 있는 매체로 이용되고 있다. 사이버 공간의 특성은 개인이 특정의 목적을 달성하기 위하여 자신의

22 제312조(고소와 피해자의 의사) ① 제308조와 제311조의 죄는 고소가 있어야 공소를 제기할 수 있다. ② 제307조와 제309조의 죄는 피해자가 명시한 의사에 반하여 공소를 제기할 수 없다.

견해와 사상을 순간적이고 광범위하게 유포하고 획득할 수 있다는 것이다. 그래서 사이버 공간에서는 이용자들이 최소한의 지식과 기술만을 갖추고 있다면 기존의 매스 미디어로는 불가능하였던 혁신적인 커뮤니케이션을 구가할 수가 있다(Cavazos, 1992). 일반적인 모욕죄의 경우 많은 불특정 다수에게 그 내용이 전파될 가능성이 적은 반면, 인터넷의 경우 광범위하게 전파될 수 있다는 점에서 일반 모욕죄보다 벌금 등의 처벌 수위를 높이는 결과를 초래할 수 있다.

사이버 공간은 공론장(public forum)으로서 무너진 '사상의 공개시장'을 복원할 수 있을 것으로 기대되어 왔다(정윤식, 1997). 또한 사이버 공간은 민주주의 실현에 필수적인 표현의 자유를 진정으로 실현할 수 있는 장소가 되며(Sunstein, 1995),[23] 신속하게 필요한 정보를 교환할 수 있는 기술적 측면은 진리의 발견에 크게 기여할 것으로 여겨져 왔다. 또한 사이버 공간은 자신이 자유롭게 창출한 생산물을 어떠한 형태의 제도적 검열을 받지 않고 서로 공유할 수 있다는 점에서 기존 미디어들의 '전달'(transmission)의 개념 이상의 "공유, 참여, 결사, 또는 집단적 신념의 구현"이 가능하다(Carey, 1984, p.15).

그러나 사이버 공간이 사회 변화를 주도하고 커뮤니케이션의 낙원을 가져올 것이라는 장밋빛 전망은 잘못된 것으로 드러났다. 주지하듯이 사이버 공간에서 사람들의 기대에 반하여 예상치 못한 여러 가지 윤리적·법적 문제들이 발생하기 때문이다. 일찍이 갠디(Gandy, 1994a, p.24)는 인터넷과 같은 새로운 매체에 대한 기대는 "현실이라기보다는 환상"에 불과하다

23 선스타인(Sunstein)은 사이버 공간이 숙의민주주의에 적합한 장소는 아니지만, 숙의민주주의가 가능한 유일한 공간이라고 지적한다.

고 지적하면서 "사이버 공간이 명예훼손, 사생활 침해, 비밀의 몰락, 신종 범죄의 창궐을 초래할 것이며 그래서 기존의 법을 적용하는 데 심각한 부작용이 발생할 것"이라고 경고하였다.

실제로 사이버 공간의 부작용을 입증하는 사건들이 연이어 발생하게 된다. 1994년 누군가 인터넷에 접속하기 위하여 미시간 대학(University of Michigan)에 재학 중인 학생의 컴퓨터 계정과 암호를 훔치는 사건이 발생하였다(Kovaleski, 1995, p.A4). 여기서 〈소수계 민족 처단을 위한 조직〉이라는 단체의 명의로 미시간 대학의 학생 명부를 통하여 얻은 흑인 학생들의 전자메일 주소로 위협적인 내용의 메시지를 살포하여 학내의 물의를 일으켰다. 1995년에는 익명의 해커(hacker)가 한 대학의 교수 전자메일 계정을 해킹하여 4개 주(state)에 분포되어 있는 몇몇 대학의 컴퓨터 2000여 대에 반흑인, 반유태인 메시지가 적힌 전자메일을 살포하였다(Cooper, 1995, p.M2). 당시 인종주의를 표명하는 전국 연맹(National Alliance)이 주범의 하나로 의심되었지만 신분을 감춘 범인이 누구였는지를 명확히 알아낼 수 없었다.

1998년 초엽 캘리포니아주 코로나에 사는 21세의 중국계 청년인 킹맨 추온(King man Quon)은 히스패닉계 사람들에 반감을 가지고 이들에게 전자메일을 통하여 위협적인 메시지를 전달한 혐의로 체포되었다. 그는 캘리포니아 대학의 한 학생의 전자메일 계정을 통하여 미국의 소수계 보호법(affirmative action)이 잘못 적용되어 히스패닉계 사람들이 불법적으로 다른 소수계 사람들보다 많은 혜택을 받고 있기 때문에 자신은 이들을 모두 살해할 것이라는 취지로 전국에 걸쳐 약 100여 명의 히스패닉계로 추정되는 학생, 교수, 직장인들에게 메시지를 전달하였다. 추온 또한 연방법상 협박(blackmailing) 등의 죄목으로 기소되었다. 이러한 일련의 사건들은 지금까지 현실공간에 적용되는 혐오표현에 대한 법적 적용이 달라져야 한다는 목소리를 높이는 결과를 가져왔다.

사이버 공간에서의 다양한 문제들은 대부분 '익명성'과 '비대면성' 측면에서 발생한다(이재진, 2015). 즉 자신의 신분을 감추고 외적인 제약 없이 인터넷이나 소셜 미디어 등에 자유롭게 접근할 수 있다는 점이 법률적 문제들을 야기하는 근본적인 요인이 된다고 할 수 있다. 실제로 기존의 매체는 정보를 효율적으로 제공하고 자신의 의견이나 사상을 표현하고 싶은 화자들의 접근이 어려웠던 반면, 인터넷은 진입을 가로막는 법적 장치가 없을 뿐 아니라 다양한 경로 및 저렴한 비용으로 정보를 교환하고 자신의 의견이나 사상을 표현할 수 있다. 또한 인터넷에서는 여러 차원의 다양한 내용이 담겨 있어 이에 대하여 쉽게 접근하기도 하며(Van der Wurff & Van Cuilenburg, 2001) 댓글을 다는 등의 반응을 할 수도 있다.

댓글은 기존 매체와 인터넷 매체가 '얼마나 차이가 있는가'를 극명하게 보여준다. 무엇보다 댓글은 상호작용성에 근거하고 있다. 네티즌들은 인터넷에서의 소통의 쌍방향성에 기초하여, '일대일' 형태의 소통뿐 아니라 '일대다'의 소통이 가능하다. 즉 댓글은 정보의 다양한 공급원으로 인하여 다양한 아이디어를 제공하여 특정인이나 특정 집단의 독선으로부터 사회와 시민을 지키는 기능을 하기도 한다(임정수, 2007). 이러한 측면에서 사이버 공간이야말로 가장 참여적인 매체이며 표현촉진적인 매체라고 규정한 우리 헌법재판소의 결정은 의미가 크다고 하겠다(헌법재판소 2002.06.27. 선고 99헌마480 결정).

또한 댓글을 읽고 다는 과정을 거치면서 쟁점에 관한 정보를 획득하고 타인의 의견을 살펴 여론 동향을 지각하게 되므로(정일권·김영석, 2006; 한혜경, 2003) 쌍방향적 과정에 참여함으로써 여론 동향을 읽어내는 힘을 기를 수 있어 진정한 숙의민주주의 달성의 기본이 된다는 시각도 있다.

궁극적으로 댓글이 '표현'이라는 점이 우선적으로 고려되어야 한다는 견해도 있다. 말하자면 대부분의 사람들이 공감하는 바와 같이 '악플'의 내용이 단순히 악의적 감정의 표출에 불과할지라도 이를 규제하는 경우 헌법에서 보장하는 표현의 자유 영역에 대한 고려도 필요하다는 것이다. 특히 어떤 내용이 보호를 받고, 어떤 내용이 보호를 받지 못하는가는 전적으로 법원의 판단에 따르게 되므로 표현의 보호 정도에 대하여 적절한 비교형량이 요구된다. 즉 사회적으로 용인될 수 있는 표현의 정도는 어떠한가(수인한도)에 대한 판결에서 나타난 판사들의 주관적 판단이 비교형량의 기준이 된다는 것이다.

이처럼 댓글은 다양한 상호작용 기제로 인하여 네티즌들 사이의 활발한 상호작용 커뮤니케이션을 통하여 공적 토론을 유도하는 역할을 할 수 있으나(김은미·선유화, 2006), 상호작용이 항상 긍정적 결과로 이어지는 것도 아니다. 오히려 인신공격이나 논점이 어긋난 비판으로 흐르거나 사안의 본질을 흐리게도 하고, 욕설이나 비방으로 이어지는 경우가 빈번히 발생한다(성동규, 2007; 최영, 2006). 댓글을 통하여 획득하는 쟁점 관련 정보의 경우 그 내용의 진실성에 따라 긍정적인 방향 혹은 부정적인 방향으로 개인의 판단과 의견에 영향을 미칠 수 있다는 측면에서 부정적인 시각도 만만치 않다. 또한 악성 댓글인 악플에 실린 내용이 대부분 부정적이고 때로는 적대적 감정 표출에 불과한 경우가 많다.

이처럼 악플로 달린 글의 내용이 특정인에 대한 사실이나 허위의 사실을 적시하는 경우에는 모욕죄보다는 명예훼손죄가 성립된다. 이러한 경우 현재 〈정보통신망법〉 제61조 등의 조항에 근거하여 처벌을 받게 된다.[24] 명예훼손이나 모욕죄의 보호법익은 다 같이 사람의 가치에 대한 사회적 평가인 이른바 외부적 명예인 점에서는 차이가 없고(대법원 1987.05.12. 선고 87도739 판결), 명예훼손 또는 모욕의 방식은 인터넷상의 댓글로도 얼마든지 가능한 것이므로 인터넷상의 댓글로서 특정인의 실명을 거론하여 특정인의 명예를 훼손하거나, 또는 실명을 거론하지는 않더라도 그 표현의 내용을 주위 사정과 종합해 볼 때 그 표시가 특정인을 지목하는 것임을 알아차릴 수 있는 경우에는 그와 같은 댓글을 단 행위자는 원칙적으로 정보통신망법 위반(사이버 명예훼손) 또는 형법상 모욕죄의 책임을 져야 한다(헌법재판소 2008.06.26. 선고 2007헌마461 결정).

결국 온라인상의 댓글이 사실이나 허위 사실의 적시가 아니라 욕설과 같은 단순한 감정적 표출의 경우에는 명예훼손죄가 아닌 모욕죄가 적용된다. 특정인에 대한 어떤 감정의 표출로 인하여 당사자의 내적명예를 훼손하는 경우에 이는 모욕죄가 성립된다는 것이다. 모욕죄가 성립하는 경우 현재 〈형법〉 제311조(모욕죄)에 근거한 사법적 조치가 취해진다. 문제는 모욕죄는 외적명예뿐 아니라 '명예감정' 또는 '내적명예'를 상하게 하는 경우에도 가능성이 있기 때문에 모욕죄에 해당하는 표현들과, 그렇지 않은 단순한 부정적 표현 사이에 구별선을 긋는 것이 쉽지 않다는 문제가 있다. 다만 소위 '악성'으로 단정할 수 있는 거의 모든 표현(대부분의 경우 심한 욕설이나 혐오표현)이 모욕죄에 해당할 수 있다는 것이다.[25]

24 제61조 (벌칙) — ① 사람을 비방할 목적으로 정보통신망을 통하여 공연히 사실을 적시하여 타인의 명예를 훼손한 자는 3년 이하의 징역이나 금고 또는 2000만 원 이하의 벌금에 처한다. ② 사람을 비방할 목적으로 정보통신망을 통하여 공연히 허위의 사실을 적시하여 타인의 명예를 훼손한 자는 7년 이하의 징역, 10년 이하의 자격정지 또는 5000만 원 이하의 벌금에 처한다.

25 김상윤(2002)은 대학생들을 중심으로 수집된 1만 2752건의 욕설을 연구한 결과 욕설은 약

특히 모든 표현의 흔적이 사이버 공간에 남아 있기 때문에 국민들 사이에 고소가 남발되고 있다(손태규, 2018, 262쪽). 검찰 통계에 따르면, 모욕 사범은 2004년 2225건에서 2015년 2만 7945건으로 10년 만에 12.5배가 증가하였으며(양대근, 2015.08.19.), 경찰청에 따르면 2016년 한 해 사이버 명예훼손이나 모욕죄로 접수된 건수가 1만 5000여 건에 달하였다. 5700여 건에 불과하였던 2011년과 비교하면 약 3배 급증하였다(이현정, 2017.07.04.).

실제로 댓글을 쉽게 달 수 있는 문화가 상당히 '한국적 현상'임을 감안한다면, 악플 또한 한국적 문화 현상이라고 할 수 있다. 그러나 악플의 사회적 해악이 생각보다 크기 때문에 이를 어떻게 다루어야 할 것인가에 대하여 많은 논의가 이루어지고 있다.[26] 특히 최근 악플로 인한 정신적 피해에 시달리던 연예인들이 연달아 자살하는 일이 있었으며(이재진, 2019.10.28.), 연예인뿐 아니라 일반인들도 악플에 시달리다 피해를 입는 경우가 허다하다. 예를 들어 몸무게를 많이 감량한 일로 언론에 소개되어 유

12가지의 범주로 분류할 수 있다고 했는데, 이는 ① 비속어 결합 욕설(예: 놈, 년, 개-, 후리다 등), ② 사람 형상/행동 관련 욕설(예: 말라깽이, 꺼벙이), ③ 여성차별욕설(예: 메주, 절구, 지미, 니미 등), ④ 신체 부위 욕설(예: 대갈통, 대가리, 아가리, 주둥이, 똥구녕, 성기 표현), ⑤ 성에 관한 욕설(예: 씹, 좆 등), ⑥ 외국어 욕설(예: fuck, shit, homo, ass hole), ⑦ 한자로 된 욕설(예: 염병할 …), ⑧ 동물에 관한 욕설, ⑨ 사회계층 관련 욕설(예: 무당년, 개백정, 계집종 등) ⑩ 음운변이가 자유로운 욕설(예: 조까, 씹팔, 빙신, 븅신, 졸라 등), ⑪ 시시성 반영 욕설(예: – 같은 놈, ○○○스럽다, 영구, 게이 등), ⑫ 방언으로 이루어진 욕설(예: 간나새끼, 배때기, 여시 같은 년 등)이 있다.

26 악플을 쉽게 접할 수 있는 곳은 주요 포털사이트의 뉴스 게시판이다. 코리안 클릭의 조사 자료에 따르면 포털사이트 내 뉴스 게시판, 6대 신문사와 3대 방송사 사이트의 뉴스 게시판 방문자는 하루 2200만 명을 돌파하였다. 또 인터넷 뉴스 이용자의 90% 이상이 포털사이트 뉴스를 이용하는 것으로 나타났다. 많은 사람이 포털사이트 뉴스를 이용하는 상황에서 포털사이트 측은 뉴스 게시판의 악플에 대하여 소극적인 조치를 취하여 왔으나 최근 좀 더 강화하는 모습을 보이고 있다.

명해진 한 여고생이 자살한 사건을 꼽을 수 있다(연합뉴스, 2007.06.06.). 그 여고생의 경우 중학생 때 알던 남자 친구가 몸무게 감량할 때 다이어트와 운동을 한 것이 아니라 지방흡입 등을 하였다는 허위사실을 퍼트리면서 문제가 커지게 되었다. 이러한 사례들에서도 알 수 있듯이 잘못된 댓글의 폐해는 사람들을 극단적으로 죽음을 선택하도록 몰아붙일 수 있는 정도로 대단히 심각한 것이 사실이다.[27]

사이버 공간에서의 폐해가 커지는 가운데 이명박 정부가 들어선 2008년 7월에 사이버 모욕죄 관련법 신설 의견이 공식적으로 발표되었고,[28] 2008년 10월에 한나라당 장윤석 의원, 나경원 의원 및 23명이 사이버 모욕죄와 인터넷 실명제 도입을 주장하는 정보통신망법 개정안을 '최진실법'이란 이름으로 등록하고 국회의 통과를 요청하였다. 당시 사이버 공간에서의 명예훼손에 대하여 적용할 수 있는 법조항은 존재하였으나 온라인상의 모욕죄를 규제하거나 처벌할 정보통신망법상의 규정이 존재하지 않아서 단순히 〈형법〉 제111조상의 모욕죄 조항을 적용할 수밖에 없는 상황이었다.

'최진실법'이란 이름에 대하여 고 최진실 씨 측 유족들이 고인의 이름을 사용한 법의 제정을 반대하였다. 하지만 당시 한나라당은 이에 불복하며 법안명명권에 대한 이야기를 꺼냈지만 민주당, 민주노동당, 자유선진당

27 일부 시민단체들의 경우 악플을 문제를 예방하기 위해 '선플' 달기 운동과 같은 정화운동을 전개하고 있다(연합뉴스, 2007.05.23.).

28 2008년 7월 22일, 국무회의에서 김경한 법무장관이 신설의사를 밝혔으며, 방송통신위원회는 "제한적 본인 확인제 확대, 명예훼손 피해자가 포털 사이트나 P2P(정보 공유 사이트)에 삭제를 요청했는데도 임시조치(30일간 접근 차단 조치 등)를 취하지 않으면 처벌하는 제도를 도입하겠다"라고 발표하였고, 그것이 결실을 맺은 것이 바로 이 사이버 모욕죄의 입법안이다.

등의 반대와 국정감사에서 가족과 고인의 명예를 위하여 사용하지 말라는 판정이 내려져 '사이버 모욕죄'로 개명되었다. 그럼에도 법안 발의자들은 간간히 최진실법이란 단어를 사용하는데다 모독죄인지 모욕죄인지 통일되지 않은 표기를 사용하였다. 법안은 기존의 명예훼손죄나 출판물에 의한 명예훼손죄, 사자명예훼손죄, 모욕죄에 비해 처벌을 대폭 강화하였으며, 소추조건도 친고죄에서 반의사불벌죄로 개정하는 내용을 담고 있다.

그러나 이러한 시도는 학계는 물론 사회 각계로부터 비판에 직면하게 된다. 인터넷에 대한 규제가 매우 엄격한 중국에도 사이버 모욕죄는 없고 인터넷상의 모욕은 형법상 모욕죄로 처벌이 가능하다는 것이다.[29] 또한 친고죄에서 반의사불벌죄로 변경하는 부분이 문제가 되었다. 친고죄의 경우는 피해자가 고소를 하지 않으면 공소를 제기할 수 없으므로 검찰의 수사가 어느 정도 제한을 받고, 가해자를 안 지 6개월이 지나면 고소하지 못하므로 뒤탈이 두렵지 않은 데 반해 반의사불벌죄의 경우 검찰과 경찰이 마음대로 수사에 착수할 수 있고 임의로 추가수사나 심층수사신청을 통하여 기간을 반영구적으로 늘릴 수 있다는 문제가 있다. 한마디로 처벌을 원치 않을 경우 친고죄라면 그냥 가만히 있어도 되는 것과는 달리 반의사불

29 외국과 한국과의 모욕죄를 비교분석한 손태규(2018)에 따르면 우리 헌법재판소가 언급한 것처럼(2012헌바37 결정) 모욕죄는 민주주의를 억제한다는 이유로 상당수의 국가에서 대부분 모욕죄가 폐지되거나 사문화되고 있다고 보았다. 그는 전 세계적으로 보았을 때 모욕죄의 법체계가 견고하기는 하지만, 세계적 흐름은 모욕죄를 완화하는 쪽으로 보았다. 그러나 그는 한국과 일본에서 모욕죄가 세계적 흐름에 맞지 않다고 주장하는 것은 그 사실적 근거가 명확하지 않아서 위헌의 가능성이 있다고 보았다. 현재 일본은 〈형법〉 제231조에서, 그리고 독일은 〈형법〉 제185조에서 모욕죄를 처벌하고 있으나 일본은 구류나 과료를 통하여 하고 있고, 독일은 검찰이 주도하기보다 피해자가 주도하는 사소(Privatklage)에 의하여 진행되어 그 절차가 복잡하고 부담스러운 이유로 모욕죄로 처벌되고 있는 경우는 매우 적다고 판단하였다.

벌죄라면 피해자도 귀찮아지는 결과를 낳게 된다. 즉 악플이건 비판이건 뭔가 작성한 것만으로도 제3자(주로 검찰)가 고발과 수사를 행할 수 있게 되어 경찰서나 검찰청에 출석해야 한다는 것이다. 결국 이러한 이유들로 인하여 사이버 모욕죄의 제정이나 모욕죄 법 개정은 좌초하게 된다.

그러나 이후에도 부정적이거나 기분이 나쁜 표현행위를 모욕죄로 경찰이나 검찰에 진정하는 경우가 크게 늘어나면서 대체 어떤 표현이 모욕죄를 구성하는가에 대하여 논란이 이어졌다. 마찬가지로 어떠한 표현은 혐오표현이 될 수 있으며 어떤 혐오표현은 모욕죄에 해당하는 표현이고 어떠한 혐오표현은 모욕이 성립되지 않는지, 그리고 온라인에서의 혐오표현은 형법상의 모욕죄 적용이 가능한지, 가능하다면 어떠한 문제가 있을 수 있는지에 대한 논의가 당면 과제로 등장하였다.

3

모욕죄 관련 판결 분석

모욕죄 관련 판례를 수집하기 위하여 대법원 도서관에서 발행하는 법고을 DVD, 언론중재위원회에서 발행하는 국내언론관련판례집(1~16권, 1981~2007)과 언론관련판결분석보고서(2008~2018), 로앤비 법률정보(www.lawnb.com) 그리고 대법원 사이트의 종합법률정보(www.scourt.go.kr)를 중심으로 살펴보았다. 이러한 방법을 통하여 논의에 직접적으로 관련되는 판례들을 추려 분석 대상으로 삼았다. 이를 통하여 수집되지 않은 기사의 경우에는 언론에 보도된 관련 기사들을 살펴서 상당한 수의 판례를 선택하였다. 이 중 일반 모욕죄를 판단하기 위해서는 대법원 판례만을 수집하고자 하였다. 모욕죄와 관련된 명예훼손 판결은 모욕죄와 직접적으로 관련이 있거나 판단 기준을 제공한다고 해도 이를 분석 대상으로 판단하지 않았다(예를 들어 소위 '이종기 사건'이라고 불리는 대법원 2003.09.02. 선고 2002다63558 판결 등). 아울러 사이버 공간에서의 모욕죄 분석을 위해서는 피고인이 인터넷이나 소셜 미디어인 경우에만 한정하여 수집하고자 하였다. 마지막으로 집단표시에 의한 모욕죄와 관련된 판결은 관련 판례 전체를 모두 찾으려 하였다.

관련 판결을 찾기 위하여 검색을 하는 과정에서 모욕죄와 관련된 판결이 언제 처음 나왔는지는 명확하지 않다. 다만 1953년 형법 규정이 만들어진 이후에도 모욕죄 자체로 독립적으로 적용되어진다. 즉 형법 제정 이후 명예훼손 등을 기반으로 모욕죄 여부를 확인하고 이에 대한 법적 규제를 강화할 수 있는 논리가 개발되었음을 알 수 있다. 여기서는 일반 모욕죄(단독)에 대한 법원의 이해를 위하여 관련 대법원 판결을 12건 선정하여 이를 살펴보았고, 사이버 모욕죄와 관련해서는 16건, 집단표시에 의한 모욕죄와 관련된 판결 13건을 선정하여 이들을 자세히 살펴보았다.

모욕죄에 대한 법원의 이해

〈표 5〉에서 볼 수 있는 것처럼 명예훼손이나 사생활침해 등과 같이 판단한 판결이 아닌 단독으로 모욕죄에 대하여 판결한 최초의 대법원 판결(파기환송)이 2003년 3월 25일에 나왔다. 대법원은 원심에서 사실 적시에 의한 명예훼손으로 인정한 표현을 사실 적시로 볼 수 없어 파기환송하였으나, 특정인(당시 변호사)의 잘못의 정도와 판결에 대한 영향을 지나치게 확대, 과장하여 평가한 의견표명은 모멸적인 표현에 의한 인신공격에 해당하여 의견표명으로서의 한계를 일탈한 불법행위가 될 수 있다고 보았다(대법원 2003.03.25. 선고 2001다84480 판결).

모욕죄에 대한 판단에 있어, 법원은 일단 관련 표현이 모욕인지 아닌지에 대하여 살피었다. 법원은 비록 기분이 나쁘거나 불쾌할 수는 있어도 객관적으로 인격적 가치에 대한 사회적 평가를 저하시킬 만한 모욕적 인

표 5 **일반적 모욕죄 관련 대법원 판결**

번호	연월일	재판부 / 판결	원고	매체	판결 요지	결과	출처 (사건번호)
1	2003.03.25.	대법원 파기환송	○○○	방송 (문화방송)	TV뉴스 프로그램에서 특정 변호사가 소송수행을 잘못하여 의뢰인에게 불리한 판결이 선고되도록 하였다는 기본적 사실에 기초하여 소위 '순백의 법조인'과 대비하여 '사람답게 살지 못한 사람'이라거나 '한심하다 못해 분통이 터진다'는 등의 표현을 사용하여 의견을 표명한 것은, 위 변호사의 잘못의 정도와 판결에 대한 영향을 지나치게 확대, 과장하여 평가한 결과에 따른 표현으로서 그러한 의견표명은 모멸적인 표현에 의한 인신공격에 해당하여 의견표명으로서의 한계를 일탈한 불법행위가 될 수 있다.	모욕 인정	선고 2001다84480 판결
2	2006.09.22.	대법원 기각	○○○	대면 (경찰서 지구대)	경찰관이 피고인을 주취자로 오해하여 주취 여부 등에 관한 질문을 한 데 불만을 품고 해당 지구대 사무실로 찾아가 다른 경찰관 2명이 지켜보는 가운데 신고접수를 받았던 경찰관에게 '도난 신고 냈는데 씨발 거기다 뭐라고' 등과 같은 욕설을 하였다. 법원은 이에 "피해자를 제외한 나머지 2명의 경찰관들은 피고인이 발설한 내용을 함부로 전파하지 않을 것으로 기대할 수 있는 직무상 관계에 있는 사람들인 점 … 등에 비추어 보면, 피고인이 이 부분 공소사실 기재와 같은 욕설을 하였다고 하더라도 공연성이 있다고 보기 어렵고 달리 이를 인정할 증거가 없다"라고 판단하였다. 이러한 판단은 명예훼손죄에서 전파 가능성을 판단하는 데 있어서 명예훼손적 사실적시의 상대방과 행위자 그리고 피해자의 관계를 고려하는 것과 크게 다르지 않다.	상고기각/ 공연성 인정	2006도4407

3	2007.02.22.	대법원 기각	검사	중학교 교무실	"쿠모가 그런 식이니 자식도 그런 것이다"와 같은 표현으로 인하여 상대방의 기분이 다소 상할 수 있다고 하더라도 그 내용이 너무나 막연하여 그것만으로 곧 상대방의 명예감정을 해하여 형법상 모욕죄를 구성한다고 보기 어렵다.	원고 패소 (원심 확정)	2006도8915
4	2008.12.11.	대법원 기각	○○○	방송	피고인은 타인과 공모하여, ××아파트 관리사무소 방송실에서 '전 회장의 개인적인 의사에 의하여 주택공사의 일방적인 견해에 놀아나고 있기 때문에 …'라고 기재되어 있는 유인물의 내용을 두 차례 방송하였음.	원고 패소 (모욕 부정)	2008도8917
5	2009.04.09.	대법원	현대 자동차	신문	표현행위자가 타인에 대하여 비판적인 의견을 표명하였다는 사유만으로 이를 위법하다고 볼 수는 없지만, 만일 표현행위의 형식 및 내용 등이 모욕적이고 경멸적인 인신공격에 해당하거나 혹은 타인의 신상에 관하여 다소간의 과장을 넘어서서 사실을 왜곡하는 공표행위를 함으로써 그 인격권을 침해한다면, 이는 명예훼손과는 별개 유형의 불법행위를 구성할 수 있다. 신문사가 대기업 노동조합의 노동쟁의 및 단체협약 등과 관련하여 보도한 수개의 기사 중 일부가 일반 독자의 기준에서 전체적인 인상과 맥락으로 보아 구체적인 사실전달보다는 의견표명 내지 논평을 주된 목적으로 하는 보도로서, 노동조합의 사회적 평가를 저하시키는 사실을 적시한 명예훼손에 해당한다고 보기 어렵지만, 그 의견표명의 전제로 적시한 사실관계 중 일부 보도 내용이 그 표현의 형식 등 제반 사정에 비추어 의도적으로 사실을 왜곡함으로써 노동조합 또는 그 조합원의 인격권을 침해하였으므로, 노동조합에 대한 불법행위를 구성한다.	모욕 인정	2005다65494 판결

번호	연월일	재판부 / 판결	원고	매체	판결 요지	결과	출처 (사건번호)
6	2012.09.13.	대법원	○○○	대면 경찰관 모욕죄	경찰관 3인이 정복 차림으로 검문을 하던 중, 날치기 사건 용의자의 인상착의에 대한 무전을 청취한 후 자전거를 타고 검문 장소로 다가오는 피고인을 발견하여 정지를 요구하였으나, 피고인은 자전거를 멈추지 않은 채 지나쳤고 이에 경찰관들은 경찰봉으로 피고인의 앞을 가로막고 자전거를 세워줄 것을 요구하면서 소속과 성명을 고지하고, "인근 경찰서에서 자전거를 이용한 날치기가 있었는데 인상착의가 비슷하니 검문에 협조해 달라"라는 취지로 말하였음에도 피고인은 평상시 그곳에서 한 번도 검문을 받은 바 없다고 하면서 검문에 불응하고 그대로 전지하였음. 이에 경찰관이 피고인을 따라가서 피고인이 가지 못하게 앞을 막고 검문에 응할 것을 요구하여 더 이상 자전거를 진행할 수 없게 된 피고인은 경찰관들이 자신을 범인 취급하다고 느껴 순경의 멱살을 잡아 밀치고 경위와 경사에게 욕설을 하는 등 거세게 항의하였음.	위법성 조각 사유 부정	2010도6203
7	2013.12.26.	대법원	○○○	대면	피고인은 업무방해를 이유로 즉결심판에 회부된 데 화가나 즉결심판 출석통지서를 찢어 버리고 경찰관들에게 "경찰관들이 관내 업주로부터 금품을 수수한 것을 다 알고 있다. 갈 때까지 가보자. 나를 감옥에 보내려면 보내라. 정권 말기에 몸조심해라"라고 소리를 지르며 마치 위 경찰관들이 관내 업주로부터 뇌물을 받았다는 이유로 신고할 듯이 언동을 하고, 위 경찰관들이 피고인이 나간 후 다시 들어오지 못하도록 출입문을 잠그는 동안 위 출입문을 주먹으로 두드리는 등 행패를 부려, 경찰관들의 질서유지, 범죄예방 및 수사업무에 대한 정당한 직무집행을 가각 방해하였음.		2013도11050

8	2014.03.27.	대법원	○○○	대면	국회의원이었던 피고인은 국회의장배 전국 대학생 토론대회에 참여했던 학생들과 저녁회식을 하는 자리에서, 장래의 희망이 아나운서라고 한 여학생들에게 "다 줄 생각을 해야 하는데, 그래도 아나운서 할 수 있겠느냐. 도 여대 이상은 자존심 때문에 그렇게 못하더라"라는 등의 말을 함으로써 공연히 8개 공중파 방송 아나운서들로 구성된 모 연합회 회원인 여성 아나운서 54명을 각 모욕하였다는 이유로 기소됨.	집단표시에 의한 모욕 부정	2011도15631
9	2014.05.29.	대법원 판기환송	○○○	대면 (노상/경찰차) 경찰관 모욕	경찰관 甲이 자신에게 욕설을 하는 피고인을 모욕죄의 현행범으로 체포하여 순찰차에 태운 후 운전하려고 하자, 피고인이 甲에게 욕설과 폭행을 하여 공무집행을 방해하였다는 내용으로 기소된 사안에서, 甲이 피고인을 현행범인으로 체포하면서 적법 절차를 제대로 지켰을 가능성 등에 관하여 깊이 심리하지 아니한 채 甲의 공무집행을 적법한 공무집행이라 할 수 없다고 보아 피고인에게 무죄를 인정한 원심 판결에 심리미진 등의 잘못이 있다.		2013도5686
10	2015.09.10.	대법원	○○○	대면	입주자대표회의 감사인 피고인이 피해자인 아파트 관리소장의 업무처리 방식을 두고 관리소장실에서 피해자와 언쟁을 벌이던 중 피해자에게 무례하고 저속한 표현의 발을 하였음(당시 문을 열어둔 관리소장실 밖의 관리사무소에는 직원 4~5명이 업무를 하고 있었음). 피고인과 피해자의 관계, 피고인이 발언을 하게 된 경위와 발언의 횟수, 발언의 의미와 전체적인 맥락, 발언을 한 장소와 발언 전후의 정황 등에 비추어 볼 때 피고인의 발언은 **상대방을 불쾌하게 할 수 있는 무례하고 저속한 표현이기는 하지만 객관적으로 인격적 가치에 대한 사회적 평가를 저하시킬 만한 모욕적 언사에 해당하지 않는다.**	모욕 부정	2015도2229

번호	연월일	재판부 / 판결	원고	매체	판결 요지	결과	출처 (사건번호)
11	2015.12.24.	대법원 판결	○○○	대면 경찰관 모욕죄	모욕죄의 보호법익 및 모욕죄에서 말하는 '모욕'의 의미 / 상대방의 인격적 가치에 대한 사회적 평가를 저하시킬 만한 것이 아닌 표현이 다소 무례하고 저속한 방법으로 표시된 경우, 모욕죄의 구성요건에 해당하지 않음. 1심은 선고유예, 2심 재판부는 벌금 50만 원을 선고하였다. 그러나 피고인이 택시 기사와 요금 문제로 시비가 벌어져 112 신고를 한 후, 신고를 받고 출동한 경찰관 甲에게 늦게 도착한 데 대하여 항의하는 과정에서 "아이 씨발!"이라고 말한 사안에서, 제반 사정에 비추어 피고인의 발언은 직접적으로 피해자를 특정하여 그의 인격적 가치에 대한 사회적 평가를 저하시킬 만한 경멸적 감정을 표현한 모욕적 언사에 해당한다고 단정하기 어렵다.	모욕 부정	2105도6022 판결
12	2019.06.09.	대법원 판기환송	○○○	전단지	대법원 2부(주심 노정희 대법관)는 모욕죄로 기소된 박 아무개(57) 씨에 대하여 벌금 30만 원을 선고한 원심을 깨고 무죄 취지로 대구지법에 사건을 돌려보냈다고 9일 밝혔다. 박 씨는 2016년 1월부터 대구에서 건물 1층을 빌려 미용실을 운영하고 있었다. 같은 해 5월 이 아무개 씨가 박 씨가 임차한 건물을 매수하면서 박 씨는 새 건물주인 이 씨와 화장실 사용 및 이사 이주비 지원 문제 등으로 갈등을 빚었다. 그 후 박 씨는 '건물주 갑질에 화난 ××미용실원장'이라는 내용의 전단지 500장을 제작하였다. 박 씨는 이 중 100장을 주민들에게 배포하고 미용실 입구에도 약 3개월간 전단지를 부착해 두었다. 검찰은 박 씨의 행위가 이 씨에 대한 모욕에 해당한다고 보고 기소했으나 법원의 판단은 1심과 2심에서 엇갈렸다.	모욕 부정	

1심 재판부는 "'갑질'이라는 단어는 언론에서도 쓰는 표현으로, 박 씨가 자신의 감정을 묘사하는 과정에서 이 씨가 권력 관계를 이용하여 부당 행위를 하였다는 의미로 쓴 것이다. 갑질이 부정적 의미를 내포하긴 해도 경멸적 표현은 아니"라며 무죄를 선고하였다. 반면 2심 재판부는 "박 씨는 부당한 행위에 대한 정보 없이 이 씨가 갑질을 하였다고 표현하였다. 갑질 표현은 이 씨의 사회적 평가를 저하시킬 만하다"라고 보고 벌금형을 선고하였다.

그러나 대법원은 항소심 판단을 인정하지 않았다. 대법원은 "박 씨와 건물주의 관계, 박 씨가 전단지를 만든 경위, 갑질 표현의 의미와 전체적 맥락 등을 살펴보면 '갑질'이 상대를 불쾌하게 할 수 있는 무례한 표현이긴 하나 건물주의 인격적 가치에 대한 사회적 평가를 저하시킬 모욕적 언사라 보기 어렵다"며 사건을 돌려보낸 이유를 설명하였다.

사는 모욕죄에 해당하지 않는다고 밝힌 바 있으며(대법원 2015.09.10. 선고 2015도2229 판결), 이와 유사한 하급심 판결들이 발견된다. "유 아랍 냄새나 …" 등 인신 공격적인 표현은 대개 모욕죄를 구성한다고 보았고(인천지법 2009.11.27. 선고, 경향신문, 2009.11.27.), 사람들이 있는 데서 경찰관을 때리거나 욕설을 하는 경우 공연성이 인정되어 모욕죄가 구성되었다. 그러나 안하무인 유치원, 꼴통 유치원 등의 인신공격적인 표현들은 위법성조각사유가 인정되었다(의정부지법 2011.12.23. 선고 2011노2089 판결). 아울러 '갑질'이라는 표현은 모욕이 부정된바 갑질 표현의 의미와 전체적 맥락 등을 살펴보면 갑질이 상대를 불쾌하게 할 수 있는 무례한 표현이기는 하지만 … 인격적 가치에 대한 사회적 평가를 저하시킬 모욕적 언사라고 보기 어렵다고 판단하였다(대법원 2019.06.09. 선고 2019도1547 판결).

2015년 대법원은 "〈형법〉 제311조의 모욕죄는 사람의 가치에 대한 사회적 평가를 의미하는 외부적 명예를 보호법익으로 하는 범죄로서, 모욕죄에서 말하는 모욕이란 사실을 적시하지 아니하고 사람의 사회적 평가를 저하시킬 만한 추상적 판단이나 경멸적 감정을 표현하는 것을 의미한다. 그런데 언어는 인간의 가장 기본적인 표현수단이고 사람마다 언어습관이 다를 수 있으므로 어떠한 표현이 상대방의 인격적 가치에 대한 사회적 평가를 저하시킬 만한 것이 아니라면 설령 그 표현이 다소 무례하고 저속한 방법으로 표시되었다 하더라도 이를 모욕죄의 구성요건에 해당한다고 볼 수 없다"라고 판시하였다(대법원 2015.12.24. 선고 2105도6022 판결).

그런데 위자료 금액을 정하는 데 있어, 법원은 명예훼손과 모욕의 구분에 방점을 크게 두지 않고 있는 것으로 보인다. 2018년 판결에서 대법원은 표현들이 명예훼손이거나 모욕이거나 사회적인 명예감, 개인의 인격권이 모두 침해되었다고 포괄적으로 인정하고 그 전체에 대하여 위자료 금액을 정할 수 있다고 하였다. 대법원은 2018년 10월 30일 사건에서 원심과 같이 피고 디지털 조선, 뉴데일리 등에 대하여 명예훼손과 모욕적 의견 표현을 모두 인정하고, 이를 합하여 피고별로 위자료 금액을 정하였다. 이 사건의 트위터 게시글 및 기사에는 사실 적시 명예훼손으로 볼 수 있는 부분과 모욕적 표현으로 볼 수 있는 부분이 혼재되어 있다고 보았기 때문이다(대법원 2018.10.30. 선고 2014다61654 판결). 같은 맥락에서 대법원 2009년 4월 9일 사건은 사실 적시에 의한 명예훼손으로 인정된 표현을 사실 적시로 보기 어렵더라도 그 부분이 모욕적인 표현에 의한 인격권 침해가 인정된다면 위자료 액수를 정하는 문제만 남아 있고 이는 사실심의 전권사항이므로 결국 불법행위를 인정한 원심의 결론은 정당하다고 보아 상고를 기각하였다(대법원 2009.04.09. 선고 2005다65494 판결).

모욕죄 판결에 있어 또 다른 특징적인 점은 경찰관 모욕죄가 많이 나타나고 있다는 점이다.[30] 특히 경찰관을 모욕한 죄로 현행범으로 체포되는 일이 늘어나면서 이 특징은 예전부터 문제로 대두되었다. 2014년 11월 국가인권위원회는 경찰청장에게 경찰 모욕죄 현행범 체포로 인한 적법 절차 위반 및 인권침해가 발생하지 않도록 대책 마련을 권고하였고, 경찰청은 2015년 4월 현행범 체포 요건을 강화하는 내용의 '경찰관에 대한 모욕죄 처리절차 개선방안'을 마련하였다. 이에 따르면 경찰관 모욕 행위자를 현행범으로 체포할 수 있는 상황을 ① 신분증 제시를 거부하는 등 모욕 행위자의 인적사항을 확보할 수 없는 경우, ② 현장 목격자를 확보하기 여의치 않은 등 증거수집이 어려운 경우에 한정된다. 이러한 두 가지 상황을 제

30 경찰관 모욕죄로 처벌받은 건수도 2013년 1038건에서 2014년 1397건으로, 그리고 2015년 9월 991(2015) 급증하였다(연합뉴스, 2015.04.08.).

외하면 통상적인 모욕죄 사건과 같이 피해 경찰관이 모욕 행위자를 고소한 사건 수사를 포함하면 모욕죄 건수로 연간 1000건도 넘는다고 한다(연합뉴스, 2015.04.08.).

경찰관 모욕죄의 경우 피해자가 피의자를 수사하는 동시에 현행범 체포서 등을 작성하고 다른 경찰에게서 피해자로서 조사를 받게 된다. 이러한 부분이 수사의 공정성에 문제를 야기할 수 있다고 판단하여 경찰서 경제팀에서 경찰관 모욕죄 사건을 처리하도록 하고 현행범으로서 체포 시에 모욕 행위 현장 채증, 목격자 진술 확보 등 증거 자료 수집을 통하여 최대한 수사의 객관성을 확보하고, 현행범 체포보다는 민사소송을 검토하도록 권고하였다. 단 민사소송은 공공의 이익을 위하여 제기하고 소송 실익이 낮거나 경미한 피해에 대해서는 소송을 삼가며 피해 정도에 비례하여 배상을 청구하라고 가이드라인을 제시하였다(연합뉴스, 2015.04.08.).

이러한 조치로 인하여 법원도 경찰관 모욕에 대한 판단의 기준이 다소 좁아진 듯이 보인다. 예를 들어 2015년 12월 24일 선고된 대법원 판결(2015도6022)에서 경찰에 대한 모욕적 표현이라고 하더라도 상대방의 인격적 가치에 대한 사회적 평가를 저하시킬 만한 것이 아닌 표현이 다소 무례하고 저속한 방법으로 표시된 경우, 모욕죄의 구성요건에 해당하지 않는다고 설파하였다.

2019년 1월 17일 서울중앙지법 형사항소4부는 모욕죄 혐의로 기소된 모 변호사에게 벌금 100만 원을 선고한 원심을 파기하고 무죄를 선고하였다. 모 변호사는 경찰에게 '당신은 범죄자'라고 표현했는데 1심에서는 "경찰에게 당신은 범죄자라고 말한 것은 범죄자 검거 등 수사 업무에 종사하는 경찰의 사회적 평가를 저하하기에 모욕죄가 성립한다"라고 보았으나 2심에서 재판부는 "여러 사정을 종합하면 피고인 행위는 모욕죄 구성요건에 해당하지 않거나 사회상규에 위배되지 않는 정당한 행위로 위법성 조각에 해당한다"라고 설명하였다(뉴스원, 2019.01.17.).

또한 2019년 2월 6일 서울중앙지방법원은 국정원 선거개입 의혹을 규탄하는 집회 중 경찰관을 모욕한 혐의로 기소된 후 대법원에서 무죄가 된 진보단체 대표가 국가와 종로경찰서 전 경비과장을 상대로 낸 손해배상 청구소송에서 피고인들은 150만 원씩 손해배상금을 지급하라는 판결을 내렸다. 모 대표는 2014년 4월 청계광장 인도에서 국정원 시국회의 회원들과 함께 부정선거 규탄 집회를 하던 중 천막 설치를 막는 경찰과 승강이가 벌어졌고 그는 종로경찰서 경비과장에게 "무식한 저 … (경찰에) 뒷문으로 들어온 거 아니야", "무식한 경찰이 이래가 어떻게 과장까지 됐을까" 등의 말을 해 모욕죄 혐의로 기소되었다. 2015년 1심에서 벌금 30만 원을 선고받았으나 2016년 항소심에서 무죄 판결을 받았다. 이 판결은 대법원에서 확정되었다. 이어진 민사소송에서 그에 대한 경찰의 위법행위가 있었다는 사실이 1, 2심에서 모두 인정되었고 대법원에서 확정되었다(파이낸셜뉴스, 2019.02.06.).[31]

전체적으로 볼 때 사실이나 허위사실의 적시가 아니거나 사실이라도 구체성이 떨어지거나 단순히 감정적인 표출로서 타인의 사회적 가치를 훼손할 만한 정도의 표현의 경우에는 모욕죄가 구성되며 단순히 불쾌하다

31 박장희(2019, 204~210쪽)는 자신의 박사논문에서 경찰모욕죄에 대하여 상세히 다루고 있다. 그는 공권력을 행사하는 경찰관의 경우 모욕과 욕설 사용 간의 관련성이 크며, 경찰관을 모욕하며 욕설을 사용하는 경우 비경찰관(일반인)에게 욕설을 한 경우 모욕소송이 발생하는 비율이 높다고 분석하였다. 또한 고소인이 경찰관인 경우 비경찰관을 모욕한 경우보다 벌금형의 유죄 판결을 받는 비율이 높게 나타났다. 이는 곧 모욕죄가 공권력의 권익을 보호하는 수단이 될 수 있다는 가능성을 보여준다고 피력하였다.

고 해서 모욕죄가 성립되는 것은 아니다. 모욕죄의 위법성조각사유는 정당행위(방위)와 사회상규가 적용되며 집단표시에 의한 모욕죄는 원칙적으로 인정되지 않는다.

모욕죄로 재판을 받은 경우에 문제가 된 표현은 어떠한 특성을 보이는가? 이러한 내용은 한국형사정책연구원 박미숙·추지현이 발간한《판결문 분석 연구》(2017)에서 살펴볼 수 있다. 2016년 1월 1일부터 2017년 6월 15일까지 도출된 판례에서 문제된 표현의 특성을 보면 일단, 모욕죄에 관련된 표현에서 혐오표현과 관련된 것이 전체의 31%를 차지하였고, 혐오표현의 경우 성적인 것이 가장 많았고(95%), 그 외 장애, 성적 지향, 인종 등의 순으로 나타났다. 모욕죄에 해당된 표현들이 어떠한 맥락에서 사용되었지 사유를 판단해 보면 거래상대방이나 경쟁업체를 비하하거나 모욕적 표현을 표출하거나(18.1%), 개인적으로 가지는 갈등이나 적대감을 표출한 표현(18.1%)이 가장 많은 것으로 나타났다. 기타 어떤 사건이나 이슈에 대한 개인적 표현(16.5%)과 공동체 내부 문제에 대한 욕설(15.8%), 그리고 정치적 이념에 대한 공방(14.2%) 순으로 나타났다.

사유별 모욕의 맥락을 살펴본 결과 흥미롭게도 왜 그런 표현을 했는지 알 수 없거나 단순한 개인적 감정표출의 경우(31.4%)와 갈등 과정에서의 분노, 비하적 표현의 표출(31.1%)이 가장 많았고 구체적인 이슈에 대한 의견 표명 과정에서의 모욕(25.0%)이 그 뒤를 이었다. 기타 논쟁 과정에서의 반대 의견 표현, 반박, 반대 의견에 대한 불만 표현(5.6%), 교제 거부, 헤어짐, 성관계 거부 등에 대한 분노(3.5%)와 게시물 신고, 차단, 고소 등에 대한 비난(3.5%) 등에서 모욕적 표현이 사용된 것으로 드러나 구체적인 특별한 사유가 있는 경우보다 그렇지 않은 경우에 더 많이 사용된 경향을 보였다.

사이버 모욕죄에 대한 법원의 이해

사이버 공간에서 발생한 모욕죄로 인한 법원 판례는 명확하게 집계가 되지 않는다. 다만 한국형사정책연구원(2017)의《혐오표현의 실태와 대응방안》에 따르면 2016년 1월 1일부터 2017년 6월 15일까지 약 1년 6개월간 1심 판결이 선고된 온라인 상의 모욕사건 376건을 분석한 결과 온라인 공간에서의 모욕사건이 상당히 빈번하게 발생하고 있다는 것을 알 수 있다. 이에 따르면 온라인 모욕사건에서 혐오표현에 해당하는 것은 전체의 31.6%(119건)으로 나타났고, 이러한 혐오표현에 대한 비난, 반박이 모욕에 이르게 된 것은 2.1%(8건)으로 드러났다. 이는 온라인상의 모욕죄의 경우에 약 3분의 1(33.7%)이 혐오표현으로 인하여 발생하였음을 알 수 있다.

모욕적 표현의 표출과 함께 개인 정보도 같이 노출시키는 경우가 21.5%로 조사되어 개인의 피해를 가중시키는 것으로 나타났다. 이는 실명노출(54.8%)이 가장 많았고 사진(얼굴) 공개(38.7%)가 그 뒤를 이었다. 기타 직업, 연령, 학교, 지역 등 구체적 정보 또는 동영상이 각 9.7%를 나타낸 반면 페이스북, 인스타그램 등 개인 계정 링크를 통한 모욕죄는 발견되지 않았다. 모욕죄 판결 중에서 절반 이상이 벌금형에 처해졌으며(54.5%), 실제 징역형에 처해진 것은 1.9%로 나타났다. 공소가 기각되는 경우도 26.9%로 나타나 무죄 선고(4.3%), 선고유예(7.4%)를 합쳐서 실제로 56.4%만이 실형을 받은 것으로 나타났다. 이 중 혐오표현으로 실형을 받은 경우 벌금형이 87.7%, 징역형은 4.2%로 나타나 일반 모욕적 표현보다 실형 비중이 높게 나타났음을 알 수 있다. 이는 법원에서 유죄 선고의 경우에 대부분 벌금형에 처하고, 혐오표현에 속하는 경우의 모욕에 대해서는 유죄 선고와 벌금형 선고를 더 많이 하고 있음을 보여주는 것이다.

보고서에 따르면 2016년 10월 서울의 한 편의점에서 술을 마시던 ㄱ씨는 옆자리의 여성 청소년들에게 말을 걸었는데 대꾸가 없자 "너희들은 뚱뚱하다. 여자는 뚱뚱하면 안 된다. 살을 빼든지 내 눈앞에 띄지 마라. ××년 ××하네. 못생긴 년"이라는 폭언을 쏟아냈다가 모욕 혐의로 기소돼 벌금형을 선고받았다.

또한 같은 해 11월 인터넷 게임을 하다가 가해자는 피해자를 가리키며 "개슈퍼 홍어 비린내 나는 김치년 조심하세요", "낙태충 스멜 죤나 나네으 냄새" 등 채팅글을 올렸다가 모욕 혐의로 벌금형을 받았다. 또한 "김치년 한국 나라망신 다 시켰네. 진짜 한국년이 문제다"라는 댓글을 인터넷 커뮤니티에 달아서 벌금형에 처해진 경우도 있었다.

이 밖에 장애인이나 외국인에 대한 혐오표현도 있었다. 가해자 ㄹ씨는 "손가락 없는 거랑 살면서 나는 징글징글 맞아서 못한다. … 너 정신병자 아니, 어디서 변태질이야"라는 말을 지체장애인과 가족들에게 하였다가 모욕 혐의로 기소되었다. 또한 ㅁ씨는 다른 사람과의 시비 과정에서 "야 넌 뭐냐 짱깨 새끼야, 니네 나라로 가라 이 새끼야"라고 말을 하여 재판에 넘겨졌다. ㄹ씨와 ㅁ씨 모두 벌금형을 받았다.

사이버 모욕 중 혐오표현에 해당하는 경우는 대개 그 차별사유가 성별, 장애, 성적 지향, 그리고 인종과 관련된 것으로 나타났다. 이 중 여성혐오가 95%이상을 차지하고 있어 온라인에서의 모욕 표현 중 혐오는 대부분 여성(성)을 비하하는 표현으로 나타났다.[32] 혐오표현으로 인한 모욕

32 예를 들어 '꽃뱀, 씨발년, 더러운 여자, 국민호텔녀, 룸망주, 이 남자 저 남자 알랑거리는 년, 걸레, 섹파용, 주먹이 아주 그냥 쑤-욱 들락날락 하겠징, 김치년, 메갈, 좆년, 씨받이, 성형중독, 보빨오지게 받을 듯, 보릉내 나는 것들' 등과 같이 외모, 성기 삽입 대상화, 성적 비하, 성적 문란 비난, 강

표 6 **사이버 공간에서의 모욕죄 관련 판례**

번호	연월일	재판부 / 심급	원고	매체	판결 요지	결과	출처 (사건번호)
1	2001.08.08.	서울지법 형사항소 5부 항소심	유 모 씨	전자 게시판	김정일 위원장은 독재자 등 부정적인 이미지를 갖고 있어 특정인을 그에게 비교하는 것은 사회 통념상 경멸로 받아들여진다. 정상회담 전 김정일 위원장에 비유한 것은 모욕죄로 인정.	인용(원심 확정) / 벌금형	2001노4296 (법률신문, 2001.08.13.)
2	2003.11.28.	대법원 확정(인용)	A 씨 (교사)	전자 게시판	피고인이 방송국 시사프로그램을 시청한 후 방송국 홈페이지의 시청자 의견란에 작성·게시한 글 중 특히, "그렇게 소중한 자식을 범법행위의 변명의 방패로 쓰시다니 정말 대단하십니다"라는 등의 표현은 그 게시글 전체를 두고 보더라도, 그 출연자인 피해자에 대한 사회적 평가를 훼손할 만한 모욕적 언사라고 할 수 있다. 그러나 피고인이 방송국 홈페이지의 시청자 의견란에 작성·게시한 글 중 일부의 표현은 이미 방송된 프로그램에 나타난 기본적인 사실을 전제로 한 뒤, 그 사실관계나 이를 둘러싼 문제에 관한 자신의 판단과 나아가 이러한 경우에 피해자가 취한 태도와 주장한 내용이 합당한가 하는 점에 대하여 자신의 의견을 개진하고, 피해자에게 자신의 의견에 대한 반박이나 반론을 구하면서, 자신의 판단과 의견의 타당함을 강조하는 과정에서 부분적으로 그와 같은 표현을 사용한 것으로 사회상규에 위배되지 않는다고 봄이 상당하다고 한 사례.	무죄 확정 / 원고 패소	2003도3972

번호	연월일	재판부 / 심급	원고	매체	판결 요지	결과	출처 (사건번호)
3	2004.06.25.	대법원 상고심	검사 (언론인 및 작가)	전자 게시판	피고인이 글을 게시한 인터넷 게시판이 피해자 공소외 1의 직업과 관련이 있는 동요 관련 사이트에 개설되어 있던 게시판인 점, 인터넷 게시판의 속성 자체가 익명성의 보장으로 인한 무책임성과 강력한 전파력을 갖고 있다는 점, 피고인이 인터넷 게시판에 동요인이라는 가명으로 글을 게시하였고, 게시한 글의 내용 자체로도 이를 읽는 다수의 사람에게 공소외 1의 비리를 밝혀 더 이상의 피해자가 나오지 않도록 하자는 공익적인 측면보다는 단순히 공소외 1을 비방하려는 목적이 더 강하다고 보이는 점. 모욕죄는 사람의 외부적 명예를 저하시킬 만한 추상적 판단을 공연히 표시하는 것으로 족하므로, 표시 당시에 제3자가 이를 인식할 수 있는 상태에 있으면 되고 반드시 제3자가 인식함을 요하지 않으며, 피해자가 그 장소에 있을 것을 요하지도 않고 피해자가 이를 인식하였음을 요하지도 않으므로, 행위자가 피해자를 대면할 때만 모욕죄가 성립한다는 상고이유 주장은 받아들일 수 없다.	일부 인용 / 벌금형	2003도4934
4	2004.10.29.	서울지법 형사5부 1심	김 모 씨 (초등교장)	전자 게시판	'조직원이 아니면 예의범절을 모르는 인간', '꼴통에 가깝게 화를 내며 교육밖에 모르는 더러운 인간', '승진을 하기 위해 노력을 아끼지 않는 몹쓸 인간' 등의 표현으로 비방하는 글을 올렸다가 모욕죄가 적용.	인용 / 벌금형	중앙일보 (2004.10.30.)
5	2005.05.18.	대법원 상고심	A 씨 (전 회사원)	메신저 대화방	메신저 등에 이용하는 대화명, 즉 개인의 ID의 경우에도 타인을 모욕할 수 있음. 타인에게 쉽게 보일 수 있게 방치하면 공연성 성립됨.	원고 패소 (원심 확정) / 벌금형	2004도8351 (동아닷컴, 2005.05.23.)

6	2006.02.04.	청주 지방 법원 1심	충북 B일보	인터넷신문	인터넷신문 등에 게재한 글이 공익과 관련되었다거나, 단순한 의견이나 논평에 불과하더라도 피해자에게 감정적이고 노골적으로 경멸적 표현을 사용하였다면 모욕죄에 해당됨.	인용 / 벌금형	오마이뉴스 (2006.02.05.)
7	2006.03.10.	서울 중앙지법 1심	임수경	전자 게시판	「통일의 꽃 임수경 씨 9살 아들 필리핀서 익사」라는 제목의 기사를 읽고 댓글란에 피고인들이 통일의 꽃 운운하면서 반미주의자가 아들을 우학시킨다면서 죽어도 마땅하다는 등의 글을 올려서 이에 법원은 각각 벌금형에 처함.	인용 / 벌금형	2006고정885
8	2007.06.28.	대법원 상고심	서 모 씨	전자 게시판	제3자가 댓글을 보든 안 보든 다수의 사람이 보는 인터넷 사이트에 모욕하는 글을 일단 게재한 것으로도 모욕죄가 성립.	원고 패소 (원심확정) 벌금형 / 모욕 인정	2007도3438
9	2008.07.10.	대법원		인터넷 카페	'다상한 나라의 빅토리아'라는 제목으로 '재수없으며 벌당 잡힘. 규칙도 없음. 아주 조심해야 됨. 부장이나 조장 마주치지 않게 피해서 다녀야 됨. 조장들 한심한 인간들임, 불쌍한 인간임, 잘못 걸리면 공개처형됨'이라는 글을 작성, 게시함으로써 위 골프클럽 조장이던 피해자를 공연히 모욕하였다는 이유로 기소되었음. 이 사건 피고인 현은 골프클럽 경기보조원 회원들 사이의 각 골프클럽 제도운영의 불합리성을 비난하고 이를 강조하는 데에서 그 비난의 대상인 제도의 담당자인 피해자에 대하여도 같은 맥락에서 일부 부적절한 표현을 하게 된 것으로, 이러한 행위는 사회 상규에 위배되지 않는다고 봄이 상당하다.	원고 패소 (위법성 조각 사유 적용)	2008도1433

번호	연월일	재판부 / 심급	원고	매체	판결 요지	결과	출처 (사건번호)
10	2008.09.11.	대법원		포털 전자 게시판	피고인은 피해자가 운영하는 모 성형외과에서 턱 부위 고주파시술을 받았으나 부작용이 발생하여 공소외인을 찾아가 항의를 하였으나 시술 전 부작용에 대하여 충분한 설명을 해 주었으니 자신은 아무런 잘못이 없다면서 별다른 조치를 취해주지 않은 것에 불만을 품고 공소외인의 명예를 훼손하기로 마음먹고 악의적인 글을 게재하였음.	모욕 부정	2008노1719
11	2009.04.13.	청주 지방법원		전자결재 시스템 공용 게시판	교수인 피고인은 대학교 전자결재시스템 전체 공용 게시판에 "… 교수로서의 품격을 의심케 하는 행동을 한다 … 막무가내로 학교를 파국으로 몰고 간다 … 추태를 부렸다"라는 내용의 동료 교수인 피해자를 비난하는 글을 게시하였음.	모욕 부정	2009고정255
12	2013.01.10.	대법원		다음 아고라	피고인들은 인터넷 다음 사이트의 아고라 토론방에 "개독알밥 ××××꼴통놈들은", "전문시위꾼 ××똘마니들", "존만이들아" 등 판시와 같은 글을 게재하였음. 피고인들이 게재한 이 사건 각 글은 '○○○○'라는 인터넷 카페의 회원 일반을 대상으로 한 것으로서 그 개별 구성원에 불과한 피해자에 이르러서는 비난의 정도가 희석되어 피해자 개인의 사회적 평가에 영향을 미칠 정도에 이르지 않았다고 볼 여지가 충분하고, 한편 피고인들에게 '○○○○'의 회원 중 1인에 불과한 피해자를 모욕한다는 고의가 있었다고 보기도 어렵다.	집단표시에 의한 모욕 부정	2012도13189
13	2015.02.12.	대전 지방법원		블로그	3000명 이상의 회원이 가입된 인터넷 블로그의 운영자인 피고인은 피해자와 영상 촬영 기법 문제로 시비가 붙자 화가 나 블로그 게시판에 "나를 비하하는 메일을 받았다고 한다. 어른으로서 정말 챙피한	위법성 조각사유 인정	2014노2096

				행동일 것인데 … 그 행동에 대한 답변이 또 심심한가"라고 기재하고, 익일 또다시 "나는 이 사람의 작품에 대하여 논할 생각도 없었다. 가치도 없으니까", "나는 이 사람에게 얻으려고 하는 것도 목적도 없지만 이런 류의 사람은 자신이 원하는 것을 얻으면 그 뒤엔 싹 돌아선다", "이 사람은 나와의 인연을 끊었음에도 끝까지 자신의 나이를 가지고 위치를 지키려고 한다. 정말 수치스럽다." "사람을 조롱하듯이 가지고 논다"라고 기재하는 등 공연히 피해자를 모욕하였음. 피고인이 일부 모욕적 표현으로 볼 수 있는 글을 게시판에 기재하였더라도 甲과 온라인상에서 말다툼을 하는 과정에서 감정이나 평가, 甲이 취한 행동 등에 대한 의견을 밝히고, 그 타당함을 강조하는 과정에서 일부 부적절한 표현을 사용한 것에 블과하여 사회상규에 위배되지 않는다는 보았음.	
14	2016.02.18.	대법원 상고기각	블로그	국가기관 비난 욕설글에 대한 모욕죄 처벌 가부(부정). 원심 확정 및 상고 기각. 원심에서 의사인 A 씨가 국가기관인 건강보험심사평가원의 진료비 삭감에 불만을 가지고 자신의 블로그에 "개××들의 만행"이라는 제목의 글을 썼고, 검사는 이들이 건강보험심사평가원을 공연히 모욕할 것이라고 판단하여 A 씨를 모욕죄로 기소하였음. 항소심 법원(서울남부지원 2013노2227)은 피고인이 부분적으로는 모욕적인 표현을 사용하였지만, 전체적인 맥락상 표현자유에 속하는 글로 볼 수 있기 때문에 모욕죄가 아니라고 선고하였다. 항소심은 국가기관이 모욕죄에 피해자가 될 수 있는가에 관하여 피고인이 게시한 글은 국가기관의 업무수행에 관한 비판이 주목적인 것으로 보이고 특정 개인을 겨냥하고 있지는 않은데, 이와 같은 국가기관의 업무수행은 국민의 감시와 비판의 대상이 되는 것이어서 국가기관 자체는 형법상 모욕죄의 피해자가 될 수 없다는 취지로 판결함.	모욕부정

번호	연월일	재판부 / 심급	원고	매체	판결 요지	결과	출처 (사건번호)
15	2016.08.02.	대법원		인터넷 댓글	고양시에 자동차폐차장 설치에 관하여 입장을 달리하던 A 씨와 피해자는 인터넷 카페에 피해자가 게시한 글에 댓글로 '무뇌아'라는 글을 게시하였다. 이에 대법원은 • '무뇌아'라는 댓글은 피해자를 비하하여 사회적 평가를 저하시킬 만한 추상적 판단이나 경멸적 감정을 표현한 것으로 모욕적인 언사에 해당하는 점 • A 씨와 피해자는 자동차폐차장 설치에 대하여 각 찬성·반대의 다른 입장을 취하고 있어 이해관계가 대립되고 있었으므로 A 씨가 공익적인 목적으로 피해자를 비판하였다고 보기도 어려운 점 • '무뇌아'라는 표현의 통상적 의미와 용법 등을 종합해 보면, 피고인은 모멸적인 표현을 사용하여 피해자에 대하여 인신공격을 가하였다고 봄이 상당하고, 피고인의 행위를 사회 통념에 비추어 사회상규에 위배되지 않는다고 보기는 어렵다는 점을 들어 인터넷상 '무뇌아'라는 댓글을 달아 모욕혐의로 기소된 A 씨에 대한 벌금 30만 원을 선고한 원심을 확정하였다.	모욕 인정 / 벌금형	대법원 2015도8417
16	2018.10.30.	대법원 전원합의체 판결		SNS	甲 등이 트위터 글이나 기사 등에 乙 등을 비판하는 글을 작성·게시하면서 '종북', '주사파' 등의 표현으로 지칭한 사안에서, 甲 등이 트위터 글이나 기사 등에서 한 위 표현행위는 의견 표명이나 구체적인 정황 제시가 있는 의혹 제기에 불과하여 불법행위가 되지 않거나 乙 등이 공인이라는 점을 고려할 때 위법하지 않다고 한 사례.	모욕 불인정	2014다61654 판결

사건의 결과를 살펴보면 유죄판단(벌금/집행유예/징역)으로 드러난 것이 71.2%(85건)에 달하여 대부분의 경우 유죄 판결을 받은 것으로 나타났다.

구체적으로 대표적인 판례를 수집하여 사이버 모욕죄 판결의 경향을 살펴보고자 하였다.

〈표 6〉에서 나타난 것과 같이 사이버 공간에서의 모욕죄 관련 판례는 2001년부터 나온 것으로 판단된다. 전체 15건의 분석 판례 중 9건이 대법원 판례여서 사건이 대법원까지 상고된 경우가 많다는 점이 흥미롭다(전체 60%). 이는 사이버 공간에서의 모욕죄에 대한 법원의 판단 비중이 커지고 있다는 것을 의미하기도 하며 모욕죄를 적절히 해결할 수 있는 판단의 기준이 아직 마련되어 있지 않다는 점을 시사하기도 한다. 다시 말하자면 사이버 공간에서의 모욕죄의 경우 아직도 표현의 자유 영역과 모욕적 표현의 영역이 명확하게 이익형량이 이루어지지 못하고 있다는 점을 알 수 있다.

전체 16건의 판결 중 원고가 승소한 경우, 즉 모욕죄가 인정된 경우가 8건(50%)이고, 원고가 패소하여 모욕죄가 인정이 안 된 것이 8건(50%)으로 원고가 승소하여 모욕죄가 인정된 경우가 패소한 경우와 같게 나타났다. 이런 점에서 볼 때 사이버 모욕죄를 연구한 한국형사정책연구원의 결과와 대조되는 점은 모욕죄의 경우 약 50%가 조금 넘게 나오는 반면 모욕적 표현 중 혐오표현에 해당하는 경우 모욕으로 인정된 경우가 71.2%로서 모욕적 표현 중 혐오표현이 그렇지 않은 표현보다 유죄로 나올 가능성이 높다고 판단된다.

간·폭력 암시, 진정성 의심 비난 등의 내용을 담고 있다.

〈표 6〉에 나타난 판결 결과를 살펴보면 처음 사이버 모욕죄 판결이 있은 2001년부터 2007년까지 7년간 모욕죄로 유죄가 나온 경우는 8건 중 7건으로 87.5%가 유죄선고를 받았다. 흥미롭게도 2008년부터 2016년까지 9년 동안 7건의 판결 중 6건이 무죄 판결이 났다(85.7%). 이는 온라인에서의 막말이나 악의적 표현이 모두 모욕으로 판단되기보다는 사회상규의 잣대를 좀 더 엄격하게 적용하면서 생긴 결과라고 판단된다. 즉 초기에는 좀 더 엄격하게 온라인에서의 모욕죄를 일벌백계식으로 판단하려는 경향이 있었으나 점차 모욕적 표현을 무례한 표현이나 농담 또는 사회상규에 어긋나지 않는 선에서의 비판 또는 비난을 인정하는 경향이 커지게 되었음을 알 수 있다.

모욕죄가 인정된 경우에는 그 사유가 '사회 통념상 경멸에 해당', '글 게시가 정당행위가 아님', '타인을 비방하는 글', '모욕적인 메신저 ID 사용', '노골적으로 경멸적 표현 사용', '사자에 대한 노골적인 악의적 표현', '피해자가 댓글을 안 본다고 해도 모욕적인 글을 올린 것은 허용 안 됨', '무뇌아 등과 같은 표현의 통상적 의미와 표상을 종합해 보면 피고인은 모멸적인 표현 사용하여 인신공격' 등의 이유로 유죄로 판결되었음을 알 수 있다. 반면 모욕죄가 인정되지 않은 경우에는 그 사유가 '사회상규에 위배되지 않음', '집단표시에 의한 모욕죄 불인정', '국가기관에 대한 비판으로 모욕죄 불인정' 등으로 유죄를 인정하지 않았다. 그리고 무죄 판결 판례를 보면 사회상규를 위법성조각사유로 인정하는 것으로 나타났다.

사건이 발생하게 된 이유는 대개 인터넷 전자게시판에 게재한 글이나 그곳에 달린 악플로 인한 것으로 나타났다(15건 중 10건). 이러한 점은 사이버 모욕죄의 경우 대부분 네티즌들이 직접 참여하는 글이나 대응하는 글로 인하여 주로 발생하게 된다는 것을 보여준다. 원고가 패소한 경우 실형이 아닌 벌금형이 선고되었으며, 벌금은 30만 원에서 법정 최고액인 200만 원까지 걸쳐 선고되었다.

흥미롭게도 〈표 6〉의 판결 요지에서 알 수 있는 바와 같이 판결에 있어 법원은 댓글에 실린 표현의 '공익성'이나 이에 대응하는 댓글을 통한 소통의 공익성에 대하여 거의 고려하고 있지 않은 것으로 나타났다. 고려하는 경우에도 공익성의 요건을 대단히 좁게 정하고 있어 실제로는 사회상규에 벗어나는 표현에 대해서는 공익성을 인정하지 않는 경향을 보이고 있다.

대표적으로 대법원 판례(대법원 2003.11.28. 선고 2003도3972 판결)에서는 피고인(댓글 작성자)이 방송사 프로그램을 시청한 후 방송사 홈페이지의 시청자 의견란에 작성 및 게시한 글 중 일부의 표현(그렇게 소중한 자식을 범법행위의 변명의 방패로 쓰시다니 정말 대단하십니다 등)을 그 출연자인 피해자에 대한 사회적 평가를 훼손할 만한 모욕적 언사라고 인정하였다. 그러나 사실관계나 이를 둘러싼 문제에 관한 자신의 판단과 이러한 경우에 피해자가 취한 태도와 주장한 내용이 합당한가에 대하여 자신의 의견을 개진하고, 피해자에게 자신의 의견에 대한 반박이나 반론을 구하면서, 자신의 판단과 의견의 타당함을 강조하는 과정에서 부분적으로 그와 같은 표현을 사용한 것은 〈형법〉 제20조의 사회상규에 위배되지 않는 행위로서 위법성이 조각된다고 보았다.

본 판결에서 대법원은 (사이버) 모욕죄를 판단하는 데 있어서 몇 가지 기준을 제시하고 있다. 문제된 글의 사회상규 적합성 여부를 게재 동기 및 문제된 내용의 전체 글에서의 비중과 연관성, 객관적 사실관계의 근거, 유사한 내용의 글의 존재 여부를 통하여 판단하려고 하였다. 위법성 조각의 여부를 글의 공익성이나 인터넷 매체적 특성을 고려하여 판단하기보다는 이러한 표현이 게시된 원인과 과정 그리고 이에 대한 반응의 정도를 통하여 판단하려고 하였다는 점에서 비교형량의 근거를 제시하고 있다고 평가되고 있다.

집단모욕죄에 대한 법원의 이해

집단모욕죄의 법리적 특성

'집단모욕죄'는 '집단에 대한' 모욕죄와 '집단표시에 의한' 모욕죄로 나누어진다. 전자는 '집단 자체'에 대한 모욕죄의 성립에 관한 문제로서, '집단'이 명예의 주체가 될 수 있는지가 쟁점이 된다. 반면에 후자는 '집단표시를 통하여 집단구성원 개인에 대한 모욕죄'가 성립할 수 있는지에 관한 문제로서, 이는 '피해자의 특정'과 관련된다(김봉수, 2011, 119쪽). 이 연구에서 알아보고자 하는 것은 후자의 '피해자 특정'이다.[33] 집단을 표시하

33 모욕죄의 보호법익인 '명예'의 주체는 법문상 '사람'에 한한다. 따라서 자연인이 명예의 주체가 된다는 데는 이견이 없다. 다만 법인이나 법인격 없는 단체에 대하여서도 명예주체성을 인정할 것인지에 대해서는, 법에 의하여 일정한 사회적 역할을 담담하고 통일된 의사를 형성할 수 있다면 법인은 물론 법인격 없는 단체도 명예의 주체가 될 수 있다는 긍정설과 인격을 가진 법인 또는 단체만을 명예의 주체로 한정해야 한다는 부정설이 대립한다. 이와 관련하여 대법원은 명예훼손죄나 모욕죄의 대상으로서의 사람은 자연인에 한정할 이유가 없고, 인격을 가진 단체도 포함된다고 해석하는 것이 적당하다고 판시함으로써, 법인 및 법인격이 인정되는 단체에만 한하여 명예주체성을 긍정하고 있다. 위와 같은 명예주체에 관한 기존 논의를 전제로 하였을 때, 법인격은 물론 단체로서의 외관도 갖추지 못한 단순한 집합체를 의미하는 '집단'에 대하여 명예의 주체성을 인정하기는 어렵다. 따라서 '집단 자체'를 명예주체(피해자)로 파악함으로써 성립할 수 있는 '집단에 대한' 모욕죄는 형법상 인정될 수 없다. 그렇기 때문에 이러한 이해의 차원에서 사용되는 '집단모욕죄'는 올바른 표현이라 할 수 없다(김봉수, 2011, 120쪽). 그러나 이와 상반되는 견해도 있다. 현직 판사인 유제민(2014)은 명예의 주체가 될 수 있는 법인이나 단체의 범위가 어디까지인지가 문제될 수 있는데 법적인 권리주체로

거나 집단 명칭을 사용하여 이루어진 모욕 행위가 어떻게 집단의 구성원 개인에 대한 모욕이 되는지의 문제로 이해된다.

명예훼손죄와 마찬가지로 모욕죄 역시 '명예'라는 개인적 법익에 대한 범죄이기 때문에, 모욕의 상대방(즉, 피해자)의 구체화가 요구된다. 따라서 집단의 명칭을 언급하거나 집단을 표시하였다는 사실로부터 피해자의 특정이 이루어질 수 있는지가 '집단표시에 의한' 모욕죄의 성립과 관련하여 핵심적인 쟁점이 된다(김봉수, 2011, 120쪽). '집단표시에 의한 명예훼손·모욕'이란 "개개인을 구체적으로 지적하지 않고 '○○ 대학의 학생들', '○○구청 공무원들', '○○지검 검사들', '○○백화점 종업원들'과 같이 다수인을 포괄하는 집단을 표시하여 명예훼손적인 발언을 함으로써 집단에 소속된 구성원 각각의 명예를 훼손하거나 모욕하는 것"을 의미한다(한상규, 2014, 291쪽).

집단표시에 의한 모욕죄의 성립과 관련해서는 '집단의 크기와 의심의 강도 기준' 및 '집단의 지칭 범위'에 대한 논의가 있다.[34] 먼저 '집단의 크기와 의심의 강도 기준'을 보면, 미국 판례에서는 '집단표시에 의한 명예훼손'

서의 법인은 물론 법인이 아니더라도 소송상 당사자능력이 있는 경우에는 그러한 비법인단체 등에도 명예의 주체성을 인정하는 것이 합리적이라고 생각된다. 한편 법인이나 단체가 명예의 주체가 될 수 있다고 하더라도 그 성질상 정신적 고통이 있을 수 없다는 이유로 위자료 청구를 할 수 있는지에 대한 논의가 한때 존재하였던 것으로 보이나, 판례상 법인이나 단체에 대하여도 명예훼손에 대한 위자료가 인정되고 있고(대법원 1988.6.14. 선고 87다카1450 판결), 현재 이에 대하여 뚜렷한 반대 의견을 찾기 어려운바 이에 관하여도 어느 정도 견해가 일치되고 있는 것으로 보인다고 주장하였다.

34 명예훼손죄와 모욕죄가 외부적 명예를 보호법익으로 한다고 보는 입장을 취하는 이상 명예훼손죄와 모욕죄는 외부적 명예의 주체가 될 수 있는 피해자에 대하여만 성립할 수 있다고 해야 할 것이다. 본 연구에서는 '집단표시에 의한 모욕죄'에 대한 판단 기준에 한정하지 않고, 그 판례들이 누적되어 있는 '집단표시에 의한 명예훼손'의 기준을 함께 살펴봄으로서 법원의 입장을 보다 심층적으로 살펴보고자 한다.

의 판단 기준으로 집단의 크기, 집단의 성격, 역할, 지명도 및 그 집단 내에서 구성원의 지위 등을 기준으로 그 집단에 속한 자에 대한 피해자로서의 특정 여부를 가린다. 다른 특별한 사정이 없는 한 집단의 크기가 클수록, 즉 집단구성원의 숫자가 많을수록 구성원 개개인에 대한 명예훼손의 가능성은 낮아진다(박용상, 2008, 69쪽).

집단의 크기를 집단표시에 의한 명예훼손을 판단하는 데 있어 가장 중요한 기준으로 활용해 온 미국에서는 대체로 25명을 책임 인정의 기준으로 삼고 있으며 100명이 넘는 경우는 인정하지 않고 있다. *The Restatement(Second) of Torts*에서는 "그룹이 아주 적어서 발언이 구성원에 대한 것으로 합리적으로 이해되거나, 발언의 상황을 종합할 때 구성원 개인에 관한 것으로 결론이 도출될 때에는 명예훼손 책임이 인정된다"라고 하면서 "단정적인 제약을 두는 것은 불가능하지만 … 손해배상책임이 인정된 사건들은 대체로 집단의 구성원 숫자가 25명 이하인 경우였다"라고[35] 기술하고 있다(유제민, 2014, 22쪽).

이와 달리 '의심의 강도(Intensity of Suspicion) 기준'은 집단표시에 의한

35 25명이라는 구체적인 기준이 제시된 이유에 대해서는 대체로 1952년도 Neiman-Marcus v. Lait 사건의 판결[13F.R.D. 311(S.D.N.Y. 1952)]이 우선 기준을 제시한 이후로 관련 사건이나 이론에서 위 판결의 취지가 계속 인용되었기 때문으로 본다. 위 사건은 *U.S.A. Confidential*이라는 책에서 댈러스의 한 백화점에 관하여 기술하면서 "그 백화점의 모델 중 일부(some)는 콜걸이고, 여자 판매원들은 너무 헤프고, 남자 판매원들의 대부분(most)은 동성애자(fairy)이다"라고 기재된 내용에 관한 것이었다. 당시 백화점에는 9명의 모델, 382명의 여자 판매원, 25명의 남자 판매원이 있었는데 이 책의 내용에 대하여 명예훼손을 당하였다고 주장하면서 9명의 모델 전부, 여자 판매원 중 30명, 남자 판매원 중 15명이 손해배상을 청구하였다. 이 사건에서 법원은 여자 판매원 그룹은 너무 커서 개인적 명예훼손이 성립하지 않는다고 하였고, 남자 판매원들은 25명에 대하여 '대부분(most)'이라고 칭하였지만, 이는 '전부(all)'라고 칭한 것과 마찬가지라고 하면서 명예훼손이 인정된다고 보았다(유제민, 2014, 22쪽).

명예훼손 성립 여부를 판단하는 데 있어, 집단의 크기를 주된 기준으로 삼는 것이 아니라 의심의 강도가 어느 정도인가를 기준으로 한다(한상규, 2014, 295쪽). 이는 집단의 크기를 주된 기준으로 삼는 것이 상당히 자의적이고 비논리적 측면이 있는데다가 집단의 크기 이외의 다양한 요소를 종합적으로 고려하여 결정해야 한다는 주장에서 비롯된 것이다. 이 기준을 채택한 최초의 판결은 *Fawcett Publications, Inc. v. Morris* 사건[377 P.2d 42(Okla. 1962)]으로 집단의 크기 이외에 고정성(definiteness in number), 집단의 구성(composition of the group), 조직화된 정도(degree of organization) 등을 종합적으로 고려해야 한다는 것이다(유제민, 2014, 22쪽).

위 사건은 60~70명의 선수들로 구성된 유명한 대학 미식축구팀 선수들이 마약을 사용한다는 기사에 대하여, 그 팀의 주전선수가 자신의 명예가 훼손되었다고 주장한 사건이다. 오클라호마주 대법원은 이 판결에서 "지금까지 큰 그룹의 경우 구성원을 개인적으로 지칭하지 않는 한 명예훼손을 인정하지 않았는데, 집단 사이즈가 결정적이어야 할 본질적인 이유는 없다", "원고처럼 그룹과 관련하여 잘 알려져 있고, 원고가 인식되는 경우에는 그룹 구성원들에 대한 비난은 원고에 대한 것과 같다"라며 원고의 이름이 전혀 거론되지 않았음에도 원고에 대한 명예훼손을 인정하였다(한상규, 2014, 295쪽).

또 다른 사례로 뉴욕주 법원은 뉴욕의 한 경찰서 경찰관 71명 중 18명이 비리 혐의로 기소되었는데, 피고 신문사가 비록 나머지 53명은 기소되지 않았지만 상황을 알고 있었음이 틀림없다고 보도를 하자 나머지 53명이 제기한 명예훼손소송사건에서 명예훼손을 인정하면서 "집단의 크고 작은 것을 기준으로 삼아 소송을 할 수 있느냐를 결정하는 것은 너무 근시안적인 방법"이라고 전제한 후 "의심의 강도기준(intensity of suspicion test)을 이용하면 집단의 크기는 하나의 참고 사항이며 손해배상을 구할 수 있는 가능성은 그 크기에 비례하여 줄어든다. 그러나 집단의 크기는 명예훼손의 유무를 다투는 데 유일무이한 평가요소는 아니다. 그것은 그 집단의 숫자와 구성의 확실성과 조직의 정도를 비교하여 균형을 맞추는 것이다"라고 하여 '집단의 구성원 수'를 하나의 요소로 감안하되 그 밖에 '그룹의 성격, 그룹의 저명성, 그룹에서의 원고들의 역할'을 고려하였다. 이에 더하여 오클라호마주 대법원은 전국적으로 1만 9686명이나 되는 접골의사들을 비난한 발언이 명예훼손이 되는지가 문제된 사건에서 집단표시에 의한 명예훼손을 결정하는 데 있어 집단의 크기가 유일한 요소는 아니며, "집단 내에서 원고가 얼마나 저명한가"도 또한 고려해야 한다고 하면서 원고들의 청구를 기각하였다.

이 밖에 집단 내 모든 구성원을 언급하였는지 또는 집단 내 구성원의 일부만을 언급하였는지에 따라 '구성원의 특정'이 달라질 것은 분명하다. 이에 대하여 "집단의 모든 구성원이 언급된 경우에나 집단의 대부분(most)을 포함한 발언일 때에는 집단에 의한 명예훼손이 인정되는 데 큰 어려움이 없을 것이다. 그러나 명예훼손적 발언이 집단 내의 특정한 일부에 초점을 맞추거나 비교적 적은 집단의 상당한 범위를 지칭할 때는 비록 전부를 칭하는 것이 아니어도 명예훼손이 인정될 수 있다"라고 하는 견해가 있다(한상규, 2014, 296쪽).

집단표시의 문제는 실제로 명예훼손은 물론이고 모욕죄에서도 해결이 까다로운 논점이다. 그럼에도 해당 판결 기준 등에 대한 국내 연구는 그리 많지 않은 것으로 보인다. 현재까지 진행된 국내 연구들에 따르면 일단 집단의 크기가 법원의 판단에 영향을 미치는 것으로 나타났다. 먼저 우리 대법원은 "모욕죄는 특정한 사람 또는 인격을 보유하는 단체에 대하여 사회적 평가를 저하시킬 만한 경멸적 감정을 표현함으로써 성립하는 것이므로 그 피해자는 특정되어야 한다. 그리고 이른바 집단표시에 의한 모욕은, 모욕의 내용이 그 집단에 속한 특정인에 대한 것이라고는 해석되기 힘들고, 집단표시에 의한 비난이 개별 구성원에 이르러서는 비난의 정도가 희석되어 구성원 개개인의 사회적 평가에 영향을 미칠 정도에 이르지 아니한 경우에는 예외적으로 구성원 개개인에 대한 모욕이 성립할 수 있다. 한편 구성원 개개인에 대한 것으로 여겨질 정도로 구성원 수가 적거나 당시의 주위 정황 등으로 보아 집단 내 개별 구성원을 지칭하는 것으로 여겨질 수 있을 때에는 집단 내 개별 구성원이 피해자로서 특정된다고 보아야 할 것인데, 그 구체적인 기준으로는 집단의 크기, 집단의 성격과 집단 내에서의 피해자의 지위 등을 들 수 있다"라고 판시하였다(대법원 2001.09.02. 선고 2002다63558 판결; 대법원 2003.09.02. 선고 2002다63558 판결; 대법원 2013.01.10. 선고 2012도13189 판결; 대법원 2014.03.27. 선고 2011도15631 판결 등).

이정기(2015)는 23개 사건 34개 법원 판례에서 집단 명예훼손 판례를 분석하여 명예훼손 소송에 있어 집단표시와 피해자 특정문제를 합리적으로 가늠할 수 있는 판결의 기준을 탐색하고자 하였다. 분석결과 첫째, 명예훼손 소송을 제기한 원고가 승소한 판례가 14개 사건 20개 판례, 패소한 판례는 9개 사건 14개 판례였다. 둘째, 집단표시 관련 판례에 나타난 명예훼손적 표현을 구성하는 집단의 크기가 대체로 8~49명 수준인 것으로 나타났다(50명 이하). 또는 140~4000명 수준의 집단표시는 일반적으로 피해자 특정이 어렵다는 판결이 도출되었다. 셋째, 표현 주체가 언론인 경우(언론끼리의 판례) 공익성이 인정된다면 위법성 조각사유가 적용될 가능성이 있는 것으로 나타났다. 넷째, 원고의 지위에 따른 소송 결과를 확인한 결과, 대부분의 집단표현 관련 소송(15개 사건 27개 판례)은 공인에 의하여 제기되었으며, 다섯째, 피고의 지위에 따른 소송 결과를 확인한 결과, 집단표시 관련 소송은 포괄적 의미의 언론사의 보도가 명예훼손 소송으로 비화된 사건이 19건(55.88%)으로 가장 많은 것으로 나타났다.

위의 연구에 따르면 명예훼손의 경우 집단표시가 인정되는 경우는 50명을 넘지 않는 것으로 나타났다. 이러한 점은 모욕죄의 경우에도 명예훼손과 유사하게 특정이 되어야 구성된다는 점에서 암시하는 바가 크다. 즉 모욕죄와 관련된 판결에서도 '집단의 크기(규모)'가 중요한 판단 요소로 작용하고 있는 것으로 보이는데 집단의 크기가 커짐에 따라 집단구성원 개개인이 피해의 주체가 되는가를 합리적으로 이해하기는 쉬운 일이 아니기 때문이다. 결국 판결에서 기준으로 판단하고 있는 집단의 크기란 궁극적으로 특정 집단구성원의 수를 의미하는 것으로 보인다. 그러나 판례에서 명시하는 "구성원 개개인에 대한 것으로 여겨질 정도로 구성원 수가 적다"라는 것은 구체적으로 몇 명 정도의 구성원을 의미하는지는 현재로서는 명확하지 않다.

집단표시에 의한 모욕죄가 부정된 경우

국내에서 '집단표시에 의한 모욕죄'를 주요하게 살펴본 판례들을 분석한 결과, 다음의 〈표 7〉에서와 같이, 검색된 7건의 판례 모두 최종심에서는 모욕죄를 인정하지 않은 것으로 나타났다. 집단표시에 의한 모욕죄 여부를 판단하는 데 참조 판례로 제시된 주요 판결은 '대법원 2003.09.02. 선고 2002다63558 판결'과 '대법원 2006.05.12. 선고 2004다35199 판결'이다. 판례에 따라 두 가지 판결 중 하나를 채택한 경우가 있고, 두 판결을 모두 참조하였다고 밝힌 경우가 있었다. 그런데 '대법원 2006.05.12. 선고

표 7 **국내 법원의 집단표시에 의한 모욕죄 판시내용 및 주요 판단 기준**

	사건번호	원고 / 피고 / 쟁점 사항	판시 내용	참조판결	집단표시에 의한 모욕죄 판단 기준	인정 여부
1	1심 서울남부지방법원 2007. 11. 22. 선고 2005고합69 (독립운동가들 모욕 사건)	검사 / 친일작가 김완섭 / 독립운동가들에 대한 명예훼손 및 모욕	피고인이 서적 및 유인물에서 사용한 '독립운동가', '해외에서 분리독립운동을 벌이는 집단'이라는 표현은 특정인을 지칭하는 표현이 아닐뿐더러, 이를 구성원이 확정된 어떤 집단을 지칭하는 표현으로 보기도 어려움. 위와 같은 표현이 어떤 집단을 지칭하는 것이라고 하더라도, 그것이 구성원 개거인을 가리키는 것으로 여겨질 정도로 구성원 수가 적은 집단을 지칭하는 표현이라거나 주위 정황 등으로 보아 개별 피해자들을 지칭하는 것으로 여겨질 수 있는 정도에 이른 것으로 보기 어려움.	대법원 2003. 09. 02. 선고 2002다63558 판결 등	명예훼손죄 또는 모욕죄가 성립하려면 피해자가 특정되어야 하는데, 피해자 특정을 위하여 반드시 사람의 성명을 명시해야만 하는 것은 아니고 성명을 명시하지 않은 경우라도 그 표현의 내용을 주위 사정과 종합해 볼 때 그 표시가 누구를 지목하는가를 알아차릴 수 있을 정도라면 피해자가 특정되었다고 볼 수 있다. 그러나 이른바 집단표시에 의한 명예훼손은 일반적으로 그 표현이 그 집단에 속한 특정인에 대한 것이라고는 해석되기 힘들고 집단표시에 의한 비난이 개별 구성원에 이르러서는 비난의 정도가 희석되어 구성원의 사회적 평가에 영향을 미칠 정도에 이르지 않으므로 그것이 구성원 개개인을 가리키는 것으로 여겨질 정도로 구성원 수가 적거나 그 당시의 주위 정황 등으로 보아 집단 내 개별 구성원을 지칭하는 것으로 여겨질 수 있는 경우와 같은 특별한 사정이 없는 한 구성원 개개인에 대한 명예훼손은 성립되지 않는다.	부정

	사건번호	원고 / 피고 / 쟁점 사항	판시 내용	참조판결	집단표시에 의한 모욕죄 판단 기준	인정 여부
2	1심 최종 부산 지방법원 2008. 10. 20. 선고 2008가단32378 판결 (교장 모욕 사건)	중학교 교장 / 중학교 교사 / 학교를 특정하지 않고 교장의 부당한 행동에 대하여 민원을 제기한 교육청 홈페이지 게시글	게시글이 원고를 대상으로 하여 작성된 것임을 인정하기에 부족하고, 달리 이를 인정할 증거가 없으므로, 원고의 이 부분 주장은 나아가 살필 필요 없이 이유 없음.	대법원 2006.05.12. 선고 2004다35199 판결	집단표시에 의한 명예훼손(모욕을 포함, 이하 같다)은 그러한 내용이 그 집단에 속한 특정인에 대한 것이라고는 해석되기 힘들고 집단표시에 의한 비난이 개별 구성원에 이르러서는 비난의 정도가 희석되어 구성원의 사회적 평가에 영향을 미칠 정도에 이르지 않으므로 구성원 개개인에 대한 명예훼손은 성립되지 않는다고 봄이 원칙이지만, 다만 예외적으로 구성원 개개인에 대한 것으로 여겨질 정도로 구성원 수가 적거나 당시의 주위 정황 등으로 보아 집단 내 개별 구성원을 지칭하는 것으로 여겨질 수 있는 때에는 집단 내 개별 구성원이 피해자로서 특정된다고 보아야 하고, 그 구체적 기준으로는 집단의 크기, 집단의 성격과 집단 내에서의 피해자의 지위 등을 들 수 있다(**대법원 2003. 09. 02. 선고 2002다63558 판결**).	부정

3	1심	제주 지방법원 2010.04.08. 선고 2008가합1800	제주 4·3 희생자 유족 103명 / 이선교 목사 / 제주 4·3 사건 진상규명 및 희생자 명예회복 위원회에 의하여 희생자로 결정된 1만 3564명 전원을 4·3 당시 폭동에 가담한 폭도인 것처럼 강연에서 표현함	피고가 이 사건 강연에서 원고들 혹은 희생자들을 직접 거명하거나 일일이 지적하지 않았다고 하더라도, 위원회에 의하여 **희생자로 결정된 1만 3564명 전원이 폭동에 가담한 것처럼 표현함으로써, 희생자 및 그 유족인 원고들이 명예훼손의 피해자로 특정되었다고 봄이 상당함.**	대법원 2006.05.12. 선고 2004다35199 판결	상기 **대법원 2003.09.02. 선고 2002다63558 판결**에서의 판단 기준과 동일	인정
	2심	광주 고등법원 제주부 2011.11.09. 선고		피고가 희생자들을 직접 거명하거나 일일이 지적하지 않아 '집단표시에 의한 명예훼손'이 인정되지 않으며, 이 목사가 '폭동에 가담한 1만 3546명', '4·3평화공원은 폭도공원'이라는 표현을 사용하였다고 인정하기 부족하고 달리 이를 인정할 증거가 없음. 이 목사가 4·3 사건 희생자로 결정된 1만 3546명 모두를 4·3 당시 폭동에 가담한 폭도라고 지정하였다는 유족회의 주장은 이유가 없어 집단표시에 의한 명예훼손은 인정되지 않음.			부정
	3심	대법원 2014.06.12. 선고 (제주 4·3 사건 희생자들 모욕사건)		원고들이 제출한 증거만으로는 피고가 강연에서 폭도라는 표현을 사용하였다고 인정하기에 부족함. 폭도로 표현하였다고 하더라도 이는 제주 4·3 사건 진상보고서에 대한 부정적 평가나 지난 국회(18대)에 대한 비판과 의견의 표명이라고 봄이 상당하다.			부정

	사건번호	원고 / 피고 / 쟁점 사항	판시 내용	참조판결	집단표시에 의한 모욕죄 판단 기준	인정 여부
4	2심 최종 대구지방법원 2010.04. 14. 선고 2009노1456 (유모차 시위대 모욕 사건)	검사 / 인터넷 카페 운영자(글 게시자) / '잔인한 촛불 시위 유모차 여자'라는 제목의 카페 게시글	다수인을 지칭하여 명예훼손을 하거나 모욕을 하는 경우, 법인격 없는 단체에 이르지 못한 집단은 그 집단 자체가 사회생활상 독립된 존재로서 특정성이 없으므로 명예의 주체가 될 수 없을 뿐만 아니라, 그 구성원도 비구성원으로부터 확연히 구별되고 특정되지 않기 때문에 그 집단의 집합명칭을 사용한 경우에는 원칙적으로 집단이나 그 구성원에 대하여 명예훼손죄나 모욕죄가 성립하지 않는다고 할 것임. 특정 일시, 특정 장소에서의 집회에 참가한 사람들 중 특정 단체의 회원 등을 모욕하는 내용이 아니라 전국적으로 여러 번에 걸쳐 개최된 촛불집회에 참가한 사람들 중 '유모차에 아기를 태우고 나온 행위를 한 여성들'을 비난하는 내용임이 명백한 점 등에 비추어 보면, 게시글에 의한 모욕의 피해자가 일반인과 명백히 구분되는 등으로 특정되었다고 보기는 어려움. 따라서 이 사건 글에 사람을 모욕하는 내용이 포함되어 있다고 하더라도, 그 모욕의 피해자가 특정되었다고 볼 수 없는 이상, 모욕죄가 성립된다고 할 수 없음.	대법원 2000.10.10. 선고 99도5407 판결	명예훼손죄는 어떤 특정한 사람 또는 인격을 보유하는 단체에 대하여 그 명예를 훼손함으로서 성립하는 것이므로 그 피해자는 특정한 것임을 요하고, 다만 서울시민 또는 경기도민이라 함과 같은 막연한 표시에 의해서는 명예훼손죄를 구성하지 아니한다 할 것이지만, 집합적 명사를 쓴 경우에도 그것에 의하여 그 범위에 속하는 특정인을 가리키는 것이 명백하면, 이를 각자의 명예를 훼손하는 행위라고 볼 수 있다고 할 것인바, 이는 모욕죄에 있어서도 마찬가지라고 할 것이다. 나아가 다수인을 지칭하여 명예훼손을 하거나 모욕을 하는 경우, 법인격 없는 단체에 이르지 못한 집단은 그 집단 자체가 사회생활상 독립된 존재로서 특정성이 없으므로 명예의 주체가 될 수 없을 뿐만 아니라, 그 구성원도 비구성원으로부터 확연히 구별되고 특정되지 않기 때문에 그 집단의 집합명칭을 사용한 경우에는 원칙적으로 집단이나 그 구성원에 대하여 명예훼손죄나 모욕죄가 성립하지 않는다고 할 것이다.	부정

5	1심 최종	서울남부 지방법원 2011.11.24. 선고 2010가합14668 (아나운서 모욕 (민사)사건)	한국아나운서 연합회 / 강용석 국회의원 / 아나운서로 성공하기 위해서는 "다 줄 생각을 해야 하는데 …" 등의 발언	구성원 개개인에 대한 명예훼손 내지 모욕이 성립하는지 여부에 관하여 판단하려면, 일단 당해 집단에 속한 구성원의 숫자가 고려되어야 한다. '대한민국의 여자 아나운서'는 적어도 700~800명에는 이를 것으로 보이는데, 이는 집단 명칭을 표시함으로써 그 집단 내에 있는 개개인을 특정하여 표시하였다고 보기에는 그 수가 지나치게 많은 경우에 해당한다. 결국 '대한민국의 여자 아나운서'라는 집단의 구성원 수와 그 집단의 성격, 집단 내에서 이 사건 아나운서 원고들이 갖는 지위 내지 특성 등을 두루 고려해 보았을 때 이 사건 아나운서 원고들 가개인이 이 사건 발언의 피해자로 지칭되었다고 볼 수는 없음.	대법원 2003.09.02. 선고 2002다63558 판결 / 대법원 2006.05.12. 선고 2004다35199 판결	상기 **대법원 2003.09.02. 선고 2002다63558 판결**에서의 판단 기준과 동일	부정

	사건번호	원고 / 피고 / 쟁점 사항	판시 내용	참조판결	집단표시에 의한 모욕죄 판단 기준	인정 여부
6	1심 서울중앙지방법원 2010.11.26. 선고 2009고정7092	검사 / 인터넷 글 게시자들 / 피고인들이 인터넷 다음 사이트의 아고라 토론방에 "개독알밥 노데모 꼴통놈들은", "전문시위꾼 노노데모 마니들", "존만이들아" 등 글을 게재한 사건	피고인들은 아고라 토론방에 '… 개독알밥 노노데모 꼴통놈들은 …', '이명박 좀비들과 노노데모 개종자들은 이것만은 삼가다오' '전문시위꾼 노노데모 똘마니들'이라는 제목하에 '단단히 각오하고 와라 … 존만이들아' 등의 글을 게재하여 공연히 피해자 '노노데모'를 모욕하였음. 피고인들을 각 벌금 30만 원에 처함.	참조판결 없음	참조 판례나 특별한 판단 기준을 제시하지 않았으나, 피고인들의 표현(개독알밥 꼴통놈들은 …', '이명박 좀비들과 개종자들', '전문시위꾼 노노데모 똘마니들', '존만이들아' 등)을 모욕적 표현으로 인정함.	인정
	2심 서울중앙지방법원 2012.10.17. 선고 2010노4755		'노노데모'라는 가상공동체의 규모, 집단의 성격과 집단 내에서의 피해자(운영자)의 지위 등을 종합적으로 고려하면, 비록 노노데모의 구성원이 무려 3만 명 남짓으로 결코 적은 편은 아니지만, 피고인들이 게시한 글은 노노데모의 구성원 개개인의 사회적 평가에 영향을 미칠 정도에 이르렀고,	대법원 2006.05.12. 선고 2004다35199 판결	상기 **대법원 2003.09.02. 선고 2002다63558 판결**에서의 판단 기준과 동일	인정

		그 결과 노노데모의 핵심 구성원인 피해자는 그 글이 지칭하는 대상에 포함되어 모욕죄의 피해자로 특정되었다고 볼 여지가 있으며, 피고인들이 게시한 글의 표현은 나름대로 노노데모에 대하여 자긍심을 갖고 있던 피해자의 사회적 평가를 저해할 만한 경멸적 감정을 공연히 표현하는 모욕 행위에 해당됨.			
3심	대법원 2013.01.10. 선고 2012도13189 (인터넷 카페 회원들 모욕 사건)	사건 당시 네이버 카페 '○○○○' 회원수가 3만 6000여 명에 달하였고, 회원들은 아이디(ID)나 닉네임만을 사용하여 개인의 인적 사항이 드러나지 아니함. 피해자는 사건 당시 '○○○○'의 평회원이었다가 그 후 운영자가 되었음. 이 사건 각 글에 피해자를 비롯한 '○○○○'의 특정 회원을 지칭하는 표현은 포함되어 있지 않음.	대법원 2003.09.02. 선고 2002다63558 판결 / 대법원 2006.05.12. 선고 2004다35199 판결	상기 **대법원 2003.09.02. 선고 2002다63558 판결**에서의 판단 기준과 동일	부정

	사건번호	원고 / 피고 / 쟁점 사항	판시 내용	참조판결	집단표시에 의한 모욕죄 판단 기준	인정 여부
7	1심 서울서부지방법원 2011.05.25. 선고 2010고단1806	검사 / 강용석 국회의원 / 강용석의 아나운서로 성공하기 위해서는 "다 줄 생각을 해야 하는데, … " 등의 발언이 아나운서 개개인에 대한 모욕을 구성하는지 여부와 해당 내용을 기사화한 기자를 허위사실 유포로 고소한 사실에 대한 무고죄 소송	이 사건의 경우, 집단표시에 의한 비난의 정도가 구성원 개개인에 이르러 희석된다고 하기보다는, 오히려 아나운서로서 노출된 그녀들을 접하게 되는 사회 일반인들이 그때 그녀들과 관련하여 피고인의 발언을 떠올리고 연상하게 될 소지가 충분한 점 등을 감안해 볼 때, 한국아나운서협회(남자 265명, 여자 295명 등록)의 회원인 공중파 여성 아나운서 154명 개개인에 대한 사회적 평가에 영향을 미칠 수 있는 것으로 판단되어 모욕죄가 성립된다고 판시함.	대법원 2003.09.02. 선고 2002다63558 판결 / 대법원 2006.05.12. 선고 2004다35199 판결	'집단표시에 의한 비난'은 통상 그러한 비난의 내용이 그 집단에 속한 특정 개개인에 대한 것이라고 받아들여지지 아니하고, 개별 구성원에 이르러서는 비난의 정도가 희석되어 구성원 개개인에 대한 사회적 평가에 영향을 미칠 정도에는 이르지 않는 것이 일반적이어서, 비록 그러한 비난으로 인하여 그 집단의 구성원이 자신의 명예감정에 상처를 입었다고 하더라도 그것만으로는 모욕죄를 구성하지 않는다고 할 것이지만, 이를 넘어 그 비난의 내용이 해당 집단에 속해 있는 특정한 개개인에게까지 미쳐 그 개개인에 대한 사회적인 평가에 영향을 미칠 정도에까지 이른 경우라면 모욕죄를 구성한다고 볼 것이고, 이는 해당 집단의 크기, 해당 집단의 사회적 역할이나 그 성격, 집단 내에서의 피해자의 지위와 함께 **그 발언자의 사회적 지위 및 해당 집단에 대하여 가지고 있는 지식이나 경험의 정도, 발언의 경위, 발언의 상대방 및 그 상대방이나 그러한 발언을 접하게 된 일반인들이 발언자의**	인정

				지식·경험에 대하여 가지고 있는 신뢰나 그 기대의 정도 등 일체의 사정을 두루 참작하여 판단해야 할 것이며, 그 결과 그러한 비난이 해당 집단에 속한 개개인에 대한 사회적 평가에까지 영향을 미칠 정도라고 판단되는 경우에는 개별 구성원에 대한 모욕죄가 성립하고, 나아가 그들에 대한 사회적 평가가 실제 저하되었는지 여부는 이에 영향을 미치지 아니한다.	
2심	서울서부 지방법원 2011.11.10. 선고 2011노529	협회에 등록된 여성 아나운서들의 수가 295명에 이르지만 피고인의 지위와 이 사건 발언을 하게 된 경위, 표현 내용, 여성 아나운서 집단과 피해자들의 업무의 특수성, 피해자들에 대한 일반의 관심 그리고 피해자들이 생활하는 범위 내의 사람들이 이 사건 표현 내용과 피해자들을 연결시킬 가능성 등을 종합해 볼 때, 피고인의 이 사건 발언은 여성 아나운서들 집단의 개별 구성원, 적어도 협회에 등록되어 있는 회원들인 이 사건 피해자들에 대한 사회적 평가를 저하시킬 위험성이 있는 경멸적 표현에 해당한다고 할 것임.	기존 판결 종합 제시	표현의 대상으로 집단을 표시한 경우에도 그 표현의 내용으로 인하여 집단의 개별 구성원에 대한 사회적 평가가 저하될 가능성이 있으면 구성원 개개인에 대한 모욕죄가 성립한다고 할 것이고, 사회적 평가가 저하될 가능성에 대한 판단은, 표현의 내용뿐만 아니라 발언자의 사회적 지위와 발언의 상대방 등 그 발언의 경위 그리고 집단의 성격과 집단과 구성원의 관계, 집단 또는 구성원에 대한 일반 사회의 관심 등을 종합하여 판단해야 할 것이다.	인정

사건번호	원고 / 피고 / 쟁점 사항	판시 내용	참조판결	집단표시에 의한 모욕죄 판단 기준	인정 여부
3심 대법원 2014.03.27. 선고 2011도15631 (아나운서 모욕 (형사)사건)		피해자들을 비롯한 여성 아나운서들은 방송을 통하여 대중에게 널리 알려진 사람들이어서 그 생활 범위 내에 있는 사람들이 문제된 발언과 피해자들을 연결시킬 가능성이 있다는 이유만으로 곧바로 그 집단구성원개개인에 대한 모욕이 된다고 평가하게 되면 모욕죄의 성립 범위를 지나치게 확대시킬 우려가 있는 점 등을 종합하여 모욕죄에 해당한다고 보기는 어려움	대법원 2003.09.02. 선고 2002다63558 판결 / 대법원 2013.01.10. 선고 2012도13189 판결	상기 **대법원 2003.09.02. 선고 2002다63558 판결**에서의 판단 기준과 동일	부정

2004다35199 판결'은 '대법원 2003.09.02. 선고 2002다63558 판결'을 인용한 판결이므로 사실상 '대법원 2003.09.02. 선고 2002다63558 판결'이 집단표시의 의한 모욕죄의 판단 기준으로서 주축이 된 것으로 보인다. 이 밖에 '대법원 2000.10.10. 선고 99도5407 판결'을 참조한 '대구지방법원 2010.04.14. 선고 2009노1456 판결(유모차 시위대 모욕 사건)'이 있다.

특이한 것은 위의 참조 판결들은 모두 '집단표시에 의한 명예훼손'을 함께 다루었던 사건이다. 법원은 해당 참조 판결들을 인용하면서 '집단표시에 의한 모욕죄'의 판단 기준도 '집단표시에 의한 명예훼손'과 다르지 않다는 것은 전제하고 있었다. 또한 하나의 사건에서 원고가 자신을 모욕하거나 사실 및 허위의 사실을 공연히 유포하여 자신의 명예를 훼손하였다고 소를 제기하는 경우가 많았으며, 이러한 경우 해당 참조 판결들을 근거로 명예훼손죄와 모욕죄를 함께 판단하고 있었다. 즉 사실상 인격권침해에 대한 소송사건에 있어 원고 측은 모욕을 당하였다는 것과 함께 명예가 훼손되었다는 주장을 하는 경우가 많으며, 이로 인하여 법원은 집단표시에 의한 모욕죄에 대한 판단 기준을 따로 두지 않고 집단표시에 의한 명예훼손의 여부를 살피며 모욕죄를 포함하여 피해자가 특정되는지를 판단하고 있었다. 하지만 집단표시에 의한 모욕죄만을 살피는 사건의 경우에도, 관련한 기존 판례가 대부분 '대법원 2003.09.02. 선고 2002다63558 판결'을 참조하고 있기에, 집단표시에 의한 모욕죄의 여부를 판단하는 데 적용되는 고유한 기준을 별도로 찾기는 어려웠다.

주요 참조 판결로 인용된 '대법원 2003.09.02. 선고 2002다63558 판결'의 '집단표시에 의한 모욕죄' 판단 기준을 보면, 〈표 7〉에서 확인되는 바와 같이 명예훼손죄 또는 모욕죄가 성립하려면 피해자가 특정되어야 하는데, 집단표시에 의한 모욕(명예훼손)은 그 표현이 그 집단에 속한 특정인에 대한 것이라고는 해석되기 힘들고 개별 구성원에 이르러서는 비난의 정도가 희석되어 구성원의 사회적 평가에 영향을 미칠 정도에 이르지 않는다는 것이 공통된 전제이다. 그러나 구성원 개개인을 가리키는 것으로 여겨질 정도로 구성원 수가 적거나 그 당시의 주위 정황 등으로 보아 집단 내 개별 구성원을 지칭하는 것으로 여겨질 수 있는 경우와 같은 특별한 사정이 있다면 구성원 개개인에 대한 명예훼손(모욕죄)이 성립된다는 것인데, 그 구체적 기준으로는 집단의 크기, 집단의 성격과 집단 내에서의 피해자의 지위 등을 들 수 있다고 제시하고 있다.

위의 판시에 근거하여 집단구성원 개개인에 대한 모욕이 성립되는지 판단하려면, 일단 당해 집단에 속한 구성원의 숫자가 가장 우선적으로 고려해야 할 대상이 된다. 그리고 이러한 집단의 크기와 함께, 집단의 성격과 집단 내에서의 피해자의 지위가 주요한 기준이 된다.

그럼 '집단표시에 의한 모욕죄'가 부정된 최종심 7건을 살펴보며 상기한 판단 기준이 어떻게 적용되고 있는지 알아보기로 하겠다. 먼저 '독립운동가들 모욕 사건(서울남부지방법원 2007.11.22. 선고 2005고합69 판결)'[36]의 경우 법원이 집단표시에 의한 모욕죄를 부정하였는데, 친일작가 김완섭이 일제 강점기의 독립운동가에 대하여 동포들의 송금에 기생하였던 업자였으며, 무위도식하면서 동포들의 재산을 노략질하였던 룸펜집단으로 표현한 데 대하여 법원은 "피고인이 이 사건 서적 및 유인물에서 사용한 '독립운동가', '해외에서 분리독립운동을 벌이는 집단'이라는 표현은 특정인을

36 본 사건은 대법원 판결까지 이어졌으나, 집단표시에 의한 모욕죄 쟁점은 1심에서만 다투었으며, 2심과 3심에서는 피해자가 특정된 사후명예훼손 여부만 살피었다. 하여 본 연구에서는 1심의 판례를 위주로 논의하였다.

지칭하는 표현이 아닐뿐더러, 이를 구성원이 확정된 어떤 집단을 지칭하는 표현으로 보기도 어렵다"라고 하였다. 판결을 해석하면, 독립운동가란 집단의 성격을 볼 때, 구성원이 확정된 집단으로 보기 어렵고 그 구성원의 숫자도 가늠하기 어렵다는 특징을 지녔기에 집단표시에 의한 모욕이 성립되지 않은 것으로 분석된다.

두 번째 판례인 '교장 모욕 사건(부산지방법원 2008.10.20. 선고 2008가단32378 판결)' 역시 '집단표시에 의한 모욕죄'가 성립되지 않았는데, 법원은 피고 교사가 학교를 특정하지 않고, 부산북부교육청 홈페이지 게시판에 〈이런 교장도 있습니다〉라는 제목으로 방학 중 학교야영활동을 이유 없이 허락하지 않고, 출장경비 책정이 부정확하게 되고 있다는 글을 올린 것에 대하여 게시글이 원고(교장)를 대상으로 하여 작성된 것임을 인정하기에 부족하다고 판시하였다.

세 번째 '제주 4·3 사건 희생자들 모욕 사건(대법원 2014.06.12. 선고)'에서는 피고 이선교 목사가 제주 4·3 사건 진상규명 및 희생자 명예회복 위원회에 의하여 희생자로 결정된 1만 3564명 전원을 4·3 당시 폭동에 가담한 폭도인 것처럼 강연에서 표현한 데 대하여 3심 판결은 1심과 달리, '집단표시에 의한 명예훼손 및 모욕'을 부정하였다. 대법원은 원고인 제주 4·3 사건 희생자 또는 그 유족이 제출한 증거만으로는 피고가 강연에서 폭도라는 표현을 사용하였다고 인정하기에 부족하며, 폭도라고 표현하였다고 하더라도 이는 제주 4·3 사건 진상보고서에 대한 부정적 평가나 지난 국회(18대)에 대한 비판과 의견의 표명이라고 봄이 상당하다고 보았다.

네 번째, 소위 '유모차 시위대 모욕 사건(대구지방법원 2010.04.14. 선고 2009노1456 판결)'에서도 '집단표시에 의한 모욕죄'가 부정되었다. 사건 개요를 간단히 살펴보면, 피고인은 자신이 운영하는 다음 카페 게시판에

〈잔인한 촛불 시위 유모차 여자〉라는 제목으로 "가짜 엄마이거나 어디서 아기를 돈을 주고 빌려 왔거나 하지 않으면 할 수 없는 짓거리다. 인간을 시위대 진압저지의 용구로 쓴다는 것은 공산분자의 발상이 아니고는 나오기 힘들다. (중략) 어디서 돈을 주고 빌려온 아기는 아닌지도 조사해야 할 것이다. 친엄마라면 그럴 수 없으니까"라는 내용의 글을 올렸다. 이에 대하여 아기를 유모차에 태우고 촛불시위에 참가한 피해자들이 명예훼손과 모욕으로 형사소송을 하였는데, 법원은 "당시는 정부의 미국 쇠고기 수입 조치에 항의하는 대규모 집회가 전국적으로 개최되었고 (중략) 집회 참가자들 중 일부 여성은 자신의 아기를 유모차에 태우고 집회에 참가하기도 하였는데, 위와 같이 아기를 유모차에 태우고 집회에 참가한 여성들의 인원수도 각 집회 때마다 일정하지 아니하였고 그 인적 구성도 서로 달랐던 점, 이 사건 당시 특정 단체나 특정 인터넷 카페 등의 회원인지 여부 등에 관계없이 누구나 집회현장에 유모차에 아기를 태우고 나올 수 있었고, 실제로도 특정 인터넷 카페 등의 회원이 아닌 여성들도 다수 집회에 참석한 것으로 보이는 점, 이 사건 글도 특정 일시, 특정 장소에서의 집회에 참가한 사람들 중 특정 단체의 회원 등을 모욕하는 내용이 아니라 전국적으로 여러 번에 걸쳐 개최된 촛불집회에 참가한 사람들 중 '유모차에 아기를 태우고 나온 행위를 한 여성들'을 비난하는 내용임이 명백한 점, 피고인이 이 사건 글을 올릴 당시는 고소인들을 전혀 몰랐던 것으로 보이는 점 등에 비추어 보면, 이 사건 글에 의한 모욕의 피해자가 일반인과 명백히 구분되는 등으로 특정되었다고 보기는 어렵다고 할 것이다. 따라서 이 사건 글에 사람을 모욕하는 내용이 포함되어 있다고 하더라도, 그 모욕의 피해자가 특정되었다고 볼 수 없는 이상, 모욕죄가 성립된다고 할 수 없다"라고 하였다. 이 판결 역시 촛불집회라는 집단의 크기, 즉 구성원의 숫자를 가장 주요하게 보았으며 그 밖에 집단의 성격과 발언 시점 등을 고려한 결과, 피해자를 특정하기에 부적합한 것으로 판단한 경우에 해당한다.

다섯 번째 판례는 '아나운서 모욕 (민사)사건(서울남부지방법원 2011.11.24. 선고 2010가합14668, 20656(병합) 판결)'으로 강용석 국회의원이 아나운서가 되고자 희망하는 여학생 두 명에게 회식 자리에서 기자가 될 것을 권유하면서, 아나운서로 성공하기 위해서는 "다 줄 생각을 해야 하는데, 그래도 아나운서 할 수 있겠느냐. 성신여대 이상은 자존심 때문에 그렇게 못하더라"라는 말을 하여, 한국아나운서연합회로부터 여성 아나운서 개개인의 명예를 훼손하거나 모욕하였다고 형사소송을 당한 사건이다.

본 판례에서 법원은 한국아나운서연합회의 구성원 숫자를 고려해야 한다고 전제하면서, "우리 대법원의 선례를 살펴보면, 대법원 2000.10.10. 선고 99도5407 판결은 모 고등학교 교사 중 동지회 소속교사들에 대한 비난기사가 문제된 사안에서 당해 교사 총 66명 중 37명이 위 동지회 소속 교사로서 그 집단의 규모가 작고 그 구성원이 특정되어 있어 그 소속교사인 원고의 명예가 훼손되었다고 인정하였고, 이른바 '대전 법조비리 보도 사건'에 대한 대법원 판결은 당시 대전지검 검사는 25명, 대전고검 검사는 6명 정도였으므로 '대전 지역 검사들' 표시에 의하여 구성원 개개인이 피해자가 될 수 있다고 판시하였다. 또한 대법원 2005.01.14. 선고 2001다28619 판결은 10명 내외의 검사로 구성된 '검찰특별수사본부' 소속 검사들은 '검찰'의 감청 의혹 기사에 의한 피해자로 인정하였고, 대법원 2006.05.12. 선고 2004다35199 판결은 소속인원이 21명인 '지방경찰청 기동수사대'라는 표시에 의하여 소속 경찰관이 피해자로 특정되었다고 인정하였다"라고 전제하면서, 그러나 "아나운서라는 명칭의 직업을 가진 사람이 전국에 1500명 가까이에 달하고, 원고 한국아나운서협회에 속한 아나운서의 수만도 남자 265명, 여자 296명에 이르는 사실을 인정할 수 있어, 일응 '대한민국의 여자 아나운서'는 적어도 700명 내지 800명에는 이를 것으로 보이는데, 이는 집단 명칭을 표시함으로써 그 집단 내에 있는 개개인을 특정하여 표시하였다고 보기에는 그 수가 지나치게 많은 경우에 해당한다"라고 보았다. 이 판결은 그 어떤 판단 기준보다 집단구성원의 숫자를 주요하게 본 사례라 할 것이다.

여섯 번째 판례는 '인터넷 카페 회원들 모욕 사건(대법원 2013.01.10. 선고 2012도13189 판결)'이다. 두 명의 피고인은 인터넷 다음 사이트의 아고라 토론방에서 네이버 카페 '노노데모' 운영자를 포함한 회원들을 "개독알밥 노노데모 꼴통놈들은", "전문시위꾼 노노데모 똘마니들", "존만이들아" 등으로 묘사하는 글을 게재하였다. 이에 대법원은 1, 2심과 달리 '집단표시에 의한 모욕죄'을 부정하였는데, 판시를 보면 "사건 당시 인터넷 카페 회원수가 3만 6000여 명에 달하였고, 회원들은 주로 아이디(ID)나 닉네임만을 사용할 뿐 개인의 인적 사항이 드러나지 않았고, 피해자는 이 사건 당시 노노데모'의 평회원이었다가 그 후 운영자가 되었는데 이 사건 각 글에 피해자를 비롯한 '노노데모'의 특정 회원을 지칭하는 것으로 볼 수 있는 표현은 포함되어 있지 아니한 사실을 알 수 있다. 사정이 이러하다면, 피고인들이 게재한 이 사건 각 글은 '노노데모'라는 인터넷 카페의 회원 일반을 대상으로 한 것으로서 그 개별 구성원에 불과한 피해자에 이르러서는 비난의 정도가 희석되어 피해자 개인의 사회적 평가에 영향을 미칠 정도에 이르지 않았다고 볼 여지가 충분하고, 한편 피고인들에게 '노노데모'의 회원 중 1인에 불과한 피해자를 모욕한다는 고의가 있었다고 보기도 어렵다"라고 판단하였다.

위 판결에 따르면 역시 판단의 기준이 집단 내 '피해자의 특정'으로 집중되고 있는 것을 알 수 있다. 문제가 된 인터넷 카페는 그 집단의 구성원이 약 3만 6000여 명이었고, 누구나 손쉽게 회원으로 가입할 수 있는 집단으로서 아이디나 닉네임 외에 카페 활동에 개인의 인적 사항이 드러나지 않는 등 집단 가입의 비엄격성, 익명성의 성격을 가지고 있는 집단이었다. 여기에 피고인의 글에는 특정 회원을 지칭하는 표현이 포함되지 않았기에 피해자를 모욕하였다고 보기에는 비난의 정도가 희석되었다는 것이다.

마지막으로 '아나운서 모욕 (형사)사건(대법원 2014.03.27. 선고 2011도15631 판결)'은 강용석 국회의원이 "아나운서로 성공하기 위해서는 다 줄 생각을 해야 하는데, 그래도 아나운서 할 수 있겠느냐. 성신여대 이상은 자존심 때문에 그렇게 못하더라"라는 발언이 아나운서 개개인에 대한 모욕을 구성하는지 여부와 해당 내용을 기사화한 기자를 허위사실 유포로 고소한 사실에 대한 '무고죄' 소송이다. 본 사건도 제1심과 제2심과 달리, 최종 대법원 판결에서 집단표시에 의한 모욕죄를 인정하지 않았다.

그 이유를 보면 "여성 아나운서 집단에 속한 개개의 여성 아나운서가 피해자임을 전제로 하고 있으므로 무엇보다도 그 비난의 정도가 여성 아나운서 개개인의 사회적 평가를 저하시킬 정도여야 할 것인데, ① 피고인을 수사기관에 고소한 여성 아나운서는 154명이고, 한국아나운서연합회에 등록된 여성 아나운서의 수는 295명에 이르며, 피고인의 발언 대상인 '여성 아나운서'라는 집단은 직업과 성별로만 분류된 집단의 명칭으로서 그중에는 이 사건 고소인들이 속한 공중파 방송아나운서들로 구성된 한국아나운서연합회에 등록된 사람뿐 아니라 유선방송에 소속되어 있거나 그 밖의 다양한 형태로 활동하는 여성 아나운서들이 존재하므로 '여성 아나운서'라는 집단 자체의 경계가 불분명하고 그 조직화 및 결속력의 정도 또한 견고하다고 볼 수 없는 점, ② 피고인의 발언 대상이 그중 피고인을 고소한 여성 아나운서들이 속한 한국아나운서연합회만을 구체적으로 지칭한다고 보기도 어려운 점, ③ 피고인의 이 사건 발언은, 비록 그 발언 내용이 매우 부적절하고 저속하기는 하지만, 앞서 본 여성 아나운서 집단의 규모와 조직 체계, 대외적으로 구성원의 개성이 부각되는 정도에 더하여 그 발언의 경위와 상대방, 발언 당시의 상황, 그 표현의 구체적 방식과 정도 및 맥락 등을 고려해 보면 위 발언으로 인하여 곧바로 피해자들을 비롯한 여성 아나운서들에 대한 기존의 사회적 평가를 근본적으로 변동시킬 것으로 보이지는 아니하는 점, ④ 피해자들을 비롯한 여성 아나운서들은 방송을 통하여 대중에게 널리 알려진 사람들이어서 그 생활 범위 내에 있는 사람들이 문제된 발언과 피해자들을 연결시킬 가능성이 있다는 이유만으로 곧바로 그 집단 구성원 개개인에 대한 모욕이 된다고 평가하게 되면 모욕죄의 성립 범위를 지나치게 확대시킬 우려가 있는 점 등을 종합해 보면, 피고인의 이 사건 발언은 여성 아나운서 일반을 대상으로 한 것으로서 그 개별 구성원인 피해자들에 이르러서는 비난의 정도가 희석되어 피해자 개개인의 사회적 평가에 영향을 미칠 정도에까지는 이르지 아니하므로 형법상 모욕죄에 해당한다고 보기는 어렵다고 볼 여지가 충분하다"라고 하였다.

대상판결이 "한국아나운서연합회에 등록된 여성 아나운서가 모두 295명임에도 이 사건 고소에 이른 여성 아나운서는 154명이고, '여성 아나운서'라는 집단에는 한국아나운서연합회에 등록되지 않았으나, 다양한 형태로 활동하는 여성 아나운서들이 존재하므로 '여성 아나운서'라는 집단 자체의 경계가 불분명하고 그 조직화 및 결속력의 정도 또한 견고하다고 볼 수 없는 점"을 지적하고 있는 것은 집단구성원의 확실성과 조직의 정도를 주요한 요소로 보았다는 것을 알 수 있다.

또한 본 판결은 "피고인의 발언 경위와 상대방, 발언 당시의 상황, 그 표현의 구체적 방식과 정도 및 맥락 등을 고려해 보면 위 발언으로 인하여 곧바로 피해자들을 비롯한 여성 아나운서들에 대한 기존의 사회적 평가를 근본적으로 변동시킬 것으로 보이지는 아니하는 점"을 이 사건 피고인의 발언이 형법상 모욕죄가 되기 어렵다고 본 사정의 하나로 들고 있다.

그러나 기존의 사회적 평가를 '근본적으로' 변동시킬 것을 요하는 것은 수긍하기 어렵다. 모욕죄의 법익 보호 정도와 관련하여 위험범, 그것도 추상적 위험범설을 취하는 다수의 견해와 "모욕죄는 사람의 외부적 명예를 저하시킬 만한 추상적 판단을 공연히 표시하는 것으로 족하므로 표시 당시에 제3자가 이를 인식할 수 있는 상태에 있으면 되고, 반드시 제3자가 인식함을 요하지 않으며 피해자가 그 장소에 있을 것을 요하지도 않고 피해자가 이를 인식하였음을 요하지도 않는다"라는 대법원 판결[37]에 비추어 보면 본 판결과 같이 모욕죄의 성립에 기존의 사회적 평가를 근본적으로 변동시킬 것을 요하는 것은 그와 같은 법리에 부합하지 않는다고 생각되기 때문이다.

끝으로 대상판결은 "피해자들을 비롯한 여성 아나운서들은 방송을 통하여 대중에게 널리 알려진 사람들이어서 그 생활 범위 내에 있는 사람들이 문제된 발언과 피해자들을 연결시킬 가능성이 있다는 이유만으로 곧바로 그 집단구성원 개개인에 대한 모욕이 된다고 평가하게 되면 모욕죄의 성립 범위를 지나치게 확대시킬 우려가 있는 점"을 지적하고 있는데,

37 대법원 2004.06.25. 선고 2003도4934 판결. 모욕죄와 관련하여 특히 "인터넷 게시판에 타인을 비방하는 글을 게시한 행위"가 모욕죄에 해당한다고 보았다.

그 결론에 있어서는 찬성할 수 있으나 그 이유는 부적절하다고 생각된다.

대상판결은 그러한 집단표시에 의한 모욕은 "모욕의 내용이 그 집단에 속한 특정인에 대한 것이라고는 해석되기 힘들고, 집단표시에 의한 비난이 개별 구성원에 이르러서는 비난의 정도가 희석되어 구성원 개개인의 사회적 평가에 영향을 미칠 정도에 이르지 아니한 경우에는 구성원 개개인에 대한 모욕이 성립되지 않는다고 봄이 원칙이고 …", "그 비난의 정도가 희석되지 않아 구성원 개개인의 사회적 평가를 저하시킬 만한 것으로 평가될 경우에는 예외적으로 구성원 개개인에 대한 모욕이 성립할 수 있다"라는 종전의 '원칙적 성립·예외적 성립'의 입장을 재확인하고 있다. 이와 같은 대법원의 논리에 따를 경우 중요하게 부각되는 것은 원칙과 예외를 가르는 '기준'이 될 것임은 명확하다. 이에 관하여 대상판결은 그 구체적인 기준으로 "집단의 크기, 집단의 성격, 집단 내에서의 피해자의 지위 등"을 들고 있다.

대상판결은 무죄취지로 원심 판결을 파기환송하고 있으나 이에 찬성하기 어렵다는 견해가 있다. 이러한 견해는 원심이 인정하는 바와 같이 피고인의 발언이 "여성 아나운서들이 일정한 지위에 올라가는 과정에서 성적 접대를 하거나, 또는 이를 요구받게 된다는 취지로 해석"되고 "피고인의 지위와 이 사건 발언을 하게 된 경위, 표현 내용, 여성 아나운서 집단과 피해자들의 업무의 특수성, 피해자들에 대한 일반의 관심 그리고 피해자들이 생활하는 범위 내의 사람들이 이 사건 발언의 표현 내용과 피해자들을 연결시킬 가능성 등을 종합해 볼 때, … 이 사건 피해자들에 대한 사회적 평가를 저하시킬 위험성이 있는 경멸적 표현에 해당"한다고 보아야 한다는 것이다. 이처럼 집단을 대상으로 한 모욕적인 발언은 그 구성원 개개인에 대한 모욕적인 발언으로 볼 수 없는 한 처벌하기 어려워, 집단에 대한 모욕적 발언을 처벌할 수 있도록 법을 개정할 필요가 있다는 주장이 계속되고 있다.

집단표시에 의한 모욕죄가 인정된 경우

이상과 같이 본 연구에서 분석한 7건 판례 모두 최종심에서는 '집단표시에 의한 모욕죄'가 부정되었으나, 하급심에서 인정된 경우는 3건이 있었다.

사례를 보면, 우선 '제주 4·3 사건 희생자들 모욕사건' 제1심(제주지방법원 2010.04.08. 선고 2008가합1800)은 "피고가 희생자로 결정된 사람들을 구체적으로 알고 있지는 않다고 하더라도 적어도 희생자 명단의 존재에 대하여는 알고 있었던 것으로 보이는 점 등 제반사정을 고려하면, 피고가 이 사건 강연에서 원고들 혹은 희생자들을 직접 거명하거나 일일이 지적하지 않았다고 하더라도, 제주 4·3 사건 진상규명 및 희생자 명예회복 위원회에 의하여 희생자로 결정된 1만 3564명 전원이 폭동에 가담한 것처럼 표현함으로써, 희생자 및 그 유족인 원고들이 명예훼손(모욕)의 피해자로 특정되었다고 봄이 상당하다"라고 보았다. 또한 법원은 "… 위원회가 다각도의 심사를 거쳐 희생자 1만 3564명과 유족 2만 9239명을 유족으로 결정하게 된 경위, 피고가 '폭동에 가담한 1만 3564명'이라고 희생자로 결정된 인원과 일치하는 표현을 쓴 사실, 피고가 희생자로 결정된 사람들을 구체적으로 알고 있지는 않다고 하더라도 적어도 희생자 명단의 존재에 대하여는 알고 있었던 사정 등을 종합하여" 특정되었다고 판단하였다.

이 판결은 '집단표시에 의한 모욕죄'를 부정한 기존의 판례들과 달리, 1만 3564명이라는 집단구성원의 숫자가 많고 적음을 고려하기보다는 피고인의 표현이 과연 어떠하였는지를 살피고 있다. 즉 피고인이 제주 4·3

사건 희생자들 전원이 폭동에 가담한 것처럼 표현하였기 때문에 그 희생자에 포함되는 원고들이 피해자로 특정되었다고 본 것이다. 이는 구성원 개개인에 대한 모욕이 성립하는지 여부를 판단하기 위하여 일단 당해 집단에 속한 구성원의 숫자를 주요한 평가요소로 살펴본 판례들과는 다른 측면을 고려한 것이라 할 수 있다. 비록 하급심 판결이기는 하지만, 1만 명을 훌쩍 뛰어넘는 크기의 집단을 대상으로 한 모욕죄에 대한 위의 판례는 주목할 만하다. 물론 이 판례는 다른 판결들과 마찬가지로 '대법원 2006.05.12. 선고 2004다35199 판결'을 참조 판례로 명시하고 있다. 그런데 참조 판례를 보면 "구성원 개개인에 대한 것으로 여겨질 정도로 구성원 수가 적거나"라는 판단 기준도 있으나, "당시의 주위 정황 등으로 보아 집단 내 개별 구성원을 지칭하는 것으로 여겨질 수 있는 때에는 집단 내 개별 구성원이 피해자로서 특정된다고 보아야 하고 …"라는 기준도 있다.

법원이 이 참조 판례를 근거로 '구성원의 수'에 초점을 맞추었다면 1만 3564명이란 집단구성원의 숫자는 개별 구성원에 이르러서는 비난의 정도가 희석되어 구성원 개개인의 사회적 평가에 영향을 미칠 정도에 이르지 않는 것으로 평가되었을 것이다. 그러나 "당시의 주위 정황 등으로 보아 집단 내 개별 구성원을 지칭하는 것으로 여겨질 수 있는지"에 초점을 맞추어 이번 판결에서처럼 '피고인의 표현'에 담긴 의도와 뜻을 앞뒤 맥락을 살펴 종합적으로 고려한다면 일률적으로 구성원 숫자의 많고 적음으로 집단표시에 의한 모욕죄나 명예훼손죄가 판가름 나지는 않을 것으로 보인다.

다음으로 인터넷 카페 회원들 모욕 사건의 제1심과 제2심은 모두 집단표시에 의한 모욕죄를 인정하였다. 1심 법원은 피고인들이 아고라 토론방에 〈… 개독알밥 노노데모 꼴통놈들은 …〉, 〈이명박 좀비들과 노노데모 개종자들은 이것만은 삼가다오〉, 〈전문시위꾼 노노데모 똘마니들〉이라는 제목하에 "단단히 각오하고 와라 … 존만이들아" 등의 글을 게재한 행위는 공연히 피해자 '노노데모'를 모욕한 것으로 보고, 피고인들에게 각 벌금 30만 원을 선고하였다. 그러나 이 판결에서는 피고인들의 행위가 모욕죄에 해당한다는 판단을 내리면서 특별한 근거 기준이나 참조 판례를 언급하지 않았다.

이와 달리 2심 법원에서는 집단표시에 의한 모욕죄를 인정하면서도 1심과 달리 참조 판례를 인용하여 판단근거를 제시하였다. 2심 법원에서 인용한 기준은 대법원 2003.09.02. 선고 2002다63558 판결문이다. 법원은 "집단의 크기, 집단의 성격과 집단 내에서의 피해자의 지위 등"을 제시한 위의 판례를 근거로 "'노노데모'라는 가상공동체의 규모, 집단의 성격과 집단 내에서의 피해자(운영자)의 지위 등을 종합적으로 고려하면, 비록 노노데모의 구성원이 무려 3만 명 남짓으로 결코 적은 편은 아니지만, 위 피고인들이 게시한 글은 노노데모의 구성원 개개인의 사회적 평가에 영향을 미칠 정도에 이르렀고, 그 결과 노노데모의 핵심 구성원인 피해자는 그 글이 지칭하는 대상에 포함되어 모욕죄의 피해자로 특정되었다고 볼 여지가 있으며, 한편 위 피고인들이 게시한 글의 표현은 나름대로 노노데모에 대하여 자긍심을 갖고 있던 피해자의 사회적 평가를 저해할 만한 경멸적 감정을 공연히 표현하는 모욕 행위에 해당된다고 볼 여지가 충분하다"라고 판시하였다. 위 판결의 의미를 짚어보면, 3만여 명이라는 집단구성원의 규모가 작지 않다는 전제를 하면서도 그것에 주목하기보다는, 피해자의 지위와 구성원 개개인의 사회적 평가에 영향을 미칠 정도였는지 여부에 방점을 두고 집단표시에 의한 모욕죄를 판단한 또 하나의 사례라 할 것이다. 집단표시에 의한 모욕죄를 부정한 앞서의 판결들과 동일한 참조 판례를 인용하였으나, 집단의 규모를 결정적 기준으로 고려하지 않고, 피고인들의 발언이 집단구성원 개개인의 사회적 평가에 영향을 줄 수 있는지 여부에 집중하였다는 데 본 판결에 큰 의미가 있다고 할 것이다.

다음으로 '아나운서 모욕 (형사)사건'도 제1심과 제2심 모두 집단표시에 의한 모욕죄를 인정하였다. 1심 재판부는 여성 아나운서 154명 개개인에 대한 모욕을 구성하는지의 여부에 관하여, "비록 아나운서라는 명칭의 직업을 가진 사람이 1500명 가까이에 달하고, 공중파 방송 아나운서들로 구성된 한국아나운서협회의 회원도 그중 500명 이상(남자 265명, 여자 295명 등록)이나 된다는 것이어서 그 집단의 규모가 작다고 할 수 없지만, 특정한 개인이 어느 집단의 구성원이라는 것을 그 집단에 속하지 않은 다른 사람들이 알기 어렵거나 또는 그 특정인을 접할 때 그가 해당 집단의 구성원이라는 사실을 연결하여 생각하기 어려워 집단표시에 의한 비난이 그 집단에 가려진 개별 구성원에 이르러서는 비난의 정도가 희석되기 마련인 일반적인 경우와는 달리, 공중파 방송의 아나운서들인 별지 목록 기재 여성 아나운서 154명은 방송을 통하여 상시적으로 자신들이 아나운서임을 드러낸 채 대중들의 앞에 서야 하는 사람들인 까닭에, 집단표시에 의한 비난의 정도가 구성원 개개인에 이르러 희석된다고 하기보다는, 오히려 아나운서로서 노출된 그녀들을 접하게 되는 사회 일반인들이 그때 그녀들과 관련하여 피고인의 발언을 떠올리고 연상하게 될 소지가 충분한 점 등을 감안해 볼 때, 피고인의 아나운서 집단에 대한 위와 같은 발언은 각 그 구성원인 여성 아나운서 154명 개개인에 대한 사회적 평가에 영향을 미칠 수 있는 것으로 판단된다"라고 보았다. 이 판결은 집단을 이루는 구성원의 숫자에 초점을 맞추기보다는 아나운서라는 집단의 성격 및 사회적 지위를 주요한 판단 기준으로 고려하였다. 이는 앞선 '제주 4·3 사건

표 8 **'집단표시에 의한 모욕죄' 인정 판례에서의 판단 기준**

사건명		사건번호	집단표시에 의한 모욕죄 판단 기준
제주 4·3 사건 희생자들 모욕사건	1심	제주지방법원 2010.04.08. 선고 2008가합1800	'피고인의 표현'에 담긴 의도와 뜻을 맥락상으로 파악
인터넷 카페 회원들 모욕 사건	1심	서울중앙지방법원 2010.11.26. 선고 2009고정7092	피고인들의 표현(개독알밥 꼴통놈들은 …', '이명박 좀비들과 개종자들', '전문시위꾼 노노데모 똘마니들', '존만이들아' 등)을 모욕적 표현으로 판단
	2심	서울중앙지방법원 2012.10.17. 선고 2010노4755	피고인들의 게시글이 피해 집단구성원 개개인의 사회적 평가에 영향을 미칠 정도였는지 여부
아나운서 모욕 (형사)사건	1심	서울서부지방법원 2011.05.25. 선고 2010고단1806	피해 집단의 성격 및 사회적 지위
	2심	서울서부지방법원 2011.11.10. 선고 2011노529	피해 집단의 성격과 직업적 특성 + 발언자의 표현 내용 및 의도, 발언자의 사회적 지위와 발언의 경위 등

희생자들 모욕사건'의 제1심 판결에서와 같이 구성원의 숫자를 유일한 판단 요소로 고려하지 않는다면 집단표시에 의한 모욕이나 명예훼손을 인정할 수 있는 여지가 보다 넓어질 수 있으며, 이는 소수자 집단 등 특정 집단을 폄훼하거나 경멸, 조롱하는 혐오표현에 대한 법적인 판단까지도 가능할 것으로 판단된다.

집단표시에 의한 모욕죄를 인정한 본 사건의 제2심을 보면, "모욕이란 타인의 사회적 평가를 저하시킬 위험성이 있는 추상적 판단이나 경멸적 감정을 표현하는 것을 말하는데, 표현의 대상으로 집단을 표시한 경우에도 그 표현의 내용으로 인하여 집단의 개별 구성원에 대한 사회적 평가가 저하될 가능성이 있으면 구성원 개개인에 대한 모욕죄가 성립한다고 할 것이고, 사회적 평가가 저하될 가능성에 대한 판단은, 표현의 내용뿐 아니라 발언자의 사회적 지위와 발언의 상대방 등 그 발언의 경위 그리고 집단의 성격과 집단과 구성원의 관계, 집단 또는 구성원에 대한 일반 사회의 관심 등을 종합하여 판단해야 할 것이다. 이 사건 피고인의 발언은, 여성 아나운서들이 일정한 지위에 올라가는 과정에서 성적 접대를 하거나, 또는 이를 요구받게 된다는 취지로 해석될 수 있어 그 표현은 여성 아나운서들 전체를 지칭하는 것이나 이러한 표현으로 인하여 여성 아나운서들 집단의 개별 구성원들인 이 사건 피해자들의 사회적 평가를 저하시킬 위험성이 있으면 피해자들에 대한 모욕죄가 성립한다고 할 것이다. 또 여성 아나운서라는 직업은 일반인들이 선호하고, 젊은이들이 선망하는 직업이고, 아나운서라는 업무의 특성상 텔레비전, 라디오 등을 통하여 일반 공중과 접촉하게 되어 일반인의 관심이 크고, 방송국에 전문 분야로 입사하여 아나운서라는 전문 분야에 종사한다는 자긍심이 크다고 할 것이고, 또 일반적으로 여성 아나운서들이라는 집단이 독자적 사회적 역할을 하는 것이 아니라 개별 여성 아나운서들을 총칭하는 것으로 집단과 구성원 개인이 구별되지 않고, 성은 지극히 개인적인 문제이므로 이 사건 표현은 집단을 비하하는 것이 아니라 구성원 개개인을 비하하는 경멸적 표현에 해당한다고 할 것이고, 특히 이 사건 피해자들은 공중파 아나운서들로 구성된 한국아나운서협회에 등록된 회원들로서 등록을 통하여 그 경계가 분명하고, 특정되어 있어 방송 업무에 종사하는 사람들 또는 방송 매체에 접하게 되는 사람들 등 피해자들 생활 범위 내의 사람들이 이 사건 표현 내용과 피해자들을 연결시킬 가능성이 충분하다고 할 것이다"라고 설시하였다.

2심의 판단 역시 집단구성원의 숫자를 판단 기준으로 주요하게 보지 않고, 아나운서라는 집단의 성격과 아나운서라고 호칭되는 직업의 특성을 매우 구체적으로 기술하였다. 또한 피해의 대상이 된 집단을 파악하는 데 멈추지 않고, 발언자의 표현 내용과 사회적 지위 및 발언 경위를 종합적으로 고려하였다. 그 결과 1심에서와 같이 집단표시에 의한 모욕이 판시를 통하여 자연스럽게 성립되는 과정을 보여주었다.

이상으로 하급심에서 '집단표시에 의한 모욕죄'가 인정된 판례들을 보면, 공통적으로 집단구성원의 숫자를 주요하게 보는 관점에서 벗어났다는 특색을 보인다. 특히 '인터넷 카페 회원들 모욕 사건'의 2심과 3심은 "집단의 크기, 집단의 성격과 집단 내에서의 피해자의 지위 등"이라는 동일한 판단 기준을 제시하였으나, 2심 재판부는 3심과 달리, 평가요소로 집단의 크기보다는 집단의 성격, 피해자의 지위, 구성원 개개인의 사회적 평가에 주는 영향 등 피고인의 표현이 대상 집단 및 구성원의 사회적 평가에 미치는 영향력에 집중하였다. '집단표시에 의한 모욕죄'를 인정한 다른 판례들도 집단의 크기를 감안하되, 집단의 사회적 지위, 피해자들의 사회적 역할과 일반 공중과의 접촉 기회 및 일반인의 관심도 등을 고려하는 것과 함께, 발언자의 표현 내용 및 의도, 발언자의 사회적 지위와 발언의 경위 등을 종합적으로 살펴보고 있었다(〈표 8〉 참조).

이러한 하급심의 판시들은 추후 '집단표시에 의한 모욕죄'를 판단하는 데 있어, 의미 있게 고려해야 할 평가요소들이라고 생각한다. 실제로 누군가의 인격에 대한 사회적 평가는 특정 개인들이 속해 있는 집단에 대한 일반 공중의 시선으로 판가름된다고 할 수 있기 때문이다. 그리고 이러한

'집단표시에 의한 모욕죄'의 판단 기준이 상급심에서도 보편적인 기준으로 받아들여진다면, 난민이나 성 소수자, 장애인 등 특정 집단에 대한 멸시나 경멸, 차별적 언사에 해당하는 혐오표현에 대한 법적 규제도 가능할 수 있을 것으로 보인다.

또한 '집단표시에 의한 모욕죄' 판결에서 결코 간과해서는 안 될 것은 '집단의 성격'에 관한 구별이다. 앞서 살펴보았던 제주 4·3 사건에서의 '집단'은, 집단표시에 의한 모욕죄 판결의 참조 판례로 언급된 대법원 2003.09.02. 선고 2002다63558 판결이나 대법원 2006.05.12. 선고 2004다35199 판결에서의 '집단'의 성격과 본질적인 차이가 있다. 대법원 2003.09.02. 선고 2002다63558 판결은 대전지검 검사들이 불법 로비와 부정한 청탁을 받았다고 보일 수 있었던 방송 표현이 문제가 되었던 사건이었고, 대법원 2006.05.12. 선고 2004다35199 판결은 특정지방경찰청 기동수사대원들이 편파적이고 강압적인 수사를 하였다는 취지의 방송 내용을 다룬 사건이었다.

집단이 구성된 성격을 보면, 제주 4·3 사건 희생자들은 5·18민주화운동의 희생자들이나 유모차 시위대와 마찬가지로 특정 사건 또는 상황에 관여하였거나, 집단적 의사표시에 참여함으로써 다른 사람들과 구별이 되는 집단이다. 그러한 집단의 구별 징표와 직접 관련한 구성원들의 행동이나 성향을 폄훼하고 비하하는 표현을 하는 경우는, '대전지검 검사'나 '지방경찰청 특수기동대'처럼 특정 사건이나 구성원의 성향과 무관하게 형성된 집단과 관련한 모욕적 표현과는 구별되어야 한다. 집단의 성격과 관련 없이 개별 구성원들 중 누군가 비리를 저지른 것이 전체 구성원이 한 일처럼 보도된 사건에서는 집단 내의 구성원이 특정되지 않는다면, 집단의 크기가 클수록 모욕의 정도는 희석될 수 있다. 그러나 집단의 구별 징표가 표출되는 구성원 전체의 행동 또는 성향을 모욕의 대상으로 삼는 경우, 집단구성원의 많고 적음으로 모욕죄 여부가 성립되는 것은 아니라고 보아야 한다. 그런데 '집단표시에 의한 모욕죄'를 다루는 모든 판결들은 대전지검 검사사건(대법원 2003.09.02. 선고 2002다63558 판결)을 참조하여 일정 규모 이하의 집단의 경우에만 집단표시에 의한 모욕죄가 성립한다고 판단하고 있다. 이는 집단의 구별 징표와 모욕적 표현의 연관성을 무시한 채, 집단의 크기만을 판단 요소로 채택한 결과라 할 것이다. 따라서 다수 구성원이 포함된 집단에게 그 집단의 특정한 징표와 연관하여 모욕적 표현을 하였을 경우 이는 집단의 크기와 상관없이 가벌적이라고 판단해야 할 것이다. 이러한 판단 기준을 도입한다면 성 소수자, 장애인 등의 특징 또는 성향을 모욕하는 혐오표현은 해당 집단의 크기와 상관없이 모욕죄의 성립 가능성이 커질 것으로 보인다.

그러나 현재는 대부분의 상급심의 경우, '집단표시에 의한 모욕죄'의 주요한 판단 기준이 집단의 크기에 좌우되어 집단의 크기가 클수록 그 집단에 소속된 구성원 개개인에게는 모욕적 발언에 담긴 비난의 정도가 약해져(희석되어), 결국 피해자 특정이 불가능하여 처벌이 어려워진다.

이와 같은 이유로, 집단에 대한 모욕적 발언을 처벌할 수 있도록 법을 개정해야 한다는 주장이 오래전부터 제기되어 왔다. 예를 들어 제19대 국회에서 일제 강점기에 성노예로 동원된 일본군 위안부를 '원정녀'로 비하하거나, 5·18민주화운동 희생자를 '폭도'로 폄하하거나, '홍어' '택배' 등으로 모욕적으로 표현하는 경우에 있어, 역사를 부정함으로써 특정 집단을 혐오하는 발언을 표현의 자유 영역에서 배제함으로써 처벌하는 법률안이 발의되었다. 대표적으로 2013년 5월 27일 김동철 의원이 대표 발의한 '반인륜 범죄 및 민주화운동을 부인하는 행위의 처벌에 관한 법률안'이 있었으나, 이 법률안은 결국 통과되지 못하였다.

혐오표현을 함께 규제할 수 있는 '집단표시에 의한 모욕죄' 처벌에 관한 법률은 지속적으로 연구되어야 하며, 국회에서도 발의되고 논의되어야 한다. 그리고 위에서 언급한 것처럼 현재의 법리 내에서도 우리 법원은 '집단의 크기'에 천착하기보다 하급심의 판례에서처럼 표현에 담긴 의도, 맥락, 집단의 성격 등 다양한 기준과 관점에서 집단구성원들의 사회적 모욕감을 살펴봐야 할 것이다.

제3장

외국의 혐오표현 규제를 살펴보다

1

외국의 혐오표현에 대한 해석

한국은 주요 선진국 중에서 혐오표현을 규제하지 않는 유일한 국가이다(홍성수, 2018). 이에 대한 타당성을 섣불리 논할 수는 없지만, 혐오표현을 규제하기 위한 노력은 개별 국가뿐 아니라 국제사회에서도 공통적으로 나타나고 있다. 유엔의 국제인권규약은 이러한 혐오표현을 규제할 의무를 가입국에 부여하고 있다.[38] 한국은 국제인권규약 중에서 '모든 형태의 인종차별 철폐에 관한 국제협약'과 '시민적 및 정치적 권리에 관한 국제협약'에 가입하였기 때문에 혐오표현을 규제하기 위한 입법의무가 존재한다. 그럼에도 현재 한국에는 혐오표현을 규제하기 위한 법률은 존재하지 않는다. 이와 관련하여 우리의 경우도 혐오표현을 규율하기 위한 입법의

38 1966년에 '경제적·사회적·문화적 권리에 관한 국제규약 (International Covenant on Economic, Social and Cultural Rights: 이하 ICESCR: A규약)'과 '시민적·정치적 권리에 관한 국제규약(International Covenant on Civil and Political Rights: 이하 ICCPR: B규약) 및 B규약 선택의정서'가 UN 총회에서 채택되었고 이들 규약은 35개국이 비준을 완료한 1976년 발효하였다. 한국 정부는 1990년 4월 10일 사회권규약(A규약)과 자유권규약(B규약)에 모두 가입하였다.

필요성이 꾸준하게 제기되고 있는 상황이다.

혐오표현은 이미 오래전부터 주요 국가의 사회적 쟁점으로 떠올랐다. 그만큼 혐오표현은 국제사회에서 꽤 오래전부터 논의되어 왔으며, 1948년 12월 10일 유엔 총회에서 당시 가입국 58개국 중 50개국이 찬성하여 채택된 인권에 관한 세계 선언문(Universal Declaration of Human Rights, UDHR, 이하 세계인권선언)에 이미 혐오표현이 포함된 것으로 파악된다. 세계인권선언은 "모든 사람은 법 앞에 평등하며, 어떤 차별도 없이 똑같이 법의 보호를 받을 자격이 있다(제6조). 모든 사람은 이 선언에 위배되는 그 어떤 차별에 대하여서도, 그리고 그러한 차별에 대한 그 어떤 선동행위에 대하여서도 똑같은 보호를 받을 자격이 있다(제7조)"라고 선언하고 있다. 누구나 어떠한 "차별에 대한 선동으로부터 보호"(제2조 등)를 받을 수 있다는 것이다.

아울러 유엔 총회는 1963년 11월 '모든 형태의 인종차별 철폐에 관한 선언'을 채택하였다.[39] 이 선언은 법적 구속력은 없으나 1965년 12월 21일에 전술한 '모든 형태의 인종차별 철폐에 관한 국제협약'(International Convention on the Elimination of All Forms of Racial Discrimination, 이하 '인종차별철폐협약'이라 함)을 제정하는 데 선도적 역할을 하였다. '인종차별철폐협약'은 법적 구속력을 지니며 지역인권 재정기관의 판결에 영향을 미친다. 인종차별철폐협약은 "인종적 우월성이나 증오, 인종차별에 대한 의식 고취에 근거를 둔 모든 관념의 보급" 그리고 "인종에 근거한 폭력행위의 고무"를 범죄로 규정하고 있다.

39 1963년 11월 20일 모든 형태의 인종차별 철폐에 관한 UN 선언(UN 총회 결의, Resolution 1904 (XVIII)). 이는 UN 헌장 제1조에서 파생된 것이다.

이 협약에 따르면 혐오표현은 증오의 선동뿐 아니라 인종차별적인 관념, 선전, 촉진, 고무 등을 모두 포함하는 광범위한 표현행위를 의미한다. 따라서 협약 체약 국가는 인종차별을 규탄하고 모든 형태의 인종차별을 철폐하는 정책 및 모든 인종 간의 이해를 증진하는 정책을 적절한 방법으로 지체 없이 추구할 것을 서약하며, 이를 위해 〈인종차별철폐협약〉 제4조에 규정된 바와 같이 적절한 조치를 취해야 한다. 이 협약은 인종차별철폐위원회(CERD)의 감시를 받는다(Wolfrum, 1999).

〈인종차별철폐협약〉 제4조에 따르면 "체약국은 어떤 인종 또는 특정 피부색 또는 특정 민족의 기원을 가진 인간의 집단 우월주의 또는 우월성 이론에 근거하거나 인종적 혐오 및 차별을 정당화하거나 조장하려는 모든 선전 및 조직을 규탄하며, 이와 같은 모든 형태의 차별의 선동 또는 차별행위를 근절시키기 위한 즉각적이고 적극적인 조치를 취할 것을 약속"하고, 그러한 차별에 대항하기 위하여 동 협약 제4조에 규정된 바와 같이 필요한 조치를 취해야 한다(Sottiaux, 2011, pp.47~48).

그러나 체약국은 그러한 조치를 채택할 때 '세계인권선언에 구현된 원칙을 충분히 고려'해야 한다. 세계인권선언에 구현된 원칙에는 세계인권선언 제19조에 따른 표현의 자유가 포함된다.[40] 따라서 이 '충분한 고려' 조항은 혐오표현에 의하여 영향을 받는 권리·이익과 표현의 자유에 대한 권리간의 이익형량을 요구하는 것이라고 하겠다.

결국 혐오표현이 '기본적으로 잘못'된 것이며 그리하여 '본질적으

40 제19조 모든 사람은 의견의 자유와 표현의 자유에 대한 권리를 가진다. 이러한 권리는 간섭 없이 의견을 가질 자유와 국경에 관계없이 어떠한 매체를 통해서도 정보와 사상을 추구하고, 얻으며, 전달하는 자유를 포함한다.

로 해롭다'라고 하는 주장은 과도하게 단순화(과일반화)하는 것일 수 있다(Post, 1991, pp.291~293). 오히려 실제 혐오표현의 규제를 정당화하는 논거는, 첫째, 집단구성원이 개인적으로 입게 되는 실제적 해악과, 둘째, 공동체에 있어서 혐오의 생성 및 증폭에 의하여 혐오적 태도, 차별, 억압 및 특정 집단의 배제 또는 심지어 물리적 폭력의 초래로 인한 사회전반에 걸친 평화에 폐해를 입히는 일로 특정할 수 있다(Simpson, 2006; Hare, 2006).

그러나 실제로 혐오표현은 미국 연방대법원의 판례와 (유럽) 국제기구·재정기관의 접근법 간에 상이함이 극명하게 드러나는 대상에 속한다. 미 연방대법원은 단지 매우 제한적 상황, 즉 긴급한 무법행위나 명예훼손 또는 범죄 행위 등을 유발하는 언론, 실제적 위협 및 '도발적 발언'(fighting words)에 대하여 의도적이고 개연성이 있는 선동을 옹호하는 경우에만 내용에 대한 규제(content-based regulation)를 허용하고 있다.[41]

이는 미 연방대법원이 전적으로 첫 번째 논거(집단구성원들이 입게 되는 실제적 해악)에 초점을 맞추어 혐오의 선동에 대한 간섭을 정당화함을 보여준다(해악의 원칙, harm principle). 이는 "단지 사회가 사상 자체의 불쾌함이나 무례함을 알았다고 해서" 국가가 사상의 표현을 금지하지는 않는다는 것을 "〈수정헌법〉 제1조의 근간을 이루는 기초원리"로 간주함을 의미한다(United States v. Eichman, 110 S. Ct. 2404 (1990)). 즉 미국의 접근법은 혐오 언론에 대한 최선의 규제 수단은 대항언론을 포함한 더 많고 다양한 언론

41 긴박한 무법행위에 관해서는 미 연방대법원 *Brandenburg v. Ohio*, 395 US 444 (1969); 범죄 행위에 관해서는 *Giboney v. Empire Storage & Ice Co.*, 336 US 490 (1949); 진정한 위협에 관해서는 *Watts v. United States*, 394 US 705 (1969); 도발적 발언에 관해서는 *Chaplinsky v. New Hampshire*, 315 US 568 (1942) 참조.

(more speech)이며, 허위의 언론은 진실한 언론과 정면으로 충돌한다(이는 '사상의 시장' 논거의 핵심)는 신념에 근거하고 있다(Oster, 2015).

대조적으로 유럽에서는 그 역사적 경험으로 인하여 미국식의 낙관론을 수용하지 않는다. 유럽인권협약의 주요 가치, 즉 평등, 반차별, 관용 및 민주주의에 대한 공격은 표현의 자유에 대한 간섭을 정당화하거나, 심지어 언론을 완전히 동 협약 제10조의 보호로부터 배제시킬 수 있는 근거가 된다.[42] 이러한 공격은 인종주의, 반유대주의, 홀로코스트 부인(否認)주의 및 이슬람 혐오증에 대한 표현 등을 포함한다.[43] 미국의 접근법과는 대조적으로 언론이 무법행위를 선동할 필요는 없다. 대신에 유럽인권재판소는 사회평화와 정치안정 전반에 대한 폐해를 이유로 표현의 자유와 미디어의 자유에 대하여 간섭하는 것은 정당하다고 판단한다.[44]

이러한 판단은 언론의 자유가 타인의 언론 자유를 억제(억압)하고자 하는 자에게까지 허용되어서는 안 된다는 사상을 반영한다. 다시 말하자면 '불관용'은 용인되어서는 안 된다는 것이다. 흔히 언론 자유의 선구자로 불리는 존 밀턴(J. Milton)은 그 자체로 자유에 반하는 제제나 이네올로기

42 제10조(표현의 자유). 1. 모든 사람은 표현의 자유에 대한 권리를 가진다. 이 권리는 의견을 가질 자유와 공공당국의 간섭을 받지 않고 국경에 관계없이 정보 및 사상을 주고받는 자유를 포함한다. 이 조가 방송, 텔레비전 또는 영화 사업자에 대한 국가의 허가 제도를 금지하는 것은 아니다. 2. 이러한 자유의 행사에는 의무와 책임이 따르므로, 법률에 의하여 규정되고, 국가안보, 영토의 일체성이나 공공의 안전, 무질서 및 범죄의 방지, 보건과 도덕의 보호, 타인의 명예나 권리의 보호, 비밀리에 얻은 정보의 공개 방지, 또는 사법부의 권위와 공정성의 유지를 위하여 민주사회에서 필요한 형식, 조건, 제약 또는 형벌에 따르게 할 수 있다.

43 ECtHR, *Leroy v. France* [2009] App. no. 36109/03 [27].

44 ECtHR, *Perinçek v. Switzerland* [2013] App. no. 27510/08 [46].

는 허용될 수 없다고 주장하였다.[45] 한편 칼 포퍼(Karl Popper)는 무제한적인 관용은 관용의 파멸에 이른다고 주장하였다. 즉 "우리가 만일 불관용한 자에게까지 무제한의 관용을 베풀게 된다면, 불관용의 공격에 대비하여 관용적인 사회를 방어할 준비가 되어 있지 않으면 관용이 패배한다"라는 것이다. 따라서 포퍼는 불관용한 철학에 대하여 필요하다면 힘으로라도 억압할 수 있는 권리를 지지하는 주장을 편다. "불관용 자체를 옹호하는 여하한 움직임도 법적 보호영역 밖에 두어야 하며, 살인이나 유괴 또는 노예무역을 부활하고자 하는 시도를 범죄로 간주하듯이 불관용과 박해는 범죄로 간주해야 한다"라고 피력하였다(Popper, 1945).

이들의 주장에 따르면 명백히 확증된 역사적 사실을 공공연히 부정하는 경우는 언론의 자유 원칙이 적용되지 않는다(Oster, 2015). 사적 자치(individual autonomy)와 자기실현(self-fulfillment)과는 관계없는 거짓말을 보호할 언론 자유 원칙의 근거는 어디에도 없는 것이다. 즉 거짓말을 언론의 자유에 근거하여 보호하게 되는 경우 허위가 공중의 정책결정을 오도할 수 있어, 진리에 근거한 주장과 거짓말을 모두 보호하는 언론의 자유는 대단히 모순적이다.

그러나 이러한 양상은 면밀한 검토를 요한다. 객관적 진리의 가능성에 관한 플라톤적 관점으로부터 이 주장을 개념화하면, 진리에 근거한 주장은 오직 거짓말의 보호와 모순된다. 그러나 진리에 근거한 주장이 절대적 확실성에 도달할 수 없다는 회의적인 관점으로부터 고려된다면, 명백

45 이에 대하여 사뮤엘 존슨(Samuel Johnson)은 밀턴이 "권위에 대한 반감으로서의 자유에 대한 사랑을 그렇게 많이 느낀 것은 아니었다"라고 기술하였다. 즉 밀턴의 관용에 대한 주장은 그의 관점에서는 자유와 관용을 억압하는 자, 즉 로마 가톨릭교회를 배척해야 한다는 개념이라는 것이다.

한 거짓말조차도 언론의 자유의 보호에 기여할 수 있다. 왜냐하면 그 거짓말이 '사상의 자유시장'에서 지켜지지 않으면 안 되는 공통된 신념(common beliefs)의 일부일 수 있기 때문이다.

이러한 이유로 밀턴(Milton, 1644)은 일찍이 '진실 확인'을 위하여 '오류에 대한 정밀한 조사'의 필요성을 설파한 바 있다. 또한 존 스튜어트 밀(Mill, 1869, p.65)은 진리가 계속적으로 오류의 도전을 받지 않는다면, 공격에서 살아남을 힘을 잃은 '죽은 도그마'(dead dogma)로 전락할 수 있음을 경고하였다. 실제로 2012년 미국 연방대법원은 '알바레즈 사건(United State v. Alvarez, 567 US 709)'에서 고의적인 허위 사실의 진술(본 건에서는 군인의 영예메달 수상에 관한 허위진술)도 언론의 자유의 보호의 대상이 된다는 원칙을 확립하였다. 연방대법원은 표현의 자유는 조지 오웰(George Orwell)의 '진실부'(Ministry of Truth)와 대척점에 있는 것으로, 거짓말에 대한 최상의 구제 수단은 진실한 언론(true speech)이지 거짓말에 대한 억압이 아니라고 판시하였다. 따라서 허위 언론이라고 하더라도 이를 반박하는 언론(counter speech)을 유발한다는 점에서 공적 토론에 기여할 수 있다고 하겠다(Mill, 1869, p.15).[46]

그러나 진리에 근거한 주장에 대하여 회의적인 시각은 공적 토론에 있어서 "허위언론으로부터 얻을 수 있는 이익을 과대평가하는 경향"이 있다고 문제를 제기한다(Schauer, 1982). 이러한 시각은 만일 자유로운 토론이 허용된다면 진리가 논쟁에서 이길 가능성이 보다 높다고 하는 경험적 주장을 지지하지 않는다(Scanlon, 1972). 더욱이 이러한 시각은 진리를 위한

46 New York Times Co. v. Sullivan, 376 US 254, 304; United States v. Alvarez, 567 US (2012), 1, 4(스테판 브레어(Stephen Breyer) 대법관의 동조의견) 참조.

자유로운 언론의 중요성에 그 주장을 의탁함으로써, '진리'란 언젠가는 발견되었어야 한다고 규정한다. 고의적인 허위(falsehood)가 법적으로 문제될 수 있는 해악을 초래한다면, '진실' 발견에 있어서 허위 표현이 가지는 장점보다는 단점이 더 크다는 주장에 힘을 준다.

이러한 유엔의 혐오표현을 금지하는 협약은 자유권규약위원회 등 관련 위원회의 보고서와 〈인종주의와 미디어에 관한 공동 의견서〉 등 각종 의견서와 행동계획서 등을 통하여 공지된다. 아울러 주로 민족, 인종, 종교적 혐오표현을 중심으로 발전해 온 기준을 여성, 장애인, 성 소수자를 표적 집단으로 하는 표현에까지 확대하여 적용하고자 하였다. 2015년 유엔 자유권규약위원회는 "당사국은 소위 성전환치료, 혐오표현 및 폭력 등 성적 지향 또는 성별 정체성에 기초해 누군가를 사회적으로 낙인찍거나 차별하는 어떠한 형태도 용납될 수 없음을 분명하게 공식적으로 천명해야 한다"라고 하면서 한국에 이를 권유하기도 하였다.[47]

이러한 움직임은 미국의 경우 현저히 다른 경향을 나타낸다. 실제로 국내에서 혐오표현에 대한 법적 논의를 활성화시킨 초기 연구들은 대개가 미국에 관한 연구를 실시하였는데, 미국 사회에 초점을 맞추어 혐오표현 현상을 소개하고 있다. 이재진(1999; 2000)은 미국에서의 혐오표현 관련 법적 연구들을 조사하여 혐오표현의 규제를 둘러싼 다양한 시각들을 찬반의 입장에서 구체적으로 정리하고, 이와 관련한 판례들을 수집하고 분석하였다. 또한 대학에서의 혐오표현 규제와 관련한 논의들을 살펴보고, 나아가 향후 예상되는 온라인에서의 혐오표현 현상을 앞으로 어떻게

47 체약국은 이행에 관한 보고서를 제출해야 한다.

다루어야 할 것인가에 대하여 화두를 던지고 있다.

조소영(2002b; 2004)은 'hate speech'를 '적의적 표현행위'로 옮기면서 미국의 연방대법원의 결정과 〈수정헌법〉 제1조에 의거한 혐오표현 규제 양상을 살펴보았다. 심경수(2007)도 미국에서의 혐오표현과 관련 판례를 통하여 혐오표현의 규제 문제를 소개한다. 개인의 타인에 대한 혐오감 표출여부 및 사회적 허용정도는 문화적 다원주의, 형평성의 문제와 함께 미국 연방대법원의 표현의 자유영역에서 가장 복잡한 문제로 다뤄져 왔음을 설명한다. 그는 2003년 '*Virginia v. Black* 사건'에서 십자가 소각과 관련한 표현의 자유 논란에 주목하여, 〈수정헌법〉 제1조에 근거한 미국의 판례를 분석하였다. 박해영(2015)은 미국과 더불어 캐나다, 영국에서의 혐오표현 관련법과 판례를 비교분석하여 그 규제필요성과 정도를 도출하였다.

한편 이웃한 국가인 일본의 혐오표현 현상 및 규제에 대한 연구도 미국에 관한 연구만큼이나 최근 다수 생산되고 있다. 혐오표현에 대한 학술적 관심이 증가하기 시작한 2014년은 일본에서 '헤이트스피치 금지법(ヘイトスピーチ對策法)'[48]이 생긴 해이기도 하며(2016년 5월에 일본 상원 본회의를 통과하였으며, 2016년 6월에 시행) 이 법의 제정과 함께 실제로 일본에서의 혐오표현 현상 및 규제에 대하여 살펴보는 논문과 발표가 다수 이루어진 바 있다(류지성, 2016; 이승현, 2016c; 문연주, 2017).

박지원(2016)은 최근 영국, 캐나다, 호주, 프랑스 등 주요한 ICCPR(B규약) 체약국들의 사례를 소개하며 국내의 실태를 환기시킨다. 이들 국가는

48 일본의 극우 성향 보수단체들이 제1조선인 초등학교 앞에서 시위를 벌인 것이 문제가 되어 2013년 발생한 혐오금지 가처분 결정이 관련 법안의 제정으로 이어졌고 일본에서 최초로 혐오표현을 금지하는 법이 만들어졌다.

일정한 유형의 표현을 혐오표현(hate speech)으로 규정하여 형사 처벌하는 입법례를 두고 있는데, 이는 피부색, 인종, 출신국, 국적, 성 정체성, 성적 지향과 같이 자신이 선택할 수 없는 '불변의 특징'(immutable characteristic, 자신의 의지로 변할 수 없는 본질적 특성)에만 적용한다는 것이 특색이라고 밝혔다. 즉 우리의 경우에도 이러한 불변의 특징에 대한 혐오표현만을 규제하는 것이 합리적이라는 것이다.

결국 한국도 합리적인 규제방안을 마련하기 위해서는 혐오표현을 규제하는 판례와 실정법을 정비한 미국과 유럽의 상황을 개관하고, 이를 바탕으로 혐오표현을 규제해야 할 적정성과 당위성을 검토해야 한다. 사회적 해악성을 갖는 혐오표현은 표현의 자유의 가치를 향유하지 못한다는 점에는 의문이 없다. 그러나 표현의 자유에 대한 제한은 최소한에 그쳐야 한다는 헌법적 요청에 부합하기 위해서는 규제 대상이 되어야 할 혐오표현의 기준이 명확해야만 한다. 혐오표현을 금지하는 입법은 그 대상을 명확하게 해야 한다. 즉 금지의 대상이 되는 혐오표현의 유형을 물리적 폭력으로 한정할 것인지 아니면 혐오표현을 선동하거나 고취하는 것도 대상으로 할 것인지를 명확하게 정해야 한다. 그리고 금지의 사유를 어떻게 정할 것인지도 고려해야 한다.

2

미국에서의 혐오표현

미국에서의 혐오표현을 둘러싼 찬반 논쟁

미국은 표현의 자유가 가장 발달하고 다른 기본권에 우월한 이유로 혐오표현에 대한 규제 반대론이 압도적인 경우로 인식되는 경향이 있다. 즉 미국은 혐오표현을 법적으로 처리하는 방식에서 다른 서구 사회들과 구별된다(루이스, 2010, p.227).[49] 물론 혐오표현에 대하여 완전히 법적인 대응을 하지 않는 것은 아니다.

홍성수(2018)에 따르면 미국에서는 단지 혐오표현 자체를 규제하지 않는 것이 아니라 혐오가 '폭력'으로 이어지는 경우 적극 개입하여 규제하고 있으며 오히려 규제가 더욱 엄격하게 집행되는 경향이 있다. 이뿐 아니라 정부 차원에서도 다양한 반차별정책을 두고 있다. 다시 말하자면 미국

49 미국과 이웃하고 있는 캐나다의 경우에도 자유로운 의사표현이 헌법으로 보장된다고 하더라도 홀로코스트를 부정하는 사람들은 처벌받을 수 있다.

에서는 혐오표현을 법으로 금지하지만 않을 뿐 국가와 시민사회 차원에서 다양한 방식의 개입이 시행되고 있다.

법학자이며 언론비평가인 스몰라(Smolla, 1992, p.151)는 혐오표현이 '문화적 다원주의'와 '평등'의 이슈와 함께 "언론 자유의 영역에 있어 가장 골치 아픈 사안"이라고 설명하였다. 혐오표현은 역사적으로 미국의 〈수정헌법〉 제1조(the First Amendment)가 제창하는 언론 자유의 보호에 있어 예외로 보아야 할 것인가에 대한 법학자들 사이의 논쟁의 대상이 되어 왔다. 즉 표현자유의 영역에서 개인이 타인에 향한 혐오의 감정을 어느 정도까지 표출할 수 있는가, 그리고 사회적으로 어느 정도 허용되는가 하는 것은 〈수정헌법〉 제1조상의 가장 복잡한 문제로 여겨져 왔다. 이러한 문제는 인터넷이 상용화되면서 더욱 커져 왔다.

이에 대하여 미국시민자유연맹(American Civil Liberties Union, 이하 ACLU)은 인터넷이 〈수정헌법〉 제1조가 적용되는 공적 포럼(public forum)의 영역이기 때문에 혐오표현의 사용을 억압해서는 안 되며, 사용자들의 경우 이들이 온라인상에서 혐오표현에 직면하였을 때 이를 회피(avoid)하거나 무시할 수 있기 때문에 인터넷에서의 혐오표현은 규제의 대상이 아니라는 입장을 견지한다. 같은 맥락에서 드보르킨(Dworkin, 1996, p.3)도 자유로운 언론은 "인간을 인간답게 느끼게 하는 것"이며 사회에서 "그들의 삶을 의미 있게 만드는 것"이라고 강조한다. 이들에게는 인터넷에서의 표현을 억압하는 어떠한 규칙도 〈수정헌법〉 제1조를 위반하는 것이라고 언급하였다.

반면 마쯔다 외(Matsuda et al., 1993)는 인종주의 집단이 인터넷을 통하여 그들의 신조를 확대할 때 이는 수정헌법의 보호를 받아서는 절대 안 된다고 주장한다. 그녀는 도발적인 발언(fighting words)이 특정의 인종이나 집단을 비하하고 공포에 떨게 하고 결국 상처를 입히는 효과를 유감없이 발휘한다고 비난한다. 그녀는 혐오표현이 진실과 오류에 대하여 논의하는 데 아무런 기여를 하지 않기 때문에 보호의 가치가 없다는 점을 강조한다. 그녀는 규제가 없다면 백인 우월주의가 다른 인종이나 여성들의 권리를 침해하면서 사이버 공간에서 자라날 것이라고 경고한다. 그녀의 주장에 따르면 온라인상의 혐오표현에 대한 규제는 위헌이 아니다. 이처럼 혐오표현을 둘러싸고 규제에 반대하는 견해와 규제에 찬성하는 견해로 그 논의가 나뉘었다. 미국에서의 혐오표현 규제에 대한 찬반 논의를 좀 더 자세히 살펴보면 다음과 같다.

규제반대론

혐오표현 또는 정치적으로 타당하지 않은 언론에 대한 규제를 반대하는 사람들은 그 논의의 철학적 기반을 자유주의적 헌법이론에 기초하고 있다. 이러한 입장의 사람들은 혐오표현에 대한 제재가 사상의 자유로운 교환을 저해한다는 입장을 보인다. 이들은 대개 언론 자유 옹호론자들이다. 언론 자유 지상주의자들은 만일 대학에서 정치적으로 올바른(politically correct) 언어들만이 허용된다면 이는 아무런 이득도 없게 되며 오히려 이는 냉소와 분노 또는 극단주의의 현상을 일으키게 되는데 이는 곧 독재주의 철학을 낳게 되는 지름길이 된다고 비판한다(Adler, 1990.12.24., p.48).

이들은 비록 정치적 타당성이란 미국 사회가 처한 가장 예민한 구석을 지적하는 것이기는 하지만 자유로운 의견표현을 원하는 학생들이나 교직원들이 검열에 대한 위협으로 억압당하거나 궁극적으로 교육의 목표가 희생되는 결과를 불러올 것이라고 강조한다. 또한 정치적으로 잘못된 발언에 대한 억압은 우리가 기대하는 효과를 가져오기보다는 오히려 잘못된 표현에 의하여 피해를 입은 사람들이 그 피해로부터 회복할 수 있는 길을 봉쇄해 버리는 결과를 초래할 것이라고 지적한다(Barnes, 1992, p.992).

이들 학자들은 특정 언론에 대한 통제는 저변에 깔려 있는 인종주의적 문제들을 근본적으로 치유할 수 없을 뿐 아니라 오히려 사람들 간의 갈등을 악화시키게 된다고 주장한다. 또한 언론에 대한 제한은 비정상적이며 표현의 자유라는 기본권을 파괴하는 행위이며 궁극적으로 사상의 자유를 급진주의적인 문화다원주의의 틀 아래서 억압하게 되는 결과를 가져온다고 말한다(Finn Jr., 1989, p.17).

좀 더 구체적으로 규제에 반대 견해를 표명하는 사람들은 다음과 같은 주장을 편다.

첫째, 혐오표현 또는 정치적으로 타당하지 못한 언사에 대한 규제는 여러 측면에서 보더라도 시간과 자원의 낭비일 뿐이라는 견해이다. 이는 정치적 타당성 운동에 대하여 회의론적 시각인데, 이러한 논의가 학문적으로나 사회적으로 공헌할 바가 없다고 본다(Lively, 1994, p.891).

둘째, 다수를 차지하는 사회적 집단이 일시적으로 침묵하고 있지만 결코 혐오표현의 통제를 그냥 바라보고 있지 않을 것이기 때문에 혐오표현에 대한 규제는 비현실적이며, 상징적이며, 불순하다고 생각한다. 실제로 사회 구성원의 다수를 차지하는 사람들이 일방적으로 몰리게 되면 이에 대한 역공격(backfire)이 우려되며 이러한 역공은 오히려 정치적으로 타당하지 않은 언론에 대한 규제 이전보다도 더욱 문제를 어렵게 만들 수 있다고 주장한다(Delgado & Yun, 1994, p.69).

셋째, 사회적 혐오를 표현하는 발언은 경우에 따라서는 은폐되어서는 안 되는데 왜냐하면 이는 사회적인 경각심을 가져올 수 있기 때문이다. 이러한 시각은 언론의 자유주의적 공개시장의 원리에 입각한 것인데, 모든 사회 구성원들의 언로를 막아서는 안 되며 비이성적이거나 진리가 아닌 발언들도 모두 허용하여 오히려 정치적으로 잘못된 언어도 교육적인 목적을 위해서 도움이 되도록 해야 할 것이라고 본다(Carter, 1992, p.179).

넷째, 소수계 구성원들이 실제적으로 하찮은 문제들이나 모욕적인 문제에 너무 집착하도록 하는 것은 위험하다고 본다. 왜냐하면 혐오표현의 제한이라는 사실 자체가 소수계 출신자들에게 자신이 피해자라는 의식을 갖게 하기 때문이라는 시각이 있다. 즉 다인종적 그리고 다문화적 가치를 추구하는 사회기반에 피해의식을 갖게 한다면 이것이 곧 인종차별이나 민족차별을 불러온다는 주장이다(Finn Jr., 1989, p.19).

다섯째, 정치적으로 타당한 언사 운동은 그 성격상 계급주의적이고 그래서 이는 노동자나 인종주의자들을 배제하는 한편 좀 더 상위의 계급집단은 건드리지 않는다는 시각이 있다. 이들은 정치적으로 타당한 언론운동의 당위성이 그 계급주의적 성격으로 인하여 약화될 수 있다는 점을 강조하고 있다. 이러한 계급적 한계로 인하여 결국 정치적 타당성 운동은 그 실효성이 없다고 본다(Lively, 1994, p.893).

여섯째, 치료가 병을 더욱 악화시킬 수 있는데, 왜냐하면 이는 새로운 형태의 검열을 낳을 수 있기 때문이라는 시각이다. 이는 현실에서 발생하는 모순적인 문제들이 근본적으로 자연적으로 해결하도록 두어야 하며 만일 이러한 자연적 치유가 아닌 경우에 언론의 자유라는 대명제에 반하는 상황을 초래할 수 있다는 지적을 하고 있다(Gates, 1993, p.37).

이처럼 혐오표현 또는 정치적으로 타당한 언론에 대한 자유론자들의 공통적인 입장은 언론에 대한 제약은 모든 사람들이 논쟁이나 사상의 대결을 통하여 지혜를 추구하거나 발견할 수 있는 기회를 부정하는 것일 뿐 아니라 이는 법에 의하여 침묵하는 다수의 사람들의 증오심을 강화시킬 수 있다는 것이다(Bollinger, 1986, p.79). 더욱이 자유론자들은 혐오표현 현상이 중요한 사회정치적인 기능을 할 것이라고 주장한다. 왜냐하면 혐오표현의 비이성적 표현은 실제적 정치과정에서 그리고 사람들의 인식에 있어 무엇인가 잘못된 점이 있다는 경종을 울리기 때문이다. 또한 혐오표현의 제약은 학생들의 교육과 책임 있는 시민의 개발을 촉진하기보다는 방해하는 부정적인 효과를 가진다고 주장하기도 한다(Fleischer, 1994, p.710).

규제찬성론

혐오표현의 규제를 옹호하는 사람들은 인종이나 성에 있어 차별적인 발언은 본질적으로 소수계 구성원들에게 은밀하면서도 심각한 해를 끼친다고 주장한다. 연구자들은 현실적 의미에서 혐오표현은 위험하다고 경고하면서 이러한 위험이 소수계 사람들의 생존과 직결될 수 있음을 지적한다(Delgado, 1991, p.343). 또 이들은 혐오표현이 필연적으로 학교나 직장에서 위협적이고, 적대적인 또는 모멸적인 분위기를 조성하는 데 직접적으로 작용한다고 지적하고 있다. 이러한 옹호론은 크게 네 부류로 구분할 수 있다.

첫째, '도발적 발언' 접근방식(fighting words approach)이다. 혐오표현을 다루는 맥락에 있어서, 이러한 접근은 혐오표현은 사람들 사이의 직접적인 충돌이나 투쟁을 일으키는 말로 간주된다. 이러한 접근 양식은 기본적으로 혐오표현에 관련된 발언들은 〈수정헌법〉 제1조의 보호를 받을 자격이 없다는 논지에 근거하고 있다. 대표적인 헌법학자인 로렌스(Lawrence, 1990, p.453)는 소수계 학생들은 수적으로 우세한 백인 학생들에게 압도당하는 것처럼 느끼며 다툼을 불러일으킬 수 있는 차별적 언사에 대하여 반응하는 것이 자신의 신상에 위험을 초래할 수 있다는 사실을 인식하기 때문에 그들은 침묵하거나 복종적 자세를 취하지 않을 수 없다고 주장한다. 그래서 결국 대학에서라도 이러한 분위기 속에서 점증하는 소수계 학생들을 보호하는 차원에서 혐오표현에 대한 제재가 불가피하다고 피력한다. 유사한 맥락에서, 델가도(Delagdo, 1982, p.133)는 혐오표현이 진정으로 감정적인 타격을 가할 수 있는 위법행위를 구성하는 형태의 공격행위라고 주장한다. 일단 혐오표현을 접하게 되면 비록 물리적 폭력이 동반되지 않는다고 하더라도 물리적 폭력보다 더 큰 좌절감과 분노, 그리고 투쟁을 유발할 수 있다고 강조한다.

둘째, 비판적 사상의 공개시장 접근방식(critical marketplace-of-ideas approach)이 있다. 이 접근 양식은 고전적인 '사상의 자유시장' 이론에 대하여 회의적이다. 이 견해는 현재의 권력배분이 불균형하게 이루어지기 때문에 사상의 자유시장에서의 경쟁이 공정하게 이루어질 수 없음을 강조한다. 권력배분의 불균형성은 혐오표현의 희생자들을 위협하여 침묵하게 만든다는 점을 간과해서는 안 된다고 지적한다. 이들은 인종적·민족적·성적 소수계의 사람들에 대한 뿌리 깊은 감정의 골 때문에 혐오표현에 반응하는 것이 사상의 자유시장에서 진실에 도달하는 자정 역할에 아무런 기여도 하지 못한다고 비판한다. 게일(Gale, 1991)은 화자(speaker)의 자유, 자율, 혐오표현의 교육적인 가치를 옹호하는 〈수정헌법〉 제1조의 법리에 대한 자유주의적 접근을 비판하면서, 〈수정헌법〉 제14조와 〈수정헌법〉 제1조가 보장하는 교육에서의 평등과 균등하고 자유주의적 언로를 파괴할 수 있는 특정인을 겨냥한 표현을 금지할 수 있는 이른바 '제한적이고 구체적'인 규제법을 제정해야 한다고 제안한다. 그린왈트(Greenwalt, 1990, p.30)에 따르면 인종과 민족성을 비난하는 욕설은 〈수정헌법〉 제1조가 보장하는 표현의 자유를 누릴 하등의 가치가 없다. 다수에 속하는 사람들이 혐오표현을 참는 것은 크게 무리가 없겠으나, 소수의 사람들은 혐오표현을 참는 것이 훨씬 어려우며 자신의 신상에 위험을 동반하게 된다고 느낀다. 유사하게 크레츠머(Kretzmer, 1987, p.447)는 언론 자유 지상론자들의 '비현실적 성격'을 비판하면서 인종적인 언사는 인종 간의 차이에 얽힌 비극적인 역사와 깊이 스며들어 있는 반목 때문에 아주 신중하게 다루어야 한다고 지적한다. 그래서 혐오표현은 편견의 확산과 개인의 위신에 대한 공격을 포함한 실제적인 해악을 끼치게 된다. 그는 우리의 인식을 '자유'로부터 이상적 '평등'으로 전환할 것을 강조하고 있다.

셋째, 외부자 특별법리적 접근(Outsider Jurisprudence Approach)이다. 이러한 접근은 기타의 옹호론적 접근보다도 한 걸음 더 나아가서 적극적으로 혐오표현을 막을 수 있는 법적 토대를 제공해야 한다고 주장한다. 이는 특히 인종차별적 혐오표현에 대하여 공식적인 형사적 또는 행정적 특별법을 만들 것을 강조한다. 이러한 접근은 특별법으로서의 혐오표현에 대한 제한은 성격상 〈수정헌법〉 제1조의 법리에 위배되지 않는다고 본다.

대표적인 법학자인 마쯔다(Matsuda, 1991, p.2333)는 자신이 동양인 여성으로서 학창 시절에 직접 겪었던 경험에 근거하여 얼마나 혐오표현이 위험한지를 설명한다. 직접적 경험의 비참함을 묘사하면서 이러한 상황을 막을 수 있는 유일한 방법은 특별법을 제정하는 것이라고 피력한다. 그녀는 혐오표현의 문제는 혐오표현이 심각한 피해를 가져오며 또한 최근 혐오표현을 형사적인 범죄로 인정하고 있는 국제법적인 경향에 근거하여 법외론적 특별법으로 해결해야 한다고 주장한다. 비슷한 맥락에서 라이트(Wright, 1985, p.3)는 대안적 방법론을 제시하고 있는데 인종차별적인 욕설은 이를 의미상 대체할 수 있는 용어들이 존재하는 한 규제되어야 한다고 지적한다. 즉 언어를 선택적으로 신중히 사용할 수 있는 지침을 마련하는 것이 중요하다고 역설한다.

넷째, 여성권론적 접근(Feminist Approach)이다. 비록 성적 차별에 근거한 여성들의 피해를 줄이기 위한 여성권론적 접근이기는 하지만 이러한 시각은 옹호론의 제시각과 공통점이 많다. 이러한 접근의 학자들은 인구상의 절반을 차지하는 여성이 차별되고 성적인 객체로 전락하는 것은 여성에 대한 언사와 사회적인 분위기가 주요인이라고 주장한다. 여성권론적 접근은 성적 차별이 사회의 가장 심각한 문제이면서도 이를 인식하지 못하는 많은 사람들에게 책임이 있다는 점을 재차 강조하고 있다.

이러한 시각의 대표적인 법학자인 맥키넌(MacKinnon, 1993, p.106)은 가장 문제되는 것은 혐오표현의 인종적·성(性)적 차별에 의해 생기는 '평등'의 부재라는 점을 강조한다. 그녀는 학교나 직장에서의 평등은 인간의 생존에 있어 가장 중요한 민주주의적 원칙이며, 이러한 원칙에 근거할 때 평등성을 위협하는 인종적·성적 공격의 언어는 이에 대한 적절한 규제가 가능하나면 제한되어도 마땅하다고 밝혔다. 특히 성적인 차이에 따른 여성에 대한 공격은 여성을 성적인 상품으로 객체화하는 모든 환경적 요인을 제거함으로써 막을 수 있다고 주장한다. 맥키넌은 주위에 범람하는 성을 상품화하는 각종 음란물들을 없애지 않는다면 여성에 대한 차별적인 인식은 달라지지 않을 것이라고 강조한다. 맥키넌과 드보르킨(MacKinnon & Dworkin, 1998)은 포르노그래프 추방운동을 벌여 왔는데, 그들은 포르노그래프는 사실상의 규제 가능한 혐오표현이라고 주장한다. 왜냐하면 그것은 여성을 성적인 도구로서 다루며 여성을 남성에게 비참한 방식으로 종속되는 것으로 묘사하기 때문이라는 것이다.

관련 판례 분석을 통한 혐오표현에 대한 판단

이처럼 혐오표현을 둘러싼 찬반 논의가 여전히 진행 중인 상황에서 현재 미국은 혐오표현을 법으로 규제하지 않는 것을 원칙으로 삼고 있다. 미국이 처음부터 이러한 태도를 유지하였던 것은 아니다. 1952년 보아르네라는 사람이 백인 이웃과 이들 집단으로부터의 흑인 침해를 막아달라고 시카고 당국에 전단을 배포한 일로 발생한 '보아르네 대 일리노이 사건(Beauharnais v. Illinois, 343 U.S. 250 (1952))'에서 연방대법원은 혐오표현을 금지하는 관점을 견지하였다. 연방대법원은 5대 4의 판결을 내리면서 "어떠한 인종이나 피부색, 신조, 또는 종류로 특징지어지는 한 시민 계층의 악행이나 범행, 부정, 박덕을 묘사하면서 … 그들을 모독하거나 … 또는 평화를 깨고 폭동을 야기하는" 출판물을 범죄로 규정하는 일리노이주 법을 인정하였다.

연방대법원의 프랑크푸르터 대법관은 "일리노이(Illinois)주는 굳이 자신의 경계 너머를 바라보거나 지난 30년간의 비극적인 경험을 돌아보지 않더라도, 인종적·종교적 집단들과 관련된 거짓을 의도적으로 배포하는 자들이 분쟁을 촉진한다고 결론지울 수 있다"라고 피력하면서, 1837년 일리노이주 남부 앨턴의 신문 편집자였던 엘리아 러브조이가 노예제 폐지를 지지하다가 피살된 사건과 당시 시카고 지역에서 발생한 인종 폭동을 예로 들었다. 이와 함께 프랑크푸르터 대법관은 명예훼손적 표현이 헌법에서 보호되는 의사표현의 범주에 들지 않는다고 보았다.

그러나 이러한 견해는 1964년 '뉴욕타임즈 대 설리반 사건(New York Times v. Sullivan, 376 U.S. 254)'에서 폐기된다. 더구나 연방대법원은 KKK단의 한 지도자가 집회에서 흑인과 유태인을 비난한 일로 유죄를 받으면서 발생한 1969년 '브란덴버그 대 오하이오 사건(Brandenburg v. Ohio, 395 U.S. 444)'을 계기로 인종적이거나 종교적인 집단을 비난하는 의사표현에 대한 형사상의 처벌을 극도로 엄격하게 제한하게 된다. 당시 KKK 지도자는 "나는 개인적으로 흑인들을 아프리카로 돌려보내고 유태인들을 이스라엘로 돌려보내야 한다고 생각한다"라고 주장하였다. 연방대법원은 그러한 표현을 유죄로 판단한 오하이오(Ohio)주 법원의 판단을 만장일치로 뒤집으면서 어떠한 표현이 유죄가 되기 위해서는 화자가 '임박한' 불법행위를 조장하거나 초래하기를 의도하거나, 그런 행위를 초래할 가능성이 높은 주장을 하는 경우에 한한다고 보았다. 그러나 이 사건에서 이러한 화자의 임박한 불법행위를 입증할 증거가 없다고 보았다.

이러한 연방대법원의 판결은 이후 매우 일관된 판결로 이어진다. 역사적으로 혐오를 표현할 수 있는 권리에 대한 헌법적 보호를 인정한 가장 대표적인 사건이 1977년 미국 일리노이주에서 있었던 소위 '스코키(Skokie) 행진 사건(National Socialist Party of America v. Village of Skokie, 432 U.S. 43 (1977))'이다. 이 사건은 네오나치즘(neo-Nazism)을 표방하는 일단의 사람들이 홀로코스트의 생존자들의 다수가 밀집하여 거주 중인 시카고 근처의 스코키 지역을 행진하려고 시도하면서 발생하였다. 일리노이주 법원들은 한결같이 네오나치 그룹의 행동을 〈수정헌법〉 제1조에 의하여 보호받아야 할 권리로 판결하였다. 법원들은 그들의 결정이 개인들이 자신의 견해를 자유롭게 표현할 수 있는 권리를 보호하여 궁극적으로는 인종적 또는 여타의 이유에서 소수에 속하는 사람들에게 이익이 될 것이라고 주장하였다. 이후 혐오표현 문제는 헌법적 논의에서 중요한 위치를 차지하게 된다. 그런데 혐오표현에서 '혐오'(hatred)의 문제는 정책의 수립 과정에서 그 의미가 약화되고 이는 1980년대에 들어서면서 '정치적 타당성'(political correctness)이라는 개념으로 대체된다.

'정치적으로 타당한 견해표명'(politically correct speech)은 1980년대 말에 도출된 개념으로, 커뮤니케이션 분야에서는 비교적 새로운 개념이다(Lee, 1997, p.64). 이는 현재 미국의 국가적 정책으로 자리 잡는 과정에서 그 논의의 중요성이 인식되어 왔다. 정치적으로 타당한 언론이란 기존에 사용되던 '혐오표현'(hate speech)을 대체하고 시대적으로 맞게 재구성된 정치적인 개념이라고 할 수 있다. 그러나 비록 '정치적으로 타당한 언론'이라는 말이 혐오표현보다 좀 더 법적이고 제도적인 측면의 용어이지만 혐오표현이란 용어는 지금도 여전히 많이 사용되고 있다.

이는 '혐오 범죄'(hate crime)라는 용어가 현재도 여전히 사용되고 있는 것과 같은 맥락이다. 혐오표현이라는 용어가 문제를 좀 더 직접적으로 언급하는 반면에 정치적으로 타당한 언론이라는 용어는 논의의 근본적인 문제 — 인종적, 민족적 그리고 성적 차별과 이에 대한 저항 — 를 간과할 위험이 있다.

혐오표현이 실제로 폭력적 행위를 유발하는 주요인으로 인식되는 '도발적 발언'(fighting words)에 속한다고 보는 학자들의 견해에 따르자면 혐오표현은 당연히 규제의 대상이 된다(Chaplinsky v. State of New Hampshire, 315 U.S. 568 (1942)). 그러나 혐오표현 자체가 어느 정도의 피해를 낳고 어느 정도의 심각한 위험이나 폭력적인 불법행위를 초래하는지에 대하여 구체적으로 검증하기란 쉽지 않다. 비록 혐오표현 현상이 미국의 뿌리 깊은 사회적 갈등의 단면을 보여주는 사례이기는 하지만, 이것이 과연 〈수정헌법〉 제1조가 보장하는 언론 자유의 범주에 속하는지에 대하여 연방대법원이 판례를 통하여 직접적으로 규정적인 정의를 내린 바가 없다.

대학가를 중심으로 혐오의 개념을 대체하기 시작한 '정치적 타당성'(Political Correctness, PC) 운동은 1991년 당시 예일대 법대 드수자(D'Souza) 교수가 《언론과 민주주의: 대학에서의 인종과 성의 정책》이라는 글을 펴낸 이후 본격적으로 시작되었다. 드수자 교수는 대학에서의 혐오표현에 대한 규제의 필요성을 민주주의의 운영 원칙에 기초하여 피력하였다. 이후 전국적 규모로 대학들이 정치적으로 올바른 언론정책과 같은 맥락에서 학교에서의 다원주의적 교과 편성이나 차별 철폐를 위한 교칙 제정 등에 대한 가열된 논의에 참가하였고, 이러한 논의는 미국의 주요 언론의 지면을 통하여 가열되었다(Safire, 1991.8.4.). 대학에서의 이러한 움직임은 대체로 대학에서 성적·인종적 측면에서 좀 더 향상된 평등과 형평성을 고취하고자 하는 의도에 근거한 것이었다(Dunant, 1994, p.xii).

역사적으로 보자면 '정치적으로 타당한 언론' 운동은 1960년대 초의 시민운동(civil movement)에서 그 뿌리를 찾을 수 있는데 이는 1980년대 동성연애자들과 여성권론자들의 사회운동으로 인하여 체계화되기 시작하였다(Barnes, 1992, p.992). 정치적 타당성이라는 개념은 혐오표현의 의미를 좀 더 사회적으로 발전시킨 것이다. 혐오표현은 특정 대상에 대한 '혐오'라는 본능적 측면에 과도하게 집착하는 경향이 있었다. 그러나 혐오표현의 역사적 뿌리가 되는 1960년대의 시민운동이나 그 이후의 동성애자 권리운동에서도 '혐오'(hatred)라는 개념이 개입되지 않은 경우가 많았다. 그래서 혐오의 의미를 극복하고 이를 정책적·제도적으로 자리매김하려는 조직적인 움직임을 통하여 이루어진 것이 정치적 타당성 개념이다.

사실상 혐오 또는 증오라는 개념은 1980년대까지는 공적 영역(public sphere)에서 인종주의적 표현 양식으로 주로 사용된 것이었다(Goldberg, 1995, p.267). 다시 말하자면 대개의 경우 혐오라는 표현은 인종주의적 차별 철폐를 위한 논의에 대중이 참여하는 과정에서 사회적으로 구성된 것이었다(Lee, 1997, p.65). 그러나 현재 사용되는 혐오의 의미는 대부분의 경우 인종적인 표현 양식에 국한되지 않고 기타의 성적, 민족적, 신체적 차이(장애)에 대한 표현에 근거하는 것으로 이는 인종주의적 혐오의 개념보다는 더욱 광범위한 것이다.

예를 들어 여성이나 장애인을 향한 사회적 차별은 혐오라는 '감정'에 근거하는 것이라기보다는 '사회체제'의 문제였다. 결국 혐오표현이란 말은 1990년 *New York Magazine*이 〈당신은 정치적으로 올바른가?〉(Are you politically correct)라는 기사를 게재함으로써 정치적으로 타당한 언론이라는 용어로 재개념화되었고 이에 대한 찬반 논쟁이 대학가는 물론이고 전국적으로 확산되었다.

무엇보다도 학자들과 언론인들은 정치적으로 타당하지 않은 언론(politically incorrect speech)을 규제하는 것이 〈수정헌법〉 제1조상의 언론 자유에 대한 위축효과(chilling effect)를 초래하는가에 대한 열띤 논의를 폈다(Cockburn, 1991.05.27.). 당시 대부분의 주요 대학들이 이러한 논쟁에 참여하게 되었는데 특히 학내의 인종적·성적 차별에 근거한 혐오표현을 규제하는 학칙의 제정에 대한 찬반 논의들이 주를 이루었다. 실제로 1980년대 중반 이후 대학들이 학문과 사상의 자유도 중요하지만 대학을 구성하는 성원들의 기회균등과 올바른 면학 분위기의 조성이 중요한 교육적 가치라는 인식이 확산되면서 혐오표현을 금지하는 학칙을 제정 또는 수정하는 작업에 몰두하기 시작하였다. 즉 1980년대 말부터 대학가에서는 점증하는 차별적인 표현이나 괴롭힘(harassment)을 방지하고자 하는 노력들이 지속되어 왔다.

'편견과 폭력에 반대하는 국가연구소'(National Institute Against Prejudice and Violence)의 조사에 따르면 소수계에 속하는 학생들 중 약 25% 정도가 대학가에서 어떠한 형태로든 혐오 범죄나 혐오표현을 당한 것으로 나타났다(Stains, 1993, pp.46~48). 이러한 이유로 인하여 많은 대학들은 1980년대 말부터 혐오표현을 동반하는 언론을 규제하기 위하여 다소 논란이 되는 학칙들을 제정하거나 개정하기 시작하였다(Blanchard, 1992, p.485). 대학 측은 학칙을 통하여 흑인, 아시아계, 유태인, 여성, 그리고 동성연애자에 속하는 학생들에게 더 나은 교육환경을 제공하고자 하였다. 제·개정된 학칙에 따른 규제 대상은 차를 타고 가면서 지나가는 소수계 학생에게 내뱉는 욕설이나 학내의 면대면(face-to-face) 상황에서의 위협적인 욕설, 그리고 대학 기숙사나 벽에 써져 있는 혐오표현, 또는 우편함 안에 들어 있는 왜곡된 표현 등을 포함한다.

1990년대 초까지 대부분의 학교들은 면학 분위기를 해치거나 위협적인 상황을 조성할 위험이 있는 언어을 규제하는 것을 학교의 책임으로 인식하여 왔다(Hentoff, 1992, p.167). 특히 지난 몇 년 동안 이러한 대학들의 움직임은 법조계와 언론계의 주목을 끌었다. 언론 자유를 옹호하는 사람들은 비록 이러한 대학들의 학칙 제정 움직임이 소수계 학생들을 보호하기 위한 것이기는 하나 이러한 학칙은 〈수정헌법〉 제1조를 위배하는 것이라고 주장하였다(Blanchard, 1992, p.485). 법조계의 일부학자들은 대학의 학칙 제정이 1980년대 이후 풍미한 '정치적 타당성 운동'의 직접적 영향을 받은 것이라고 주장하면서 이러한 학칙들이 단지 현상적으로는 혐오표현을 규제하는 데 도움이 될지 모르지만 근본적으로는 대학의 언론 자유를 침해하는 결과를 가져올 것으로 보았다. 특히 학교에서 소수계 학생들을 위하여 만들어지는 교과 편성이나 대학 정책에 대하여 비판을 하지 못하게 될 것이며, 나아가서 이는 대학을 침묵하게 만들 것이라고 경고하였다(Blanchard, 1992, p.487).

그럼에도 학내에서 발생하는 인종적·민족적·성적 문제을 안고 있는 대학들은 이러한 학칙을 제정하는 데 적극적으로 나섰다. 특히 인터넷 사용이 급속히 대학가에 자리 잡음으로써 사이버 공간 내 혐오표현을 규제하기 위하여 1990년대 중반에는 대학들이 새로운 학칙을 만들거나 기존의 학칙을 개정하기 시작하였다. 이러한 규제는 점차 컴퓨터 관련 범죄가 늘어나기 시작하면서 가속화되었다. 사실 온라인 혐오표현은 인터넷의 기술적인 특성과 맞물려 대학 측이 처리하기 힘든 문제 중 하나로 등장하였다(Kovaleski, 1995, p.A4).

〈수정헌법〉 제1조의 취지에 근거한다면 '정치적 타당성'에 기반한 학칙의 제·개정은 어떤 개인적·집단적 특성에 의한 차별을 표현하는 특정의 언어에 대한 사전제약(prior restraint)으로 해석할 수 있다. 사실상 정치적으로 '옳다/그르다'를 구별할 수 있는 '정의적인'(definable) 판단 기준이 아직 마련되어 있지 않았다. 그래서 자연히 그 판단에 있어 주관적인 요소가 많이 내포하게 된다. 정치적 타당성의 정도(degree)의 측면에서 보자면, 정치적으로 잘못된 언어란 "이성애자, 백인, 그리고 유럽 중심적 사고 구조를 가진 남성들이 이러한 특성을 갖지 않은 사람들보다 좀 더 범하기 쉬운 정도의 차이를 가지는 언어일 뿐"이라고 보는 냉소적인 시각도 있다(Craddock, 1995, p.1047).

정치적 타당성의 문제가 대학 사회에서 열띤 논쟁의 대상이 된 이면에는 인종주의적 또는 기타 정치적으로 허용되지 못한 언어들이 사회적으로 열세인 소수계 사람들에게 헌법으로 보장되는 자유로운 토론과 자기결정에 참여할 기회를 박탈할 수 있다는 우려가 내재하고 있다(McGowan et al., 1992). 프라이(Frye, 1992, p.781)는 "통속적으로 말하여 정치적으로 타당하지 않다는 것은 모멸적인 표현을 표출하기 위하여 이용하는 상징적인 위협 행위(예를 들어 나무 십자가를 태우는 행위)에 대한 부정적 평가를 의미한다"라고 보았다. 이러한 관점에서 본다면 공격적이거나 인종주의적, 외설적, 또는 남성 중심적 표현들은 비록 이것이 타인을 해칠 의도에서 이용된 것이 아닐지라도 정치적으로 잘못될 수 있다. 다시 말해 정치적으로 타당하지 않은 언사란 사람들이 무의식적으로 사용하던 표현 속에서도 많이 찾아볼 수 있다. 이러한 점에 혐오표현에 대한 논의의 복잡성이 존재한다.

정치적 타당성 개념이 등장한 이후에도 보호받는 의견표명과 보호받지 못하는 의견표명의 구분 기준은 명확하지 않았다. 그러나 1992년 연방대법원의 '알 에이 브이 대 세인트폴시(R.A.V. v. City of St. Paul, 505 U.S. 377) 사건'의 결과로 새로운 전기를 마련하게 된다. R.A.V. 사건의 요점은 내용에 근거한(content-based) 언론에 대한 규제의 경우 이는 〈수정헌법〉 제1조에 위배된다는 것이다. 연방대법원은 내용에 기초한 억압은 그러한 억압이 언론의 보호를 위한 기본적인 요구들을 제약하기 때문이라고 강조하였다. 결국 R.A.V. 사건은 〈수정헌법〉 제1조의 보호 범위를 혐오표현에까지 적용시키는 결과를 초래하게 된다.

이 사건에서 연방대법원은 편견에 기인하는 무질서한 행위를 금지하는 세인트폴(St.Paul)시의 조례가 액면상 위헌이라고 보았는데, 왜냐하면 시 조례는 특정의 환영받지 못하는 주제들을 금지함으로써 결국 내용에 기초한 차별을 구성하기 때문이라는 것이다. 연방대법원은 시 조례가 인종이나 피부색, 신념 또는 종교나 성별에 기초한 도발적 발언(fighting words)은 규제의 대상으로 간주하면서도 정당이나 노동조합, 동성애자나 기타 이익집단에 의한 특정의 커뮤니케이션에 대한 통제는 규정하지 않고 있기 때문에 이는 곧 헌법상 금지되고 있는 '내용상의 차별(content discrimination)'에 해당한다고 보았다. 연방대법원에 따르면 언론에 대한 규제가 해당 언론의 내용에 기인한다면 이는 〈수정헌법〉 제1조에 위배된다.

즉 연방대법원은 혐오표현에 대한 추론에 있어 내용중립원칙(content-neutral doctrine)을 적용하고 있다. 실제로 연방대법원은 R.A.V. 사건 전에는 헌법적으로 보호받지 못하는 혐오표현을 처벌하기 위한 규제나 규칙을 무효화하기 위하여 내용중립원칙을 적용한 적이 없다. R.A.V. 사건에서 대법원은 만약 시 조례가 없다면 허용될 수 있는 다른 언사들도 조례 때문에 억압될 수 있다면 이는 언론 자유의 기본적 토대를 전면 부정할 수 있는 위험을 내포하고 있다고 설명하였다. 더욱이 내용에 근거한 규제가 '시급한 이익'(compelling interest)에 공헌하기보다는 '검열(censorship)'을 초래할 위험을 가지고 있기 때문에 헌법상 유효하지 않다고 주장하였다. 대법원은 이어서 세인트폴시의 조례가 가져올 수 있는 유일한 이익이란 그 조례에 의하여 금지되는 "어떠한 편견에 대한 세인트폴시의 적대감을 보이는 것"에 불과할 뿐, "선호되지 않는다고 하여서 그러한 언사에 대하여 예외로 규제하는 것이야말로 〈수정헌법〉 제1조가 금지하는 것"이라고 결론짓고 있다. 이러한 연방대법원의 결정은 혐오표현이나 정치적으로 타당하지 못한 언론규제의 옹호론자들에게는 부정적인 결과를 가져왔다. 한 비평가는 이러한 법원의 추론 결과에서 살펴보자면 법원은 흑인 가정의 뒤뜰에서 십자가를 태우는 형태의 위협을 막음으로써 〈수정헌법〉 제1조의 가치가 진정으로 실현되는지 아닌지에 대해서는 심각하게 고려하지 않았다고 비판한다.

연방대법원 주심을 맡은 스칼리아(Scalia) 대법관은 다수의 견해를 대표한 판결문에서 "우리의 견해로는 〈수정헌법〉 제1조가 각 주(state)에 어떠한 특정 언사를 예외적으로 허용하는 것이라기보다는 특정 언사의 내용에 따른 차별을 전체적으로 금지하도록 규정하는 것"이라고 해석하면서 내용상의 차별의 위헌성을 다시 한 번 강조하였다.

스칼리아 대법관의 시각에 따르면 시 조례가 '정치적 타당성' 운동의 옹호자에 의하여 광범위하게 사용되는 이른바 도발적 발언(fighting words)을 규제하게 된다면, 혐오표현의 피해자에 의한 표현도 처벌될 수도 있다는 것이다. 그러나 많은 사람들은 스칼리아 대법관의 견해가 들불처럼 번져 가는 '정치적 타당성' 운동이 표현의 자유에 제약을 가져올 것이라는 데 대한 두려움의 표현이며 혐오표현 규제론자들이 주장하는 '사회적 이익'에 대한 비난으로 받아들였다. 이들은 스칼리아 대법관의 견해가 정치적 타당성 운동이 과도하게 펼쳐지는 것에 대한 상징적인 비난일 뿐 아니라, 혐오표현을 반대하는 사람들의 정당한 이익과 경쟁하는 여러 이해관계에 대하여 반대하는 입장을 보이고 있는 것으로 이해하였다.

스칼리아 대법관의 시각에 대하여 반대하는 소수파를 대표해서 화이트(White) 대법관은 나무 십자가를 흑인 가정의 뒤뜰에서 태우는 것과 같은 형태의 위협적 행위를 규제하는 것이 〈수정헌법〉 제1조가 담보하는 가치에 일치하는지 아닌지에 대하여 대법원의 충분한 고려가 없었다고 비판하였다. 그는 대법원이 '내용 중립적 원칙'에 대한 집착 때문에 사회적인 공적 이익을 위하여 그 내용의 규제가 가능한 언론과 그렇지 않은 언론 사이의 구분을 모호하게 만들어 버렸다고 비난하였다. 블랙먼(Blackmun) 대법관도 대법원의 결정 동기(motives)가 〈수정헌법〉 제1조의 근간이 되는 가치를 보장하려는 데 있다기보다는 '정치적 타당성'이나 '문화적 다원주의'가 팽배하는 데 대한 두려움의 표출이라고 꼬집는다. 특히 블랙먼 대법관은 스칼리아 대법관이 R.A.V. 사건을 "정치적 타당성 운동을 비판하기 위한 도구로 이용하였다"라고 후에 피력하였다. 결국 R.A.V. 사건에서 보이는 스칼리아 대법관의 견해는 혐오표현을 규제하는 법적 장치를 마련하려는 사람들과 조직의 활동에 제동을 거는 결과를 가져왔다.

이후 2003년 '*Virginia v. Black*(528 U.S. 343) 사건'에서 연방대법원은 십자가 소각 처벌이 〈수정헌법〉 제1조의 새로운 예외가 될 가능성을 열어놓게 된다. 연방대법원은 이 사건의 심사대상이 된 버지니아주의 십자가 소각 금지법은 십자가 소각 자체가 잠정적으로 위협 의도를 전제한다고 보았다는 점에서 헌법에서 보장하는 표현의 자유를 위배하였다고 보았다. 그럼에도 불구하고 위협의 의도가 있는 십자가 소각을 처벌하는 것은 〈수정헌법〉 제1조 위반이 아니라고 보았는데, 물리적 폭력이 아닌 공포 조장 및 모욕만으로도 위협이 가능하다는 점에서 기존의 폭력 선동이나 도발적 발언(fighting words) 기준보다 완화된 기준의 적용 가능성을 제시하였다. 그러나 이러한 판결 역시 상대방에게 위협이 되는 십자가 소각이라는 특정 표현행위에 한정되어 있어, 불특정인 또는 다수인으로 하여금 소수자에 대한 증오를 부추길 수 있는 표현인 증오선동에 대하여 규제를 허용하는 것은 아니라고 할 수 있다.

비교적 최근인 2012년 연방지방법원은 무슬림에 대한 증오선동 포스터 광고를 버스나 지하철에 부착하지 못하게 하는 것에 대하여 위헌 결정을 내렸다(Am. Freedom Def. Initiative v. Wash. Metro. Area Transit Auth, No. 12-1564, 2012 U.S. Dist. (D.D.C. Oct. 12, 2012). 이는 워싱턴시 교통국이 미국의 극단적 반무슬림 단체인 American Freedom Defense Initiative(이하 AFDI)가 "문명인과 야만인 간의 어떤 전쟁이든, 문명인을 지지하라. 이스라엘을 지지하라. 지하드를 물리쳐라"(Stop Islamazation of America, SIOA)라는 광고 포스터를 버스나 지하철 광고판에 부착하지 못하도록 한 데 대하여 시작된 판결로서, 법원은 일부 대중교통(버스나 지하철) 광고판에 금지하거나 배제해서는 안 된다고 하였다. AFDI는 뉴욕, 샌프란시스코, 워싱턴DC, 시카고, 필라델피아 등 다른 대도시에서도 대중교통 시설에 반무슬림 광고를 부착하는 활동을 하며, 시 교통당국이 이를 금지하는 경우 이에 대하여 〈수정헌법〉 제1조 위반으로 소를 제기하는 전략을 취하고 있다. 2015년 4월에는 뉴욕 맨해튼의 연방지법에서도 스카프를 두른 남자의 얼굴과 함께 "유태인을 죽이는 것은 우리를 알라에게 더 가까이 다가가게 하는 숭배의식"이라는 내용을 담은 AFDI의 포스터에 대하여 뉴욕시 교통당국이 버스와 지하철 광고판 게시 금지 결정을 한 것에 대하여 위헌 판결을 내렸다.

최근의 미국의 혐오표현 규제

최근 미국 비영리 기관인 반명예훼손연맹(Anti-Defamation League, ADL)이 실시한 설문조사에 따르면 미국인의 과반(53%)이 혐오표현으로 인한 온라인 괴롭힘(online harassment)을 당한 경험이 있는 것으로 나타났다(USA Today, 2019.02.13.; 언론중재위원회, 2019, 80쪽). 이러한 혐오언론은 특히 온라인을 통하여 표출되고 피해를 발생시키고 있는데 개인의 정체성을 공격하는 내용이 많다. 성별 관련 혐오표현이 가장 많았고, 인종, 민족성, 성 정체성, 종교, 직업, 그리고 장애와 관련된 순으로 혐오표현이 많이 표출된 것으로 조사되었다. 2016년 대선부터 문제가 된 트럼프 대통령의 언동은 인종차별적이고 백인 우월주의적인 혐오표현이 오랫동안 미국 사회의 기조로 작용해온 정치적 타당성(political correctness)을 와해시키고 대중으로 하여금 혐오표현의 사용을 더욱 부추기는 역할을 하게 된 것이 원인이라고 판단된다(Washington Post, 2017.05.16.).

트럼프 대통령의 언동은 사회 통합의 측면에서 부정적인 영향을 준 것으로 인식된다. 언론에 보도된 바와 같이 2017년 버지니아(Virginia)주 샤롯빌(Charlottesville)에서 폭력시위가 있었는데 백인 우월주의자들이 대놓고 자신의 목소리를 높이는 사건이었다. 이 시위는 원래 당시 주지사 테리 멕컬리프가 버지니아주 백인 우월주의자 상징물인 '로버트리' 장군의 동상을 철거하도록 결정한 데 대하여 지역 주민들이 반대하면서 시작되었다. 이들은 곧 극단적 백인 우월주의를 표방하는 네오나치, KKK 등과 합세하여 거리에 나치 상징물을 전시하고 구호를 외치는 등 극우 백인 우월주의적인 시위로 변모하게 되었고 결국 폭력 사태로 이어졌다. 이 시위 이후 미국은 특정 인종을 겨냥한 인종차별주의적인 혐오표현이 표현의 자유라는 명목하에 과연 정당화될 수 있는가에 대한 논쟁을 재개하게 되었다.

미국 시카고 대학에서 발생한 시위 사건도 백인 우월주의자들과 이들을 반대하는 사람들 간의 충돌이었다. 시카고 대학 학생처장인 존 엘리슨은 신입생들에게 보낸 공문에서 시카고 대학은 학문의 자유를 보장하며 학생들이 다양한 정치적인 의견에 노출될 수 있고 이를 두려움 없이 배울 것을 장려한다는 대학의 입장을 표명하였다. 공문이 발표되기 전 시카고 대학은 극우 진영의 연사들의 정치적 연설이 계획되어 있었으나 이에 학생들이 반발을 하고 시위를 벌이면서 연설이 취소되었다. 시카고 대학은 캠퍼스 안에서는 다양한 의견들이 존중받고 표현될 수 있어야 하며 논란이 될 수 있다는 이유만으로 의견을 용인하지 않아서는 안 된다는 메시지를 전달하였다.

시카고 대학이 선언한 캠퍼스 내 모든 표현의 자유는 다른 대학들이 중시하던 가치와는 극명한 대조를 이루는 방침이었기에 혼란을 피할 수 없었다. 의견을 달리하는 양 진영으로 나뉘어져 한쪽에서는 불편함이 뒤따르는 의견이라도 이를 표현할 수 있는 자유가 보장되어야 한다고 한 반면, 다른 한 쪽은 편협하거나 때로는 혐오표현이 포함된 의견으로부터 학생들을 보호하는 것이 대학의 의무라는 점을 강력히 주장하였다. 흥미로운 점은 이러한 사태에도 불구하고 여전히 미국에서 표현의 자유를 중시하는 비율이 반대 의견을 지지하는 비율보다 훨씬 높게 나오고 있다는 것이다. 즉 비록 자신의 종교적 신념을 공격하는 의견일지라도, 그리고 사회적 소수집단을 공격할 수 있는 의견이라도 그 표현의 자유는 보장되어야 한다는 것이다(Wike, 2017; 언론중재위원회, 2019, 재인용).[50]

결국 미국의 경우에는 혐오 범죄와 혐오표현을 확실히 구분하여 혐오 범죄의 경우에는 이미 1968년에 제정된 민권법(Civil Rights Act)에 의해 처벌하고 있다.[51] 혐오에 기반하여 다른 사람에게 물리적 해를 끼치는 경우 가중 처벌을 하고 있다. 이 법을 위반한 사람은 벌금이나 최대 1년의 징역형 또는 두 가지 모두의 처벌을 받으며, 만일 신체적 위해가 가해졌거나 위협에 총기나 폭발물 또는 화기가 사용되었을 경우 행위자는 최대 10년의 징역형에 처해질 수 있다(박미숙·추지현, 2017). 그러나 혐오표현의 경우에도 실질적인 해악이 크다는 측면에서 최근에는 혐오 범죄뿐 아니라 혐오표현도 규제해야 한다는 의견이 제시되고 있는데, 예를 들어 특정 집단

50 미국인의 77%는 자신의 종교적 신념을 공격하는 의견일지라도 그 의견의 표현의 자유가 보장되어야 한다고 답하였고, 사회적 소수 집단을 공격할 수 있는 의견도 표현의 자유가 보장된다고 답한 비율이 67%로 나와 조사 대상 38개국 중 가장 높은 수치를 나타냈다.

51 1968년 새 민권법으로 제정된 〈혐오범죄예방법〉(Hate Crime Prevention Act) 제18장 제245(b)(2)에서는 타인을 "인종, 피부색, 종교 또는 출신 국가를 이유로 의도적으로 해치거나 위협 또는 방해하는" 사람에 대하여 연방 기소를 하도록 하고 있다(18 U.S.C. §534).

의 구성원들에게 공포를 불러오고 인격에 상처를 입힐 수 있는 특정 언어의 경우는 그 해악이 가져오는 피해에 근거하여 규제하자는 의견이 제시되고 있다(Waldron, 2012; 장철준, 2019).

이러한 혐오 범죄와 관련된 다수의 연방법과 주(state)법이 존재하는데 대개 차별을 근거로 범죄를 저지르거나, 주거에 침해하거나, 또는 재산에 대하여 피해를 입히는 경우 그리고 무력을 사용하여 위협하는 경우에 이를 처벌할 수 있는 규정을 두고 있다.[52] 혐오표현과 혐오 범죄의 구분은 대면성 요건(confrontational nature), 즉 실제적인 면대면 상황에서 벌어진 형태의 것인가 하는 점이다. 예를 들어 전술한 스코키 사건의 경우 신나치주의자들의 행진할 권리가 폭동의 위협과 대중의 선동을 부추기는 대면적인 상황에서의 혐오표현은 혐오 범죄와 유사하게 취급하여 규제할 가능성이 있다. 아울러 실질적인 위협(true threat)으로서의 요건이 작용한다. 즉 희생자에게 신체적 위해나 생명의 위협을 느끼게 할 목적으로 특정 개인이나 집단에게 직접적인 위협을 가할 때 합헌적으로 금지될 가능성이 있다(Watts v. United States, 384 U.S. 705 (1969)).

결국 미국의 혐오표현 규제법은 사실 명확하지 않으나(Chetty & Alathur, 2018) 표현과 범죄를 엄격하게 구분하고 있으며, 대학(특히 공립 대학)에서의 혐오표현을 규제하기 위한 시도가 계속되고 있어 이에 대한 사회적 논란이 여전히 벌어지고 있는 상황이다. 그럼에도 미국 법원은 표현의 자유에 무게를 더 두고 있음을 알 수 있다. 이는 2017년 6월 '*Matal v. Tam*

52 여기에는 2009년 〈매튜 셰퍼드와 제임스 버드 주니어 혐오범죄 방지법〉, 〈평온한 주거권에 대한 불법방해죄법〉, 〈종교재산침해, 교회방화방지법〉, 〈연방보호권리에 대한 폭력방해법〉, 그리고 〈권리방해공모법〉이 있다(언론진흥재단, 2019, 86~87쪽 참조).

사건'에서도 엿볼 수 있다. 연방대법원은 이 사건에서 연방상표법(Lanham Act)상의 조항이 〈수정헌법〉 제1조의 언론 자유 조항을 위반하였다고 판단하였다. 이 법에 따르면 미국 특허청은 사람, 기관, 신념 또는 국가적 상징을 비하하는 상표 등록을 금지하고 있었다. 이 사건은 아시아계 미국인들로 구성된 오리건주 포틀랜드의 록밴드 그룹이 미국 특허청에 인종차별적인 의미가 있는 'The Slants'(눈이 째진 놈들 — 동양인을 멸시하는 말)를 자신들의 상표로 등록 신청을 하면서 시작되었다. 특허청은 연방상표법에 근거하여 이 상표의 등록을 거부하였는데, 이에 록밴드는 소송을 제기하였다. 연방대법원 알리토(Alito) 대법관은 "인종, 민족, 성별, 종교, 연령, 장애 또는 기타 유사한 근거에 기초하여 비방하는 말은 혐오"라고 하면서도, "언론 자유에 대한 법원의 입장은 '우리가 싫어하는 생각'을 표현할 자유를 보호하는 것"이라는 점을 강조하였다(Matal v. Tam, 582 U.S. ____ (2017)).

3

일본에서의 혐오표현

이 책의 서두에서 소개한 바와 같이 2019년 일본 사법부는 인터넷을 통하여 혐한(嫌韓) 헤이트 스피치(Hate Speech)를 배포한 사람에 대하여 모욕죄를 적용하여 처벌하는 판결을 내린 바 있다(중앙일보, 2019.01.17.). 이는 일본에서 헤이트 스피치를 모욕죄로 처벌한 첫 사례로 알려져 있다. 헤이트 스피치를 모욕죄로 처벌한 것은 그만큼 이를 규제하거나 별도로 처벌할 수 있는 법 규정이 없기 때문으로 보인다. 재판부는 "… 모욕죄로 처벌하는 것이 지나치게 가벼운 만큼 혐오 범죄에 대처하는 법 제도와 수사 체계가 정비돼야 한다"라고 밝혔다(중앙일보, 2019.01.27.). 이러한 재판소의 인식은 표현의 자유가 대단히 발달한 것으로 인식되는 일본에서 헤이트 스피치를 표현의 자유영역이 아닌 형사적으로 가볍지 않은 범죄로 인식하고 있다는 점을 보여주는 동시에 궁극적으로 혐오표현을 규제하는 독립법이 차후에 만들어져야 함을 보여준다.

일본의 사례에 비추어 볼 때 한국의 경우에도 독립법 제정 이전의 규제 방식으로 모욕죄를 통한 혐오표현의 규제가 가능한지를 타진해 볼 필요가 있다. 실제로 일본에서 일고 있는 혐오표현은 역사적으로 차별받거나 억압되어 온 집단에 대하여 그 차별을 더욱 조장하는 발언이 주된 것이다(류지성, 2016). 예를 들어 언론을 통하여 많이 알려진 '재특회'(재일특권을 용납하지 않는 시민 모임) 등 일본 극우 단체는 재일 한국·조선인을 향하여 증오에 가까운 발언과 험한 시위, 욕설을 퍼부으면서 가두시위를 벌이는 등 혐오표현이 일본 사회에서 문제가 되었다.

기존의 일본 법률에서는 직접적으로 혐오표현을 규제하는 법조항은 존재하지 않는다. 따라서 기존의 형사규제로서 모욕죄 및 명예훼손죄 혹은 민사상 불법행위에 해당하는가에 대한 논의를 통하여 법적 규제의 가능성을 살펴보는 정도였다. 명예훼손죄(〈형법〉 제230조)나 모욕죄(〈형법〉 제231조), 위력업무방해죄(〈형법〉 제233조), 강요죄(〈형법〉 제223조), 살인교사죄(〈형법〉 제199조, 제61조) 등의 생명, 신체에 대한 죄가 적용되는 정도였다.

그러나 명예, 신용에 대한 죄는 특정 개인이나 단체를 대상으로 하고, 생명, 신체에 대한 죄도 특정 개인을 대상으로 하고 있어 인종과 국적, 민족 등으로부터 분류되는 다수로 이루어진 '집단'에 대한 언동에는 적용할 수 없고, 이러한 혐오표현을 단속하지도 않았다. 또한 개인이 특정되지 않는 집단 전체에 대한 혐오표현은 적용되지 못한다는 것이 기존 법원의 일관된 입장이었다(박미숙·추지현, 2017).

또한 일본에서 인터넷상 불법정보라고 할 수 있는 권리침해정보인 모욕, 명예훼손 표현은 형법상 명예훼손죄의 요건에 충족되지 않는 이상 집단 모욕죄, 집단 명예훼손죄를 인정하지 않는 법원의 태도로 보아 이를 규제하기 어렵다고 할 수 있다. 인터넷상 혐오표현 역시 직접 규제하는 규정은 없다고 볼 수 있으며, 다만 인종적 혐오표현에 한하여 이에 대응하기 위한 정부 및 지자체의 노력과 정책이 전개되고 있는 상황이었다.

이러한 와중에 2014년 7월 UN 자유권규약위원회와 같은 해 UN 인종차별철폐위원회에서 일본정보보고서를 심사한 최종 견해는 모두 일본 정부의 혐오표현에 대한 대처가 권고되었다. 이에 일본은 2016년 본국 외 출신자에 대한 부당하고 차별적인 언동 해소를 위한 대책의 추진에 대한 법률이 제정되어 같은 해 6월 13일부터 시행되었다.

상기의 법률이 제정되기 전, 일본은 한 지방법원의 판결이 입법의 출발점이 되었다는 견해가 있다. 문연주(2017)는 2013년 교토조선제일초급학교가 재특회를 대상으로 한 소송에서 승소함으로써 혐오표현과 관련한 일본 사회의 대응에 변화의 계기를 마련하였다고 본다. 특히 혐오표현을 규제할 법제도가 부재한 상황에서 지방법원이 솔선하여 적극적인 법해석을 실천하였다는 점, 또한 재특회의 시위가 '인종차별적 위법행위'임을 확인하였다는 점에서 중요한 의미를 지닌다고 평가하는데, 이는 우리 사회에도 시사하는 바가 크다.

그러나 한편으로는 이 법을 어겼을 때 어떠한 처벌을 받게 되는지에 대한 처벌조항을 이 법이 담고 있지 않다는 문제점이 있다는 점과 일본 거주 외국인들에 대한 증오표현의 금지라는 점에서 실질적인 법 규정이라고 볼 수 없다는 해석도 존재한다(이승현, 2016c).

일본에서 혐오표현의 대상은 재일 한국·조선인을 비롯하여 원주민이나 해외 이주자 등이 있지만 가장 논란이 되는 것이 역시 '재일 한국인에 대한 혐오'라고 할 수 있다. 실제로 일본에서 재일 한국인에 대한 혐오 분위기가 형성된 것은 2002년 이후로 알려져 있다. 2002년 한일 월드컵을 통하여 발호된 혐한 감정이 2005년 출간된 《만화 혐한류》의 영향으로 대중화되고, 2007년 반한(反韓) 넷우익 단체인 '재일 특권을 용납하지 않는 시민 모임(이하 재특회)'의 결성으로 이어졌다(홍성수, 2019a; 2019b). 이러한 재특회가 문제가 된 것은 2009년 12월에서 2010년까지 재특회 회원들이 교토 조선제일초급학교 교문 앞에서 "조선학교를 부숴라", "여기는 북한 스파이 양성기관", "일본에서 내쫓아라", "비열·휴악하다", "조센징을 보건소에서 처분하라", "바퀴벌레, 구더기 한국으로 돌아가라" 등의 모욕적인 구호를 외치며 가두시위를 세 차례에 걸쳐 열면서 시작되었다. 재특회 측은 시위 영상을 인터넷을 통하여 공개하였다.

사태가 심각해지자 2010년 6월 28일 학교법인 조선교토학원은 교토 지방법원에 재특회의 시위 참가자들을 대상으로 위력업무방해로 인한 모욕죄로 민형사상의 소송을 제기하였다. 2013년 4월 21일에 교토 지방법원에서 열린 형사재판 제1심에서 재특회 측은 모욕죄의 규정은 명확성의 원칙에 반하여 위헌이며, 그렇지 않다고 하더라도 이것을 정치적 발언(언사)에 대하여 적용하는 것은 위헌이라고 주장하였다. 이에 대하여 교토 지방법원은 "모욕죄의 구성요건은 명확하기 때문에, 이것이 헌법에 위반하지 않는다는 것은 분명하며, 정치적 목적을 가지는 것 하나만으로 공연히 사람을 모욕하는 행위가 모두 허용된다고 할 수 없다"라고 판시하였다. 법원은 피고인들의 행위는 모두 정당한 정치적 표현의 한도를 벗어난 것으로 인정되고, 그에 대하여 경찰관이 제지 조치를 하지 않았다는 사정을 고려한다고 해도 이는 변하지 않으며, 고의 또는 위법성의 의식 및 가벌성, 위법성의 주장 등 역시 포함하여 변호인의 주장은 받아들일 수 없다고 판단하여 피고인 1인에 징역 2년, 2인에게 징역 1년 6월, 그리고 1인에게 징역 1년에 처하는 판결을 내렸다(모두 집행유예가 선고됨).[53]

53 京都地判 平成23年4月21日.

같은 해 10월 28일 제2심인 오사카 고등법원은 〈헌법〉 제2조 위헌이라는 주장에 대하여 표현의 자유에 해당하는 행위라고 할지라도 무제한으로 허용되는 것이 아니라, 공공의 복지 또는 다른 사람의 인권에 저촉됨에 따른 합리적 제한을 받는 것으로 판시 사실과 같은 내용을, 평일 오후 시간대에 학교를 향하여 확성기를 사용하여 외치는 것은 허용되는 행위라고 할 수 없는 것으로 본 건에 대하여 모욕죄를 적용하는 것은 헌법에 위반된다고 할 수 없다고 판단하였다.[54] 2014년 2월 23일 최고재판소도 본 건에 대하여 기각함으로써 형이 확정하였다.[55]

형사재판과 함께 진행된 민사 소송에서는 교토 지방법원은 "법원은 인종차별철폐조약상 법률을 동 조약에 적합하도록 해석하는 책무를 지고 있다"라고 판시하면서 〈민법〉 제709조에 의거하여 "행위자에 대하여, 피해자에 대한 무형의 손해발생으로 인하여 손해배상을 명할 수 있는 경우에 인종차별행위에 대한 효과적인 보호 및 구제 조치가 되는 액수로 정해야 한다"라고 보았다. 교토 지방법원은 이상에 근거하여 재특회 측에 약 1200만 엔의 손해배상 및 시위활동 등의 금지를 명하였다.

재특회 측은 이에 대하여 항소하였고, 오사카 고등법원은 2014년 7월 8일 재특회의 항소를 기각하고 1심과 마찬가지로 재특회에 학교 반경 200미터 내에서 시위를 중단하고 1200만 엔의 배상금 지급을 명하였다. 고등법원은 인종차별조약의 성격을 1심과는 달리 해석하면서도 당해 행위의 '악질성'을 기초로 하는 것으로, 불합리, 부조리한 불법행위에 의한

54 大阪高判 平成23年10月28日.

55 最高裁判決定 平成24年2月23日.

피해 감정, 정신적 고통 등의 무형 손해라는 관점에서 고려된다고 판단하였다. 고등법원은 아울러 "재일조선인을 증오, 멸시하는 발언은 〈인종차별철폐협약〉 제1조 제1항에서 말하는 인종차별에 해당하며, 재일조선인에 대한 차별의식을 세상에 주장하고 우리 사회로부터 재일조선인을 배척해야 한다는 견해를 목소리 높여 주장하는 것으로 공익목적이 없다"라고 판시하였다.[56] 최고재판소는 2014년 12월 10일 재특회의 상고를 기각함으로써 2심 판결을 확정하였다.[57]

재특회는 2013년부터는 한국인들의 음식점이나 가게가 즐비한 도쿄 신오쿠보에서 주말마다 혐한 시위를 개최하였다. 재특회의 시위는 더욱 조직적이고 잔인한 모습을 띠게 된다. 시위 장소로 굳이 한인 밀집 지역을 택하여 그곳에 있는 재일한인들을 직접 위협하기도 하였다. 이는 혐오표현 중에서도 물리적 폭력으로 이어질 가능성이 높은 극단적 행위였다. 이에 대하여 양심적 지식인과 활동가들이 적극적으로 대응에 나섰다(권명아, 2018).

2014년 4월에는 재특회 회원들이 도쿠시마현 교직원 조합이 시코쿠 조선초중급학교에 150만 엔을 기부하였다는 이유로 조합 사무실에 난입하였다. 재특회는 조합 사무실에 강제로 들어가 당시 서기장이었던 여성에게 "조선의 개", "매국노" 등의 욕설을 퍼부었고, 이 장면을 담은 동영상을 인터넷에 공개하였다. 1심인 도쿠시마 지방법원은 2015년 3월 조합 업무 방해와 전 서기장에 대한 위자료 등 재특회에 총 231만 엔의 배상을 명

56 大阪高判 平成25年7月8日.

57 最高裁判決定 平成26年12月9日.

령하였다. 2심인 다카마쓰 고등법원은 2016년 4월 "재특회가 재일조선인 지원자를 위축시키려 하였다. 이는 인종차별적 발상에 근거한 행위로, 위법성의 정도가 심하다"며 배상액을 436만 엔으로 늘렸다. 2016년 11월 1일 일본 최고재판소는 재특회 측이 제기한 상고를 기각하고 원심을 확정하였다.

그러나 이러한 대응에는 한계가 있고 국제사회의 압력에 정부도 손 놓고 있을 수 없는 상황에서 2016년 5월 일본 의회(참의원, 중의원)에서 본국 외 출신자에 대한 부당한 차별적 언동의 해소를 위한 대책 추진에 관한 법률이 통과되었다. 이 법은 본국 외 출신자에 대한 차별적 견해 표출의 해소를 국가와 지방자치단체의 책무로 규정하고 문제 해결을 위한 정책 추진을 규정하였다. 다만 이 법은 처벌 규정을 담지 않아서 이를 지키지 않았을 때 처벌할 수 있는 방법은 없다. 그럼에도 국가적 과제의 하나로 혐오표현에 대한 대책을 마련하고자 하였다는 의미가 있다. 이 법은 최근 재일한인의 삶을 위협하는 수준까지 발전한 혐한시위에 제동을 걸기 위한 의미 있는 첫걸음으로 평가된다(문연주, 2017). 일본 법무성은 2012년 4월부터 2017년 9월까지 일본 전역에서 혐한시위와 가두행진이 1152건 발생한 것으로 집계하였다. 2017년에만 약 250건에 달하였다.

이와 유사하게 2015년 통과된 오사카시 '헤이트 스피치 대처에 관한 조례'는 영어의 'hate speech'를 헤이또스삐치(ヘイコスピチ)라고 음역하여 그 개념을 인종, 민족 등의 속성을 지닌 개인, 집단을 배제하거나 권리, 자유를 제한하거나 증오, 차별의식, 폭력을 부추기려는 목적으로 모멸, 비방 중상, 위협 등을 공개적으로 행하는 것이라 정의하였다. 다시 말하자면 이 조례는 헤이트 스피치에 대한 예방 조치를 법제화하고자 하였다. 이 조례는 2016년 1월 채택되었고, 7월 1일부터 시행되기 시작하였다. 심사위원회

는 혐오표현 사건을 조사, 심의할 수 있는데 혐오표현을 행한 자의 이름, 명칭을 공표하게 한다는 점이 흥미로운 점이라고 하겠다.

구체적으로 이 조례는 ① 인종 또는 민족에 관한 특정 속성을 가지는 개인 또는 집단을 사회로부터 배제하는 것, ② 이들의 권리 또는 자유를 제한하는 것, ③ 이들에 대한 증오 또는 차별의식 또는 폭력을 부추기는 것 중 하나를 목적으로 추구하며, 표현의 내용 및 형식에 있어 ① 상당한 정도로 모멸하거나 비방 중상하는 것, ② 위협을 느끼게 하는 것, ③ 불특정 다수가 표현의 내용을 알 수 있도록 행해지는 것 중 하나에 해당하는 표현으로 혐오표현을 정의하였다. 또한 표현활동은 ① 표현 그 자체뿐 아니라, ② 표현의 내용을 기록한 인쇄물, 디스크 및 그 외의 물건의 판매, 배포, 반포 또는 상영, ③ 인터넷 등을 통하여 불특정 다수가 볼 수 있도록 하는 것, ④ 그 외 표현물의 내용을 확산하는 활동을 포함한다.

오사카시의 조례는 학자, 변호사 등 5명으로 구성된 심사위원회를 설치하여 헤이트 스피치 사안에 대하여 조사하고 심의하여 헤이트 스피치에 해당하는 것으로 인정되는 경우, 이러한 표현의 확산을 방지하고, 헤이트 스피치 억지 효과가 있다고 인정하는 경우 해당 표현을 행한 자의 성명 또는 명칭을 시의 홈페이지에 공표하도록 하였다.

2016년 5월에는 일본 의회(참의원, 중의원)는 이른바 헤이트 스피치 억제법을 채택하였다. 이 법률은 '부당한 차별적 언동'을 일본 외 출신자에 대하여 "차별의식을 조장하거나 유발할 목적으로 공공연히 생명·신체·명예·재산에 대하여 위해를 가하는 의도를 알리거나", 이들을 "현저하게 모욕하는" 등 일본 외 출신자를 지역사회에서 배제할 것을 선동하는 언동으로 정의하고, 이러한 언동은 용납할 수 없음을 명시적으로 선언하였다. 국가 및 지방공공단체는 이러한 부당한 차별적 언론의 해소를 위하여 대책을 마련해야 할 책임이 있음을 명기하였고, 상담체제의 정비, 교육 및 홍보 활동의 실시 등을 기본 시책의 내용으로 담고 있다.

일본의 경우 헤이트 스피치 금지법 이외에 형법상 모욕죄가 적용된다. 일본 〈형법〉 제231조는 "사실을 적시하지 아니하여 공공연하게 사람을 모욕한 자는 구류 또는 과료에 처한다"라고 규정하고 있다. 구류의 경우 대개 1일 이상 30일 미만의 구금이며, 과료의 경우 대개 1000엔 이상 1만 엔 미만의 과태료를 말한다.[58] 2019년 1월 인터넷 블로그에 익명으로 재일동포 고등학생의 실명을 거론하며 원색적으로 비난을 퍼부은 일본인 60대 남성이 모욕죄로 처벌받았다. 가나가와 간이재판소는 2018년 12월 가나가와 검찰이 인터넷상에서 재일동포 고등학생 A군을 모욕한 혐의(모욕죄)로 약식 기소한 남성 B씨(66)에게 9000엔(한화 약 9만 4000원)의 과태료를 부과하는 약식명령을 내렸다. 이는 소위 혐한 등 특정 집단에 대한 공개적 차별·혐오표현에 대하여 처음으로 모욕죄를 적용한 사건으로 알려져 있다. B씨는 블로그에 작년 1월 A군 등 학생들이 가나가와현의 한 음악 행사에 참가한 것을 다룬 기사를 인용하며 A군에 대한 혐한 글을 썼다. 블로그 글에는 재일한인들을 "악성 왜래 기생 생물종"이라고 표현하였다.

이에 대하여 가나가와현 변호사회는 작년 2월 "학생에 대한 다수의 린치"라고 비판하는 성명을 냈고, A군 측은 작년 7월 블로그 관리회사에 B씨의 신원에 대한 정보를 얻어서 B씨를 모욕죄로 고소하였다. A군 측 변호사는 "익명의 혐한 투고를 하면 형사처벌이 될 수 있다는 점에서 의미가

58 한국의 모욕죄와 비교하는 경우 일본의 모욕죄가 형량이 낮다는 점을 알 수 있다.

있다"라고 밝혔다. 그러나 다만 모욕죄를 처벌하는 형량이 지나치게 가벼운 만큼 혐오 범죄에 대처하는 법제도와 수사 체계가 정비되어야 한다고 밝혔다. 실제로 일본의 모욕죄 형량은 한국의 모욕죄(1년 이하의 징역 또는 200만 원 이하의 벌금) 보다 상당히 약한 편이다(중앙일보, 2019.01.17.).

이 사건은 헤이트 스피치를 모욕죄를 통하여 처벌한 첫 사례로 알려져 있다. 그만큼 헤이트 스피치를 규제하거나 처벌할 수 있는 별도의 법 규정이 없기 때문으로 보인다. 이러한 재판소의 판단은 2차 대전 이후 표현의 자유가 대단히 발달한 일본에서 헤이트 스피치를 표현의 자유 영역이 아닌 형사적으로 가볍지 않은 범죄로 인식하기 시작하였다는 증거를 보여준다고 할 수 있다. 원래 카와사키시는 2018년 3월 공공시설에서의 헤이트 스피치를 사전에 규제하기 위한 가이드라인을 만들었으나, 시위 자체를 막기에는 역부족이라는 지적이 나왔다.[59]

그런 가운데 2019년 6월 24일 가나가와현 카와사키시는 〈차별 없는 인권존중의 도시 만들기 조례(안)〉을 의회에 제출하였는데 처음으로 혐한 헤이트 스피치를 금지하는 벌금 규정을 포함하였다. 이 법의 목적은 혐한 발언이나 집회 등 헤이트 스피치를 하는 사람에게 1만 엔 이상 50만 엔 이하의 벌금을 부과하기 위한 것이다. 실제로 법률이나 지자체가 헤이트 스

59 카와사키시는 일본 각지뿐 아니라 해외로부터 많은 사람들이 이주하여 지역에 뿌리를 내리고 살면서 다양한 문화가 교류하는 다문화 사회로 발전하는 가운데, 일찍이 〈카와사키시 외국인 시민대표자 회의조례〉의 제정을 시작으로 착실하게 인권시책을 실시하여 왔다. 본토 이외의 출신자에 대한 부당한 차별적 언동, 이른바 헤이트 스피치나 인터넷을 이용한 인권침해 등의 인권문제가 대두되자 2016년 7월 카와사키 시장이 '카와사키시 인권시책 추진 협의회'에 '헤이트 스피치 대책에 관한 것'의 우선 심의를 의뢰하였다. 또한 2016년에는 〈장애를 이유로 하는 차별의 해소 추진에 관한 법률〉, 〈헤이트스피치 억제법〉, 〈부락차별의 해소 추진에 관한 법률〉(이른 바 차별해소 3법)이 시행되어, 지방자치단체에도 지역의 실정을 감안한 시책 마련이 필요함을 보여주었다.

피치에 대한 형사적 벌칙 규정을 담은 것은 이 규정이 처음이었다. 이 법에 따르면 만일 혐한 시위가 일어나는 경우 시 측은 시위 사실을 검찰에 알리고, 법원이 이를 헤이트 스피치로 인정하면 50만 엔 이하의 벌금형에 처하게 된다. 이 조례(안)은 대책 마련에 특화된 것이라기보다는 혐오표현으로 이어지는 모든 영역에 직접 대처하는 광범위한 조례이다. 이는 인종, 국적, 민족, 신조, 연령, 성적 취향, 성적 정체성, 출신, 장애 등의 인권 전반을 고려하여 부당한 차별 없는 인간존중 도시를 만드는 것을 목표로 한다(언론중재위원회, 2019).

일본의 경우 국가 차원에서도 2016년 헤이트 스피치를 용인하지 않는다는 내용을 담은 헤이트 스피치 대책법(본국 외 출신자에 대한 부당한 차별적 언동의 해소를 향한 대응 추진에 관한 법)이 시행되었지만 벌칙 규정이 없어 헤이트 스피치 억제에 한계가 있다는 지적이 많았다. 현재까지 카와사키시 외에 오사카(大阪)시, 고베(神戶)시, 도쿄도(東京都)에서도 헤이트 스피치를 금지하는 조례를 채택하고 있지만 벌칙 규정은 없는 점이 공통점이다(한국일보, 2019.06.20.).

4

유럽에서의 혐오표현

국제협약에 의한 경우

유럽은 유럽연합을 중심으로 하는 결합체와 유럽평의회(Council of Europe)를 중심으로 하는 또 다른 결합체로 나뉘는데, 후자는 유럽인권협약(European Convention on Human Right, ECHR)을 공통의 가치로 두고 이 가치를 실현하기 위해 유럽인권재판소(European Court of Human Rights, HCtHR)를 설립하였다. 유럽인권협약에는 괴롭힘에 대한 직접적인 언급이 없기 때문에 유럽인권재판소는 사생활 및 가족생활을 존중받을 권리(유럽인권협약 제8조)나 비인도적이고 굴욕적인 처우 및 형벌을 받지 않을 권리(유럽인권협약 제3조) 등 유럽인권협약에 열거된 권리들을 인정한다.

예를 들어 폴란드 바르샤바시 시장은 퀴어 퍼레이드의 허가를 거부하겠다고 발표하면서 동성애를 혐오하는 발언을 하였고, 실제로 허가를 담당하는 기관이 시위자들 사이의 충돌이 우려된다는 명목하에 행사 허가를 거부하였다. 이에 대한 유럽인권재판소는 시장의 발언이 담당기관의 거부 결정에 영향을 미쳤으며 이 거부 결정은 성적 지향을 이유로 한 것으로 집회의 자유를 침해할 뿐 아니라 차별받지 않을 권리를 침해하였다고 판시하였다.

〈인종차별철폐협약〉 제11조 제1항에 따르면, 각 체약국은 다른 체약국이 이 협약의 규정을 시행하지 않는다고 간주할 때는 그 사안을 인종차별철폐위원회에 회부할 수 있다.[60] 더욱이 동 협약 제14조에 따라, 각 체약국은 이 협약에서 규정된 권리를 다른 체약국이 침해하는 경우 그 침해의 피해자임을 주장하는 당해 체약국이 관할하는 개인 또는 집단으로부터의 통보를 동 위원회가 수리하고 심사할 수 있는 권한을 보유함을 선언할 수 있다.[61]

〈인종차별철폐협약〉 제14조하의 개인청원의 허용요건은 '피해자'(victim)로서의 당해 청구인의 성격규정(characterization)이다. 그리하여 인종차별철폐위원회는 청구인이 잠재적 피해집단의 일원이라는 사실이면 충분하다고 판단하여 보다 폭넓은 해석을 하려고 한다. 동 위원회에 따르면 동 협약 제4조가 개인의 고유한 권리보다는 체약국의 '의무'의 관점에서 기술된다는 사실은 '사안이 체약국의 내부 관할에 맡겨지며,[62] 그래서

60 제11조 1. 체약국이 이 협약의 규정을 시행하지 않는 기타 체약국이 있다고 간주할 때는 이 문제를 위원회에 회부할 수 있다. 위원회는 이 사실을 당해 체약국에 전달한다. 3개월 이내에 당해 체약국은 이 문제를 명확히 하는 문서로 된 해명서 또는 성명서와 더불어 동 국이 구제조치를 취한 것이 있으면 그 구제조치를 위원회에 제출한다.

61 제14조 1. 체약국은 어느 때라도 동 체약국에 의한 이 협약에 규정된 권리 위반의 피해자임을 주장하고 있는 개인이나 또는 개인의 집단으로부터 그 관할권 내에서 통보를 접수하여 심사할 권능을 위원회가 보유하고 있다는 것을 승인한다고 선언할 수 있다. 이러한 선언을 하지 않은 체약국에 관련되는 통보는 위원회가 접수하지 아니한다.

62 제4조 체약국은 어떤 인종이나 특정 피부색 또는 특정 종족의 기원을 가진 인간의 집단이 우수하다는 관념이나 이론에 근거를 두고 있거나 또는 어떠한 형태로든 인종적 증오와 차별을 정당화

제14조하에서는 심사를 받지 않는다는 것'을 의미하는 것은 아니다.[63] 동 위원회는 청원의 본안심리를 행할 때, 문제가 된 모멸적 발언이 동 협약 제14조의 범주 내에 속하는지의 여부를 먼저 결정한다. 만약 이 범주에 속한다고 결정되면 동 위원회는 그러한 진술이 표현의 자유와 관련되기 때문에 '적절한 고려'(due regard) 조항에 의하여 보호되는지를 검토한다.[64]

이와 함께 혐오표현과 관련하여 적용되는 것이 1966년 제21회 국제연합총회에서 채택된 국제인권장전(International Bill of Human Rights) 내 경제적·사회적·문화적 권리에 관한 국제규약(International Covenant on Economic, Social and Cultural Rights, ICESCR: A규약, 이하 사회권규약)과 시민적·정치적 권리에 관한 국제규약(International Covenant on Civil and Political Rights, ICCPR: B규약, 이하 자유권규약)이다. 이들 규약은 35개국이 비준을 완료한 1976년에 발효되었다. 한국 정부는 1990년 4월 10일 사회권규약(A규약)과 자유권규약(B규약)에 모두 가입하였다.

〈자유권규약〉 제20조는 전쟁을 위한 선전(propaganda), 차별과 적의,

하거나 증진시키려고 시도하는 모든 선전과 모든 조직을 규탄하며 또한 체약국은 이 같은 차별을 고무하는 모든 행위를 근절시키기 위한 즉각적이고 적극적인 조치를 취할 의무를 지며 이 목적을 위하여 세계인권선언에 구현된 제 원칙 및 이 협약 제5조에 명시적으로 언급된 제 권리와 관련하여 특히 체약국은 (a) 인종적 우월성이나 증오, 인종차별에 대한 고무에 근거를 둔 모든 관념의 보급 그리고 피부색이나 또는 종족의 기원이 상이한 인종이나 또는 인간의 집단에 대한 폭력행위나 폭력행위에 대한 고무를 의법처벌해야 하는 범죄로 선언하고 또한 재정적 지원을 포함하여 인종주의자의 활동에 대한 어떠한 원조의 제공도 의법처벌해야 하는 범죄로 선언한다. (b) 인종차별을 촉진하고 고무하는 조직과 조직적 및 기타 모든 선전활동을 불법으로 선언하고 금지시킨다. 그리고 이러한 조직이나 활동에의 참여를 의법처벌하는 범죄로 인정한다. (c) 국가 또는 지방의 공공기관이나 또는 공공단체가 인종차별을 촉진시키거나 또는 고무하는 것을 허용하지 아니한다.

63 CERD, *Jewish Community of Oslo and others v. Norway*, Communication no. 30/2003, 15 August 2005, para. 10.6.

64 CERD, *Kamal Quereshi v. Denmark* [2002] CERD/C/63/D/27/2002 [9] 참조.

또는 폭력의 선동이 될 수 있는 국민적, 인종적 또는 종교적 혐오의 옹호는 법적으로 금지된다라고 규정하고 있다. 따라서 〈자유권규약〉 제20조는 이 조항에서 열거된 행위를 금지하도록 각 국가의 적극적인 조치를 요구하고 있다.[65] 따라서 자유권규약에 있어서는 특정 종교나 신념 체계를 더 강하게 보호하는 어떠한 법률도 용인되지 않는다.[66] 미국의 경우 "〈자유권규약〉 제20조가 미국의 헌법과 법률이 보호하는 언론·결사의 자유를 제한할 수 있는 법령 또는 기타 조치를 승인하거나 요구하는 것은 아니다"라고 해석하여 이를 유보하여 왔다.

유럽평의회 각료회의는 혐오표현을 "인종적 혐오, 외국인 혐오, 반유대주의 또는 기타 형태의 불관용(공격적인 민족주의 및 소수자, 이민자와 이민 출신자에 대한 자민족중심주의, 차별과 적대에 의해 표현되는 불관용(intolerance)을 포함)에 근거한 혐오를 전파하거나 선동, 또는 촉진하거나 정당화하는 모든 형태의 표현을 포함한다"라고 정의하였다.[67] 유사하게 유럽인권재판소[68]도 "불관용(종교적인 불관용 포함)에 근거한 증오를 전파, 선동, 촉진하거나 정당화하는 모든 형태의 표현"으로 보았다.[69]

가장 대표적인 혐오표현 관련 국제규약인 〈자유권규약〉 제20조 제

65 제20조 1. 전쟁을 위한 어떠한 선전도 법률에 의하여 금지된다. 2. 차별, 적의 또는 폭력의 선동이 될 민족적, 인종적 또는 종교적 증오의 고취는 법률에 의하여 금지된다.

66 Human Rights Committee, General Comment no. 34, para. 48.

67 '혐오표현'에 관한 유럽평의회 각료회의 권고(Recommendation No. R (97) 20).

68 유럽인권재판소는 1959년 설립된 국제법원으로서 유럽인권협약에 규정된 정치적·시민적 권리의 침해를 주장하는 국가나 개인의 제소를 위하여 설립되었다. 유럽인권재판소의 차별판단 기준과 그에 따른 판결례는 유럽인권신장에 많은 영향을 끼친 것으로 알려지고 있다. 최근 헌법 개정에 관한 주요쟁점 가운데 하나는 차별금지사유를 보다 확대하는 논의가 중심이 되었다.

69 ECtHR, *Gündüz v. Turkey* [2003] App. no. 35071/97 [40].

2항에 따라 차별, 적의 또는 폭력의 선동(incitement to discrimination, hostility or violence)이 될 출신 국가, 인종 또는 종교에 근거한 혐오(national, racial, or religious hatred)에 대한 공개적 지지는 법률에 의하여 금지되며 행동으로 이어질 수 있는 혐오표현을 법률로 규제할 수 있다.

유엔인권위원회(U.N. Human Rights Committee)는 해당 혐오표현 금지가 〈세계인권선언〉 제19조[70]의 표현의 자유를 침해하는 것이 아니며 완전히 양립할 수 있는 것이라고 해석하고 있다(박해영, 2015). 해당 규약은 개인의 시민적·정치적 제 권리의 국제적 보장을 정한 국제조약으로, 사회권 규약(A규약)과 달리 인권의 보장을 의무화할 뿐 아니라 개인의 인권을 직접 보장하고 체약국으로 하여금 이를 법적으로 수용하여 자력으로 이를 집행할 수 있는 효력이 있음을 명시하고 있다는 특징이 있다.

실제로 유럽평의회는 2002년 유럽에 있어서 인종차별에 대항하기 위하여 '유럽 반인종주의 및 불관용 위원회'(이하 ECRI)를 설립하였다. ECRI는 가맹국에 대하여 다양한 분야에서의 국가적 정책과 전략에 관하여 가이드라인을 제공하는 일반 정책 권고를 공식화하고, 국내 상황에 관하여 감시하는 보고서를 공표한다. 더욱이 〈국경을 초월하는 TV에 관한 유럽협약〉(Convention on Transfrontier Television) 제7조 제1항(b)는 프로그램 서비스는 "폭력을 불필요하게 조장(undue prominence)하거나 인종적 혐오를 선동해서는 안 된다"라고 규정하고 있다.

유럽의회(이하 EU)는 혐오와 인종주의 선동과의 싸움에 오랫동안 전

70 제19조 모든 사람은 의사표현의 자유를 누릴 권리가 있다.

념해 왔다.[71] 〈EU 기능에 관한 조약〉 제19조는 유럽평의회와 유럽의회에 대하여 성·인종·민족·종교·신념·장애·연령 또는 성 정체성에 따른 차별에 맞서는 적절한 조치를 취할 수 있다고 허가하고 있다. 〈인종 및 외국인 혐오와의 전쟁에 관한 EU 기본 프레임의 결정〉[72] 제1조는 "가맹국 간의 협력 강화를 위하여 가맹국에 대하여 특정한 행위가 범죄로서 처벌되도록 필요한 조치를 취할 것"을 요구하고 있다. 이들 특정 행위에는 인종, 피부색, 종교, 혈통적·국가적·민족적 출신에 의거하여 정의된 집단 또는 그러한 집단구성원을 향한 폭력 또는 혐오의 선동을 포함한다. 다른 EU 제2차 법은 〈시청각미디어서비스지침〉 제3조, 제6조 및 제9조와 〈전자상거래지침〉 제3조와 같이 혐오, 차별 또는 폭력의 선동을 포함하는 언론에 대한 제한을 허용하는 공공정책의 예외를 두고 있다.[73]

마지막으로 〈아프리카인권헌장〉 제28조는 각 개인의 "차별 없이 타인을 존중하고 배려할" 의무 및 "상호존중과 관용을 증진하고 보호하며 강화하기 위한 관계를 유지할" 의무를 포함한다. 아울러 동 헌장의 전문(前文)은 체약국들이 이 협약, 특히 "식민주의, 신식민주의, 인종차별정책, 반유대주의의 철폐 및 침략적인 외국군사기지와 모든 형태의 차별, 특히 인종, 민

71 예를 들면, 1996년 7월 15일 인종주의 및 외국인혐오와의 전쟁행위에 관한 EU 조약 제K.3조에 의거한 유럽평의회 합동행위(Joint Action 96/443/JHA) 채택, OJ 1996, L185/5 참조.

72 2008년 11월 28일 형사법에 의한 인종주의 및 외국인혐오의 특정 형태·표현과의 전쟁에 관한 유럽평의회 프레임의 결정(Decision 2008/913/JHA), OJ 2008, L328/55.

73 미주에서는 〈미주인권협약〉 제13조 제5항이 "어떠한 전쟁의 선전 및 인종, 피부색, 종교, 언어 또는 출신 국가를 포함한 어떤 이유로 개인 또는 집단에 대한 불법적인 폭력 또는 기타 유사한 행위를 선동하는 국가적, 인종적 또는 종교적인 혐오의 옹호는 법률에 의하여 처벌될 수 있는 범죄로 간주되어야 한다"라고 규정하고 있다. 이 법문은 미국 연방대법원 *Brandenburg v. Ohio* 판결로부터 영감을 얻었으며, 〈자유권규약〉 제20조보다는 한정적이다.

족 집단, 피부색, 성, 언어, 종교 또는 정치적 의견을 근거로 한 차별의 해체의 약속"에 합의하였음을 강조하고 있다.

결국 혐오표현 규제에 찬성하는가 또는 반대하는가를 따진다면 유럽은 규제에 찬성하는 모습을 보인다. 찬성하는 가장 큰 이유는 혐오표현이 가지고 오는 '해악'(피해)이라고 할 수 있다. 즉 혐오표현의 대상이 되는 소수자들이 함께 같이 살아갈 수 있는 공존의 조건을 파괴한다는 이유 때문이다(홍성수, 2018, 146쪽).

이러한 이유로 유럽에서는 혐오표현이 규제의 대상이 된다. 그래서 단순히 사상의 자유시장 등 자정작용에 문제해결을 맡기자는 생각은 합리적 숙의의 잠재성을 과대평가한 것으로 현실적이지 못하다. 즉 불평등한 시장 상황에서 공정한 경쟁을 기대하기 어렵다고 판단한다. 이러한 시각에 따르면 혐오표현에 개입하지 않는 것은 현실의 권력관계를 인정하고 시장의 실패를 방치하겠다는 의미를 나타낸다(Mengistu, 2012).

사례(판결)에 의한 경우

얀 오스터(J. Oster)의 《미디어 자유는 기본권이다》(2015/2017)의 한 챕터인 〈혐오의 선동〉에서 혐오표현 관련 사례의 경향을 엿볼 수 있다. 오스터는 유럽인권위원회, 유럽인권재판소 및 자유권규약 위원회 등 국제 재정 기관의 사례를 살피면서 혐오표현은 배제적 접근법(exclusive approach)와 정당화 접근법(justification approach)으로 대립하고 있음을 피력한다.

무엇보다 '배제적 접근법'은 혐오표현을 선험적(본질적)으로 표현의 자유의 보호 범위에서 배제하는 것이다. 유럽인권위원회와 유럽인권재판소 그리고 자유권규약위원회는 〈자유권규약〉 제5조 제1항과 〈유럽인권협약〉 제17조에 근거하여 "홀로코스트를 부인하거나, 혐오나 인종차별을 선동하려 하거나, 또는 친나치(pro-Nazi)나 친파시스트 정책을 정당화하거나 찬양하는 표현"에 대한 보호를 거부하였다(Keane, 2007). 그러한 남용 규정을 둔 목적은 개인들이 권리와 자유를 파괴할 목적으로 특정 행위를 하면서 자유권 규약과 유럽인권협약에 의하여 보장되는 권리를 남용하는 것을 방지하고자 함에 있다.[74]

자유권규약위원회와 유럽인권재판소에 따르면 홀로코스트를 부인하는 것은 명백히 그리고 법적으로 확립된 역사적 사실을 부인하고 유태인 공동체에 대한 '혐오를 선동'하는 것으로 간주된다.[75] 그 결과 홀로코스트의 부인은 금지된다. 즉 홀로코스트를 부인하는 것은 '거짓말'(lie)이며 이러한 것이 표현의 자유에 의하여 보호되지 않기 때문이라기보다는 유태인 공동체에 해악을 초래하는 것으로 인식되기 때문이다. 다시 말하자면 혐오를 표출하는 자유를 보호하여 얻는 이익보다 규제를 통하여 얻는 공적 이익이 좀 더 크다고 인식하고 있음을 알 수 있다.

유럽인권재판소는 인종주의를 '위험한 결과'라고 간주하고, 특히 "부당한 유형의 차별에 대하여 … 국가 당국이 특히 유의하고 적극적으로 대응해야 한다"라고 판시하였다. 국가 당국이 "인종주의에 맞서는 모든 가능한 수단을 구사하여, 다양성이 '위협'이 아닌 '풍요의 원천'이 되는 민주주

74 ECtHR, *Lawless v. Ireland* (No. 3) [1961] App. no. 332/57 [7].

75 Human Rights Committee, *Faurisson v. France* [1996] Communication no. 550/93 [9.6].

의 사회의 비전을 보강해야 된다"라는 것이다.[76]

대표적으로 '노르트우드 대 영국(*Nordwood v. United Kingdom*) 사건'에서 유럽인권재판소는 〈유럽인권협약〉 제17조(홀로코스트 부정/친나치, 친파시스트 찬양 표현)를 무슬림을 겨냥한 모든 형태의 언어적 공격에 적용된다고 보았다. 본 사건의 청구인인 영국 국민당(BNP) 지역위원장이 그의 아파트 1층 창문에 영국 국민당의 대형 포스터(화염에 싸인 미국 트윈 타워의 사진, "이슬람은 영국에서 떠나라/영국 국민을 보호하라"라는 문구 및 이슬람을 상징하는 초승달과 별 위에 거부 표식을 그려서)를 두 달여 동안 내걸어, 다른 인종 혹은 종교집단에 대한 적의를 가지고 위협적·공격적이거나 모욕적인 글, 표시, 기타 시각적 표현을 사람들이 볼 수 있는 곳에 게시하는 것을 금지하는 〈공공질서법〉(1986) 제5조 위반으로 300파운드의 벌금형이 선고되었다. 유럽인권재판소는 문제가 된 포스터가 영국 내의 모든 무슬림을 테러집단으로 연계시키는 공공연한 공격이었다고 평가한 국내 법원의 결정을 지지하면서, 이러한 공격은 "유럽인권협약에 의하여 선언·보증되는 가치, 특히 관용, 사회평화 및 차별금지에 부합되지 않는다"라고 보았다.

이러한 '배제적 접근법'을 자유권규약위원회는 제이알티와 W.G.당 대 캐나다(*J. R. T & the W. G. Party v. Canada*) 결정에서도 적용하였다. 동 위원회는 본 사건에서 〈자유권규약〉 제20조 제2항이 의미하는 바에 포함될 수 있는 인종적·종교적 혐오를 옹호하는 것은 〈자유권규약〉 제1선택의정서(Optional First Protocol) 제3조의 의미 내에서는 부적절한 처사라고 보았

76 ECtHR, *Nachova and others v. Bulgaria* [2005] App. nos. 43577/98 and 43579/98 [145].

다.[77]

아울러 유럽인권위원회는 국가사회주의(National Socialism)가 표방하는 '전체주의 원칙'은 "민주주의 또는 인권과 양립하지 않으며, 그 지지자는 거의 예외 없이 〈유럽인권협약〉 제17조에 적시된 유형의 목적을 추구하는 경향이 있다"라고 강조하였다.[78] 더욱이 동 위원회는 '글림메르빈과 하겐비크 대 네덜란드(*Glimmerveen and Hagenbeek v. The Nethelands*) 사건'에서 누군가 "백인이 아닌 자(者)는 네덜란드를 떠나라"라는 취지로 작성하여 '백인 네덜란드인'을 수취인으로 보낸 리플릿을 단지 소지하였다는 이유만으로 유죄선고를 받은 청구인이 제출한 청원에 대하여 동 위원회는 청구인은 〈유럽인권협약〉 제10조(의견의 자유)에 의존할 수 없다고 간주하여 청구에 대하여 부적격 결정을 내렸다.[79] 같은 방식으로 유럽인권재판소는 레히듀스와 이소르니 대 프랑스(*Lehideux and Isorni v. France*) 판결의 방론에서 "유럽인권협약의 기본적인 가치에 위배되는 어떠한 다른 발언과 마찬가지로 … 친나치 정책의 정당화는 제10조(의견의 자유)에 의한 보호를 향유할 수 없다"라고 판단하였다.[80]

반면 '정당화 접근법'(justification approach)은 혐오표현을 기본적으로 표현의 자유에 의하여 보호되는 것으로 간주하기는 하지만, 혐오표현에 대한 규제는 개별 사건별로 다르게 정당화할 수 있다는 접근법이다. 이 접

77 ECtHR, *Nachtmann v. Austria* [1998] App. no. 36773/97.

78 ECtHR, *Nachtmann v. Austria* [1998] App. no. 36773/97.

79 EComHR, *Glimmerveen and Hagenbeek v. Netherlands* [1979] App. nos. 8348/78 and 8406/78, p. 197.

80 ECtHR, *Lehideux and Isorni v. France* [1998] App. no. 55/1997/839/1045 [53].

근법은 특정 형태의 발언(speech)을 인권 보호를 위하여 배제하는 것은 표현의 자유가 국가나 여하한 구성원에 대하여 감정을 상하게 하거나 충격을 주거나 불안을 야기하는 언론까지도 포함한다는 자유권협약과 유럽인권협약의 취지에 상충된다고 판단한다.[81] 이러한 접근법은 법원에 대하여 그러한 언론을 개별 사건으로 다루면서 보다 정치한(섬세한) 도구를 적용해야 하며, '언론을 **선험적으로** 유형화'할 필요가 없다는 장점이 있다.

따라서 유럽인권재판소는 청구인이 고등학교에서 동성애 혐오 전단지를 배포한 이유로 유죄선고를 받은 '베즈데란트와 동료들 대 스웨덴(*Vejdeland and others v. Sweden*) 사건'에서, '혐오표현'에 대한 접근법을 정치하게 가다듬으면서 타인에게 증오행위를 실행할 것을 선동하는 표현과 '단순히 심하고 편견적인 주장'을 하는 표현을 구분해야 한다고 판시하였다.[82] 동 재판소는 혐오표현 그 자체로는 〈유럽인권협약〉 제10조 제1항의 범위로부터 배제되지 않지만, 혐오의 선동과 폭력 행위 또는 기타 범죄 행위를 구분해야 한다고 보았다.

그러나 특정 집단에 대한 모욕, 조롱 또는 중상은, 국내 당국에 의한 표현의 자유보다 인종주의적 발언(speech)과의 전쟁을 지지하는 데 충분한 이유가 된다.[83] 이는 혐오표현이 절박한 '폭력을 야기'할 정도로 위협하기 전까지는 보호된다는 미국 연방대법원의 접근법과 유사하다.[84] 예

81 ECtHR, *Lehideux and Isorni v. France* [1998] App. no. 55/1997/839/1045 [53].

82 ECtHR, *Vejdeland and others v. Sweden* [2012] App. no. 1813/07 [54].

83 ECtHR, *Vejdeland and others v. Sweden* [2012] App. no. 1813/07 [55].

84 US Supreme Court, Brandenburg v. Ohio, 395 US 444 (1969); ECtHR, *Vejdeland and others v. Sweden*에 대한 Ganna Yudkivska 판사 및 Mark Villiger 판사의 비판적인 동조의견 [6] 참조.

를 들어 유럽인권재판소는 2013년 페린세크 대 스위스(*Perinçek v. Switzerland*) 판결에서 홀로코스트와 대조적으로, 1915~1916년 전 오스만 제국(Ottoman Empire) 영토 안의 아르메니아인을 상대로 자행된 국외 추방 및 대학살을 '집단학살'(genocide)로 분류하는 것은 역사적으로 확립된 사실로 인정될 수 없다고 판시하였다.[85] 이리하여 동 재판소는 청구인이 '집단학살'의 요건에 해당하지 않는다는 이유로 형사상 유죄판결에 처해질 '긴급한 사회적 필요'가 존재하지 않았다고 결론지었다.[86] 그러나 동 재판소는 같은 맥락에서 '명백하게 확립된 역사적 사실'이 아닌 '논쟁적인 역사'에 대한 논의까지 결정하는 것은 재판소가 할 일이 아니라고 판단하였다.[87]

이러한 판결에도 불구하고 혐오표현에 관한 이익형량의 요소가 무엇인가 하는 문제는 여전히 남는다. 이익형량의 관련 요소는 언론의 자유에 대한 간섭을 정당화하는 일반적 규칙에 더하여 다음과 같은 요소를 고려해야 한다.

- 문제된 발언(speech)이 공적 관심사에 얼마나 기여하는가의 여부
- 문제된 발언이 언론 자신의 의견인가, 아니면 제3자의 진술인가의 여부[88]
- 문제된 발언의 논조(tone): 균형 잡힌 방식으로 구성되었는가, 단지 '충

85 ECtHR, *Perinçek v. Switzerland* [2013] App. no. 27510/08 [119].

86 ECtHR, *Perinçek v. Switzerland* [2013] App. no. 27510/08 [51] and [126].

87 ECtHR, *Perinçek v. Switzerland* [2013] App. no. 27510/08 [99].

88 ECtHR, *Jersild v. Denmark* [1994] App. no. 15890/89 참조.

격적'이거나 '불안을 야기'하거나 불필요하게 '감정을 상하게 하는' 것인가의 여부[89]

- 문제된 발언으로 인한 피해자의 존재 여부
- 메시지를 전달함에 있어 덜 침해적인 수단이 가능하였는지의 여부
- 문제된 발언이 행하여진 시간과 공간
- 언론이 스토리의 기초적 사실의 진실성을 최대한 확보하였는가의 여부[90]
- 문제된 발언의 사회적·역사적 맥락

언론의 자유는 '특정 표현에 대한 억압'이라기보다는 자유롭고 논쟁적인 담론의 관념에 근거하고 있다. 단지 무례하거나 불안을 야기한다는 이유만으로 언론이 야유꾼의 거부(heckler's veto)로 인하여 규제 대상이 되어서는 안 된다.[91] 더욱이 미디어 자유의 한계는 '타인의 권리보호에 기여'하거나 '공적 담론 자체가 전제가 되는 예의범절'에 달려 있다. 이는 '미디어의 특권'과 함께하는 '미디이의 의무와 책임'이 반영된 개념이라고 할 수 있다.

유럽인권재판소의 주요 판례인 '예실트 v. 덴마크 사치(*Jersild v. Denmark Sacchi*) 사건'(Application no. 15890/89, ECHR(Grand Chamber), 23 September 1994)에서, 재판소는 청구인이 스스로 무례한 진술을 하지는 않았으나 텔레비전 저널리스트로서는 특정 진술의 유포(전파)에 조력한 것이라

89 ECtHR, *Soulas and others v. France* [2008] App. no. 15948/03 [43].

90 ECtHR, *Aksu v. Turkey* [2012] App. nos. 4149/04 and 41029/04 [72] 비교.

91 ECtHR, *Vajnai v. Hungary* [2008] App. no. 33629/06 [57].

판단하였다. 좀 더 자세히 보자면 이 사건은 흥미롭게도 덴마크의 한 시사 프로그램이 극단적 인종주의자들의 인터뷰 발언을 내보냈다는 이유로 이 프로그램을 제작한 언론인이 그러한 발언을 하도록 돕거나 교사한 죄로 벌금형을 선고받은 사건이다. 덴마크의 형법 규정은 공개적으로 다수에게 배포할 목적으로 인종, 출신 민족, 종교 등과 관련하여 사람들을 위협, 모욕, 비하하는 발언이나 기타 커뮤니케이션을 처벌하도록 하고 있다.

동 재판소는 총체적인 측면에서 볼 때 인터뷰 대상자, 즉 '그린재킷'(Greenjacket)이라고 자칭하는 조직의 집단적 진술과 저널리스트에 의한 법률 위반을 구분하면서 해당 프로그램이 인종주의적 관점과 사고를 증진하기보다는, 그러한 사회현상을 분석하고 알리려는 데 그 목적이 있었다고 판단하였다. 동 재판소는 "'그린재킷'의 발언은 표적이 되는 집단의 구성원들에게 모욕 이상의 것이며, 따라서 〈유럽인권협약〉 제10조의 보호 대상이 아니다"라고 판시하였다.[92]

동 재판소는 저널리스트가 인터뷰 도중 인종주의적 발언이 나오거나 또는 그러한 발언이 조장될 수 있다는 사실을 지각하고 있었다고 판단하였다. 그럼에도 동 재판소는 문제된 인종주의적 발언이 과격한 견해를 약화시키기 위한 어떠한 노력도 없이 공표된 것이기는 하나, 덴마크 뉴스 프로그램 시리즈의 일부로 방송되었으며 분별 있는 시청자를 목표로 한 것이라는 덴마크 사법부의 판단에 동의하지 않았다. 동 재판소의 평가에서 중요한 요소는 당해 인터뷰가 인종주의적 견해와 사상의 선전이라는 목

92 ECtHR, *Jersild v. Denmark* [1994] App. no. 15890/89 [35].

적을 띠는가 하는 점이었다.[93] 당시 텔레비전 사회자는 최근 덴마크의 인종주의에 관한 공적 토론과 프레스 논평을 언급하며 당해 프로그램을 소개하고, 그러한 맥락에서 오디언스가 그 인터뷰를 시청하도록 청하였다.

전체적으로 볼 때 그 프로그램은 이 특별한 청년집단(전과, 폭력적 태도 및 자신들의 사회적 상황에 불만을 가짐)을 드러내서 분석하고 설명을 모색한 것으로 중대한 공적 관심사를 다룬 것이라고 볼 수 있다. 이 판결은 관련 정보나 현상을 알리는 데 그 목적이 있을 때, 증오선동의 내용을 포함한다는 이유만으로 처벌해서는 안 된다는 점, 전체적인 맥락에서 그 의도를 중요하게 고려해야 한다는 기준을 확립하였다는 데 의미가 있다.

좀 더 구체적으로 저널리스트가 가지는 표현의 재량과 전술한 '약화' 요소를 설명하는 데 있어서는 한계가 있다는 관점에서 보면, 당해 항목이 '인종적 혐오와 한 인종의 우월한 사상을 선전하는 부도덕함, 위험 및 불법이 없었음'에도 불구하고 동 재판소는 이를 크게 고려하지 않았다. 아마도 '*Jersild* 사건'에서 가장 중요한 요소는 인터뷰를 토대로 한 뉴스 보도는 미디어가 필수적인 '공중의 감시견' 역할을 수행할 수 있는 가장 중요한 수단 중의 하나라고 한 동 재판소의 소견일 것이다. 따라서 "저널리스트에 대하여 인터뷰를 통하여 제3자에 의한 진술의 유포에 조력하였다는 이유로 처벌하는 것은 공적 사안의 토론에 대한 프레스의 기여를 중대하게 방해하는바 처벌할 수 있는 특별한 이유가 없는 한 기소해서는 안 된다"라고 판시하였다.[94]

93 ECtHR, *Jersild v. Denmark* [1994] App. no. 15890/89 [31–34].

94 ECtHR, *Jersild v. Denmark* [1994] App. no. 15890/89 [35]; 아울러 ECtHR, *July and SARL Liberation v. France* [2008] App. no. 20893/03 [69]; IACtHR, *Herrera-Ulloa*

이익형량을 위하여 고려해야 할 또 다른 요소는 '발언이 겨냥하는 피해자'이다. 가령 반유대주의 또는 인종주의적 발언과 같은 혐오표현이 개인이나 특정 집단의 권리를 침해하면, 국가는 타인의 권리를 보호하고 당해 표현을 금지·소추할 적극적 의무를 지게 된다. 신티(Sinti)나 로마(Roma) 등과 같이 어렵고 취약한 특수한 유형의 소수자는 특별한 보호가 요구된다.[95]

예를 들어 자유권규약위원회의 '포리숑 대 프랑스(Faurisson v. France) 사건'에서 청구인은 수정주의적 진술, 즉 그가 인터뷰에서 나치의 강제수용소에서 인종몰살 목적의 가스방의 존재에 의문을 제기한 이유로 게소법(Gayssot Act)에 근거하여 유죄판결을 받았다. 동 위원회는 "당해 청구인의 진술은 전체적인 맥락에서 본다면 반유대주의적 감정을 증폭·강화시키는 성질을 띠며, 이를 제한하는 것은 유태인 공동체가 반유대주의로 인한 공포 분위기로부터 벗어나 자유로운 삶을 누리는 데 기여하였다"라고 하면서, 당해 청구인의 표현의 자유에 대한 제한은 〈자유권규약〉 제19조 제3항(a)에 의하여 합리화된다고 결론지었다.[96]

더욱이 동 위원회는 게소법 도입은 인종주의와 반유대주의와의 투쟁에 기여할 목적을 띰과 동시에 홀로코스트의 존재를 부인하는 것이 반유대주의를 표방하는 주요 수단임을 인정하는 역할을 하였다. 그러나 동 위원회는 방론에서 "그 효력에 있어서 범죄에 대한 뉘른베르크 국제군사재

v. Costa Rica [2004] Case 12.367 [134] 참조.

95 ECtHR, *Aksu v. Turkey* [2012] App. nos. 4149/04 and 41029/04 [44]. 신티와 로마는 대개 '집시'라고 부르는 민족으로 이들 중 22만 명이 나치에 의해 살해 되었다.

96 Human Rights Commission, *Faurisson v. France* [1996] Communication no. 550/93 [9.3], [9.6], [9.7]

판소의 결과와 평결에 도전하게 하는 것을 범죄로 취급하는 게소법의 요건을 적용하는 것은 본 건과는 다른 조건하에서는 자유권규약과 양립할 수 없는 결정이나 조치로 이어질 수도 있다"라고 인정하였다.

자유권규약위원회는 로스 대 캐나다(*Ross v. Canada*) 결정에서 위 *Faruisson* 결정을 인용하여, 반유대주의적 감정을 증폭, 강화시키는 진술을 제한하는 것은 유태인공동체를 종교적 혐오로부터 보호하기 위하여 정당화될 수 있다고 보았다. 이러한 제한은 〈자유권규약〉 제20조 제2항에 규정된 원칙에 의하여 지지된다고 보았다.[97] 동 위원회는 청구인의 진술이 유대교와 유대 혈통을 가진 자에 대하여 차별적이고, 유태인의 신앙과 신념을 폄하하였으며, 진정한 크리스천에게 유태인의 신념과 가르침의 정당성을 단지 의심하는 것이 아닌 유대교와 유대 혈통을 가진 자를 자유, 민주주의 및 크리스천의 신념과 가치를 손상하는 자로 경멸할 것을 요구하였다는 점을 인정하였다. 그리하여 동 위원회는 청구인에게 부과된 제한이 유대교인의 '권리 또는 명예'를 보호할 목적이었다고 결론 내렸다. 이는 작자가 변형 자료(modified resources) 교사로 일하였던 것과 같이 공립학교 제도하에서 편향, 편견 및 불관용이 없는 교육을 받을 권리를 포함한다.

자유권규약위원회는 *J. R. T. and W. G. Party v. Canada* 결정에서 전화통화에 있어 반유대주의 의견을 금지하는 것에 대한 청구인의 청원에 대하여, 당해 청구인이 전화시스템을 통하여 전파를 모색하고자 한 의견이 〈자유권규약〉 제20조 제2항하에서 캐나다가 금지 의무를 지는 '명백하게 인종적 또는 종교적 혐오의 옹호'에 해당되므로 청원부적격(기각)으로

97 Human Rights Commission, *Ross v. Canada* [2000] Communication no. 736/97 [11.5].

판단하였다.[98]

인종차별철폐위원회는 *Jewish Community of Oslo and Others v. Norway* 결정에서 "다른 국제기관이 다룬 인종차별과 혐오표현 사건에서는 언론의 자유 원칙에 따라서 인종차별적 표현이나 혐오표현에 대해서는 보다 낮은 수준의 언론 자유 보호를 제공하여 왔으며, 동 위원회의 일반권고 No.15에 따라서 인종적 우월성과 혐오에 근거한 모든 사상을 금지하는 것은 의견 및 표현의 자유에 대한 권리와 대립하지 않음을 명시한다"라고 판시하였다.[99] 이로써 노르웨이 법원이 표현의 자유를 근거로 신나치 지도자에 대하여 무죄판결을 내린 것은 인종차별철폐협약 위반으로 판명되었다. 당해 신나치 지도자는 연설에서 유태인의 "인민과 나라가 우리나라의 부를 빨아들여 소멸시키고, 그것을 부도덕하고 비노르웨이적인 사상으로 대체해버리는 유태인에 의하여 우리 인민과 나라가 약탈당하고 파괴당하고 있다"라고 주장하였다.

또한 그는 리하르트 헤스(Rudolf Hess)의 기념연설과 아돌프 히틀러(Adolf Hitler)에 대하여 언급하고, 자신들은 "그들이 믿고 추구하던 것을 위하여 투쟁할 것"이라고 공언하였다. 동 위원회는 이러한 진술을 "인종적 우월성과 혐오에 근거한 사상을 포함한다"라고 간주하였다. 즉 히틀러와 그의 원칙, 그리고 '발자취'에 대한 경의는 동 위원회의 관점에서는 폭력의 선동까지는 아니더라도 적어도 인종 차별의 선동으로 받아들이지 않으면

98 Human Rights Commission, *J. R. T. and W. G. Party v. Canada* [1984] Communication no. 104/1981 [8].

99 CERD, *Jewish Community of Oslo and others v. Norway* [2005] CERD/C/67/D/30/2003 [10.4], [10.5].

안 된다고 밝혔다.

특정 집단을 겨냥한 혐오표현과 관련된 소송절차의 문제는 그러한 집단의 개인 구성원이 피해자의 지위로 미디어 출판에 대하여, 또는 보다 정확하게는 미디어 출판으로부터 그들의 권리 보호에 실패한 국가에 대하여 국제재판소·심판소에 청원하기 위한 당사자적격 요건(〈자유권규약〉 제1조, 〈선택의정서〉 제2조, 〈유럽인권협약〉 제34조, 〈인종차별철폐협약〉 제14조 등 참조)을 갖추고 있는지에 달린 문제이다. 개인이 그러한 위반의 피해자로 주장하기 위해서는 유럽인권협약이나 자유권규약에 규정된 특정 권리의 해석을 위한 **민중소송**(actio popularis)과는 대조적으로, 당해 문제된 조치로 인하여 직접적인 피해를 보아야 한다.[100] 그런데 인종차별철폐위원회는 당해 청구인이 잠재적 피해 집단의 구성원인 것으로 충분하다는 보다 온정적인 해석을 적용하였다.

마찬가지로 유럽인권재판소는 아쿠스 대 터키(*Akusu v. Turkey*) 판결에서 로마(ROMA, 집시) 공동체의 구성원인 청구인이 반로마 감정을 반영하였다고 지적되는 정부 출연(出捐)의 2건의 출판물에서 직접적으로 표적이 되지는 않았으나, "그는 그가 속한 민족 집단에 관한 발언으로 불쾌감을 느꼈다"라고 판시하였다.[101] 동 재판소의 추가적인 주장, 즉 그 청구인이 자국 법원에 선 것이 반박의 여지가 없었다는 사실은 단지 불쾌감을 느꼈다는 것보다는 당사자적격성을 받아들이기에 훨씬 더 설득력이 있다.

법원이 고려해야 할 또 다른 요소는 표현과 행위의 기회 및 당해 언

100 ECtHR, *Burden v. United Kingdom* [2008] App. no. 13378/05 [33].

101 ECtHR, *Akusu v. Turkey* [2012] App. nos. 4149/04 and 41029/04 [53].

론의 상황 간의 시간적 근접성이다. '리로이 대 프랑스(*Leroy v. France*) 사건(2002)'에서 청구인은 세계무역센터에 대한 공격을 묘사한 만화에 소니 광고 문구를 희화화한 "우리는 모두 그 꿈을 가지고 있다 … 하마스가 그것을 해냈다"라는 글을 넣어 바스크(Basque) 지역의 한 주간지에 게재하였다.[102] 이 만화는 세계무역센터 테러 공격을 받은 이틀 뒤 발행되었다. 신문은 만화가 게재된 호의 다음 호에 만화에 격분해서 날아온 편지와 메일 내용을 요약해서 게재하였다. 청구인은 자신의 의도가 단지 풍자 이미지를 활용하여 반미를 전달하고자 한 것뿐이라고 주장하였다. 그럼에도 불구하고 유럽인권재판소는 청구인이 테러를 미화한 데 대하여 내려진 유죄 판결을 지지하였다.

유럽인권재판소는 만화가 유럽인권협약의 기본적 가치를 공격하지 않았으므로 〈유럽인권협약〉 제17조를 위배한 것은 아니라고 보았다.[103] 그러나 동 재판소는 청구인이 만화를 통하여 세계무역센터를 공격한 범죄자들을 지지한 것으로 판단하였다. 즉 청구인이 수천 명의 시민에게 자행된 파괴와 폭력을 미화하고 그들의 존엄을 훼손하였다는 것이다. 또한 동 재판소는 문제의 만화가 세계무역센터가 공격을 받은 시점으로부터 이틀 뒤에 정치적으로 민감한 지역인 바스크에서 발행되었다는 사실은 청구인에게 불리하게 작용한다고 판시하였다.

또 다른 사건인 '귄뒤즈 대 터키(*Gündüz v. Turkey*) 사건'에서 청구인은 생방송 토론에서 터키의 세속주의에 관하여 경멸적인 어투로 시청자의 감

102 원전 슬로건은 "소니가 해냈다(Sony did it)"이다.

103 ECtHR, *Leroy v. France* [2009] App. no. 36109/03 [27–45].

정을 상하게 하는 발언을 하였다. 유럽인권재판소는 청구인이 '활발한 공적 토론'에 참여하고, 그의 발언은 그 토론의 다른 참여자에 의하여 상쇄되었고, 그의 견해는 다원적인 토론의 일환으로 표명된 것임을 인정하였다.[104] 동 재판소는 "청구인의 발언은 텔레비전 생방송 중에 구두로 이루어진 것으로, 방영 전에 그것을 재구성, 정제 또는 철회할 가능성이 없었다"라고 설시하였다. 따라서 동 재판소는 청구인의 발언 중에서 모욕적인 것으로 간주될 수 있었던 다수의 발언은 모욕이 아니라고 판단하였다.

마지막으로 유럽인권재판소는 당해 출판의 사회적·역사적 맥락을 고려해야 한다고 피력하였다. 동 재판소에 따르면 역사적 맥락에 있어서는, 역사적 사건과 당해 출판 간의 시간의 경과가 중대한 역할을 한다.[105] 즉 문제되는 비판적 발언이 공중에게 재차 논란을 일으킬 수 있다고 하더라도, 조치가 표현의 자유와 양립하는지의 여부를 평가함에 있어 시간의 경과를 고려하지 않으면 안 된다. 즉 "이는 모든 나라가 자신의 역사를 공개적이고 냉철하게 논의하지 않으면 안 되는 노력의 일부인 것이다."[106]

동 재판소는 이민으로 빚어지는 사회 갈등과 같이 국민 정서를 자극하는 시사적 문제는 국가가 신중하면서도 절제된 방법으로 다루어야 하며,[107] 동시에 시사적·정치적 사안을 다룬 출판물 등은 민주사회를 구성하는 필수불가결한 요소임을 고려하여 이를 제한함에 있어서도 국가는 신중하게 대처해야 한다고 판시하였다.

104 ECtHR, *Gündüz v. Turkey* [2003] App. no. 35071/97 [49–51].

105 ECtHR, *Vajnai v. Hungary* [2008] App. no. 33629/06 [49].

106 ECtHR, *Monnat v. Switzerland* [2006] App. no. 73604/01 [64].

107 ECtHR, *Soulas and others v. France* [2008] App. no. 15948/03 [43].

결론적으로 유럽인권재판소는 충격을 주고 감정을 상하게 하는 언사에 대하여 개별 사건별로 판단하고, 한편으로는 표현의 자유, 언론의 자유에 의하여 보호되는 것과 다른 한편으로는 공적 담론에 참여할 권리가 박탈되는 것에 대하여 신중하게 구분하는 것이 바람직하다는 입장을 보인다. 판결례를 통하여 재판소는 이러한 접근법은 특정 발언을 선험적으로 표현의 자유나 언론의 자유의 보호로부터 배제하려는 접근보다 선호되어야 한다는 입장을 견지하는 것을 알 수 있다(Cannie & Voorhoof, 2011, p.83).

독일과 영국의 경우

유럽에서의 혐오표현에 대한 판결은 혐오표현을 규제하되 각 국가의 자율성을 반영한다는 이원화된 특성을 보인다. 왜냐하면 혐오표현에 대하여 나라마다 대처 방식이 크게 다르기 때문이다. 혐오표현과 관련한 역사적·사회적 폐해를 직접 경험한 유럽의 경우 혐오표현을 미국과 다르게 법으로서 엄격히 다루는 국가가 많다.

프랑스의 법학자이자 법률가인 로저 에레라(R. Errera)는 유럽인들은 미국인들과 달리 혐오스러운 의사표현에 관용을 베풀지 않을 것이라고 말하였다. 유럽인들은 미국인들처럼 '뿌리 깊은 역사적·사회적 낙관주의'에 기초(유럽에서는 이러한 내용은 국가안보 등에서 용서가 안 되는데)한 관점으로 가지고 있지 않을뿐더러 나치와 공산주의를 경험하였기 때문에 혐오스러운 의사표현을 단순히 도덕적 일탈 행위 정도로만 바라보지는 않을 것이라고 보았다.

독일

독일은 히틀러와 홀로코스트로부터 법치주의의 교훈을 배운 나라답게 언론의 자유를 제도적으로 보장하고 있으며, 혐오표현을 규제하기 위한 체제를 제대로 갖추고 있는 나라이다. 우선 일반평등대우법에 따라서 차별적 괴롭힘과 차별 지시를 금지하고 있으며, 형법상 명예훼손죄와 모욕죄 조항의 적용 폭이 넓어서 특정 개인뿐 아니라 집단을 대상으로도 적용되므로 혐오표현 처벌의 근거법으로 적용할 수 있다. 이에 따르면 혐오표현 행위는 3개월 이상 5년 이하의 징역형에 처해지며, 이와 같은 내용을 문서로 작성하여 배포 및 전시하거나, 온라인상에 유포하면 3년 이하의 징역이나 벌금형에 처해진다.

무엇보다 독일에서는 스와스티카를 포함한 나치 상징물을 전시하는 행위를 중범죄로 다스린다. 유럽 14개국에서는 홀로코스트(holocaust)를 사실로 받아들이는 것을 거부하거나 나치 시대의 독일인들이 유태인들을 학살하지 않았다고 말하는 것은 범죄가 된다(루이스, 2010). 이처럼 2차 세계대전 당시 나치의 전쟁범죄를 축소 해석하는 역사 왜곡 행위도 5년 이하의 징역이나 벌금형에 처해진다.

다시 말하면 독일의 경우 나치의 유태인 학살 경험을 가지고 있기 때문에 오래전부터 특정한 집단에 대한 모욕적 발언을 엄격하게 처벌하는 경향이 있다. 독일에서는 명예훼손뿐 아니라 모욕죄도 형법으로 처벌하고 있다. 타인에 대한 모멸적인 발언은 독일 〈형법〉 제185조(모욕죄)에 따라 처벌을 하며, 타인의 인격적 가치를 훼손하는 사실을 적시하면서 진실을 입증하지 않으면 제186조(명예훼손)에 따라 처벌하게 된다. 흥미로운 것은 독일 형법상 집단구성원 전체가 모욕이나 명예훼손죄의 객체가 되었을 경우에는 집단모욕죄 또는 집단명예훼손죄가 성립한다는 점이다.

이러한 명예훼손이나 모욕죄와 함께 독일은 특정한 민족, 인종, 종교, 혈통에 속하는 사람들의 집단 전체나 일부 혹은 그 집단에 속한 개인에 대한 혐오를 자극하는 행위를 '증오선동죄'로 처벌하는 형법상의 규정을 두고 있다(〈형법〉 제130조). 이 조문은 독일 〈형법〉 제7장 '공공질서에 대한 죄'에 규정되어 있으며 주된 보호 법익은 공공의 평온이다. 이 규정은 홀로코스트라는 사건이 있었다는 것을 부정하거나 그 참혹성을 축소하거나 혹은 그것이 정당한 것이었다고 주장하는 사람들은 제3항에 근거하여 5년 이하의 자유형(징역, 금고, 구류에 해당)이나 벌금형을 선고받는다. 제3항에 의한 처벌의 경우 홀로코스트 등에 대한 왜곡이 한 국가의 특정 집단(소수집단)에 대한 공격을 선동하는 효과에 의하여 공공의 평화를 위협할 수 있다는 인식에 근거하고 있다. 이에 따라 2013년 뮌헨에서 이슬람 사원 건립을 반대하며 시위를 벌이던 74세의 노파는 그녀가 들고 있던 피켓에 무슬림을 조롱하는 표현을 사용하였다가 증오선동죄로 유죄판결을 받았다.

그런데 제130조 제1항 및 제2항의 대중선동죄는 일반적 법률로서 의견표명의 자유 제한이 정당화된다는 의견이 다수라서 처벌의 합헌성에 폭넓은 합의를 얻고 있지만, 〈형법〉 제130조 제3항 및 제4항과 같이 홀로코스트를 부정하는 표현 등의 처벌에 관해서는 '의견표명의 자유'와의 충돌을 우려하는 견해가 있었는데(박용상, 2019) 이에 대하여 독일 연방헌법재판소는 〈형법〉 제130조 제1항부터 제4항까지의 규정을 모두 합헌으로 결정하였다.[108] 기타 독일 형법은 제166조에서 신앙, 종교단체나 세계관에

108 독일 연방헌법재판소는 〈형법〉 제130조 제1항부터 제4항까지를 합헌이라고 하고 있지만 구체적인 사안의 판단에 있어서는 의견표명의 자유를 배려하고 대중선동죄의 성립 여부에는 대체로

대한 폄하사건을 규제하고 있다. 이처럼 독일은 혐오표현을 규제할 수 있는 법적 규정을 촘촘하게 갖추고 있음을 알 수 있다.

독일의 경우 1996년 헌법수호보고서에 따르면 매년 1만 건 이상의 범죄가 극우적 배경을 가진 것으로 나타나거나 추정된다고 한다. 1960년 6월 30일 제6차 형법 개정에 의하여 〈형법〉 제130조가 새롭게 개정되어 삽입됨에 따라 특히 반유대주의적 표현에 대한 고소가 본격적으로 이루어지기 시작한다. 이후 좌파의 요청으로 형사 소추가 증가되었다. 이 경우 검찰과 개별 법원은 〈형법〉 제130조를 국가의 기능보호를 위하여 적용하였다. 최근 다시 등장한 신나치 행위자들에게 주로 적용되고 이들이 처벌의 대상이 된다.

이러한 형법 이외에도 차별금지와 관련된 전술한 일반 평등대우법과 군인의 평등대우에 관한 법이 혐오표현을 규제하기 위하여 적용된다. 이 중 일반 평등대우법은 전술한 바와 같이 인종, 민족적 출신, 성별, 종교/세계관, 장애, 연령 또는 성적 정체성을 사유로 하는 차별을 예방하고 배제하는 것을 목적으로 한다. 군인 평등대우에 관한 법률도 일반 평등대우법과 목적이 동일하지만 그 대상을 "군인과 병역법의 규정에 따라 징집된 자 또는 자발적 의무에 기초하여 병역근무관계에 응모한 자"로 하고 있는 차이가 있다.

법적인 처벌규정 이외에 혐오표현을 예방하기 위한 '청소년유해미디어심의기구'가 있고 '청소년미디어보호위원회' 등 다양한 인터넷 자율심의기구들이 있다. 이들 기구에서 혐오표현이나 모욕을 예방하고 교육할 수

신중한 입장을 취하고 있다.

있는 다양한 프로그램을 운영하고 있다. 이처럼 독일의 경우 특히 자율적 심의기구의 발전과 프로그램은 혐오표현에 대한 규제를 위한 형사적 제재 방안과 더불어 매우 효과적인 규제 장치로 평가받고 있으며, 한국의 규제 방안을 모색하는 데 있어서도 시사하는 바가 크다.

이뿐 아니라 2018년 1월 독일은 혐오표현 게시물을 삭제하지 않은 SNS 서비스 사업자에 최대 650억 원의 벌금을 부과하는 법을 시행하고 있어, 혐오표현에 대한 ISP(Internet Service Provider)의 책임을 엄격하게 묻고 있다. 사용자가 혐오표현을 발견하여 페이스북이나 트위터 등 SNS 사업자에 신고하면, 해당 사업자는 24시간 안에 삭제해야 벌금형을 면할 수 있다(국가인권위원회, 2019).

그럼에도 독일에서 2018년 외국인 혐오와 반유대주의 범죄가 전년보다 20% 정도 증가한 것으로 나타났다. 독일 내무부의 발표에 따르면 2018년 정치적 동기에 의한 범죄는 3만 6062건으로 전년보다 8.7% 늘어났다. 이 가운데 외국인 혐오 범죄는 7701건으로 전년보다 19.7% 증가하였다. 반유대주의 범죄 가운데 89.1%는 극우주의자가 저지른 것으로 조사되었다. 적극적인 법적 규제에도 불구하고 아직도 혐오 범죄와 혐오표현으로 인한 피해가 다양한 형태로 발생하고 있다는 점에서 향후 가장 해결하기 어려운 문제가 되고 있다.

영국

영국은 2차 세계대전 이후 인종주의와 반유대주의가 확산되면서 형법을 통한 선동죄나 명예훼손죄로 적절히 규제하기 힘든 상황을 메우기 위하여 인종관계법(1965)을 제정하였고, 선동죄를 보완하기 위하여 공공질서법(1936)을 제정하였다. 즉 영국에서는 공공질서법(Public Order Act,

1986)을 근거로 인종적 증오를 선동하면 7년 이하의 징역이나 벌금형에 처해지며, 평등법을 통하여 연령, 장애, 성전환, 인종, 종교, 성별, 성적 정향성, 신앙 등에 관한 언어적 괴롭힘을 규제하고 있다. 그런데 이 법에 따르면 실질적으로 폭력을 행사하지 않았더라도 그러할 우려가 있다고 판단되면 처벌의 대상으로 삼는다는 점, 폭력 유발의 의도가 있는 경우만을 대상으로 한다는 점이 기존의 선동죄와 차이가 있었으나 인종주의에 대응하는 것이 명시적인 입법목적이 아니었다. 이는 파시즘 선동을 주요 목적으로 하고 있었기 때문에 부수적으로 유태인에 대한 공경이 처벌될 수 있을 따름이었다.

이후 혐오표현을 규제하기 위한 인종관계법은 그 이후 공공질서법(1986)으로 개정되는데 그 배경 역시 1980년대 들어 '런던 브릭스톤 사건'을 비롯한 대규모 집단시위와 폭행사건 등이 빈발하게 발생하였던 것이 계기가 되었다. 영국의 혐오표현 규제법으로 이야기되는 공공질서법(1986년 개정)은 그 이후 2000년대 들어서 인종 등을 이유로 하는 행위에서 종교와 성적 지향에 대한 혐오표현으로 그 규제 대상이 확대되었으며, 혐오 범죄 관련법의 제정과 이에 대한 대응을 통하여 규제 대상이 보다 명확해졌다.

1936년 제정된 영국의 공공질서법은 선동 행위를 규제 대상으로 하고 있다는 점에서 혐오표현의 대상이 되는 집단구성원 개인에게 행하여진 표현에 적용하기에는 한계가 있다. 이 법은 원래 1930년대 만연하였던 파시스트 집회 규제를 입법목적으로 하였는데, 공공의 장에서 혹은 공적 모임에 참가하는 자가, 치안을 위협할 의도를 가지거나 치안을 위협할 우려가 있는 위협적, 모멸적, 혹은 모욕적인 말을 사용하거나 그러한 성질의 행동을 하는 것을 범죄로 규정하여 최고 3개월의 자유형에 처하였다.

영국이 동법 제5조 괴롭힘 규정 등 다른 개인적 법익 침해 범죄를 적용하여 보완하고 있다는 점, 2010년 인종관계법, 성차별금지법, 장애인차별금지법 등 기존의 차별금지법을 하나로 통합한 평등법으로 제정하였다는 점은 향후 국내 입법 시에 참고할 필요가 있다.

온라인 혐오표현과 관련하여 영국은 혐오 범죄의 대상을 명확히 규정하는 것을 통하여 온라인상 혐오표현을 처벌하고 있다는 점이 특징으로 거론될 수 있다. 범죄 및 질서위반법(Crime and Disorder Act 1998)은 범죄자의 범행 동기가 피해자의 장애, 인종, 종교, 성적 정향성, 트랜스젠더 정체성에 대한 적의에서 비롯되었다면 가중처벌(제28조 제1항)을 적용하며, 여기에는 언어적 공격이나 괴롭힘 또한 포함되기에 온라인 혐오표현의 처벌 규정으로 활용되고 있다. SNS상 혐오표현 대응 가이드라인을 발표하는 등 적극적으로 대응하고 있다는 점은 국내에서도 혐오표현 대응 시 혐오 범죄를 포섭하는 방법으로 검토될 수 있을 것이다(언론중재위원회, 2019).

동법을 통하여 혐오표현을 비록 직접 규정하고 있지는 않지만, 혐오범죄의 범위에 포함되는 혐오표현이 형사처벌의 대상이 될 수 있다. 예를 들어 공공물에 낙서를 한다면 기물손괴죄가 적용될 수 있으며, 그 낙서가 인종적·종교적 메시지마저 담고 있다면 가중처벌이 될 수 있다. 또한 공공질서범죄의 경우는 〈공공질서법〉 제4조, 제5조 등을 가중처벌의 대상으로 하고 있으며, 괴롭힘의 경우 역시 혐오표현으로 이루어지는 경우가 존재한다는 점에서 이 법이 적용되어 가중처벌 될 수 있다.

질서위반법과 함께 인터넷에서의 혐오표현을 규제할 수 있는 법률이 바로 악의적 통신 규제법(Malicious Communication Act 1988)이다. 이 법은 타인에게 고의로 극단의 공격적이거나 하위의 정보(허위의 정보로서, 유포자가 이를 허위라고 알고 있었거나 허위라고 알려진 정보)를 전달하는 행위를 금지한다. 이 조항은 이메일, 사진, 또는 녹음 등으로 전달하는 행위를 규제한다는 점에서 온라인상의 혐오표현을 규제할 수 있다. 동법 제1조 고통이나 불안을 야기할 의도를 가진 편지 등의 송부의 죄에 따르면 저속하거나 공격적인 메시지, 위협적인 메시지, 송신자가 허위라고 알고 있거나 혹은 허위라고 믿고 있는 정보, 전체적 또는 부분적으로 저속하거나 극히 공격적인 성질을 띤 모든 글 또는 전자 커뮤니케이션은 규제할 수 있다.

이와 함께 커뮤니케이션법(Communication Act 2003)도 적용될 수 있다. 동법 제127조(1)(a)는 공공의 전기통신 네트워크를 사용하여 극히 공격적이거나 저속하거나 외설적인 그리고 위협적인 성질을 가진 메시지의 전송을 처벌 대상으로 하고 있다. 중요한 것은 이러한 조항이 인종, 종교, 장애, 동성애 혐오자, 성적 지향 등의 처벌에 사용될 수 있다고 해석된다는 것이다(언론중재위원회, 2019, 59쪽에서 재인용). 성 데이비스 자작(Viscount St. Davis)은 커뮤니케이션법에 따라서 처벌을 받은 사람이다. 그는 브렉시트 국민투표와 관련하여 영국 정부를 상대로 소송을 제기한 지나 밀러(Gina Miller)를 인종차별적으로 학대한 혐의로 기소되었다. 밀러의 행동과 정부를 상대로 한 법적 소송의 판결에 반감을 품은 자작은 페이스북에 누군가가 그녀를 살해할 경우 사례금을 지불하겠다면서 인종차별적 발언을 한 바 있다. 그는 인종차별적 발언뿐 아니라 성적으로 편향된 발언을 하였다는 혐의가 인정되어 〈커뮤니케이션법〉 127조 위반으로 12주의 징역형에 처해졌다.[109]

109 R v Viscount St. Davis (2017)

이러한 방송법에 따라서 규제기구인 '오프콤'(Ofcom)도 방송 규정을 두고 있는데 제3장에서 "범죄나 질서위반을 고무하거나 선동하는 표현물(3.1)", "혐오표현을 담은 표현물(3.2)(맥락상 정당화될 수 있는 경우를 제외)", "개인, 집단, 종교 또는 커뮤니티에 대한 모욕적이거나 경멸적인 취급이 이루어지는 표현물(3.3)"은 텔레비전, 라디오, ODPS에서 금지된다고 명시하고 있다.

흥미롭게도 영국의 경우에는 축구(범죄)법(Football Offences Act 1991)에 따라서도 혐오표현을 규제할 수 있다. 동법 제3조는 축구경기장에서 폭력을 행사하는 훌리건에 제재를 가하여 경기장의 안전을 확보할 것을 목적으로 제정되었는데, 법이 정한 축구 경기를 대상으로 축구 시합 중의 인종차별적 표현을 금지한다. 구체적인 표현행위는 인종 등을 이유로 하는 위협적이고 매도적인 또는 모욕적인(threatening, abusive or insulting) 내용으로 규정하고 있다. 이는 〈공공질서법〉 제5조 및 제18조와 유사하다. 이처럼 영국이 혐오표현에 대한 법률적 규제 시스템을 잘 갖추고 있다는 점에서 독일과 유사함을 알 수 있다.

제4장

언론보도에서 나타난 혐오표현을 톺아보다

1

언론에 혐오표현은 언제, 어떻게 나타나는가?

대중의 의사 표현은 표현의 자유가 담보되는 민주주의의 발달과 더불어 인터넷 및 모바일 미디어의 확대로 매우 활발해졌다. 이는 다양한 여론 형성이라는 긍정적인 면과 함께 사회 문제 유발이라는 부정적인 면 또한 가지고 있다. 그 대표적인 사례가 혐오표현을 둘러싼 사회적 갈등이다. 특정 지역, 인종, 약자, 소수자 등에 대한 편견을 유발하고, 이들을 차별하고 배제하며, 사회 분열을 부추기는 다양한 혐오와 증오의 표현들이 팽배해지면서, 우리 사회에서 시급히 해결해야 할 과제로 부상하였다. 특히 미디어가 실어 나르고 재생산하는 다양한 혐오보도의 문제는 우리 시대의 정치적 맥락 속에서 공론장 내부의 심각한 균열을 배태하고 있다는 우려를 갖게 한다.

현재 한국을 포함한 세계 모든 국가는 '소수자 집단'(minorities)을 향한 혐오표현으로 몸살을 앓고 있다. 국내의 경우 2010년 소위 '일베(일간베스트게시판)'가 처음 사회 문제로 등장하였고, 2012년부터는 종합편성채널을 통하여 보수적 색채가 뚜렷한 '막말 방송'이 대중적인 인기를 끌었다.

2014년에는 세월호 사건과 관련하여 일베가 '오프라인' 영역으로까지 진출하면서 여러 사회 문제가 빚어졌으며, 2015년부터는 여성 혐오 이슈를 둘러싼 수많은 논쟁이 온오프라인에서 진행되었다. 그 과정에서 2016년 여름에 있었던 강남역 살인사건, 2016년 겨울 제주도에 도착한 예멘 출신의 난민들이 도화선이 되어 다양한 외국인·난민 차별 및 이슬람에 대한 혐오표현들, 각종 지방자치단체의 인권조례가 동성애를 조장한다는 이유로 반대하는 세력들이 공공연하게 제기하였던 성 소수자에 대한 혐오표현들, 그리고 가장 최근에는 5·18민주화운동의 역사적 가치에 대한 폄하와 부정의 말들에 이르기까지, 혐오표현은 우리 사회를 휘감고 있는 중요한 사회적·정치적 쟁점으로 떠올랐다. 그 속에 들어 있는 다양한 형태의 차별, 폄하, 증오의 표현들은 또한 '표현의 자유'의 한계가 어디일지에 대한 근본적인 질문을 새롭게 제기한다(한국언론진흥재단, 2019, 5쪽).

혐오표현이 이렇게 난무하는 시대에, 이번 장에서는 국내 언론이 혐오와 관련한 문제를 어떠한 시각으로 다루고 있으며, 어떠한 해결책을 제시하고 있는지 살펴보고자 한다. 학계는 혐오표현과 관련한 법제 마련 등 대처방안을 계속 논의하고 있다. 그러나 언론과 정치권 등은 여전히 미온적 자세로 이를 바라보고만 있는 듯하다. 심지어 정치권과 언론은 사회적 문제를 야기하는 혐오표현을 해결하기 위한 노력보다는 '혐오' 표현을 생산하고 이용하는 당사자로 전락하기도 한다.

이 같은 문제를 지적하며, 제4장에서는 언론보도에서 나타난 혐오표현이 어떠한 특징과 문제점을 가지고 있는지를 문헌조사와 주요 5개 일간지의 사설 및 칼럼 분석을 통하여 알아보고자 한다. 아울러 국내 주요 일간지의 사설과 칼럼을 분석하여 '혐오'라는 단어가 언론에서 주로 어떠한 주제에 사용되고 있으며, 이와 관련된 이슈 중 무엇을 주요하게 다루고 있는지, 그리고 주로 이용되는 내용적 프레이밍(Framing)의 특징에는 무엇이 있는지를 살펴보고자 한다. 마지막으로 혐오표현 규제에 관한 언론사별 입장 차이의 특징을 고찰하고자 한다.

2

언론의 혐오표현 보도는 왜 위험한가?

혐오 관련 연구 및 언론보도 이슈

혐오표현이 언론에 등장하여 현재와 같이 일반적으로 알려진 것은 언제부터인가? 혐오표현에 대한 언론사 사설 및 칼럼 프레임을 분석하기에 앞서, 학계에서 '혐오'와 관련하여 어떠한 연구들을 진행하였는지 알아보았다. 국회도서관 사이트(www.nanet.go.kr)에서 '혐오'라는 단어를 입력하여 도출된 연구들의 주제를 살펴본 결과, 1979년 연구의 경우 '혐오색'이라는 용어가, 1986년 연구의 경우 '미각혐오학습'이라는 용어가, 그리고 1988년에는 '혐오장면'이, 그리고 1990년 연구에서는 아동의 또래 관계에 있어서의 '선호요인 vs. 혐오요인'의 용어로 혐오가 등장하고 있다. 한편 1991년부터 최근까지 가장 많은 연구가 이루어진 분야는 바로 '혐오시설'이다. 장례식장이나 화장장, 또는 쓰레기 소각장 등 사회적으로 꼭 필요하나 악취를 풍기고 부동산 시세에 부정적 영향을 끼치는 시설을 우리는 혐오시설이라고 칭하며 이를 연구하기 시작하였다. 이후 1999년에는 '혐오

표 9 **'혐오'로 검색된 연도별 기사 건수**

1990	1991	1992	1993	1994	1995	1996	1997	1998	1999
123	216	299	186	293	346	415	415	390	615
2000	**2001**	**2002**	**2003**	**2004**	**2005**	**2006**	**2007**	**2008**	**2009**
873	864	1,046	1,047	1,205	1,126	1,018	1,153	1,586	1,734
2010	**2011**	**2012**	**2013**	**2014**	**2015**	**2016**	**2017**	**2018**	**2019**
1,894	2,227	2,714	2,585	2,891	4,584	6,972	5,901	8,655	10,436

물질', 2007년에는 '혐오동물' 등의 표현이 연구에 등장하고 있는 것을 알 수 있었다. 대개 어떠한 연구라 하더라도 이것이 사회적 환경을 반영한다고 본다면, 아마도 당시에 쓰이는 용어라고 판단된다. 혐오표현 관련 연구가 1999년에 나오기 시작하였다는 점에서 볼 때 혐오표현 이전에는 혐오색, 미각혐오학습, 혐오요인, 혐오시설 등의 용어에 달려서 사용되었다는 점을 간접적으로 판단할 수 있었다.

또한 '혐오'라는 단어를 사용하여 작성한 뉴스들이 연도별로 어떻게 분포하고 있는지 알아보았다. 국내 일간지 전문 데이터베이스인 빅카인즈(BigKinds) 서비스에서 제공하고 있는 1990년부터 2019년까지의 뉴스 중 '혐오'로 검색된 언론사 및 방송사 54개[110]의 기사를 확인한 결과, 〈표 9〉와

110 KBS, MBC, OBS, SBS, YTN, 강원도민일보, 강원일보, 경기일보, 경남도민일보, 경남신문, 경상일보, 경인일보, 경향신문, 광주매일신문, 광주일보, 국민일보, 국제신문, 내일신문, 동아일보, 대구일보, 대전일보, 디지털타임스, 매일경제, 매일신문, 머니투데이, 무등일보, 문화일보, 부산일보, 서울경제, 서울신문, 세계일보, 아시아경제, 아주경제, 영남일보, 울산매일, 전남일보, 전남일보, 전북도민일보, 전북일보, 전자신문, 조선일보, 제민일보, 중도일보, 중부매일, 중부일보, 중앙일보, 충

같이 1999년 이후 기사가 눈에 띄게 늘어났으며, 2000년부터는 이전보다 2배 이상으로 급증한 것을 알 수 있다. '혐오'가 언급된 뉴스는 지난 30년 동안 꾸준하게 증가하고 있으며, 1990년(123건)과 2019년(10,436건)을 비교해 볼 때, 기사 건수는 100배 가까이 늘어난 것을 알 수 있었다.

다음으로는 혐오에 대한 기사가 급증한 2000년부터 언론 보도에서 혐오가 이용된 표현들을 살펴보고자 한다. 이를 '혐오 연대기'로 명명하고 정리하면 〈표 10〉과 같다.

언론의 경우에는 〈표 10〉에서 볼 수 있듯, 2000년대에 들어서면서부터 혐오표현 유사개념들이 기사에서 등장하기 시작하였다. 2000년 이전에는 혐오의 개념이 '정치 혐오', '혐오시설', '혐오식품' 등 복합명사 형태로 사용되었으며, 현재의 혐오표현의 개념과는 상당히 다른 의미로 쓰여 왔다. 그러나 2000년대 이후에는 외국인 혐오, 헤이트 스피치, 동성애 혐오 표현, 증오표현 등의 표현이 등장하기 시작하였으며, 2012년 이후 일베 관련 문제가 불거지면서 혐오표현에 관한 사회적 우려가 커지기 시작하였다. 혐오표현의 문제가 우리 사회에서 본격화되기 시작한 것은 2016년 강남역 살해 사건 발생 및 이후 2019년 가수 설리와 구하라의 극단적 선택에 이르기까지 사회 문제로 비화되기 시작하면서부터이다.

한 연구에 따르면 1990년부터 2010년까지는 우리 사회에서 거의 나타나지 않았던 혐오표현이 2010년 이후부터 본격적으로 나타나기 시작하였고, 최근 몇 년간 급증하였음을 확인하였다. 특히 2016년과 2017년에 급격히 증가하였으며, 한국 사회도 혐오표현에서 비롯된 사회 문제가 발

북일보, 충청투데이, 파이낸셜뉴스, 한겨레, 한국경제, 한국일보, 한라일보, 헤럴드경제

표 10 **언론에 나타난 혐오 연대기**

시기		내용
2000 초반	혐오시설	2000년대 초중반까지는 혐오 관련 기사는 대부분 혐오시설, NIMBY 관련 '혐오시설'이라는 이름하에 집단적·사회적인 혐오가 인정되고 있었음. 혐오시설이 문제이고, 혐오시설에 대한 거부가 이기주의로 비난받는 것일 뿐, 혐오시설 안의 장애인, 노인 등에 대한 혐오는 오늘날처럼 구체적인 형태로 가시화되지 않음.
	엽기 문화	'엽기'라는 문화 코드 안에 허용된 혐오 온라인 커뮤니티 '엽기 혹은 진실'의 인기 "마음껏 혐오하세요."(2003.06.16. 경향신문)
2003	된장녀	'된장녀'는 허영심이 가득하거나, 남성의 배려를 당연시하는 일부 한국 여성의 행동을 비난하고 조롱하기 위한 멸칭으로 등장.
	청소년보호법 수정 반대	'성 소수자', '동성애'를 청소년 유해 단어에서 제외시키는 법 수정에 대한 보수교단의 반대 주장.
2004	한국인 피랍 사건	이라크 무장단체에 의한 김선일 씨 피랍·살해 사건. 무슬림에 대한 부정적 스테레오타입이 더욱 견고해진 계기.
2006	된장녀	2006년 여배우 김옥빈의 '마일리지 카드 발언("마일리지 카드 사용하는 남자 실망스럽다") 논란'과 함께 된장녀 이슈 격화.
2008	동성애자 모델 자살	TV 프로그램을 통하여 커밍아웃한 모델 김지후 자살. 커밍 아웃 이후 연예기획사들이 계약 제안을 철회한 것이 자살 동기 중 하나로 추정됨.
	다문화정책 반대 카페 개설	대표적인 반다문화 커뮤니티인 '다문화 정책 반대' 카페 개설. 외국인 노동자, 화교, 조선족, 국제결혼, 서남아시아인 등을 문제시함. (http://cafe446.daum.net/_c21_/home?grpid=1EXp1, 2020년 3월 현재 회원수 1만 6553명)
2010	일본 한국인 성노동자 살해	일본에서 한국인 성노동자가 일본인 남성에 의해 머리가 잘려 살해됨. 일본 언론은 보도 가치가 없다고 판단하여 제대로 다루지 않음. 한국에서는 "일본에까지 몸 팔러 간 년들, 죽어도 싸다"라는 댓글이 달림.

시기		내용
	드라마 동성애 묘사 항의	드라마 〈인생은 아름다워〉의 동성애자 캐릭터들에 대하여 시청자 게시판에 항의 + 조선일보 지면 항의. "〈인생은 아름다워〉 보고 '게이'된 내 아들 AIDS로 죽으면 SBS 책임져라!"
2011	종로 호모포비아 집단 린치	종로3가에서 동성애커플에 대한 집단 린치가 연쇄적으로 일어남. 그러나 경찰 신고는 1건뿐. 커밍아웃하지 못한 동성애자들의 경우 경찰에 신고도 못한 채 트위터상으로만 경고 메시지가 유통됨.
2012	이자스민 의원 (2012~2016)	필리핀 결혼이주여성, 이자스민 의원이 발의한 법률 (이주아동권리보장기본법안, 난민법 일부개정법률안, 다문화가족지원법 일부개정법류란)에 대하여서만 국회입법예고사이트에서 댓글 폭발.
	오원춘 사건	수원 토막살인 사건. 인육장기매매가 의심되면서 조선족범죄, 조선족 인육에 대한 루머 확장.
	인천 캣맘 폭행 사건	한 남성이 길고양이에게 밥주는 이웃주민 여성에게 불만을 품고 있다가 폭행, 음식물 쓰레기통에 거꾸로 집어넣은 사건.
	우리문화사랑 국민연대	반다문화 관련 카페 '우리문화사랑 국민연대' 개설. 다문화, 내국인 역차별, 한국의 이슬람화 방지 등에 대한 게시물 다수. (http://cafe463.daum.net/_c21_/home?grpid=1Qntx)
2013	김조광수 · 김승환 결혼식 난입 사건	동성커플 결혼식에서 기독교단체가 '하나님의 창조질서를 조롱한다'며 결혼식 반대 공문을 보내고 결혼 도중 오물을 투척.
2014	박춘풍 사건	수원 토막살인 사건. 장기 없는 토막 시신에 다시 한 번 조선족 인육장기매매 의심.
	서울시민인권 헌장 제정 반대	성적 지향 및 성별정체성 차별 금지 조항에 대한 보수 종교 단체의 반대.
	노동착취, 부당해고 및 아웃팅 사건	식당에서 아르바이트하던 청년이 동성애자라는 이유로 해고당함. 식당 주인은 청년의 집에 찾아가 청년의 부모에게 강제 아웃팅.

시기		내용
2015	IS 김군 사건	“남성이 차별받는 시대, 페미니스트 싫고 ISIS가 좋다”라고 SNS에 남긴 한국 청소년이 IS에 가담.
	맥심 표지 논란	남성 잡지 《맥심》에서 여성을 납치·살해하는 상황을 연상시키는 장면을 연출해 화보를 촬영하고 표지로 삼음. “여자들이 ‘나쁜 남자’ 캐릭터를 좋아한다고? 진짜 나쁜 남자는 바로 이런 거다. 좋아 죽겠지?”라는 문구.
	퀴어문화축제 대규모 반대 집회	보수 개신교 단체에 의한 퀴어퍼레이드 방해 및 대규모 반대 집회.
	아프리카TV BJ 장애인 비하	인터넷방송 플랫폼 아프리카TV의 인기 BJ 지코가 “장애인한테 사람 대접해줘야 합니까?”라고 발언함.
	김 여사	온라인 커뮤니티 ‘보배드림’에 “김 여사님 주차 신공”이라는 게시물. 알고 보니 남성 운전자였음에도 여성 운전자에 대한 편견과 비하로 ‘김여사’라는 표현 굳어짐.
	용인 캣맘 사건	고양이 밥 주던 50대 여성이 아파트에서 날아온 벽돌 맞고 사망. ‘캣맘 증오 범죄’로 수사가 시작되었으나 초등학생의 잘못으로 밝혀짐.
2016	할랄 단지 반대 청원	익산시와 대구시에서 할랄 식품 단지 건설 계획에 대한 소문이 돌자 대대적 반발(“우리 도시로 무슬림이 몰려온다”, “테러리스트들을 들여온다”).
	강남역 살인사건	강남역 근처 술집 화장실에서 30대 남성이 20대 여성을 수차례 찔러 살해한 묻지 마 살인사건. 가해자는 범행 동기에 대하여 “여자들이 나를 무시한다”라고 대답함.
	넥슨 성우 교체 논란	온라인 게임회사 넥슨의 성우가 트위터 계정에서 메갈리아 제작 티셔츠 구매 인증을 하자 게임 이용자들의 요청으로 성우가 교체됨.
	흑산도 성폭행 사건	전남 신안군 흑산도에서 여교사 성폭행 사건이 일어나 사회적 물의를 빚자 ‘역시 전라도’라는 댓글. 전라도에 각종 괴담이 같이 유통됨.
	대학교 단톡방 성희롱 사건	고려대, 서울대, 국민대, 서강대 등 대학 내 단체 카톡방에서 동기 여학생들에 대한 성희롱, 여성혐오 발언 공개됨.

시기		내용
	이마트 노브랜드 제품 할랄식품설	이마트에서 판매되는 '노브랜드' 제품 중 감자칩에 '할랄 인증' 마크가 있는 것을 보고 이슬람 포교를 위한 상품이라며 먹지 말자는 주장 유포.
2017	감리교신학대 채플 설교	채플 수업 도중 여학생에게 "며느리 삼을까 했는데, 나이가 많은 게 아깝다" 등 발언. 장애인을 '병신'이라고 표현.
	동성애자 육군 대위 징역 구형	현역 장병 남성이 남성과 성관계하는 영상이 SNS에 올라오자, 육군참모총장이 동성애자 군인을 색출하라고 지시. 영상 속 해당 육군 대위에 대한 징역 구형.
2018	극단적인 여혐, 남혐 대립과 혐오 논란	남녀 간의 편가르기 싸움. '맘충', '김치녀', '된장녀' 등에 맞서 '한남충'이 한국 남자를 비하하는 말로 자리잡음. 서로 간의 혐오 감정이 심각해짐. 워마드 미러링이 논란 가세.
	도 넘은 혐오표현에 인권위가 해결에 나섬	국가인권위원회가 온·오프라인을 막론하고 심각해지고 있는 혐오표현에 적극 대응하는 특별팀을 만듦. '2018~2020 제5기 인권증진 행동계획'을 3년간 한시적으로 운영. 혐오표현을 대응할 계획.
	청와대 페미니즘 교육 의무화 약속	청와대 '초·중·고등학교 페미니즘 교육 의무화' 청원에 대한 답변 공개. 여성뿐 아니라 종교, 장애, 나이, 인종 등 사회적 약자에 대한 차별과 혐오적 표현은 '인간에 대한 기본 예의', '차이를 인정하는 인권문제'를 바탕으로 접근할 계획이라고 밝힘.
2019	혐오를 방지하는 '차별금지법' 10년 넘게 제자리	이주민 혐오와 난민·남녀갈등 같은 한국 사회의 혐오와 차별은 극단으로 향하고 있지만, 포괄적 차별금지법의 입법은 요원한 상태. 정치인들은 표심이 두려워 적극적으로 나서지 않고 있음.
	여성혐오적 악플에 시달리던 가수 설리의 비보	평소 많은 악플에 시달리던 가수 겸 배우 설리의 사망으로 인터넷상의 악성 댓글(악플)에 대한 사회적 분노가 높아짐. '인터넷 댓글 실명제'나 '악플 금지법'을 넘어서서 혐오표현을 규제하는 차별금지법 논의를 본격화하자는 목소리 커짐.
	가수 구하라 극단적 선택	대표적인 혐오표현인 악플에 대한 처벌을 강화하기 위한 법적·제도적 보완이 시급하다는 지적이 제기됨. 사이버 모욕과 명예훼손의 반의사불벌죄 및 친고죄 규정 폐지, 차별금지법 도입을 고려해야 할 시점.

생하였음을 알 수 있었다. 최근 몇 년간 이주민으로 인한 끔찍한 범죄 발생과 관련하여 언론에서 이주민 범죄에 대한 자극적이고 왜곡된 보도도 혐오표현에 영향을 끼치는 것으로 나타났다(남복희, 2018). 이러한 결과는 이 책 제2장에서 설명한 바와 같이 혐오표현에 대한 연구들이 2016년에 크게 증가하였다는 점과 일맥상통한다고 하겠다.

언론의 혐오표현 보도의 위험성

> 개그맨 장동민이 MBC 〈무한도전〉 '식스맨' 후보에 오르면서 뒤늦게 그가 속한 개그 트리오 옹달샘(유세윤 · 장동민 · 유상무)의 인터넷 팟캐스트 〈옹달샘의 꿈꾸는 라디오〉 속 발언이 논란이 됐다. 이 팟캐스트 방송에서 이들은 "참을 수 없는 건 처녀가 아닌 여자", "개×년", "여자들은 멍청해서 남자들한테 머리로 안 돼" 등의 발언을 마구잡이로 쏟아냈다. 또 삼풍 참사 생존자를 두고 "살기 위해 소변을 음용했다"며 '소변 먹는 동호회 창시자'라 조롱하고, 장애인의 신체적 특징을 과장해 흉내내면서 비웃는 표현을 했다. (일간스포츠, 2015.04.13.)

언론에서 이 사건을 보도한다면 어떠한 문제가 있을까? 혐오표현이 만일 기사 형식으로 전달되는 경우에는 그 보도가 혐오표현의 간접적인 전달자의 역할을 하게 된다. 이처럼 다양한 형태로 나타나는 혐오표현 중 언론을 통하여 전달되는 혐오표현은 각별히 주의해야 한다. 왜냐하면 언론이 가진 공적 지위는 사람들에게 막대한 영향력을 미치기 때문이다. 따라서 공적으로 시민을 대변하는 미디어나 언론은 혐오표현이 어떠한 결과를 가져올지 성찰해야 한다. 특히 우리의 환경은 미디어에 둘러싸여 있고, 미디어에서 다루는 표현의 횟수가 누적될수록 우리는 그것을 진실로 오인할 수 있기 때문이다.

다수의 사람들은 편견이 자리 잡을 수 없는 사회문화적 배경을 조성하는 것에 찬성하며, 이를 위하여 언론이 중심 역할을 맡아주리라 기대하고 있다. 그러나 언론은 사회에서 발생하는 혐오표현에 문제의식을 제기하기보다는 혐오와 차별에 암묵적으로 동의하는 듯이 단순히 '받아쓰기'만을 하여 비판을 받고 있다(PD저널, 2018) 일례로 일부 언론은 특정인이 SNS에 작성한 글을 사실 확인조차 하지 않은 채 있는 그대로 보도하기도 하는데, 이는 그 발언에 동조하는 것으로밖에 보이지 않는다. 이는 소위 전달 저널리즘 또는 따옴표 저널리즘의 병폐라고 할 수 있다. 언론이라면 소셜 미디어 등에서 표출되는 말을 그대로 옮기는 것이 아니라 그 문제를 제대로 지적해주는 역할을 해야 한다.

얼마 전 방송인 하일(미국명 로버트 할리) 씨의 마약 투약 혐의 소식을 전하며 "몰몬교 신자가 마약까지, 로버트 할리 부끄러운 민낯"(뉴시스, 2019.04.09.)과 같이 불필요한 정보까지 전달하며 2차 피해를 가하는 것은 혐오에 대한 올바른 문제의식이 부재한 언론의 태도를 보여주는 전형적인 사례라고 판단된다. 해당 보도는 네티즌들의 거센 항의를 받고 결국 삭제되었다.

또한 난민 관련 보도를 하며 언론은 "재앙이 오고 있다"라는 등의 표현으로 난민 수용 반대 입장을 그대로 옮기거나(뉴시스, 2018.04.17.) 난민으로 인정받지 못한 사람을 '가짜 난민'으로 대조적이고 차별적으로 표현하려는 경향(연합뉴스, 2018.06.19.; 노컷뉴스, 2018.06.20. 등)을 보이는데, 이는 겉으로 명백히 드러나지 않는 언론의 소수자에 대한 혐오가 반영된 보도 사례라 할 수 있다.

언론의 혐오표현의 보도는 '여성을 향한 우리 사회의 혐오는 언론 보도를 통해서도 잘 드러난다.' 이른바 '○○女'가 단적인 예이다. 된장녀, 김치녀, 고소녀, 무죄녀, 유죄녀 등 다양한 '○○女'가 존재한다. 그리고 언론은 아무렇지 않게 기사 제목에 '○○女'를 넣는다. 심지어 성폭행을 당하거나 살인 피해자에게도 언론은 '노래방 살인녀', '화장실녀' 등 '○○女'를 아무렇지 않게 붙인다. 긍정적 의미의 '개념녀'라는 표현 안에도 '여성혐오'와 차별이 담겨 있다. 즉 여성을 개념이 있는 여자와 그렇지 않은 여자로 구분하는 전형적인 여성 차별적 표현이라고 할 수 있다(PD저널, 2019a).

이러한 소수자 담론에 대한 혐오뿐 아니라, 혐오에 대한 이해가 부족할 경우에는 여성혐오 문제를 구조적인 측면에서 찾기보다는 '여혐 대 남혐'과 같이 남녀 성 대결처럼 변질시킬 수 있다. 이에 대하여 이재진(2019.10.28.) 등은 언론의 경우, 논리적으로 보이면서도 효과적으로 편견을 조장할 수 있다는 문제가 있기 때문에 표현이 문제가 아니라 표현의 맥락을 이해하는 게 중요하다고 지적한다. 즉 보도를 혐오표현 전체 맥락에서 종합적으로 이해해야 하는 것이 관건이라고 할 수 있다.

그렇다면 언론에서 혐오표현과 관련된 기사가 증가하는 이유는 무엇인가? 홍성수(2018)는 언론이 혐오 자체를 인지하지 못한 것이 혐오 기사가 넘쳐나게 된 주요 원인이라고 지적한다. 국가인권위원회가 발간한 '혐오표현 예방·가이드라인 마련 실태조사(2018)' 결과, 기자의 93.2%가 혐오표현 판단 기준이나 처리 절차 관련 규정이 없다거나 잘 모른다고 답하였다. 한국기자협회와 국가인권위원회가 함께 마련한 '인권보도준칙'에는 민주주의와 인권, 인격권, 장애인 인권, 성 평등, 이주민과 외국인 인권, 노인 인권, 어린이와 청소년 인권, 성적 소수자 인권, 북한이탈주민 및 북한

주민 인권 등을 자세히 다루고 있다. 조사 결과는 '혐오기사'가 나오지 않도록 언론이 해당 준칙을 잘 지켜주기를 권고하고 있다.

조사에 따르면 혐오기사가 생산되는 또 다른 원인은 언론의 주요 고객인 독자의 '관심'이다. 뉴스란 생산자와 이용자가 직간접적으로 참여하고 구성하는 집단의 산물이다. 즉 뉴스는 독자를 부르고, 독자는 뉴스를 만들어내는 상호관계에 있는 것이다. 언론의 입장에서는 독자가 외면하는 좋은 기사보다는 독자가 관심을 보이는 갈등과 혐오 등을 다룬 이른바 '일탈적인 기사'가 더욱 가치 있는 기사이다. 조사 결과는 결국 분위기상 뉴스 이용자의 역할이 굉장히 중요한 이유라고 지적하였다.

결국 시민이 어떠한 자세를 취하는지에 따라 언론의 태도 또한 달라질 수 있음을 의미한다. 언론과 표현의 자유라는 측면에서 법적으로 언론을 제재하기란 쉬운 일이 아니다. 실질적으로 혐오표현이 담긴 기사가 생산되는 것을 막기 위해서는 시민의 문제제기와 비판이 중요한 역할을 할 것으로 보인다. 이러한 점은 궁극적으로 미국 연방대법원이 주장하는 카운터 스피치(counter speech), 홍성수(2016)가 주장하는 대항언론이나 이준웅·박장희(2018) 등이 주장하는 더 많은 자유를 통한 혐오표현에 대한 대응과 일맥상통한다.

기존 연구에서 나타난 언론보도의 문제점

과거부터 한국 사회에서 특정 집단에 대한 '낙인찍기' 방식으로 사용되어 온 혐오표현은 사회적 소수자의 목소리를 차단하고 혐오표현을 사용하는 이들의 목소리를 키우는 결과를 낳는다. 2016년 발생한 '강남역 살인사건'은 혐오표현이 실제 혐오 범죄로 발전할 수 있다는 경각심을 일깨워 주었다.

혐오표현의 해악이 커지면서 이를 제재해야 한다는 목소리 또한 높아지고 있지만, 언론이 공론의 장으로서 사회적 합의를 이끌어내기보다는 오히려 혐오를 부추기고 때로는 조장하기까지 한다는 지적이 제기된다. 2019년 8월 27일 국가인권위원회(이하 인권위)가 '혐오표현 진단과 대안마련' 토론회에서 발표한 '혐오표현 경험과 인식조사' 결과에 따르면, 응답자의 49.1%는 언론이 혐오표현을 조장하는 부정적 역할을 한다고 인식하고 있었다. 반면 언론이 혐오를 줄인다는 긍정적 역할을 한다는 답변은 11.3%에 그쳤다. 인권위가 2019년 3월 성인 1200명을 대상으로 조사한 '혐오표현 경험과 인식조사'에서 응답자들은 언론의 주된 혐오표현 대상이 특정 지역 출신자(50.9%), 여성(38.0%), 이주민(32.3%), 성 소수자(24.8%)에 쏠려 있다고 답하였다. 이날 토론회 참석자들은 정치인 등 유명인의 혐오표현을 그대로 보도하는 문제를 짚었다. 인권위의 인식조사에서도 응답자 중 87.2%가 혐오표현을 해결하기 위한 중요한 정책으로 '언론의 혐오 조장 표현이나 보도 자제'를 꼽았다는 것은 그만큼 언론의 역할이 중요하다는 것을 시사한다.

이러한 결과와 유사하게 2018년 한국언론진흥재단 미디어연구센터가 실시한 여성-남성 혐오 인식조사에 따르면 혐오문제 해결 방안으로 응답자의 34.6%가 "언론의 적극적이고 철저한 팩트 체크로 혐오에 대한 허위 정보를 걸러내야 한다"라고 답하였다. 이와 함께 약 25.0%의 응답자는 "신문, 방송 등 언론에서 성별 관련 혐오를 부추길 수 있는 표현이나 보도를 자제해야 한다"라고 밝혔다. 이러한 점은 혐오표현 문제를 해결하는 데 언론에 거는 기대가 크다는 것을 알 수 있다(한국언론진흥재단, 2018).

실제로 최근 몇 년간 국제사회뿐 아니라 한국 사회에서도 사회적 약자와 소수자를 대상으로 하는 혐오표현이 급증하는 추세이다. 세계적으로 보편적이고 일상적인 이주 현상 속에서, 한국 사회 역시 2005년에는 74만 명이던 국내 체류 외국인이 2016년에 200만 명을 넘어설 정도로 빠르게 증가하였다. 이주민의 빠른 증가와 더불어 차별과 갈등으로 인한 혐오표현도 증가하고 있으며, 이는 한국 사회의 새로운 문제가 되고 있다.

요약하자면 언론에 대한 핵심적인 요청은 언론이 혐오표현을 조장하거나 방조하는 보도를 해서는 안 된다는 것이다. 즉 언론의 자유는 최대한 보장되어야 하지만 언론은 혐오표현과 관련하여 사회적 책임과 도덕적인 책임도 수반해야 한다는 것이다. 최근에 열린 세미나는 이러한 점에 대하여 자세히 토로한다. 현직 언론인을 포함한 세미나 참가자들은 무엇보다 속보전쟁과 트래픽 창출이라는 '생존 명제'에 가려져 혐오표현에 대한 숙고가 잘 이뤄지지 않는다고 지적한다. 일부 언론은 팩트 체크(fact check)조차 제대로 하지 않은 채 성급하게 경마장식 보도를 하여 빈축을 사기도 하였다(PD저널, 2019a).

흥미로운 점은 이에 대하여 현직 기자들도 문제점을 인식하고 있는 것으로 나타났다. 기자들조차 쓰기 쉬운 '중계보도' 형태의 기사들 방식으로 쓰다 보니 확실히 인지한 기사처럼 신중하게 쓰지 못하는 경우가 많다고 하면서 혐오표현의 경우에는 사인을 다루는 방법에 좀 더 신중해야 한다고 자성하는 견해를 보였다. 또한 기자들은 뉴스 생산 시스템의 문제를 지적하기도 한다. 즉 현재의 뉴스 생산 시스템은 혐오표현을 거르기에 적합한 시스템이 갖춰져 있지 않다고 판단한다. 실제로 혐오표현이나 혐오 범죄 등이 계속 일어나는데 이에 대하여 사실 확인을 명확히 하거나 어뷰징 없이 보도하기보다는 일방적 전달을 통하여 오히려 혐오표현을 여과

없이 보도하는 저널리즘 문제가 심각하다고 평가하였다.

이에 더하여 참석자들(기자들)은 이미 혐오표현에 대한 보도준칙이 마련되어 있음에도 불구하고 이러한 준칙이 잘 지켜지지 않고 있다는 점을 지적한다. 실제로 한국기자협회 윤리강령 및 실천요강에는 "취재 과정 및 보도의 내용에서 지역, 계층, 종교, 성, 집단 간의 갈등을 유발하거나, 차별을 조장하지 않는다"라고 적시되어 있다(제9조 갈등 차별 조장 금지). 인터넷신문위원회의 인터넷신문윤리강령에도 "인종, 민족, 지역, 신념, 종교, 나이, 성별, 직업, 학력, 계층, 지위 등에 대한 편견을 배제하고 이러한 편견에 근거해 개인이나 집단을 차별하지 않는다"(제1조 6항 편견과 차별의 금지)라는 내용이 포함되어 있다. 아울러 한국기자협회 등이 만든 '인권보도준칙'이 존재하지만, 혐오표현에 특화된 구체적 가이드라인이 필요하다는 제언도 나왔다. 보도뿐 아니라 전반적인 방송 제작에 가이드라인을 적용해야 한다는 주장이다.

토론자들은 윤리강령이나 인권보도준칙과 함께 방송통신심의위원회 규정에도 차별이나 비하 금지 조항이 있지만 실제로 보도하는 과정에서 이에 대하여 제대로 논의된 바도 없고 그러한 규정이 정확히 무엇인지를 알지도 못하는 경우가 많다고 하면서도, 혐오표현에 대한 연구나 논의가 제대로 되지도 않고, 언론계 내부에서부터 논의도 이루어지지 않은 상황에서 일방적으로 이를 규정하는 경우도 있는데 이는 바람직하지 않다고 주장하였다.

공통된 인식은 언론의 노력이 중요하다는 것이다. 토론자들 중 기자들은 언론의 가장 중요한 기능 중 하나가 사회를 연결하고 하나의 가치관을 공유하는 것인 만큼 이에 대한 책임감을 갖는다면 수고스러움을 짊어져야 할 것이라고 피력한다. 이를 위해서는 무엇보다 혐오표현에 대한 언론사 구성원들의 '학습 노력'이 있어야 하며, 현실적으로는 기사 편집이나 제작과정에서 자문을 받을 수 있는 인권 에디터 제도를 만들거나, 언론, 인권 관련 단체에 (모니터링) 의뢰를 맡겨 주기적으로 검토 받는 방법도 고려할 수 있다고 제언하였다.

시민단체들도 언론의 보도 방식을 문제 삼는다. 윤여진 언론인권센터 상임이사는 "국내 언론들은 피해자든 가해자든 사회적 약자라고 보이면 함부로 보도하는 편이다. 무의식 중에 더 자극적으로 보도한다"라고 지적하면서 "기자들이 인권의 사각지대를 조명하면서 이들의 문제를 제기한다고 하지만 (오히려) 반대적 경향이 많이 일어나고 있다"라고 비판의 목소리를 높였다.

김언경 민주언론시민연합 사무처장은 "유명인이 혐오표현을 하는 경우, 언론은 이게 문제라고 보도해야 하는데 실상은 '따옴표 저널리즘'일 뿐"이라면서 "기껏해야 '논란이 되고 있다' 정도로 보도한다"라고 꼬집었다. 그는 계속해서 "국가가 주체가 된 혐오표현 규제는 정치적으로 악용될 수도 있고, 표현의 자유를 훼손할 우려도 있다"면서 "다만 포털 뉴스제휴평가위원회 등이 (혐오표현이 담긴 보도에) 벌점을 부과해 자정노력을 기울일 수 있게 한다든지, 유튜브나 페이스북 같은 플랫폼이 실효성 있는 자율규제 안을 내놓을 수 있도록 여론을 형성할 필요가 있다"라고 말하였다.

한상희 건국대 법학전문대학원 교수 역시 "국가가 방송, 포털 등 플랫폼에 어느 정도 규제의 틀을 만들도록 강제해야 한다고 본다"라며 "운영방식은 자유롭게 하되, 기본적 틀 마련을 의무화해야 한다는 의미"라고 주장하였다. 그는 이어 "특히 내년 4월 총선을 전후해 혐오표현이 각종 방식으로 전파될 가능성이 높은데, 혐오표현에 대한 사회적 균형점을 찾아가는 노력이 내년 총선을 계기로 원점으로 돌아가지 않을까 우려 된다"라며 범사회적인 대응이 필요한 시점이라고 강조하였다(PD저널, 2019a).

언론보도에서의 혐오표현 문제와 관련하여 최근 나온 석사논문이 도움이 될 듯하다(남복희, 2018). 이 연구는 비록 혐오표현과 관련된 보도의 문제점을 집중적으로 다루지는 않았지만, 전술한 보도의 문제에 근거하여 어떠한 형태를 보도하며 정치적 성향에 따라서 언론이 어떻게 다르게 보도하는지를 다루었다. 다만 이 연구는 한국에 상주하는 '해외 이주민들에 대한 보도'를 중심으로 내용을 분석하였다.

연구에 따르면 1990년부터 2010년까지는 거의 한국 사회에서 찾아볼 수 없던 혐오표현이 2010년 이후부터 발생하여 최근 몇 년 사이에 급증한 것으로 나타났다. 특히 2016년과 2017년에 급증하였으며, 한국 사회에서도 혐오표현으로 인한 사회 문제들이 발생하기 시작했음을 확인하였다. 최근 몇 년간 이주민으로 인한 끔찍한 범죄 발생과 관련하여 언론의 이주민 범죄에 대한 자극적이고 왜곡된 보도가 혐오표현에 영향을 끼치는 것으로 나타났다. 이러한 결과는 이 책 제2장에서 밝힌 바와 같이 혐오표현에 관한 연구가 2016년과 2017년 사이에 가장 많이 늘어난 사실과 부합한다.

두 신문 간의 비교에서《한겨레》가《조선일보》보다 약 3배가량 기사건수가 많았으며, 혐오표현을《조선일보》에서는 숨겨진 이야기나 '화젯거리' 등 흥미 위주의 기획기사 형태로 문화면에서,《한겨레》는 사건에 대한 '전문가의 해석을 곁들인 해설기사'의 형태로 사회면에서 주로 다루었다. 어느 언론사의 보도가 더욱 합리적이라고 단정지을 수는 없지만, 연구자는《조선일보》보다는《한겨레》가 혐오표현을 심각한 사회현상으로 개념화하여 진지하게 접근하였다고 판단한다.

연구자는 언론보도를 분석하고 제언을 한다. 연구자는 무엇보다 표현의 자유와 개인의 인격 또는 인권을 비교형량 함에 있어 후자에 무게를 두어야 한다고 하면서 혐오표현의 규제는 국가의 간섭이 필요한 영역이라고 제언한다. 그러나 법적 규제만으로는 불가능하기 때문에 사회 구성원들이 모두 참여할 수 있는 자정 시스템이 마련되어야 한다고 피력한다. 특히 표적 집단이 혐오표현에 적극적으로 대응할 수 있는 분위기를 만들어야 하며, 정체성이 다른 공동체들 간의 교류활성화를 적극 유도해야 한다고 제언한다. 더욱 중요한 것은 언론이 혐오표현을 조장하거나 방조하는 보도를 자제해야 하며, 이를 위해서는 언론인들이 사회적·도덕적 책임을 맡아야 한다고 보았다.

이와 함께 혐오표현과 관련된 언론보도의 문제점을 짚어 본 연구 중에서 가장 최근에 나온 본격적인 연구가 바로 〈혐오 보도의 문제점과 개선방안 연구〉(2019)이다. 이 연구는 2014년 1월부터 2018년 12월까지 《조선일보》, 《동아일보》, 《한겨레》, 《경향신문》 등 4개 주요 일간지에 실린 기사 중 '혐오표현'을 키워드로 기사를 추출하고 이를 분석하였다. 이에 따르면 국가인권위(2019), 언론진흥재단(2018), 남복희(2018)의 연구와 유사하게 혐오표현과 관련된 기사는 2016년을 기점으로 이전에 비하여 크게 늘어났음을 확인할 수 있었다.

신문 기사의 내용분석 결과, 이 연구는 한국 언론인들이 관련 보도에 있어 여러 가지 문제가 있음을 밝히고 있다. 연구에 따르면 무엇보다 한국 언론인들은 혐오표현 문제에 대하여 지극히 보수적이고 수동적인 태도로 임하고 있었으며, 편집국 내부에서 혐오표현과 관련하여 걸러 낼 수 있는 시스템이 무능한 것으로 드러났다. 언론인들은 해야 하는 보도와 해서는 안 되는 보도에 대한 내재적인 기준을 갖추지 못하였을 뿐 아니라 이러한 기준이나 규범을 내재화시키지 못한 것으로 나타났다. 이러한 혼란 때문에 혐오표현을 경계하기 위한 의도로 게재된 보도가 재생산되면서 오히려 의도와는 정반대의 결과를 초래하기도 하였고, 의식적·무의식적으로 과거 편집국(보도국)에서 해오던 구태의연한 관행을 되풀이함으로써 '차별적 혐오표현'이 보도되는 경우가 종종 발생한 것으로 나타났다.

이 연구는 문제에 대한 해결책으로 대다수 인터뷰 대상자들은 결국 정치인이거나 공직자이거나, 종편 패널이든 아니면 그냥 일반 시민이든, 혐오표현은 그 자체로 사회적으로 인정받을 수 없는 '몰상식'의 언어이며, 이에 대한 책임을 반드시 져야만 하는 행위라는 점을 사회적으로 합의할 수 있는 보다 구체적인 방안을 마련해야 한다고 제안하였다. 그것은 구체적으로 지금까지 종종 논의되었던 국가의 개입과 법적 규제의 방안일 수도 있고, 언론계 내부적인 규범의 강화 및 내부적 자율규제의 강화일 수도 있다고 보았다. 결과적으로 연구자들은 혐오표현 및 혐오 보도를 둘러싼 법적 제도를 더욱 강화(예를 들어 증오범죄 처벌법이나 차별법/국가인권위원회의 혐오차별 대응 특별추진위원회 설립)하고, 아울러 혐오표현 개선을 위한 언론계 내부의 노력을 강화할 것을 제언하고 있다. 이러한 제언은 역시 이전의 제언들과 대동소이하다.

종합적으로 판단하건데 혐오표현과 관련된 보도의 문제점에 대하여 실시한 연구나 조사, 세미나에 따르면, 언론이 혐오표현의 피해 예방과 구제에 있어 제 역할을 못하고 오히려 혐오표현을 확산하는 역할을 하고 있다는 점과 언론이 자율적인 노력을 기울이면서도 피해가 커지고, 그것이 일상화되고 있다는 점에서 규제를 위한 입법이 필요하다고 인식하고 있는 것으로 나타났다. 이러한 이해에 근거하여 과연 언론의 프레이밍은 어떻게 나타나고 있을까?

3

혐오에 관한 언론보도의 문제점은 무엇인가?

여기에서는 혐오와 관련한 언론의 사설 및 칼럼의 프레임 분석을 통하여, 우선 국내 언론에서 '혐오'라는 단어가 어떠한 이슈에서 주로 사용되고 있는지를 알아보고자 하였다. 또한 국내 언론사들은 혐오에 대한 보도를 내용적으로 어떻게 프레이밍을 하여 생산하고 있으며, 언론사에 따라 혐오에 대한 프레임의 차이가 있는지를 짚어보고자 하였다. 그리고 마지막으로 혐오표현 규제에 대한 언론사별 입장의 차이를 알아보았다. 언론은 혐오표현 규제에 찬성하는지 아니면 반대하는지, 찬성한다면 어떠한 논거를 제시하고 있으며 어떠한 방식으로 규제하고자 하는지, 반대한다면 어떠한 이유에서 그러한 입장을 취하는지를 관련 사설과 칼럼 분석을 통하여 살펴보고자 하였다.

본 연구에서 차용한 프레이밍(framing) 분석 방법은 1970년대 중반부터 뉴스 분석에 관한 연구에 적용하고 있다. 뉴스 프레임이란 사회현상이나 이슈 및 각종 현안, 사건 등에 대하여 보도를 하는 데 있어 언론이 재구성하는 틀을 의미한다. 뉴스 프레임 연구는 다양한 이해 주체들의 복잡한 이해관계가 얽혀 있는 뉴스 보도가 다양한 관점에 의하여 생산되고 해석될 수 있다는 점을 전제한다. 동일한 사건에 대하여 언론의 성향에 따라 다른 스토리의 보도를 만들어내는 언론 보도의 줄거리 구성을 '뉴스의 프레임(frame)'이라고 한다(김성용·오세준, 2016, 222쪽).

일반적으로 뉴스 프레임은 명시적이지는 않으나 지속적으로 반복되는 사회 이슈들에 일정하게 유지되고 있는 인식, 해석, 선택, 강조의 양상으로서 기사와 독자들 사이에 존재하는 공유 틀로 정의된다(Gitlin, 1980). 이러한 프레임 속성으로 인하여 언론의 뉴스는 특정한 이슈 혹은 조직이나 집단을 지속적으로 보도하여 사회적으로 부각시키기도 하고 지속적 배제를 통하여 지워가기도 한다(Entman, 1991). 터크만(Tuchman, 1978)은 현실 세계에서 뉴스 제작자 및 뉴스 조직은 현실의 수많은 사건·사고 가운데 특정 뉴스만을 선택·가공·편집하여 재현된, 즉 프레임 된 현실을 수용자에게 제공한다고 주장하였다. 더 나아가 엔트만(Entman, 1993)은 프레임은 수용자의 인식을 염두에 두고 수용자가 해당 이슈에 대하여 어떻게 생각할 것인지에 대한 방법까지 제시함으로써, 수용자가 현실을 해석하고 평가하는 데까지 영향을 줄 수 있다는 점을 강조하였다. 종합하면, 뉴스는 단순한 현실 혹은 사실의 반영이라기보다는 뉴스 제작자와 수용자에 의하여 구성되는 가공의 현실이라고 볼 수 있다(김대중·정학구, 2019).

프레임분석 방법으로는 연역적 방법과 귀납적 방법 두 가지가 있다(Semetko & Valkenburg, 2000). 연역적 방법은 뉴스에서 발견될 가능성이 있는 프레임 유형을 미리 정리한 후 연구를 진행하는 것이고, 귀납적 방법은 프레임을 미리 정하지 않고 실제 사례 분석에서 프레임을 추출하여 설정하는 방법을 말한다(윤철수·김경호, 2017, 75쪽). 여기서는 앞서 설명한 연역적 방법을 주축으로 차용하고자 한다.

연역적 방법을 사용하기 위하여 선행 연구들이 제시한 프레임을 살펴보면, 엔트만(Entman, 1993)은 특정 이슈에 대한 분석 프레임을 문제에 대한 정의, 원인 진단, 도덕적 평가, 해결 방안의 4가지 프레임으로 도출할 수 있다고 주장하였다. 엔트만의 프레임을 확장하여 세메트코와 발켄버그(Semetko & Valkenburg, 2000)는 원인, 갈등, 도덕, 경제적 손실, 책임, 문제해결의 6가지의 프레임을 제시하였다. 이 중 갈등 프레임은 관련 주체들 간의 대립과 갈등에, 책임 프레임은 이슈의 책임 소재에 초점을 맞춘다(김대중·정학구, 2019). 또한 프라이스 등(Price et al., 1997)은 인간 흥미, 갈등, 개인 프레임을 제시하였고, 밸컨버그 등(Valkenburg et al., 1999)은 책임 귀인, 인간 흥미, 갈등, 도덕성, 경제적 결과 프레임을 기준으로 연구를 진행한 바 있다(김원용·이동훈, 2005, 172쪽). 그리고 국내에서는 설진아와 조아라(2017), 이재승과 박경숙(2013)이 설정한 '위협 프레임'을 추가하여 사용하였다.

구체적으로 여기에서는 기존의 프레임 중 혐오를 설명하거나 재구성 내지 해석할 가능성이 있는 유형을 '도덕성 프레임', '문제해결 프레임', '원인 프레임', '책임귀인 프레임', '위협 프레임'으로 상정하고 여기에 김원용·이동훈(2005)의 '대립/분열/갈등 프레임'과 개혁/개선 프레임을 변용한 '통합/화합/개선 프레임'을 추가하였다. 또한 혐오 발생의 원인과 배경을 사회문화적 맥락 차원에서 강조한 배경 프레임의 차원에서 '역사적 프레임'을 더하였으며, '혐오'라는 단어를 단순히 사례 등으로 사용한 경우에는 '기타 프레임'으로 구분하였다. 혐오와 관련하여 본 연구에서 적용한 프레임 구분 기준은 다음의 〈표 11〉과 같다.

분석 대상은 국내 일간지 전문 데이터베이스인 빅카인즈(BigKinds) 서비스에서 "혐오"로 검색한 기사 가운데 5개 중앙일간지인 《경향신문》, 《동

표 11 **혐오표현 내용적 프레임 분석기준**

프레임 유형	기준
대립/분열/갈등 프레임	여러 이해 주체 간의 대립적이고 갈등적 요소가 혐오로 드러났음을 강조
도덕성 프레임	보편적 가치, 보편적 인권 혹은 도덕적·윤리적 규범을 강조
문제해결 프레임	혐오 발생과 확산을 막기 위해 마련되어야 할 대책을 강조(규제 개선 등)
역사적 프레임	역사적 사건 또는 문제로 혐오를 다루는 측면을 강조
원인 프레임	혐오가 특정 사안의 원인, 이유, 배경 등이 되었음을 강조
위협 프레임	혐오가 사회 질서 및 화합에 위협이 될 수 있다거나, 사회 구성원에게 위험이 될 수 있다는 점을 강조
책임귀인 프레임	혐오 발생 및 확산 책임이 누구에게 있는가를 밝히는 귀인과 책임 소재를 강조
통합/화합/개선 프레임	혐오 유발 사건의 부정성 해결을 위한 방안으로 소통과 화합, 도덕성, 가치 등을 강조
기타 프레임	혐오를 단순한 예시나 형용사 등으로 사용한 경우(예: 혐오스럽다), 지나친 혐오감 등

표 12 **'혐오' 관련 5개 일간지 사설 및 칼럼 개수**

세션	경향신문	동아일보	조선일보	중앙일보	한겨레	합계
사설	67	23	33	43	56	222
칼럼	21	2	6	4	30	63
합계	88	25	39	47	86	285

아일보》, 《조선일보》, 《중앙일보》, 《한겨레》의 사설 및 칼럼으로 선정하였다. 이 언론사들을 선정한 이유는 다른 언론사에 비하여 뚜렷하게 드러나는 매체별 이념 성향과 상당한 차이를 보이는 사설 및 칼럼의 논조, 프레임 구성 등을 통하여 다양한 분석이 가능하다고 판단하였기 때문이다.

분석 기간은 2015년 1월 1일부터 2019년 12월 31일까지 5년 동안으로 한정하였다. 2015년부터 분석 시기를 정한 이유는 빅카인즈에서 '혐오'가 들어간 사설 및 칼럼을 검색한 결과 2015년부터 그 수가 급증하여, 혐오와 관련한 논의가 이전보다 풍부해졌다고 판단하였기 때문이다.[111] 혐오와 관련한 지난 5년 동안의 사설 및 칼럼 건수는 총 285건이다. 구체적으로는 《경향신문》 88건, 《동아일보》 25건, 《조선일보》 39건, 《중앙일보》 47건, 《한겨레》 86건이었다.[112]

언론의 혐오 관련 이슈의 특성

국내 주요 5개 일간지의 사설과 칼럼에 등장한 '혐오'라는 단어는 비

111 빅카인즈에서 '혐오'란 단어가 언급된 사설은 1990년부터 2014년까지는 평균 47개, 칼럼은 39개가 검색되었으나, 2015년부터 사설은 133개로 늘어났으며, 칼럼은 168개로 증가하였다.

112 사설과 달리 칼럼은 '혐오'와 함께 '차별'이 언급된 외부 기고자의 칼럼으로 검색 범위를 좁혔다. '혐오'만으로 도출된 5개 언론사의 칼럼 수는 132개로 검색되었다. 그중에서 '차별'이 함께 사용된 칼럼으로 분석 대상을 추린 이유는 혐오표현 규제와 직접적으로 관련이 적은 '정치 혐오'에 대한 논설이 많았기 때문이다. 또한 외부 기고자로 한정한 이유는 언론사 소속의 논설위원이나 기자의 칼럼은 사설과 크게 다르지 않은 내용과 방향성을 보일 것으로 추정되었기 때문이다. 따라서 본 연구에서 실질적으로 살펴보고자 하는 혐오표현 규제도입에 대한 언론사와 외부 기고자의 주장을 보다 집약적으로 살펴보기 위하여 칼럼의 경우 '차별'을 동시 검색어로 사용하여, '정치 혐오'와 관련한 글은 가급적 배제하고, 63개의 칼럼을 최종 분석 대상으로 하였다.

교적 다양한 주제에 걸쳐 나타났다. 근래에 한창 이슈 몰이 중인 페미니즘은 물론, 동성애·이주민·난민·장애인과 같은 소수자, 정치, 강성 노조, 기업, 범죄, 담배갑 경고 그림, 일본 등 다양한 주제의 글에서 '혐오'라는 단어를 찾아볼 수 있었다.

그중에서 주요하게 나타난 이슈는 크게 두 가지로 나눌 수 있다. 하나는 '정치'이고, 다른 하나는 '사회적 약자 차별'이다. 앞서 설명한 대로 본 연구의 분석 대상 중 칼럼의 경우 '혐오'와 함께 '차별'이 동시에 언급된 외부 기고자 칼럼으로 한정하였기에 정치 이슈는 상당수 배제되었다.[113] 그럼에도 국내 주요 일간지의 사설 및 칼럼에서는 정치 분야와 '혐오'를 결부하여 묘사하는 경우가 상당히 많았다. 이는 소수자 혐오 이슈와 비교해 보더라도 오히려 더 많은 것으로 나타났다.

언론사별로 보면, 다음의 〈표 13〉에 나타난 바와 같이 정치 분야에서 '혐오'는《경향신문》(34건)과《조선일보》(22건)에서 자주 사용되었다. 정치 분야와 '혐오'를 결합한 묘사는 진보/보수의 정파성과는 관련 없이 5개 언론사에서 모두 즐겨 사용하는 것으로 파악된다. 그러나《한겨레》는 상대적으로 그 비율이 타 언론사보다 낮게 나타나는 특징을 보였다(4건).

정치 분야 '혐오' 표현 중 가장 많이 나타난 '정치'+'혐오'는 2015년부터 2019년까지 꾸준히 언급되고 있었으며, 특히 20대 국회의원 총선이 있었던 2016년도에는 전체 70건 중 50%가량 되는 34건이 집중되어 있었다. '정치'+'혐오'가 사용된 사설 중에서 몇 개의 문장을 살펴보면, "야당이 무능하고 무기력하면 정권은 끝없이 오만해진다. 주권자들은 집권세

113 칼럼의 경우 63건의 기사 중 정치 혐오로 분류되는 경우는 5건에 그쳤다.

표 13 **정치 분야 + '혐오'의 사설 및 칼럼 개수**

혐오 이슈	경향신문	동아일보	조선일보	중앙일보	한겨레	합계
박근혜 정권 혐오			1			1
투표행위 혐오			1			1
박정희 혐오			1			1
혐오 정당		1				1
유승민 혐오	1					1
정당 혐오	1					1
정치 혐오	31	10	9	16	4	70
진보진영 혐오	1		2	1		4
친박 혐오			1			1
국회 혐오			5			5
한국당 혐오			2			2
합계	34	11	22	17	4	88

력에 실망하고도 대안을 찾지 못해 정치 혐오에 빠져들게 된다"(경향신문, 2016.08.28.),[114] "정책대결이 실종된 비방은 정치에 대한 혐오와 불신, 냉소만 키울 뿐이다"(경향신문, 2018.05.31.),[115] "오늘 사전투표가 시작된다. 전국 단위 국회의원 선거론 첫 사전투표다. 정치 불신이나 혐오가 강해져 유권자의 투표 외면 현상이 확산될 거란 우려가 많다"(중앙일보, 2016.04.07.),[116]

114 《경향신문》(2016.08.28.). [사설] 추미애 신임 더민주 대표 앞에 놓인 과제들.

115 《경향신문》(2018.05.31.). [사설] 지방도, 정책도 없이 비방전만 난무하는 지방선거.

116 《중앙일보》(2016.04.07.). [사설] 대구·광주의 텃밭 민심 이반에 주목한다.

“무엇보다 정치에 대한 국민들의 불신과 냉소·혐오가 커지면서 국민 갈등과 분열을 더욱 부채질할 막장극일 수밖에 없다”(중앙일보, 2019.12.16.),[117] “(6.13지방)선거 막판 도를 넘는 네거티브 공세가 기승을 부려 정치 혐오와 선거 무관심을 더욱 부추기고 있다”(동아일보, 2018.06.11.)[118] 등이다.

언론사별로 차이는 있겠으나, ‘정치’+‘혐오’가 언급된 문장을 볼 때, 언론은 정치권의 잘못이나 실책이 어김없이 국민의 정치 혐오로 이어질 것을 마치 수학 공식처럼 당연시하며, 혐오라는 단어를 지나치게 남발하는 경향이 드러났다. 언론이 사설이나 칼럼을 통하여 정치권의 오만과 그릇됨을 질책하는 과정에서 굳이 ‘정치 혐오’라는 묘사를 동원할 필요는 없다. 국민 간의 혐오가 만연하여 사회적 갈등의 원인으로 지목되는 현 시점에서 국내 주요 일간지들이 앞장서서 ‘혐오’라는 단어를 필요 이상으로 사용한다면, 이는 앞서 지적한 대로 언론이 오히려 ‘혐오’ 표현을 확산하는 기능을 하고 있다는 질타에서 자유롭지 못할 것이다. 또한 사설과 칼럼을 소비하는 독자들에게 자칫 정치를 혐오해야 하는 대상으로 여기게 하는 역기능을 수행할 우려도 없지 않아 보인다.

다음으로 사설 및 칼럼에서 ‘혐오’를 두 번째로 많이 사용한 이슈는 ‘사회적 약자 차별’로 대변되는 성별(여성·남성), 동성애, 인종, 장애인 등과 관련한 논설이었다. 〈표 14〉에서 보이는 바와 같이 페미니즘, 강남역 여성 살인사건, 가수 설리의 죽음 등과 연관된 ‘여성 혐오’의 빈도수가 가장 높았으며, 성 소수자, 소수자, 외국인, 이슬람 등의 순으로 나타났다.

117 《중앙일보》(2019.12.16.). [사설] 밥그릇 싸움의 도구로 전락한 국회.

118 《동아일보》(2018.06.11.). [사설] 최악 무관심 네거티브에도 지역의 미래는 포기 말아야.

표 14 **성별, 소수자, 인종, 종교 + '혐오'의 사설 및 칼럼 개수**

혐오 이슈	경향신문	동아일보	조선일보	중앙일보	한겨레	합계
여성 혐오	7	1	1	5	18	32
남성 혐오	2	1			2	5
성 소수자 혐오	5	2			1	8
소수자 혐오	1				7	8
외국인 혐오	4		1	2		7
이슬람 혐오	1			2	3	6
인종 혐오	1			1	1	3
IS 혐오				1		1
난민 혐오					1	1
이주노동자 혐오	1					1
이주민 혐오					1	1
장애인 혐오				1	1	2
노인 혐오	1					1
합계	23	4	2	12	35	76

사회적 약자에 대한 혐오 이슈는 보수 성향의 언론사에 비하여, 진보 성향으로 인정되고 있는《경향신문》과《한겨레》가 상대적으로 많이 다룬 것으로 나타났다. 언론사들의 사설과 칼럼의 내용들을 보면 프랑스 언론사 테러사건, 트럼프 인종차별 등과 같은 해외 이슈도 있었으나, 대부분 국내 사건과 사회 문제를 다룬 글이었다. 그중에서 가장 많이 거론된 '여성 혐오'는 2015년부터 2019년까지 지속적으로 다뤄지고 있었으며, 강남역 여성 살인사건이 발생하였던 2016년에 가장 많은 13건을 기록하였다. '여

성 혐오'와 관련한 사설과 칼럼의 내용을 간단히 살펴보면, "경찰이 여성혐오를 여성증오로만 편협하게 해석한다면 제대로 된 예방 대책이 나올 수 없다. 단순히 정신질환자 통제 대책에만 집중한다면 제2, 제3의 강남역 사건은 계속될 것이란 경고를 흘려들어선 안 된다"(경향신문, 2016.05.24.),[119] "여성 대통령을 상대로 이런 식(박근혜 누드화)의 성적 모욕을 안겨주며 조롱하는 건 풍자가 아니다. 여성 혐오다"(중앙일보, 2017.01.24.),[120] "가수 겸 배우 설리(본명 최진리)의 사망 소식이 알려진 14일 이후 SNS 등엔 추모와 함께 그동안 그에게 쏟아졌던 악플과 언론 보도 행태, 나아가 여성 아이돌을 소비하는 방식과 여성 혐오에 대한 분노의 목소리가 이어지고 있다"(한겨레, 2019.10.15.)[121] 등이다. 관련 사설과 칼럼은 여성 혐오와 그에 따른 범죄 및 불행한 비보에 대하여 사회적 인식 변화와 사회정책적 제도 마련이 시급하다, 처벌을 강화해야 한다 등의 논의로 결론을 맺고 있다. 언론사별 해결책 제안에 대해서는 이후에 다룰 '혐오표현 규제에 관한 언론사별 입장'에서 자세히 살펴보도록 하겠다.

다음으로 선거 공약 및 공직자 후보 검증 이슈와 함께 떠오른 성 소수자에 대한 논평은 2016년도와 2017년도에 집중되어 있었다. 이와 함께 주로《한겨레》에서 다룬 소수자 이슈는 2016년부터 2019년까지 골고루 분포되어 있는데, 관련한 사설과 칼럼의 내용을 몇 가지 살펴보면, "선거가 '소수자 혐오' 발언으로 오염되고 있다 … 동성애·이슬람 등 소수자에 대한 혐오와 차별이 선거운동 수단이 된 것은 더 큰 문제다 … 그런 상식

119 《경향신문》(2016.05.24.). [사설] 정신질환자 강제 입원 조치, 인권침해 우려 있다.

120 《중앙일보》(2017.01.24.). [사설] 민주당, '박근혜 누드화' 내건 표창원 제명하라.

121 《한겨레》(2019.10.15.). [사설] 한 여성 연예인의 죽음 앞에서.

과 정반대로 지금 한국에선 차별과 혐오가 버젓이 선거 구호로 등장하였다"(한겨레, 2016.04.11.),[122] "특정 소수자 혐오는 그 소수자들의 존재를 인정하기 시작하면 너무 퍼지지 않을까 하는, 일종의 전염과 확산에 대한 경계 혹은 공포가 깔린 의심에서 출발한다"(한겨레, 2017.05.30.),[123] "지금 우리 앞에 놓인 많은 중대 과제들도 3·1운동 정신을 되새기도록 요구하고 있다. 5·18민주화운동에 대하여 망언을 쏟아내는 등 민주적 가치를 부정하는 행위나 난민과 소수자를 혐오하는 행위는 3·1운동 정신에 정확히 반한다"(한겨레, 2019.03.01.)"[124] 등을 소개할 수 있겠다.

위의 사설 내용처럼 소수자 혐오는 동성애, 이슬람, 외국인, 난민 등에 대한 차별 이슈와 더불어, 5·18민주화운동의 희생자 공격과 같이 국내 정치와 맞물린 한국형 지역갈등 혐오 이슈도 함께 다루고 있었다.

마지막으로 장애인 혐오는 2건 모두 강서구 장애인 특수학교 설립을 반대하는 주민 반발에 대하여 비평하며 통합과 공존의 문화로 님비 현상을 완화해야 한다는 주장의 사설이었으며, 《경향신문》이 사설에서 유일하게 사용한 '노인혐오'는 고령사회에 진입한 한국 사회에서 노인소외를 넘어 노인혐오 현상까지 벌어지고 있어 정책적 노력을 더해야 한다고 주장하였다(경향신문, 2018.10.01.).[125] 그러나 해당 문장을 보면 "지난해 노인 인구가 전체의 14%를 넘어 고령사회에 진입한 한국은 2026년에는 노인 인구가 20%를 넘는 초고령 사회가 될 것으로 전망된다. 하지만 최근 들어

122 《한겨레》(2016.04.11.). [사설] 민주주의 훼손하는 '소수자 혐오' 선거운동.

123 《한겨레》(2017.05.30.). [권인숙 칼럼] 동성애 인정하면 동성애가 퍼진다?

124 《한겨레》(2019.03.01.). [사설] 3·1운동 100돌, 여전히 절실한 민주주의와 평화.

125 《경향신문》(2018.10.01.). [사설] 노인 4명 중 1명이 죽고 싶다고 하는 한국 언제까지.

우리 사회에서는 노인소외를 넘어 노인혐오 현상까지 벌어지고 있다. 제대로 된 노후를 보장받는 것은 노인들뿐 아니라 언젠가 노인이 될 국민 모두가 해당되는 문제다"로 풀어가고 있다. 노인 복지와 일자리 확충이 필요하다는 주장은 타당하다. 그러나 사설 속에는 어떠한 근거로 노인혐오 현상이 벌어지고 있다는 설명은 부재하다. 노인소외가 심해지면 노인혐오로 변질된다는 논리는 쉽게 납득이 되지 않는다. 현존한다고 확신할 수도 없는 '노인'과 '혐오' 표현의 결합은 앞서 지적한 대로 언론이 오히려 약자 혐오에 대한 인식을 부추기는 결과를 낳는 것은 아닐까 우려를 갖게 한다.

다음으로 국내 주요 일간지의 사설과 칼럼에서 '혐오'와 함께 쓰이거나 혐오를 수식하는 표현을 조사한 결과 〈표 15〉와 같이 '혐오 발언'(13건)

표 15 **사설 및 칼럼에서 나타난 혐오 연관 표현**

혐오 연관 표현	경향신문	동아일보	조선일보	중앙일보	한겨레	합계
혐오 발언	2	2		1	8	13
혐오표현	5	2		1	3	11
혐오 의식		1				1
혐오 담론					1	1
혐오 범죄	2	1			3	6
혐오 시설			3	2	2	7
혐오 + 차별	2			1	4	7
혐오 + 경멸, 불신, 비난, 조롱, 증오, 적대, 짜증, 모멸, 위선 등	8		1		4	13
합계	19	6	4	5	25	59

과 '혐오표현'(11건)이 상대적으로 빈도수가 높았으며, '혐오'와 연관해서는 '차별', '경멸', '불신', '비난', '조롱', '증오', '적대', '짜증', '모멸', '위선' 등의 부정적 의미의 단어들과 함께 쓰이고 있었다.

'혐오 발언'이라는 표현이 자주 나타난 주제는 매우 다양했는데, 정당 및 정당 대표의 발언을 비평, 일본의 혐오 발언의 법적 규제를 소개, 성평등에 대한 논의 등이 있었다. 이에 반하여 '혐오표현'은 상당수 '혐오표현' 자체에 대한 폐해와 규제 필요성 여부를 논하는 사설과 칼럼에서 주로 언급되고 있었다.

또한 '혐오 시설'로 묘사된 대상은 네이버의 데이터센터, 사드, 소각장, 청년임대주택 등이었다. 대부분 근처 주민들의 반발로 건립이 무산된 시설로서 언론은 건립을 반대한 주민들의 선입견과 이기주의에 대하여 비판적인 논조를 보이고 있었다.

사설·칼럼에서의 혐오 이슈 프레이밍

국내 주요 5개 일간지의 사설 및 칼럼에서 '혐오'와 관련한 이슈가 내용적 측면의 프레이밍 유형을 알아본 결과, 〈표 16〉와 같이 '책임귀인 프레임'의 빈도수가 압도적으로 높게 나타났다(107건). '책임귀인 프레임'은 앞서 설명한 것처럼 혐오 발생 및 확산의 책임이 누구에게 있는가를 밝히는 귀인과 책임 소재를 강조한 내용을 위주로 분류하였다. '책임귀인 프레임'은 5개 언론사 모두 혐오와 관련한 이슈에서 상대적으로 자주 사용한 프레임으로 나타났는데, 특히 《경향신문》에서 많이 나타났으며, 《한겨레》와 《중앙일보》가 그 뒤를 따랐다.

표 16 **혐오에 대한 사설 및 칼럼의 내용적 프레임**

내용적 프레임	경향신문	동아일보	조선일보	중앙일보	한겨레	합계
대립/분열/갈등 프레임	21	3	8	5	12	49
도덕성 프레임	3	1	2	3	5	14
문제해결 프레임	9	4	2		18	33
역사적 프레임	2				6	8
원인 프레임	2		4	4	5	15
위협 프레임	2		3			5
책임귀인 프레임	**33**	**11**	**15**	**23**	**25**	**107**
통합/화합/개선 프레임	9	3	1	3	8	24
기타 프레임	7	3	4	9	7	30
합계	88	25	39	47	86	285

그 다음으로 빈도수가 높은 프레임은 '대립/분열/갈등 프레임'(49건), '문제해결 프레임'(33건)과 '기타 프레임'(30건), '통합/화합/개선 프레임'(24건) 순으로 나타났다. 두 번째로 많이 사용된 '대립/분열/갈등 프레임'은 여러 이해 주체 간의 대립적이고 갈등적 요소가 혐오로 드러났음을 강조한 내용을 담고 있으며, 세 번째를 차지한 '문제해결 프레임'은 혐오 발생과 확산을 막기 위하여 마련되어야 할 대책을 강조한 사설과 칼럼으로서 주로 법적·정책적 규제를 제안한 내용을 위주로 분류하였다. 그 구체적인 내용에 대해서는 아래에서 다룰 혐오표현 규제에 관한 논의에서 보다 세부적으로 알아볼 것이다. 네 번째를 기록한 '기타 프레임'은 '혐오'를 단순한 예시나 형용사 등으로 사용한 경우였는데, 예를 들어 "혐오스러운 청원", "워크숍 혐오", "지나친 혐오감", "혐오의 공기"처럼 '혐오'를 유쾌하지

않거나 환영받지 못하는 대상을 묘사하는 용어로 활용한 빈도가 적지 않았다. 이는 언론이 '혐오'라는 단어를 마치 가벼운 유행어나 신종 수식어처럼 쉽게 사용하고 있는 것은 아닌지 돌이켜볼 대목이라 할 것이다. 또한 전술했던 내용 중 언론이 혐오를 혐오라 인지하지 못하고 있기에 혐오기사가 쏟아진다는 지적(홍성수, 2018)과도 맞닿는 지점이라 할 것이다.

다섯 번째로 많이 나타난 '통합/화합/개선 프레임'은 혐오 유발 사건의 부정성 해결을 위한 방안으로 소통과 화합, 도덕성, 가치 등을 강조한 글들이라 할 수 있는데, 이 프레임에서 주로 주장한 내용들은 혐오표현이나 혐오 이슈를 해결하기 위한 방법으로 강제적 규제 방안을 언급하기보다 사회적 화합과 소통이 우선시되어야 한다는 특징을 보인다.

다음으로 사설·칼럼의 내용적 프레임이 혐오 이슈별로 어떠한 차이를 보이는지 알아보았다. 〈표 17〉에는 논의의 초점을 좁히기 위하여 혐오 이슈가 3건 이상인 경우를 제시하였으나, '도덕성 프레임'이나 '위협 프레임'처럼 1건 내지 2건이 분포되어 있는 경우에는 3건 이하도 포함시켰다.

혐오 이슈 가운데 가장 자주 사용된 '책임귀인 프레임'의 경우, '정치 혐오'에 대한 사설과 칼럼을 구성하는 데 주로 차용된 것으로 나타났다(51건). 혐오 발생 및 확산의 책임 소재가 누구에게 있는가에 중점을 둔 '책임귀인 프레임'은 정치를 혐오하게 되는 이유를 공천과정에서의 이전투구, 이성과 논리가 결여된 색깔론, 정치의 희화화, 부패와 특권에 찌든 기성 정치, 정치인의 말 뒤집기 등으로 귀결하며 정당이나 정치인, 국회를 비판하고 있었다.

다음으로 '대립/분열/갈등 프레임'은 '여성 혐오' 이슈에서 상대적으로 많이 나타났다. 그 내용은 주로 여성과 남성이 대립되는 구도로 접근한 경우가 많은 것으로 나타났다. 구체적인 사례를 소개하면 "여성혐오 콘

표 17 **혐오에 대한 사설 및 칼럼의 내용적 프레임과 혐오 이슈**

내용적 프레임	혐오 이슈	경향신문	동아일보	조선일보	중앙일보	한겨레	합계
기타 프레임	담배폐해 혐오				2	1	3
	혐오 시설			2	2	1	5
대립/분열/갈등 프레임	**여성 혐오**	**3**			**3**	**2**	**8**
	정치 혐오		1	2			3
도덕성 프레임	여성 혐오	1		1			2
	정치 혐오	1				1	2
문제해결 프레임	여성 혐오					5	5
	외국인 혐오	2		1			3
	정치 혐오	3					3
	혐오 발언		1			2	3
	혐오표현	**3**	**2**			**2**	**7**
역사적 프레임	여성 혐오	1				2	3
	혐오, 차별	1				1	2
원인 프레임	**정치 혐오**	**2**		**3**	**2**		**7**
위협 프레임	노조/어싱/기업/친박 등 각 1건씩	1					1
책임귀인 프레임	국회 혐오			4			4
	노조 혐오	1				2	3
	막말 혐오			1	2		3
	소수자 혐오					3	3
	여성 혐오				1	5	6
	정치 혐오	**22**	**9**	**4**	**13**	**3**	**51**
	진보진영 혐오	1		2	1		4
	혐오 발언	2			1	3	6
통합/화합/개선 프레임	정치 혐오	3					3
	성 소수자 혐오	2					2
	여성 혐오	1				1	2
	혐오 발언		1			1	2
	혐오표현				1	1	2

텐츠가 다수 게시되는 '일간베스트저장소(일베)' 등에 대한 수사와 (워마드에 대한 수사가) 대조적이라는 게 반발의 배경이다. 경찰은 편파수사 의혹을 부인했지만 의구심이 드는 대목이 적지 않다"(경향신문, 2018.08.09.),[126] "애초 '여성혐오' 폭행으로 알려진 사건에 다른 맥락의 정황들도 제기되며 논란이 과열되고 있는데, 자칫 잘못된 성 대결 구도를 부추길까 매우 우려스럽다. 사건 당시로 추정되는 동영상이 급속하게 온라인에 퍼지며 일부에선 여성들이 쓴 표현을 문제 삼아 '남성혐오' 사건이란 주장도 제기됐다"(한겨레, 2018.11.15.),[127] "조리돌림은 유독 부당한 댓글·시선·혐오와 맞선 연예인들에게 가혹했다. 소설《82년생 김지영》을 읽은 인증샷을 찍고, 남녀평등 문구 사진을 올렸다고 악플을 맞았다. 여섯 달 전 극단적 선택을 하다 구조된 구씨는 '악플 달기 전에 나는 어떤 사람인지 생각해 볼 수 없을까'라고 썼다. 그의 죽음 앞에 뿌리 깊은 여성혐오에 대한 주의가 환기되고, '차마 추모를 말하기도 죄스럽다'(녹색당)는 말이 나왔다"(경향신문, 2019.11.25.)[128] 등이다.

세 번째로 '문제해결 프레임'은 '혐오표현' 이슈를 다룰 때 주로 차용된 것으로 조사되었다. 전술한 바와 같이 '문제해결 프레임'은 혐오 발생과 확산을 막기 위하여 마련되어야 할 대책을 강조한 내용을 담고 있다. 특히 '혐오표현'에 대한 법적·정책적 규제를 제안한 내용이 상당수를 차지하였다.

또한 '정치 혐오' 이슈에 있어서는 '원인 프레임'도 여러 언론에서 작

126 《경향신문》(2018.08.09.). [사설] 워마드 수사, 신중하고 공평한 법 집행이 필요하다.

127 《한겨레》(2018.11.15.). [사설] 우려스러운 '이수역 폭행사건' 논란.

128 《경향신문》(2019.11.25.). [사설] '악플 살인'과 여혐, 더 이상 묵과하면 안 된다.

동하고 있었다. '책임귀인 프레임'과 달리 '원인 프레임'은 혐오가 특정 사안의 원인, 이유, 배경 등이 된 경우로 분류하였다. 관련 사설 내용을 간단히 살펴보면 "'안철수 신당'의 약진은 야권의 고질적인 계파·운동권 정치, 법안 하나 처리하지 못하는 여야 간 극한 대결과 불임(不妊) 정치에 대한 혐오감에서 비롯된 측면이 크다. 국민이 생산적 정치를 실천하는 새로운 정치 세력이 등장하기를 원하고 있다고 봐야 할 것이다"(조선일보, 2016.01.04.),[129] "기존 정치권에 대한 국민들의 불신과 혐오가 정치권 밖의 반 총장을 유력 주자로 떠올린 에너지원(源)이기 때문이다"(중앙일보, 2016.05.26.),[130] "의원 정수 확대의 가장 큰 걸림돌은 시민들 사이에 만연한 정치 혐오와 국회 불신이다"(경향신문, 2017.01.05.).[131] "… 지난 5개월 동안 한 번도 협상안을 내놓지 않고 버티던 한국당이 정치 혐오 여론에 편승해 '의원정수 축소·비례대표 폐지' 역제안을 하고 나선 속셈은 뻔해 보인다"(경향신문, 2019.03.11.)[132] 등이 있다.

혐오표현 규제에 관한 언론사별 입장

이번에는 국내 주요 5개 일간지에서 사설 및 칼럼을 통하여 주장하고 있는 혐오표현 규제의 입장을 분석하였다. 분석 대상은 본 연구에서 살

129 《조선일보》(2016.01.04.). [사설] 사실상 3黨 체제, 국민은 100일간 하는 걸 보고 심판할 것.

130 《중앙일보》(2016.05.26.). [사설] 반기문 대선 도전 시사에 걸린 기대와 우려.

131 《경향신문》(2017.01.05.). [사설] 비례확대, 18세 투표, 결선투표하자.

132 《경향신문》(2019.03.11.). [사설] 자유한국당, 비례대표 없애는 게 선거제 개혁인가.

펴본 사설 및 칼럼 중에서 그것이 법제 도입이던 규제 반대이던, 비교적 명료한 입장으로 혐오표현과 관련한 문제의 해결책을 제시한 글을 선정하였다. 물론 대부분의 사설과 칼럼은 결론을 짓기 위하여 나름의 해결 방향을 제시하고 있으나, 그 내용이 구체적이지 않거나 당위성만을 제시하거나 윤리적인 훈시로 끝나는 경우에는 분석 대상에서 제외하였다.

다음의 〈표 18〉에서 정리한 대로, 총 285건의 사설 및 칼럼 중 혐오표현을 해결할 수 있는 구체적 방안을 주장한 경우는 총 17건으로 간추려졌다. 그중 법규제의 제정이 필요하다고 제시한 경우는 9건이었으며, 기업의 자율규제 방식을 주장한 경우는 4건, 사회 구성원의 자율적 노력에 맡겨 두어야 한다는 견해는 4건으로 나타났다.

먼저 법규 제정의 필요성을 피력한 사설 및 칼럼에서 주로 제안하고 있는 법제도는 차별금지법(6건)으로 나타났다. 구체적으로는 차별금지법을 제정하여 혐오표현을 포함한 악성 댓글을 처벌해야 한다는 논의가 주를 이루었는데, 이러한 주장을 실은 언론사는《경향신문》(3건),《한겨레》(3건)로 (건수는 많지 않지만) 모두 진보 성향의 매체였다. 법규 제정으로 해결책을 제시한 또 다른 경우는 댓글 폐해에 대하여 지적한《동아일보》사설에서 2건을 찾을 수 있었다. 이 중 하나는 댓글 실명제 도입을 주장하였고, 또 하나는 포털 사업자에게 책임을 지울 수 있는 법안의 필요성을 강조하였다. 다음으로 법규 제정을 제안한《한겨레》의 외부 기고자(한양대 이재진 교수) 칼럼[133]은 앞서의 사설들과 달리, 현행 형법의 모욕죄(제311조)에 제311조의2를 추가 신설하여 모욕에 포섭되는 성별·인종·장애·성적 지

133 《한겨레》(2019.10.28.). [이슈논쟁] 악플 방지 위해 징벌적 손배 도입해야.

표 18 **사설 및 칼럼에서의 혐오표현 문제해결 방안**

	매체	기고자	일자	혐오표현 문제해결 방안 내용	해법
1	경향신문	사설	2018. 08.07.	**[사설] 3차 인권계획, 포괄적 차별금지법 제정으로 이어져야** 유엔 사회권위원회는 2009년에 이어 지난해에도 한국 정부에 포괄적 차별금지법 제정을 권고하였다. 그러나 이번 3차 계획 역시 '차별금지에 관한 기본법 제정방안 마련'이라는 모호한 표현만 담고 있다. 법무부 관계자는 "큰 틀에서 장기적으로 차별금지법을 추진한다. 다만 통과를 자신할 수는 없다"고 말하였다. 강력한 의지가 있어도 쉽지 않은 판국에 이토록 소극적이어서야 되겠는가. 촛불의 힘으로 세워진 정부답게 소명의식을 갖고 차별금지법 제정을 추진해야 한다. 촛불은 새로운 정부를 넘어 새로운 세상을 열고자 하는 열망의 표현이었음을 명심하기 바란다.	법적규제 -차별금지법
2	경향신문	사설	2019. 06.13.	**[사설] 평등 향한 차별금지법 제정, 더 미룰 일 아니다** 헌법과 세계인권선언의 차별금지 정신을 저버리는 일부의 반인권적 주장과 행태를 방기하는 정부의 무책임을 개탄하지 않을 수 없다. 사회적 합의를 위한 시간이 필요하다는 이유로 포괄적 차별금지법 입법을 계속 미룬다면, 그사이 상처받고 피해 입는 이들만 늘어나게 된다. 차별과 불평등에 대한 분노가 곳곳에서 분출하고 있다. 정부와 국회가 시민의 분노에 응답할 때다.	법적규제 -차별금지법
3	경향신문	사설	2019. 10.27.	**[사설] 다음의 댓글·연관검색 폐지, 댓글문화 되돌아보는 계기로** 댓글의 무조건 폐지보다는 문제점을 보완하는 것이 더 시급하다. 특히 '실검'은 여론 왜곡·조작의 주범이다. 불필요한 보도의 양산과 댓글 조작의 촉매제가 바로 실검인 것이다. 그런 점에서 실검은 개편이 아닌 폐지가 정답이다. 댓글 문화의 개선 논의가 카카오에서 멈춰서도 안 된다. 정부와 국회는 제도와 법 정비에 나서야 하고, 언론은 사실·진실에 따른 권력 감시, 올바른 여론 형성이라는 사명을 잊어서는 안 된다. 특히 카카오의 실험이 국내 1위 포털 네이버는 물론, 주요 사회관계망서비스(SNS) 사업자 등 인터넷 미디어 전체로 확산돼야 할 것이다.	자율규제+법적규제

	매체	기고자	일자	혐오표현 문제해결 방안 내용	해법
4	경향신문	사설	2019. 12.09.	**[사설] 혐오표현 학생조례에 대한 헌재 합헌 결정의 울림** 문제는 피해자 특정이 어렵다는 이유로 이에 대한 법적 규제가 쉽지 않다는 점이다. 이를 막기 위해 민형사적 입법 보완과 함께 헌법이 보장하고 있는 차별금지법의 제정이 시급하다. 헌재는 결정문에서 지자체 조례로도 혐오표현 규제가 가능하다고 하였다. 그렇다면 정부와 국회, 지자체가 할 일은 명확하다. 당장 혐오표현을 없앨 입법에 나서고, 12년간 묵혀둔 차별금지법 제정을 서둘러야 한다.	법적규제 –차별금지법
5	동아일보	사설	2017. 12.09.	**[사설] 네이버, 가짜뉴스 사이트에 광고 끊으라** 국내 최대 포털기업 네이버가 알고리즘 조정 등으로 가짜뉴스가 올라오는 것을 막을 수 있는데도 방관하는 것은 중대한 사회적 직무유기다. 허위사실을 퍼뜨려 사회적 신뢰를 해치는 가짜뉴스 사이트와 공범관계나 마찬가지가 된다. 네이버 스스로 가짜뉴스(혐오표현 포함) 사이트를 가려내 광고부터 차단하지 않는다면 법에 의한 규제를 자초할 수도 있다.	자율규제 –네이버
6	동아일보	사설	2018. 03.23.	**[사설] 포털의 '댓글 개미지옥'에 병드는 대한민국** 구글은 최근 가짜뉴스 유통과 악성 댓글을 막는 방안 등을 담은 '구글 뉴스 이니셔티브'를 발표하였다. 뉴스 플랫폼으로서 책임을 인식하고 있는 구글의 태도를 네이버 등은 눈여겨봐야 한다. 댓글 실명제 도입도 진지하게 검토해야 한다.	법적규제 –댓글실명제
7	동아일보	사설	2018. 04.27.	**[사설] 우리 사회 병들게 하는 '혐오의 도가니' 네이버 댓글** 악성 댓글에 대한 묵인과 방조도 공범이라는 시각으로 사회적 비용이 더 커지기 전에 네이버에 사회적 책임을 지우는 법안을 서둘러 마련해야 한다. 아울러 익명에 숨어 무자비한 댓글을 다는 이들도 표현의 자유가 혐오표현까지 무제한 용인하는 것은 아니라는 점을 명심해야 한다.	법적규제 –기업책임

8	동아일보	사설	2019. 10.28.	**[사설] 카카오 연예뉴스 댓글 폐지, 총체적 포털 개혁 시발점 돼야** 카카오가 연예기사 댓글만 우선 폐지하기로 한 점도 매우 아쉽다. 조국 전 법무부 장관의 거취를 두고 벌어진 '실검 전쟁'이나 '드루킹 여론 조작' 사건에서 보듯이 포털과 소셜네트워크서비스(SNS)상의 정치적 여론 조작은 연예기사의 악성 댓글처럼 더 이상 방치해선 안 될 문제다. 포털과 SNS 업계는 거짓정보 확산 등을 방지할 실효성 있는 대책을 서둘러 제시해야 한다.	자율규제 –포털, SNS
9	중앙일보	사설	2015. 11.18.	**[사설] 국내 무슬림을 소통과 화합으로 보듬을 때** 우리 사회는 이번 파리 테러를 계기로 소통과 화합으로 무슬림들을 더욱 적극적으로 끌어안는 노력을 펼쳐야 한다. 이를 위해 정부와 지방자치단체는 물론 시민단체·교육기관·종교교단까지 다 함께 나설 필요가 있다. 지자체는 교류와 소통 기회를 확대해 이들을 공동체의 일원으로 보듬는 노력이 필요하다. 각급 학교에선 서로 종교·문화가 다른 사람들과 함께 어울리고 일하는 방법을 가르쳐야 한다. 최근 확산 중인 종교 화합 운동에 이슬람도 당연히 포함해야 한다. 무엇보다 종교나 출신 국가를 따지지 말고 이주민들을 편견 없이 대하면서 우리 전통의 따뜻한 정(情)을 보여줄 대다.	자율적 노력 –소통, 화합
10	한겨레	사설	2016. 04.24.	**[사설] 혐오 앞세운 '극우 기독교' 정치화, 위험하다** 소수자 차별과 약자 혐오는 박애와 관용을 가르치는 기독교 정신과 정면으로 배치된다. 일부 기독교 세력의 이런 위험한 질주를 막으려면 기독교계 전체가 각성해 참다운 기독교 정신으로 돌아가는 자정운동을 펴는 것이 필요하다. 인권의 소중함을 가르치고 인권 감수성을 키우는 민주교육도 강화돼야 한다. 특히 차별금지법을 하루빨리 제정해 반인권적 혐오세력이 발붙일 수 없는 사회를 만들어야 한다.	법적규제 –차별금지법

	매체	기고자	일자	혐오표현 문제해결 방안 내용	해법
11	한겨레	사설	2018. 10.01.	**[사설] 민주주의 토대 흔드는 '가짜뉴스', 이대론 안 된다** 최근 '가짜뉴스' 대신 '허위정보' 같은 용어를 쓰자는 제안이 나오는 것은, 가짜뉴스의 여론 왜곡과 공동체 가치 훼손이 민주주의 토대를 흔들 정도로 그 위험성이 커졌기 때문이다. '표현의 자유'가 있는 만큼, 이런 유통채널 규제엔 신중해야 하지만 적어도 명백한 인권침해나 혐오표현 등에 대해서는 처벌 근거가 될 차별금지법 등 법제 마련이 진지하게 논의되어야 한다. 다양한 매체와 정보를 제대로 이해하고 분석할 수 있는 미디어 리터러시 교육의 정규화도 검토할 때다. 가짜뉴스의 득세엔 기득권이 된 사회지도층이나 전문가, 기성 언론의 신뢰 상실 또한 큰 배경임을 잊지 말아야 한다.	법적규제 –차별금지법
12	한겨레	사설	2018. 10.16.	**[사설] '가짜뉴스' 대응 나선 정부, 표현 자유는 훼손 말아야** 박상기 법무부 장관은 사실관계를 의도적으로 조작한 허위조작정보 유포 행위는 고소·고발이 없어도 수사에 나서겠다고 밝혔다. 허위사실을 의도적으로 조작한 명백한 가짜뉴스는 법적 조처가 불가피하겠으나 최후의 수단이 돼야 한다. 미국이나 유럽 각국이 인터넷 서비스 사업자 등의 자율규제 방안이나 이용자들에 대한 미디어 리터러시 교육을 병행하고 있는 걸 교훈으로 삼아야 한다. 처벌만으로 가짜뉴스를 없애기는 힘들다는 점을 정책 당국은 잊지 말기 바란다.	자율규제 –인터넷사업자
13	한겨레	홍세화 소박한 자유인 대표	2019. 02.14.	**[홍세화 칼럼] 혐오의 정치학** 혐오감정의 덫에서 차별금지법을 해방시켜 입법해야 할 책무가 촛불정권, 촛불시민들에게 있다. 차별을 금지하라는 것은 민주주의의 당연한 요구다.	법적규제 –차별금지법

14	한겨레	사설	2019. 03.21.	**[사설] 혐오와 차별 없는 사회가 강한 사회다** 저신다 아던 총리는 연일 '분열과 증오'의 범죄에 맞선 '포용과 공감'의 정치행보를 이어가고 있다. 이번 사건에 사용된 반자동소총 등의 전면 금지를 선언했고, 소셜미디어에 대한 대책을 강구할 뜻도 분명히 하였다. 범인의 테러 생중계는 정부가 업체에 삭제를 요청하고 시민들에게 "보지 말 것"을 호소한 결과, 지금까지 시청 횟수가 4천 회에 불과하다고 한다. 시민들은 스스로 총기를 반납했고, 현지 언론들은 이들의 성명을 공개하지 않겠다고 결정하였다. 혐오와 차별을 인정하지 않는 사회야말로 가장 강한 사회다.	자율적 노력 –포용, 공감
15	한겨레	사설	2019. 04.01.	**[사설] 성폭행 가사까지 … '여혐' 힙합, 표현의 자유 넘었다** 힙합이 오랜 시간 비인기 장르에 머물다 어렵게 대중적인 인기를 얻은 만큼 내부에서 집단지성으로 문제를 풀 수 있으리라 기대한다. 그러지 않으면 팬들의 외면뿐 아니라 사회적 지탄과 개입을 초래할 수 있다는 걸 잊지 말기 바란다.	자율적 노력 –집단지성
16	한겨레	이재진 한양대 미디어 커뮤니케이션학과 교수	2019. 10.28.	**[이슈논쟁] 악플 방지 위해 징벌적 손배 도입해야** 모욕죄를 규정하고 있는 현행 형법 제311조에서, 모욕에 포섭될 수 있는 혐오표현의 경우에는 제311조의 2를 신설해 성별·인종·장애·성적 지향에 따른 차별적 표현을 규제하는 조항을 두도록 개정하는 방안이 검토될 수 있을 것으로 보인다. (중략) 만일 소송으로 가게 된다면, 법원은 필요한 경우에 악플 재발 방지 목적으로 일벌백계 성격이 있는 징벌적 손해배상 제도 도입을 고려할 필요가 있다.	**법적규제 –제311조의 2 신설 및 징벌적 손해배상**

	매체	기고자	일자	혐오표현 문제해결 방안 내용	해법
17	한겨레	이준웅 서울대 언론정보학과 교수	2019. 10.28.	**[이슈논쟁] 설리의 죽음을 억압의 핑계로 삼지 말라** 표현의 자유가 허울이 아니라 실체적으로 보장된 사회라면 다르지 않았을까. 설리와 같이 당당했던 젊은이들이 왜 그렇게 일찍 절망하는지, 그들의 저항과 절망의 목소리는 어떻게 외면당하는지 우리는 역시 부지런히 묻고 답해야 한다. 인터넷 공간은 이런 고난과 투쟁, 고통과 도움에 대하여 서로 묻고 답하는 공간으로 남아야 한다. 설리의 죽음을 억압적 규제의 핑계가 아닌 더 많은 자유를 위한 계기로 삼아야 한다.	자율적 노력 –표현의 자유 보장

향에 따른 차별적 혐오표현을 규제하는 방안을 주장하였다. 또한 민사적으로는 악플 재발 방지 목적으로 징벌적 손해배상 제도 도입을 고려할 필요가 있음을 개진하였다.

이와 달리 인터넷 서비스 사업자 등의 자율규제를 강조한 4건의 사설은 《경향신문》(1건), 《동아일보》(2건), 《한겨레》(1건)에서 발견되었다. 그 가운데 《경향신문》과 《한겨레》 사설은 사업자의 자율규제와 함께 다른 주체의 노력도 필요함을 주장하였다. 《경향신문》은 실검 폐지 등의 자율규제뿐 아니라 제도와 법 정비, 언론의 감시 및 여론 형성이 함께 힘을 합쳐야 된다는 주장을 펼치고 있었다. 그러나 어떠한 제도나 법이 도입되어야 한다는 구체적 내용은 피력하지 못하였다. 또한 《한겨레》는 인터넷 서비스 사업자 등의 자율규제 방안과 정부의 미디어 리터러시 교육이 병행되어야 함을 해외 사례를 제시하며 당부하고 있었다. 이 외에 2건의 《동아일보》 사설은 가짜뉴스를 유포하는 경우 포털 사업자가 광고를 차단해야 한다는 주장과 포털 사업자가 댓글 시스템을 폐지해야 한다는 주장으로 나누어졌다.

마지막으로 사회 구성원들의 자율적 노력을 해결책으로 제시한 4건의 사설 및 칼럼은 《중앙일보》(1건)과 《한겨레》(3건)에서 나타났다. 4건 모두 혐오와 차별에 의하여 집단 간 갈등과 불신, 소수자에 대한 적대감이 심화된다는 점에서 문제의 심각성은 절감하고 있었다. 그러나 법적인 처벌이 궁극적인 해결책이 될 수 없으며 교류와 소통, 포용과 공감, 집단지성으로 공동체의 화합을 이루어냄으로써 혐오에 따른 사회 문제를 이겨낼 수 있다고 주장하였다. 특히 《한겨레》에 기고한 이준웅(서울대) 교수[134]는 오히려 인터넷 공간에서의 표현 통제나 규제를 없애고, 표현의 자유가 실체적으로 보장되어야 악성 댓글에 맞대응하는 당당한 목소리들이 발언의 자유를 실천할 수 있다고 주장하였다. 그러나 법적 규제를 주장한 이재진 교수의 칼럼에서도 언급되었듯이 세계의 선진 국가 중 혐오표현을 규제하지 않는 나라는 한국이 유일하다. 표현의 자유를 적극 보장함으로써, 상식과 배려 없이 배설하듯 혐오표현을 내뱉는 사람을 논리적으로 설득하여 자제시키거나 잘못을 깨닫게 하는 방식에는 분명 한계가 있어 보인다.

이상으로 국내 주요 일간지의 사설과 칼럼에서 주장한 혐오표현에 대한 규제 필요성 여부에 대하여 알아보았다. '혐오표현' 해결 방안에 있어서는 법적 규제를 동원한 처벌이 필요하다는 입장과 이와 완전히 상반되는 사회 구성원들의 자율적 노력이 필요하다는 입장에 대하여 언론사별 경향성은 특별히 발견되지 않았다. 다만 법제도 도입 필요성을 피력한 비율이 2배 이상 높았으며, '혐오표현'으로 야기되는 사회적 문제를 줄이는 조속한 방안으로 법제 도입은 적극 고민할 필요가 있어 보인다.

134 《한겨레》 (2019.10.28.). [이슈논쟁] 설리의 죽음을 억압의 핑계로 삼지 말라.

제5장

혐오표현의 규제 가능성을 짚어 보다

1

혐오표현 규제를 위한 다섯 가지 요인

약 20여 년 전만 하더라도 혐오표현(hate speech)은 한국에서는 생소한 용어였다. '혐오'라는 용어는 단지 '혐오음식'이나 '혐오시설' 등에 덧붙여 사용되었을 뿐 오늘날의 혐오표현의 의미와는 무방하게 사용되었다. 더욱이 서국 국가들이 오래전부터 사용해 온 의미의 혐오표현은 1999년 이전까지는 찾아볼 수 없었다. 물론 '혐오표현'이라는 용어만을 사용하지 않았을 뿐 혐오표현은 존재하였고, 사회에 드러나지 않았을 뿐 인내하거나 감추어 왔던 것이라는 지적 또한 있다. 이러한 이유와 함께 한국은 세계화에 따른 신자유주의로의 편입, 그리고 해외 이주민들이 대거 유입되면서 사회 환경의 큰 변화를 맞이하게 되었다. 아울러 온라인에서의 커뮤니케이션이 급격하고 광범위하게 발달하게 되면서 2010년대 들어서면서 한국에서 혐오표현 문제는 서구 국가에 못지않은 중요한 사회적 쟁점으로 등장하였다.

이때부터 학계에서는 혐오표현을 본격적으로 연구하기 시작하였고, 정계에서는 이와 관련된 법안의 입법 시도가 있었다. 학술연구의 경우 1999년에 처음으로 혐오표현의 미국 사례를 연구한 논문이 학술지에 게재된 이래 2012년까지는 1년에 평균 1건 정도의 논문밖에는 나오지 않았다. 그러던 것이 2013년을 기점으로 상당수의 연구들과 각종 서적들 그리고 언론보도와 다양한 글이 쏟아져 나왔다. 특히 연구는 2015년부터 2019년 사이에 가장 활발하게 진행되었다. 대부분의 연구과 서적은 혐오표현의 규제 여부 및 규제 시 방법 등을 주요하게 다루었다.

혐오언론에 대한 규제반대론자라 할지라도 규제가 불필요하다거나 위헌이라기보다는 최대한 자율규제나 제도적 규제 등의 방식으로 장기적이고 근본적인 측면에서 대처할 필요가 있다고 주장한다. 특히 형사처벌에 대해서는 강한 반대 의견을 나타냈다. 규제찬성론자 역시 무조건적인 규제보다는 기존의 법 테두리 내에서 최소한의 규제 원칙은 지키되 필요할 경우 독립된 입법이나 기존 법 규정의 개정을 도모하는 것이 바람직하다는 견해를 보인다. 이들 또한 형사적 처벌보다는 민사적 해결책을 모색하는 것이 바람직하다고 판단하는 경향이 높다. 다만 온라인에서의 혐오표현에 대해서는 그 파급효과와 영향력이 오프라인보다 크다는 점에서, 그리고 실질적인 해악이 크다는 점에서 좀 더 엄격히 대응해야 한다는 사회적 여론을 반영해야 할 것으로 판단한다.

특히 세계 최고 수준의 인터넷 인프라가 구축된 국내 미디어 생태계는 현실의 경계를 오프라인에서 온라인으로 확장하여 왔다. 기술이 거듭 발전하면서 온라인 영역의 삶은 오프라인의 많은 영역과 겹치거나 대체되었고, 이로써 가상사회의 질서를 확립하기 위한 정책과 법안의 필요성도 점차 증가하였다. 이러한 배경에서 2001년 7월 정보통신망법 내 신설된 사이버 명예훼손죄와 2008년 10월 동법 내 신설이 추진되었던 사이버 모욕죄는 가상현실의 법리를 재편하고자 하는 사회적 요구와 맞물려 오랜 시간 논란의 중심에 서 있었다. 그러나 결과적으로 사이버 모욕죄를 위한 법 개정은 이루어지지 못하였다.

실제로 사이버 명예훼손죄 규정은 2001년 탄생 과정에서부터 새로운 공론장(public sphere)으로 각광받던 인터넷 공간의 자유를 침해할 수 있는 법리로서 경계되어 왔지만(파이낸셜뉴스, 2015.06.10.), 여러 해 진통을 겪으며 반드시 필요한 법으로 자리 잡게 되었다. 한국 사이버 안전국의 발표에 따르면 2012년 5684건을 기록한 사이버 명예훼손 및 모욕 신고 건수는 2015년 1만 5043건으로 약 264%가량 증가하였고, 2016년 상반기에만 약 8370건을 기록하고 있음을 확인할 수 있다. 이처럼 사이버 명예훼손과 모욕죄가 온라인 불법콘텐츠범죄 항목 중에서 가장 높은 비율을 차지한 사실에 근거하여 볼 때, 사이버 명예훼손과 모욕죄가 온라인 공간의 질서유지에 상당한 위협이 되고 있음을 짐작할 수 있다.[135] 이렇게 사이버 명예훼손과 모욕 관련 고발 증가의 원인으로는 포털 내 기사의 댓글이나 관련 게시글 작성부터 개인의 SNS를 통한 링크나 퍼오는 행위 등이 급격히 늘어난 데 있다(이승현, 2016a; 2016c; 홍성수, 2016; 2018 등).

그럼에도 입법을 통하여 혐오표현을 규제하고자 한 시도는 거의 실패로 끝났다. 성차별을 금지하고자 하는 법 개정안만 수정 통과되었을 뿐 다른 시도들은 효과를 거두지 못하였다. 이처럼 독립 법안의 마련이나 기존 형법의 개정을 통한 규제가 모두 실패로 끝난 것은 표현의 자유에 대한 과

135 2008년 10월 3일, 당시 한나라당에 의하여 사이버 모욕죄 처벌 및 인터넷 실명제 도입을 골자로 한 정보통신망법 개정안이 발표되었다. 당시 한나라당은 "사이버 세상이 열리기 전에 존재하였던 형법의 모욕죄만으로는 처벌 효과와 예방효과가 없다"라고 밝히며, 반의사불벌죄를 도입한 강도 높은 처벌을 주장하였다.

잉 규제의 우려가 매우 크게 작용하였고 종교계의 반발이 있었으며 여기에 정치적인 논리가 가세하였기 때문이다. 특히 정치인들이 자신들에게 유리한 방식으로 논리를 전개하면서 입법을 통한 규제가 9차례에 걸쳐 발의만 되었고 모두 통과되지 못하는 상황에 이르게 된다(윤성옥, 2019).

궁극적으로 혐오표현에 대한 규제방식은 다양하며 이러한 방식이 병행되어 이용될 필요가 있다고 판단된다. 단기적으로 효과를 보기 위한 관계법 입법을 통해서도 가능할 것이지만 장기적으로 본다면 입법이나 사법을 통한 규제보다는 자율규제나 미디어 리터러시 교육과 캠페인 등을 통한 방식이 선호될 수 있다. 왜냐하면 혐오표현에 대한 궁극적인 해결은 사람들의 인식의 전환과 사회적 환경의 변화에 근거하기 때문이다.

특히 이재진(2018.12.18.)은 우리 안에 잠재한 혐오를 둘러볼 수 있어야 한다고 피력한다. 우리 모두에게 내재된 혐오라는 특성이 언제, 어떻게 표출될 수 있는지에 대하여 경계해야 한다고 피력한다. 이러한 '혐오는 인간의 본성'이라서 이를 법을 통하여 배척하거나 제거할 수는 없다는 주장(엠케, 2017)과 일맥상통한다. 결국 혐오표현으로 인한 문제는 단순히 법이나 자율규제로만 가능할 것이 아니라 이를 해결하기 위한 개인부터 각계각층에 이르는 범사회적 노력(society-wide efforts)이 필요하다고 판단된다. 즉 정부의 노력, 법 규정 제·개정, 미디어 리터러시 교육, 대항적 발언(표현)의 확장, 언론의 보도 규범 강화, 개인의 자기 성찰 등 어느 것 하나 중요하지 않은 것이 없다.

실제로 이러한 노력을 기울여야 하는 필요성은 우리 사회의 많은 곳에서 발견된다. 가장 최근의 가수 설리 사건을 포함하여 지난 20여 년간 다수의 연예인들과 일반인들이 인격적 모욕을 견디다 못해 스스로 목숨을 끊는 사건들이 빈번히 발생하면서 악플(악성 댓글)을 다는 문화에 대한 비판의 목소리가 높아졌다. 악플의 내용이 인격을 훼손하거나 모멸적인 내용을 담는 등 대부분 비열한 혐오표현이나 감정적 표출이라는 점에서 규제의 필요성에 대한 여론이 형성되었다(문화체육관광부, 2019).

혐오 또는 증오라는 개념은 1980년대까지 공적 영역과 인종주의적 표현에 주로 사용되었다. 그러나 현재의 혐오표현은 인종을 포함한 성적·민족적·신체적·종교적 차이 등을 표현하는 것과 관련된 것으로, 정치적 올바름(political correctness)이라는 개념과 연관되어 있는 경우가 많다. 공격적이거나 인종주의적·외설적 또는 남성 중심적 표현은 타인을 해칠 의도에서 이용된 것이 아니라도 정치적으로 잘못될 수 있는 표현이 되었다(이재진, 2000).

이 책에서 저자들은 혐오표현에 대한 규제가 필요한지, 그리고 규제가 필요하다면 모욕죄와 관련하여 어떻게 규제할 수 있는지, 그리고 이러한 규제에 대한 언론의 보도 등 여론의 동향은 어떠한지를 살펴보고자 하였다. 이를 위하여 혐오표현과 관련된 최대한 모든 연구들을 수집하여 이를 분석하고 혐오표현에 대한 연구가 시작되어 20년이 된 시점에서 관련 연구들을 정리하고자 하였다.

2019년 12월 현재까지 우리 법체계에서는 혐오표현을 규제할 수 있는 규정이 존재하지 않으며, 이를 규제하기 위한 법의 제·개정은 정치적인 이해관계와 맞물리면서 쉽지 않을 전망이다. 이미 규제법(안)이 여러 차례 발의된 바는 있었지만 1건의 수정 통과를 제외하면 모두 폐기되거나 폐기될 위기에 있다(윤성옥, 2019).

이렇게 규제가 어려운 이유에는 전술한 바와 같이 관련 연구들이 hate speech를 우리말로 번역하는 데부터도 아직 일관성이 없으며, hate speech에 대한 일의적인 정의도 없다는 문제 또한 작용하고 있는 것으로 나타났다. 많은 연구들이 이 책에서와 같이 임의적으로 '혐오표현'이라는 용어를 사용하는 경우가 많으나 이에 대한 반대 의견도 만만치 않다. 혐오표현에 대한 일의적인 정의를 내리는 일은 더욱 힘든 일이다. 혐오표현은 국가마다 그 개념과 규제의 정도, 그리고 이를 사회적으로 이해하거나 규제하려는 맥락에 차이가 있기 때문이다. 즉 혐오표현은 그 사회적·역사적 맥락과 소수자로서의 표현의 대상이 존재하는 경우에 비로소 규제가 가능한 일방적인 커뮤니케이션 현상이라고 할 수 있다.

최근 들어 한국에서는 혐오표현을 법적 규제로 해결하고자 하는 시도가 지속되고 있다. 2012년부터 형법상 혐오죄 도입법안, 차별금지법안, 공직선거법 일부개정법률안, 방송법 일부개정 법률안 등을 통하여 인종, 민족, 지역, 종교 등의 차별을 철폐하고자 하는 시도가 있어 왔으며, 이를 통하여 기존 법규제가 가지고 있는 한계를 극복할 수 있을 것이라는 주장들이 이어졌다(홍성수, 2016 외).

그러나 혐오표현도 일종의 표현이라는 측면에서 이를 규제하는 데 있어 대단히 신중해야 한다는 목소리가 늘 뒤따른다. 규제를 통하여 얻을 수 있는 공적 이익과 사회적 가치가 표현의 자유를 보장하는 경우에 얻을 수 있는 이익에 비하여 더 커야 한다는 것이다. 더욱이 현실적으로는 실제로 혐오언론이 우리 사회에서 초래하는 해악이 커서 그 적절한 구제가 요구된다는 '사회적 필요성'에 대한 여론이 형성되어야 한다.

한국의 경우 유럽 국가들에서 겪고 있는 역사적·종교적·인종적 측면에서 실질적 해악이 엄청난 전통적이고 협의의 혐오표현보다는 좀 더 현재적이고 광의의 혐오표현이 지배적이라고 할 수 있다. 그럼에도 온라인에서 표출되고 있는 혐오표현 현상은 실질적 해악이 크다는 점에서 피해구제를 위한 법제도적 장치가 필요하다는 여론이 더 우세한 상황이다. 표현의 자유문제로 인하여 혐오표현에 대한 규제를 반대하는 목소리도 있으나 규제에 대한 요구가 더욱 커지고 있는 것이다.

결국 규제를 합리화하기 위한 근거를 찾는다면, 첫째, 혐오의 역사적 맥락이 존재하는가를 살펴보아야 할 것이다(언론중재위원회, 2019). 전술한 바와 같이 한국에는 유럽의 경우와 같은 협의의 혐오표현은 없지만 6·25동란, 5·18민주화운동, 그리고 최근의 일베 현상에 이르기까지 특정 집단이나 사회적 소수자에 대하여 혐오표현이 생성되고 실제적으로 존재하고 있다고 할 수 있다.

둘째, 혐오표현으로 인한 실질적 해악이 존재하는가를 따져보아야 한다. 어느 정도 피해를 주는가를 전국적으로 조사한 바는 없으나 국가인권위원회(2016; 2018)나 박아란·양정애(2016)가 실시한 바에 따르면 다양한 경로를 통하여 피해를 입었다고 주장하는 사람들이 많다는 점에서 볼 때 실질적인 피해가 존재한다고 하겠다.

셋째, 혐오표현으로 인한 피해의 대상이 존재하는가 하는 것이다. 관련 연구에 따르면 피해의 대상은 역사적으로 핍박과 차별을 받아온 존재이며,그것이 여전히 계속되고 있고 향후에도 그런 불이익을 받을 수 있는 집단을 의미한다. 한국의 경우에도 그 차별의 역사성에 대하여 판단하기는 어려우나 여성과 장애인, 동성애자 등이 오랫동안 피해의 대상으로 존재해 왔으며, 최근 외국으로부터 이주해 온 다문화(특히 동남아 국가) 가정이나 조선족, 탈북민 출신 등의 경우에는 향후 지속적인 피해를 입을 가능성이 있다.

넷째, 꼭 고려해야 할 부분은 규제의 필요성에 대한 사회적 여론이 존재하는가이다. 특히 규제를 위해서는 자의적으로 판단하여서는 안 되며 사회적으로 공감대가 형성되어야 한다. 각종 조사와 관련 연구들을 살펴볼 때 적절한 규제가 필요하다는 사회적 여론(규제찬성론)은 이미 형성되어 있는 것으로 나타났다. 문제는 어떻게 규제할 것인가에 대한 사회적 합의를 도출하는 것이다.

다섯째, 혐오표현으로 발생하는 피해 구제를 위한 법 규정이 존재하는가 하는 점이다. 만일 존재하지 않는다면 기존의 법을 개정하거나 새로운 법률(독립법)을 제정할 필요가 있을까에 대하여 논의가 필요할 것이다. 혐오표현에 대한 예방이 가장 중요한 목표가 되는 반면 실제로 혐오표현으로 인한 피해가 발생하였을 때 이를 충분히 구제할 수 있도록 하는 것이 현대 민주주의 국가의 의무이다.

이러한 다섯 가지의 요건들이 충족된다면 혐오표현을 국가 형벌권을 통하여 규제할 가능성이 높아질 것으로 판단된다. 다시 말하면 혐오표현을 형사적으로 처벌할 수 있는 여건과 필요성이 존재하는가에 따라서 규제의 형태가 결정될 것으로 보인다.

혐오표현이 사회적으로 큰 해악을 가져온다는 점은 이미 많은 조사와 연구에서 밝혀진 바 있다. 이에 따르면 혐오표현의 대상이 되는 소수자들이 실제로 상당한 피해를 보고 있다. 그러나 이러한 피해가 존재한다는 것만으로 국가가 형벌권에 개입하는 것은 정당화되지 않는다. 국가에서 형벌로서 어떤 표현을 규제하기 위해서는 그 행위나 표현이 상당한 '반사회적 가치'를 가지는 것이어야 한다. 그런데 혐오표현은 사회적 약자 개인뿐 아니라 사회 전체에 악영향을 미친다는 점에서 실질적 해악이 크다고 할 수 있다. 이처럼 반사회적 가치를 내포한 혐오표현의 역사적 맥락을 따져본다면, 한국의 경우 이데올로기적으로 극단적인 대립의 역사를 가지고 있고, 5·18민주화운동과 6.25 동란, 제주 4·3 사건 등의 역사를 가지고 있으며 길게는 일본 식민지 시대의 지배하에서 수탈을 당했던 역사적 아픔이 있다. 아울러 오랫동안 사회적 억압을 받아온 여성, 장애인 등이 있고, 꾸준히 증가하여 250만 명이 넘은 외국인 상주자들이 있다. 결국 이러한 상황에서 혐오표현의 역사적 맥락이 존재하고 있다는 점에서 반사회적 가치가 있음을 알 수 있다. 예를 들자면 5·18민주화운동 희생자들을 '홍어'라고 표현하는 것은 유럽에서 홀로코스트를 부인하는 것과 크게 다르지 않다고 판단된다. 여성을 비하하는 '김치녀', '된장녀' 등의 표현 또한 억압되어 온 여성에 대한 역사적 맥락이 반영된 표현이라고 할 수 있다.

형사적인 규제에 있어 특히 고려해야 할 것은 그 내용의 반사회적 가치성과 아울러 '규제의 필요성에 대한 여론'이 있어야 한다는 것이다. 실제로 한국언론진흥재단이 2016년 발간한 《미디어이슈》 7권 2호에서 실시한 '혐오표현과 여성혐오에 대한 인식' 조사(박아란·양정애, 2016)에서 1039명의 응답자에게 여성혐오 문제를 해결할 수 있는 다섯 가지 방안을 제시하고 가장 효과적이라고 생각하는 것 하나를 선택하게 한 결과, "신문이나 방송 등 대중매체에서 여성혐오를 부추길 수 있는 표현이나 보도를 하였을 때 징계조치를 해야 한다"라는 응답자가 28.6%로 1위를 차지하였다. 그 다음으로 여성혐오에 대한 국민들의 인식 개선을 위한 캠페인과 교육 실시(22.3%), 인터넷상의 여성혐오 게시글과 댓글에 대한 법적 처벌(20.6%), 여성혐오 온라인 게시물에 대한 인터넷 서비스 사업자의 삭제조치(15.3%), 대중매체의 여성 혐오표현에 대한 자율적 제한(13.2%) 순이었다. 즉 혐오표현에 대한 법적 규제와 제재는 사회적인 요청이라고 해도 무방할 여론이 존재하고 있음을 알 수 있다.

혐오표현을 법적으로 규제하는 것에 다소 회의적인 의견을 가진 연구자들은 대안적 또는 본원적인 문제해결책을 제시한다. 예를 들어 홍성수(2015, 322쪽)는 자신의 논문 〈혐오표현의 규제: 표현의 자유와 소수자 보호를 위한 규제대안의 모색〉에서 "혐오표현의 여러 해악을 고려할 때, 어떤 방식으로든 개입이 불가피하다. 하지만 그 규제의 방향은 혐오표현을 단순히 '금지'하는 것이 아니라, 표현의 자유를 '증진'하는 것에 초점을 맞춰야 한다"라며 "혐오표현의 제한은 소수자가 진정한 표현의 자유를 누릴 수 있게 한다는 조건하에서만 정당화될 수 있다는 것"이라고 강조하였다.

그는 이어 "이렇게 접근할 때, '(혐오) 표현의 자유에 대한 권리 vs. (소수자의) 혐오표현으로부터 자유로울 권리(평등)'의 충돌이라는 딜레마에서 빠져나올 수 있고, 사상의 시장에서 '더 많은 표현'으로 문제를 해결한다는 원칙도 고수될 수 있다"라고 밝히고 있다. 그는 "혐오표현에 대한 가장 효과적인 방안은 '맞받아치기'(speaking-back), 대항표현(counter-speech), 더 많은 표현(more speech)"이라며 이를 통하여 "소수자와의 연대로 차별/혐오주의자를 고립시켜야 한다"라고 말하였다.

그는 계속해서 "혐오표현에 반격을 가하면, 혐오표현은 위축되기도 한다. '편'에 서서, 혐오표현자들을 고립시켜야 한다. 코너로 모는 건 법 없이도 할 수 있다. 방송의 경우, 심의가 가능하다. 방송심의규정에 '혐오표현은 안 된다'는 내용을 넣어서, 최소한 방송에서는 혐오표현을 하지 못하도록, 혐오표현을 게토(ghetto)화시키고 코너로 몰아갈 필요가 있다"라고 말하였다. 이어 "차별주의자들을 차별하자고 말하면, 그게 바로 '역선동'이 되는 거다. 영향력 있는 정치인들도 사회적 발언을 통하여 끊임없이 소수자 편에 있다는 걸 보여줘야 한다. 그렇게 하면 혐오표현도 사라지고, 차별도 사라지게 될 것"이라고 말하였다.

이러한 견해는 허위나 극단적인 표현도 보호되어야 하는 것이 바로 대항 발언(counter speech)을 불러오는 가치가 있기 때문이라는 미국 연방대법원의 담론과 맥락을 같이 하는 것으로 판단된다. 더 나아가서는 억압

받는 소수가 자신들도 자유롭게 발언할 수 있도록 하는 사회적·구조적 환경을 만들어야 한다는 버틀러(Butler) 담론과도 상통하는 것으로 판단된다.

그럼에도 이러한 의견에 반대하는 것은 아니지만, 현재 온라인을 통하여 지속적으로 발생하고 있는 피해를 고려해 볼 때 이는 너무 이상적인 의견이며, 장기적인 측면에서 방향성을 보여주는 것이기는 하지만 중·단기적으로 실제적인 피해 구제를 위해서는 너무 비현실적이라 판단된다. 물론 온라인에서는 점차로 자율규제적 성향이 아주 조금씩 형성되면서 혐오표현에 대하여 적극적으로 대항하자고 하는 정치적 올바름(political correctness) 움직임이 있다. 특히 온라인 게임 공간에서 이러한 부분이 두드러진다(박현아·이재진, 2019). 비록 매우 고무적인 현상이라고 판단되지만 이 또한 실효성을 확보하는 데까지는 상당한 시간이 요할 것으로 예상된다.

결국 전술한 바와 같이 비록 한국의 경우 혐오표현을 규제하는 데 매우 조심스러운 태도를 취하고 있지만 혐오표현이 반사회적 성격이 인식되고 있으며 실제적 해악이 존재하고 이에 대한 규제가 필요하다는 사회적 여론이 비등하고 있다는 점에서 규제 카드를 조심스럽게 꺼내는 것이 필요하다고 판단된다. 즉 혐오표현에 대한 규제 논의는 혐오표현을 규제할 것인가 규제하지 않을 것인가의 문제가 아니라, 어떻게 규제할 것인가의 논의로 나가야 할 것으로 보인다. 기존 연구들이나 세미나에서 나온 논의에서도 드러나듯이 표현의 규제를 통하여 얻는 공적인 이익이 혐오표현을 할 권리를 보장함으로써 얻을 수 있는 이익보다 더 우월하다고 인식된다.

그런데 규제의 방향성을 판단할 때 앞서 지적한 다섯 가지 요건과 함께 꼭 고려해야 할 것이 있다. 그것은 혐오표현이 누군가를 대상으로 하는 방향성 있는 발언의 성격을 갖는다는 측면에서 커뮤니케이션의 본질적인 측면이 왜곡될 수 있다는 점이다. 만일 우리가 혐오표현에 대한 규제의 기준을 마련하고자 한다면 그 기준을 마련하는 과정에서 하나의 대안으로 고려할 것이 바로 커뮤니케이션 현상으로서 혐오표현에 대한 판단을 해야 한다는 것이다. 이를 위해서는 무엇보다 혐오표현도 하나의 '커뮤니케이션 현상'이라는 점에 주목해야 한다(Lee, 1997).

커뮤니케이션 현상이란 본질적으로 화자(speaker)와 청자(receiver) 언어를 통하여 의미를 교환하는 과정이라고 할 수 있다. 공동의 목표를 달성하기 위하여 화자와 청자가 함께 커뮤니케이션 과정에 참여하기 때문에, 진정한 의미의 커뮤니케이션이란 화자와 청자 사이의 일방적인 메시지의 전달이 아니라 화자가 청자가 되고 청자가 화자가 될 수 있는 피드백을 통한 지속적인 양방적 의사전달 과정이어야 한다(Bailey, 1980, p.15). 다시 말하자면 커뮤니케이션 현상의 본질적 측면을 볼 때 혐오표현은 이러한 의미전달의 쌍방향적 성질을 결여한 일방적 커뮤니케이션에 불과하다고 하겠다.[136] 즉 상호 간의 공통적 목표 달성을 위하여 상호 간의 이해를 통한 커뮤니케이션 과정과는 거리가 멀다고 할 수 있다.

사이버 공간에서의 혐오표현 현상도 이러한 측면에서 고려될 필요가 있다. 경우에 따라서는 원하지 않는 메시지를 무시하거나 삭제할 수 있

136 '일방적' 커뮤니케이션이라고 할 때 이는 바우어(Bauer, 1964)가 말한 바와 유사하게 모든 사람들이 자유롭고 건강한 사상의 교환의 장에 들어가지 못하는 상황을 의미한다. 실제로 대개의 경우 혐오표현의 흐름은 다수에서 소수로, 지배자에서 피지배자로, 백인에서 유색인으로, 그리고 남성에서 여성으로 이루어진다. 이는 바우어의 커뮤니케이션의 사회적 모델과 흡사하다. 그는 커뮤니케이션을 사회적 모델과 과학적 모델의 두 가지 차원으로 구분하였는데, 커뮤니케이션의 사회적 모델은 커뮤니케이터가 주도권을 쥐고 동의가 있던 없던 관계없이 한 방향으로 영향력을 발휘하는 것인 반면, 커뮤니케이션의 과학적 모델은 커뮤니케이터와 오디언스 사이에 쌍방향적인 거래가 일어나는 커뮤니케이션에 관한 것이다.

다는 점에서, 그리고 이에 대한 반박을 할 수 있다는 점에서 커뮤니케이션의 양방성이 인정될 수 있다. 그럼에도 만일 원하지 않는 메시지를 받고서 이에 대하여 적절히 대응을 하지 못하거나 또는 심적인 피해를 가져오는 표현들의 경우, 이는 곧 미국에서 규제의 대상으로 판단하는 도발적 발언(fighting words)으로 간주할 수 있을 것이다. 이러한 경우 판단은 전적으로 가장 중립적인 법원에 맡겨질 수밖에 없지만(Schauer, 1982) 혐오표현은 표현의 자유 영역에서 보호하고자 하는 가치가 그다지 크지는 않은 것으로 판단된다.

법원은 전술한 다섯 가지의 요소와 함께 커뮤니케이션 현상으로서의 혐오표현의 본질을 이해할 필요가 있을 것이다. 이러한 고려는 민주주의적 가치의 실현을 위한 중요한 작업이다. 왜냐하면 민주주의의 대원칙이며 헌법적 보호를 받는 언론의 자유란 궁극적으로 사회성원들이 두려움이나 수치심, 또는 분노 등의 감정에 구속되지 않고 공동의 문제를 해결하기 위하여 자유롭고 평등하게 참여할 수 있는 것이다. 이러한 점에서 볼 때 혐오표현은 언론 자유의 영역에서 보호의 대상을 벗어나는 일방적 커뮤니케이션이며 비민주적 언론현상(Lee, 1997)이라는 점에서 그 규제를 고려할 필요가 있을 것이다.

커뮤니케이션의 고전인 라스웰(Lasswell, 1948)의 '누가, 무엇을, 어떤 채널을 통하여, 누구에게, 어떠한 효과를 목적으로'의 단선적 모델은 이런 점에서 시사하는 바가 크다. 혐오표현도 이와 비슷한 과정을 거쳐 이루어지나 본질적으로 이는 일방적인 커뮤니케이션 현상이다. 민주주의적 과정에서 언론이 언론다울 수 있다는 것은 누구나 공평하게 언론현상에 참여하여 자신에 대한 공격에 대하여 반론할 수 있는 기회가 주어지는 것에 근거한다. 혐오표현과 같은 커뮤니케이션 과정에서의 일방성은 커뮤니케이션에 참여한 사람들 개개인이 "주체로서 커뮤니케이션 내용과 양식을 결정할 수 없다"라는 점에 근거하고 있다(강현두 · 원용진 · 전규찬, 1997). 결국 혐오표현에 대한 이해는 커뮤니케이션이 이루어지는 과정에 대한 고려도 같이 이루어져야 한다.

2

모욕죄에서 바라본 혐오표현 규제

헌법재판소는 오늘날 가장 주요한 표현매체의 하나로 자리 잡은 인터넷에서의 표현에 대하여 질서 위주의 사고만으로 규제하려고 할 경우 표현의 자유의 발전에 큰 장애를 초래할 수 있다고 피력한 바 있다. 즉 인터넷 정보의 신속한 유통을 고려한다면 내용을 이유로 함부로 표현물을 규제하거나 억압해서는 안 되며, 유해성에 대한 막연한 의심이나 유해의 가능성만으로 표현물의 내용을 광범위하게 규제하는 것은 표현의 자유와 조화할 수 없다는 점을 밝히고 있다.[137]

최근까지 우리 법원은 모욕죄 판결의 중요성을 점차 크게 인식하고 있으며, 그 판단의 기준을 만들어 가고 있는 과정으로 이해할 수 있다. 하급심 법원도 대법원의 판결을 최대한 수용하려는 경향이 나타나고 있다. 무엇보다 문제된 글의 게재 배경이나 동기, 전체와의 연관성, 그리고 표현

137 헌법재판소 2002.06.27. 선고 99헌마480 결정.

의 노골성의 정도는 사이버 공간에서의 모욕죄 판단 기준으로 점차 포괄적으로 수용되고 있다고 하겠다. 그러나 법원의 판례를 분석한 결과 사이버 공간에서 매체의 상호작용성 역할이나 기능에 대한 고려, 또는 게재된 글의 공익성 여부에 대한 논의가 거의 없으며 인터넷의 위력을 감안하여 다소 엄격하게 처벌하려고 하는 경향이 엿보인다고 할 수 있다.

관련 판례들의 분석을 통하여 몇 가지 쟁점을 발견하였다. 첫째, 사이버 모욕죄의 구성요건에 있어서 일반적 모욕죄 적용의 구성요건과 유사하나 인터넷의 매체적 특성으로 인하여 고려되어야 할 부분이 있는 것으로 나타났다(신평, 2004). 예를 들어 사이버 모욕죄의 경우 형법상의 모욕죄의 구성요건만으로 이에 대한 제재가 가능하지만, 당사자 특정 요건에서, 인터넷상의 ID를 통하여 특정한 본인을 인식할 수 있는 경우에는 모욕죄가 해당되나, 불특정 ID를 사용하는 자에 대한 모욕죄 성립 여부는 불투명한 것으로 보인다. 아울러 공연성 요건에 있어서 쪽지 보내기, 이메일, 일대일 채팅 등이 그 요건을 충족시킬 수 있는지는 관련 판례가 없어 명확치 않다.

사이버 모욕죄는 사이버 명예훼손보다 위법성 조각사유가 불분명하다. 이는 모욕죄 적용이 명예훼손보다 쉽다는 것을 의미한다. 즉 문제되는 표현의 배경이나 사실적 근거가 명확하지 않다면 특정 표현은 모욕죄가 성립될 수 있다. 이러한 이유로 말미암아 일시적인 잘못된 판단이나 가벼운 모욕적 표현 등도 사회상규에 어긋나는 것으로 인식되어 적절한 비교형량이 이루어지지 못할 수가 있다. 비록 대법원이 동기나 목적의 정당성, 내용의 전체성, 표현의 노골성 등 정당행위가 인정되기 위한 요건들을 제시하고 있으나 이를 구체적으로 적용시키는 것은 쉽지 않은 것으로 보인다. 또한 공익성이 인정되고 단순한 의견이나 논평에 속한다 하더라도 피해가 인정되면 면책되기 힘들다.

또한 사이버 모욕죄의 판단에 있어 일반적 모욕죄와 달리 인터넷 매체의 위력을 고려하고 있는 것으로 나타났다. 일반적인 모욕의 경우 언론 매체에 나오지 않고 대개 한정된 공간에서 개인의 말로 그치는 반면 인터넷이나 SNS의 경우 전자게시판이나 블로그, 채팅방 등에 욕설이 글로 남게 되는 결과가 되어 수많은 사람들에게 알려질 가능성이 높다. 즉 일반적 모욕의 경우 엄청나게 많은 불특정 다수에게 내용이 전파될 수 있는 가능성에 대해서는 걱정하지 않아도 되지만, 인터넷의 경우 모욕이 광범위하게 전파될 수 있다는 점에서 일반적 모욕죄보다 처벌 수위를 높이는 결과를 초래할 수 있다. 다시 말하자면 공연성과 전파성을 근거로 사법부는 불필요하게 엄격한 규제를 가할 위험이 있다는 것이다.

2009년 (구)정보통신부는 사이버 모욕죄를 처벌하는 법률의 제정을 검토한 바 있다. 이는 형법상의 규정이 있음에도 불구하고 정보통신망법에서 사이버 명예훼손죄를 두고 있는 것과 같은 논리로 보인다. 이는 인터넷에서의 폭력이 상당히 위험 수위에 달하고 있다는 인식에 근거하고 있다. 당시 법률 제정을 통하여 벌금 액수를 높이거나 형법상의 친고죄를 폐지하고 사이버 모욕죄를 피해자의 신고 없이도 처벌이 가능하도록 하는 방식을 도입하려는 논의가 이루어졌다. 그러나 사이버 공간에서의 모욕을 현행 형법으로만 해결하기 어려운 법적 미비를 보완하기 위해서라도 사이버 모욕죄의 입법은 고려되어야 한다는 주장과, 규제의 강화는 자칫 처벌 만능주의로 빠져 네티즌 전체를 잠재적 범죄자로 만들 수 있다는 주장이 팽팽히 대립하였다. 결국 정부의 입법 시도는 부담을 안은 채 연기되었다.

사이버 모욕죄가 법률적으로 도입되기 위해서는 보호법익과 피해법익 사이의 올바른 균형을 이루어야 하는바 몇 가지 해결해야 할 쟁점이 있다. 무엇보다 사이버 모욕죄에 대한 위법성 조각사유가 보완되어야 할 것이며, 인터넷의 위력에 대한 고려와 아울러 인터넷의 상호작용성에 따른 사회적 역할과 기능에 대한 고려도 포함되어야 할 것이다. 위법성 조각사유에 있어서는 무엇보다 기존에 판례에서 제시된 판결 기준인 사회상규와 아울러 학문적·이론적·예술적 측면에서의 비판적 표현의 경우 〈형법〉 제310조를 유추적용 하도록 하는 것도 대안으로 제시되었다.

판례분석을 통해 볼 때 법원의 사이버상의 명예훼손과 모욕죄 적용에 있어서의 구분점이 명확하지 않다. 모욕죄의 경우 〈형법〉 제310조의 위법성 조각사유가 적용되지 않는다고 하면서 위법성 조각사유의 적용에는 소극적인 면을 보이고 있다. 오히려 모욕죄의 적용을 '제목'과 '내용'은 물론이고 '이용자들의 ID'에까지 확대하고 있으며 공연성의 의미해석을 광범위하게 하고 있고, 사회상규에 어긋나는 표현의 방식이나 정도에 대하여 구체적인 설명을 덧붙이지 않아서 부정적인 내용의 글의 경우 대개가 모욕죄에 해당할 수 있는 가능성이 있다.

이러한 문제를 해결하기 위해서는 (비록 판결문에서는 언급되어 있지 않으나) 댓글과 함께 패러디 등도 모욕죄가 성립될 수 있는데, 이 경우 정치인 등 공인은 표현에 대하여 수인해야 할 범위가 사인에 비하여 상당히 더 넓다는 지적도 고려되어야 할 것이다. 즉 명예훼손의 경우에서와 같이 모욕죄의 경우에도 그 대상이 공인인가 사인인가 하는 점도 고려되어야 할 것으로 보인다.

아울러 고려해야 할 것이 집단표시에 의한 모욕죄 여부이다. 이는 명예훼손에 있어서도 유사한 문제를 안고 있으나 아직까지 이를 어느 정도까지 인정할 것인가에 대한 판결이 나오고 있지 않다. 오히려 대법원 판결들은 집단표시에 의한 모욕죄를 원칙적으로 인정하지 않는 경향을 보이고 있다. 우리 법원은 어떤 집단을 대상으로 모욕적인 발언을 하였을 경우, 비난의 정도가 해당 집단으로부터 그 집단에 소속된 구성원 개개인으로 넘어가면서까지 희석되지 않고 개개인의 명예를 저하시킬 정도까지 되어야 모욕죄로 처벌할 수 있다고 본다.

'집단표시에 의한 모욕죄'에 대한 판결에서 모욕에 해당하는 표현으로 판례에서 언급된 사례를 간단히 살펴볼 필요가 있다. 예를 들어 '독립운동가들 모욕 사건'에서 법원은 "평가 내지 의견에 해당하는 것이 명백한 표현에 관하여는 조금의 거리낌도 없이 '조선왕조의 충견, 가짜 위인, 살인마, 무지막지한 조선인, 여자 깡패' 등 과격하고 악의적이며 인종차별적이고 욕설에 가까울 정도의 모욕적인 표현을 사용한 점 등에 비추어 그 죄질이 매우 나쁘다"라고 판시하였다. 다음으로 '인터넷 카페 회원들 모욕 사건'에서 1심과 2심 재판부는 피고인들이 인터넷 다음 사이트의 아고라 토론방에 인터넷 카페 노노데모의 회원들에 대하여 "개독알밥 꼴통놈들은", "전문시위꾼 똘마니들", "존만이들아" 등의 글을 게재한 것에 대하여 인터넷 카페 회원인 피해자를 모욕하였다고 인정하였다. 또한 국회의원이 연관된 '아나운서 모욕 형사사건' 제1심 판결에서는 개별적인 표현의 사례가 아니라 모욕의 조건을 제시하였는데, "가해의 의사나 목적까지는 필요하지 않으며 그 대상자에 대한 사회적 평가를 훼손할 수 있는 내용의 발언"을 모욕으로 보았다. 이 판례에 따르면 욕설에 가까운 표현만이 모욕에 해당하지 않으며, 저속하거나 상스러운 발언이 아니라고 하더라도 표현의 맥락상 대상자에 대한 사회적 평가를 훼손하는 정도에 이르면 모욕에 해당하며, 이러한 사례는 이 책 제2장에서 살펴본 '제주 4·3 사건 희생자들 모욕사건', '유모차 시위대 모욕 사건', '아나운서 모욕 (민사)사건'에서도 발견할 수 있었다.

그러나 법원에서 '집단표시에 의한 모욕죄'가 인정된다는 전제하에, 모욕에 해당하는 표현이라고 언급한 위의 사례들은 모두 하급심 판결이었으며, 상급심에서는 앞서 살펴본 바와 같이 집단을 대상으로 하는 모욕적인 발언은 집단의 규모가 커서 집단구성원 개개인에 대한 모욕적인 발언으로 보기 어려운 경우 무죄를 선고하고 있다. 이러한 이유로 집단에 대한 모욕적 발언을 처벌할 수 있도록 법을 개정해야 한다는 주장은 오래전부터 있어 왔으며, 전술했던 대로 제19대 국회에서도 '반인륜 범죄 및 민주화운동을 부인하는 행위의 처벌에 관한 법률안'이 발의되었다. 그러나 전술한 바와 같이 이 법률안은 다른 법률안들과 마찬가지로 통과되지 못하고 막을 내린다. 관련 법률안들이 쉽게 채택되지 못하고 법으로 제정되기 어려운 가장 큰 이유는 표현의 자유와의 충돌 때문이다. 이처럼 모욕죄 영역에서의 표현의 자유와 인격권 훼손을 적절히 비교형량 하는 것은 쉽지 않은 일이다.

모욕죄 관련 판결을 최근 5년간 전체적으로 수집하고 분석한 가장 최근에 나온 모욕죄 연구(박장희, 2019)에 따르면 다음과 같은 다양한 결과를 나타냈다.

첫째, 모욕죄 관련 소송의 경우 공인들이 소송을 제기하는 경우가 더 많고, 친분이 없는 경우가 소송을 더 많이 제기하며, 고소인이 피고인보다 사회적 위상이 더 높은 경우가 많은 것으로 나타났다.

둘째, 온라인상의 모욕죄가 대단히 위험하기는 하나 아직까지는 대면 모욕에 따른 소송이 가장 많으며, 욕설을 사용한 경우가 그렇지 않은 경우보다 훨씬 더 많았으며 욕설이 사용되지 않은 경우에도 모욕죄로 인정한 사례가 있다.

셋째, 온라인상에서 욕설한 경우, 대면 상황 등 비온라인 상황에서 욕설한 경우보다 모욕죄 소송이 발생한 경우가 더 적은 것으로 나타났다.

넷째, 경찰관에게 욕설한 경우, 일반인을 욕설한 경우보다 모욕죄 소송이 발생한 경우가 많으며, 유죄판결율이 일반인보다 더 높고, 일반인의 평균 액수보다 더 높은 것으로 나타났다.

다섯째, 욕설을 사용한 경우가 욕설을 사용하지 않은 경우보다 평균적인 벌금 액수가 높은 것으로 나타났다.

결국 이러한 결과를 고려할 때 모욕죄는 원래 제정 목적에 부합하지 않는 측면이 강하며 더 많은 언론의 자유가 허용되어야 한다는 관용적인 민주주의 국가의 목적에도 위배된다고 판단한다. 그런 측면에서 모욕죄의 폐지가 마땅하다는 시각을 견지하기도 한다.

반면 모욕죄를 통한 형사적 처벌이 어렵거나 바람직하지 않는 경우에는 모욕죄에 대한 민사적 해결방식을 통하여 문제를 해결해야 한다는 주장도 있다. 즉 민사적 소송의 경우에 그 배상액을 징벌적 성격을 담아서 명할 수 있는 징벌적 손해배상제도를 필요한 경우에 도입해야 한다는 주장이 있다. 이 주장의 요지는 실세로 온라인상에는 헌법적으로 보장될 수 있는 표현과 그렇지 못한 표현이 혼재되어 있는데, 이들 중 보장될 수 없는 표현을 반복적이고 악의적으로 이용하는 악플러에 대해서는 징벌적 손해배상을 명할 수 있도록 해야 한다[138]는 것이다.

결론적으로 현재의 판결 경향과 논의들을 보았을 때 모욕죄를 통하여 혐오표현을 규제하는 것은 불안정할 수밖에 없다. 다만 처벌을 요구하

138 이재진 (2019.10.28.), 이슈논쟁 〈악플 방지 위해 징벌적 손배 도입해야〉, 《한겨레》. 한국에서 부분적으로 도입되고 있는 징벌적 손해배상이란 실제로 징벌적 배액배상제도라고 하는 것이 더 맞다.

는 쪽이나 그렇지 않은 쪽이나 혐오표현에 대하여 그냥 두어서는 안 된다는 인식은 공통적이다. 다만 그 방법론적 측면에서 다양한 견해를 보인다고 해석할 수 있다. 혐오는 인간의 본질적 특성이므로 절대적으로 배제하기는 힘들다는 점에서 혐오표현을 우리가 현대를 살아가는 데 치러야 할 사회적 비용이라고 할 수 있다면 이러한 비용을 최소화할 수 있도록 중장기적인 측면에서 다양한 접근방법을 통하여 제재를 논해야 할 것이라 판단된다.

그렇다면 혐오표현에 대해서는 어떻게 대응해야 할까? 홍성수(2018)는 혐오표현 규제 방안으로 ▲형사범죄화 ▲민사구제 ▲차별시정기구를 통한 규제 ▲형성적(formative) 조치를 들었다. 그는 "유럽의 경우 혐오표현에 대하여 형사처벌 등으로 강경하게 대응하고 있다"라며 "혐오표현에 대한 형사범죄화는 결과만을 처벌하는 경우가 발생할 수도 있고, 표현에 대한 국가규제의 총량이 증대한다는 문제가 있다"라고 말하였다.

미국은 유럽과는 다른 방식으로 혐오표현에 대응하고 있다. 그는 "〈수정헌법〉 제1조에 따라 표현의 자유를 최대한 중시하는 미국은 혐오표현에 대하여 국가 개입을 최소화한다. 그러나 형사처벌을 하지 않을 뿐 오히려 혐오표현이 실질적 (차별) 행동으로 넘어가는 순간부터는 오히려 더 단호하게 대처한다"라며 "대학과 기업 차원에서도 '차별금지 정책' 또는 '다양성 정책' 등을 수립해 시행하고 있다"라고 설명하였다. 이러한 설명은 제3장 '외국의 혐오표현 규제'에서 조사된 내용과 일치한다. 결국 혐오표현에 대한 대응 방식은 다르지만, 혐오표현에 대한 제재가 이뤄지고 있지 않은 선진 국가는 찾아보기 어렵다.

계속해서 그는 혐오표현에 대하여 "사회적 개념과 처벌과 규제를 위한 법개념을 구분할 필요가 있다"라고 지적하였다. "혐오표현을 잘 포착하기 위해서는 사회적 개념으로는 그 범위를 최대한 넓게 봐야 한다. 하지만 법적으로는 혐오표현에 대한 전반적 규제를 두되, '직접적인 차별 선동' 등 범위를 최대한 좁히면서 형사처벌 가능성을 모색할 수 있도록 해야 한다. 비유를 들자면 혐오표현에 대한 법적 규제는 '망치로 때리는 것보다는 정교한 메스를 가지고 도려내야 하는 것'이어야 한다"라고 말한다.

이러한 의견에 저자들도 전적으로 동의한다. 그의 논지는 이 책에서 의도하고 있는 저자들의 연구 목적의 하나이기도 하다. 다만 실제로 이것이 가능하기 위해서는 일정 기간의 시행착오가 불가피해 보인다. 시행착오를 겪으며 사회적 논의를 펼치는 것이 표현의 자유로 인하여 전혀 규제를 못하는 것보다는 진일보한 것이며 현대 민주주의 사회가 나가야 할 방향이라고 판단된다.

이러한 논의에 근거해 볼 때 2019년 3월 대법원 양형위원회(이하 양형위)가 혐오표현에 대하여 결정하고 7월부터 실시하고 있는 사항을 되짚어 볼 필요가 있다. 양형위는 (허위사실에 따른 명예훼손죄와 함께) 모욕죄의 양형기준을 의결하면서 형량을 가중할 수 있는 특별 양형인자 중 '비난할 만한 범행동기'에 "피해자에 대한 보복·원한이나 혐오 또는 증오감에서 범행을 저지른 경우" 및 "별다른 이유 없이 특정 집단이나 다수의 피해자를 상대로 한 무차별(무작위) 범행 또는 범행 자체를 즐겨서 저지른 경우"를 포함시켰다. 이러한 양형위의 결정은 최근 혐오표현이 난무하고 이를 법으로 규제해야 한다는 목소리가 커지면서 내린 결정이라는 지적이 있다(경향신문, 2019.05.19.). 양형기준이 구속력은 없다고 해도 형량을 정하는 법원이나 언론중재위원회와 같은 기관에서도 이를 중요하게 참고한다는 점에서 현재 혐오표현을 법적으로 규제하는 것이 어려운 상황임을 고려할 때 양형 단계에서 혐오 요소를 판단함으로써 혐오표현 규제의 공백을 메워줄 수 있을 것이라는 평가가 있다. 물론 여전히 법적으로 혐오표현을 규제하는 데 신중해야 하며 최대한 비법적인 규제방식으로 풀어가는 것이 순리라는 지적도 있다. 또한 아무리 양형기준이라고 해도 성별·장애·종교·나이·출신 지역·인종·성적 지향 등에 대하여 명시하지 않는다면 개인적인 복수심이나 원한에 의한 범행을 혐오 요인으로 인식할 위험성이 있다고 보는 시각도 있다. 결국 국가가 표현을 형사처벌하는 것은 민주주의를 저해한다는 취지로 해석할 수 있다.

그렇다면 다시, 혐오표현의 규제는 "법적 규제 외에 차별시정기구에 의한 혐오표현 규제와 형성적 규제도 함께 이뤄져야 한다"라는 주장이 힘을 얻는다(홍성수, 2019 등). 국가인권위원회(2016)도 "형성적 규제들이 동시에 이루어질 때, 혐오의 근본원인을 해결할 수 있다"며 다양한 방안이 함께 필요하다고 강조한 바 있다. 차별시정기구에 의한 혐오표현 형성적 규제로는 국가인권위원회나 학교나 직장 내 자치 기구인 차별시정기구에 의한 시정권고나 조정 등 비권력적 방식의 규제를 들 수 있다. 형성적 규제는 적극적·긍정적·사전예방적 조치들이며, 시민사회의 대응능력을 향상시킨다. 예를 들어 공공기관이나 시민단체에서의 교육, 홍보, 의식개선, 자치활동을 들 수 있다(PD저널, 2019b).

법적인 규제라고 하더라도 대부분의 연구자들은 궁극적으로 형사적 규제보다는 민사적 규제를, 강제적 규제보다는 자율적 규제를 바람직한 방향으로 판단하고 있다. 그런데 지금까지의 많은 연구들에 따르면 완전한 자율규제란 매우 실현 가능성이 낮은 체제라고 판단된다. 예를 들어 혐오표현의 테두리에서 가장 큰 문제로 대두되고 있는 악플과 같은 현상을 자율규제로서만 해결해 갈 수는 없을 것으로 보인다.

SNS상의 악플과 관련하여 이재진(2019.10.29.)은 악플에 실린 내용 중

악질적인 내용에 대해서는 형사적 처벌이 가능하도록 〈형법〉 제311조에 제311조의2를 두어 혐오표현이 형법으로 규제될 수 있도록 하는 것이 필요하다고 주장한다. 형사적으로 처벌하려면 규제 대상이 명확해야 하는데 혐오표현이 무엇인지 명확하지 않다는 점에서 우선순위를 정하여 성별·인종(국가)·장애·성적 정향성의 경우에는 제311조에 포섭하는 것을 제안하였다. 다만 형사처벌의 양형에 대한 여론을 수렴해야 하며, 현재 정치적 이해관계로 인하여 법의 제·개정이 쉽지 않는 점 등의 이유로 매우 죄질이 나쁜 악플러를 제외하면 형사처벌보다는 민사적인 피해구제를 우선하도록 하는 방안을 제안한다.

그는 민사적인 해결에도 현재까지는 손해배상을 크게 책정하지 않는 경향이 있는데 반복적으로 악플을 달아서 타인의 인격권을 훼손하는 경우에는 동일한 행위를 반복하지 못하도록 일벌백계적 특성을 지니는 징벌적 손해배상제도(정확히는 징벌적 배액배상제도)를 도입하도록 하는 해결안을 제시하였다. 이를 통하여 실질적이고 적극적인 피해예방이 가능하도록 하는 것이 민주주의 국가의 의무라는 점을 강조하였다.[139]

모욕죄를 통한 혐오표현(증오 발언)의 규제 가능성과 관련하여 박장희(2019)는 2009년 인종차별적 발언에 모욕죄를 적용한 사건이 있었고, 2014년 5·18민주화운동 희생자의 관을 택배에 빗대 사진을 인터넷 사이트에 게재한 이에게 모욕죄를 적용한 사례가 있음을 밝히고 있다. 같은 맥락에서 김민정(2014)도 해악을 끼치는 공적인 증오 발언에 대하여, 현재의 모욕죄를 일부 수정하여 적용할 것을 제안하였는데, 현재의 모욕죄로 처

139 이재진 (2019.10.29.). [이슈논쟁] 악플 방지 위해 징벌적 손배 도입해야. 《한겨레》.

벌하고 있는 추상적 판단 및 감정의 표현에 대한 처벌 범위를 소수자 집단의 정체성에 대한 공격을 담고 있는 추상적 판단 및 감정의 표현으로 좁혀서 적용 가능한 것으로 보았다. 최근 혐오표현과 관련하여 많은 연구를 내고 있는 이승현(2016a or 2016b or 2016c)도 혐오표현 중에서 집단 모욕죄의 적용 가능성을 살피면서, 문맥상 개인 혹은 특정 가능한 소수의 개인들을 파악할 수 있다면 수적으로 적은 집단이 지칭될수록 모욕죄 적용 가능성이 높아진다는 점을 지적하였다. 만일 집단의 크기나 비방의 희석 여부에 근거하여 혐오표현에 대한 모욕죄 처벌이 (예외적이기는 하지만) 가능할 수 있다고 판단하였다.

그러나 이러한 제안에 반대하는 목소리도 여전히 크다. 혐오표현에 대한 형사적 처벌을 반대하고 자율적 규제를 강조하는 사람들의 경우에는 다음의 몇 가지 논리의 입장에 기초하고 있음을 알 수 있는데, 이에 대한 한계점도 같이 지적하자면 다음과 같다.

첫째, 조금씩 온라인이나 SNS 매체 안에서 진실에 대한 자정작용이 일어나고 있다. 실제로 혐오표현의 온상이라고 할 수 있는 악플을 살펴보면 악플을 다는 곳 내부적으로도 표현의 수준과 정도에 절제를 요구하는 목소리도 자주 나타나고 있다. 그러나 이러한 노력이 온라인에 편재되어 있는 혐오표현을 잠재우는 결과를 가져오기까지는 매우 긴 시간이 소요될 것이다.

둘째, 자율적인 규제와 미디어 리터러시 교육이 우선되어야 한다는 주장이다(문화체육관광부, 2019). 이 또한 중요한 해결 방안이다. 다만 해결을 위한 노력과 시간이 과도하게 투여되는 문제가 있다. 또한 자율적인 규제만으로는 적절한 규제가 어렵다는 많은 조사결과들이 있다. 즉 자율적인 규제와 미디어 리터러시 교육은 적절한 규제정책과 병행될 때 그 효과가 있다는 주장이 많다.

셋째, 대항담론과 발언할 자유를 강화하여 혐오표현에 대항함으로써 누구나 커뮤니케이션에 참여함으로써 민주주의의 본질적 가치를 달성하도록 해야 한다는 주장이다(홍성수, 2019; 이준웅·박장희, 2018). 즉 자율적인 규제나 미디어 리터러시 또는 대항담론 등의 더 많은 발언할 자유의 실질적 확보 등을 통하여 혐오표현에 대항해야 한다는 주장도 장기적인 측면에서는 틀리지 않다. 다만 이러한 것이 사회적 제도로서 자리 잡는 데 너무나 많은 시간이 걸릴 뿐 아니라 실현 가능성을 장담하기가 쉽지 않다. 아울러 기존의 연구들은 사회적 쟁점의 해결은 자율규제나 제도적 변화만으로 해결하는 것은 불가능하다는 결과를 보여준다.

직접적인 규제를 반대하는 거의 모든 연구들의 공통적인 내용은 현재 모욕죄를 통하여 규제하기에는 아직 명확하지 않다는 것이다. 그러나 어떠한 방식으로든 혐오표현의 피해를 막아야 한다는 점은 모든 연구자들의 공통된 인식이다. 이러한 점에서 본다면 그것이 형사적이든 민사적이든 모욕죄를 통한 혐오표현 규제의 가능성은 아직 있다고 판단된다. 특히 혐오표현을 일종의 표현(expression)이 아닌 전략적 행위(action)라는 점에 주목할 경우에 특히 가능성이 높다고 판단된다.[140] 독일의 경우 이러한 인식에 근거하여 모욕죄를 통한 혐오표현을 실시하고 있다. 표현과 행위를 엄격히 구분하는 미국의 경우에도 실질적으로 피해를 일으키는 행위를 유발하는 표현(fighting words)의 경우에는 이를 가중처벌하는 체제를 적용하고 있다. 일본의 경우에도 아직 직접적인 관련 법 규정은 없으나 국

140 CJEU, *Mesopotamia Broadcast AIS and Roj TV AIS v. Bundesrepublik Deutschland* [2011] ECR I-08777, Joined Cases C-244/10 and C-245/10 [41] 참조.

제사회로부터의 압력 등에 의해서 판결을 통하여 모욕죄를 적용하여 규제하고 있다.

3

적절한 비교형량을 위하여

비록 우리가 싫어하는 극단적인 표현이지만 이를 할 수 있도록 법으로 보장해 주는 것이 현대 민주주의 국가의 원칙이다(루이스, 2007). 혐오표현도 예외는 아니다. 그러나 이를 표현해서 발생할 수 있는 피해를 최소화하려는 것도 민주주의 국가의 원칙이라는 점에서 본다면 여성의 신체를 비하하거나 장애인이나 성적 소수자에게 모멸적인 발언을 하는 것을 제지하는 것이 그렇지 않고 이를 표현하게 하는 것보다 더 공익에 충실할 수 있다. 사실적시 명예훼손의 경우에도 보호될 수 있는 것이 허명(虛名)에 불과하다는 지적(신평, 2004)처럼 혐오를 표현할 수 있도록 보장해 주어서 얻을 수 있는 공익은 반면교사를 통하여밖에 얻을 수 없기 때문이다. 즉 제대로 된 명예의 보장이 아니라 가짜 명예 또는 위선적인 명예를 보장하려고 애쓰는 셈이 되듯이 보장할 공익적 가치가 낮은 표현이라고 할 수 있다. 비록 혐오표현의 보장이 이에 대한 카운터 스피치(counter speech)를 유발한다는 점에서 보장해야 된다는 인식도 존재하고 있으나 실제 상황에서 이는 비현실적이라는 지적이 많다.

적절한 비교형량을 하루아침에 달성하기는 쉽지 않다. 지금까지의 논의를 종합적으로 정리하자면 혐오표현의 증가방지 또는 예방을 위해서는 사회 각계각층에서 모두 상호협조 시스템을 구축하는 것이 필요하다고 판단된다. 여기에는 언론과 기자들도 참여하여 혐오표현이 사회에 만연하지 않도록 노력해야 한다. 기존의 언론들이 관행이라는 근거에서 행해 온 혐오표현에 대한 인식의 전환이 요구된다.

이러한 점은 언론의 사설/칼럼 분석에서도 잘 나타난다. 언론보도에서 나타난 '혐오' 표현이 어떠한 특징과 문제점을 지니고 있는지를 문헌조사와 주요 5개 일간지 사설 및 칼럼 분석을 통하여 알아보았는데, '혐오'란 용어가 포함된 언론 기사는 1999년 이후 괄목할 만한 증가를 보였으며, 2000년부터는 2배 이상으로 급증하였다. 또한 1990년(123건)과 2019년(1만 436건)을 비교해 볼 때, '혐오' 표현이 담긴 기사 건수는 100배 가까이 늘어난 것을 알 수 있었다.

기존 연구에 따르면 언론에서의 혐오표현은 특히 2016년과 2017년에 급격히 증가하였다. 이는 그만큼 한국 사회에서 혐오표현으로 인한 사회 문제들이 발생하였다고 짐작할 수 있는 대목이다. 그러나 과연 혐오표현에 의한 사회 문제의 급증만이 언론에서의 '혐오' 표현을 증가시켰다고 할 수 있을까? 이에 대하여 연구자들과 시민단체는 언론이 혐오를 혐오라 인지하지 못하는 것이 혐오기사가 쏟아지는 주요 원인이라고 지적하면서, 언론이 혐오표현을 그대로 옮기는 '따옴표 저널리즘'식의 보도를 한다고 꼬집었다. 이에 대하여 언론사 기자들은 혐오표현을 조장하지 않도록 학습이 필요하며 인권 관련 단체에 주기적 모니터링도 필요하다고 답하였다.

주요 5개 일간지의 사설 및 칼럼에서 '혐오'와 관련한 이슈의 '프레이밍' 유형은 '책임귀인 프레임'이 가장 많았고, '대립/분열/갈등 프레임', '문제해결 프레임' 순으로 나타났다. 마지막으로 총 285개의 사설 및 칼럼 가운데 혐오표현을 해결할 수 있는 구체적 방안을 제시한 17개 논설을 분석한 결과, 법제정의 필요성을 제시한 경우는 9건, 기업의 자율규제 방식을 주장한 경우는 4건, 사회 구성원의 자율적 노력에 맡겨야 한다는 주장은 4건이었다.

사설 및 칼럼에서 주로 제안하고 있는 법제도는 차별금지법(6건)이었는데, 이와 달리 〈형법〉 제311조의2를 신설하여 모욕적 혐오표현을 처벌하고, 민사적으로는 악플 재발 방지 목적으로 징벌적 손해배상 제도를 도입하자는 주장도 있었다. 이는 이전에도 이미 차별금지 관련 연구에서 소개된 바 있다(장재옥 · 이은옥, 2015). 혐오표현 등의 차별행위로 인한 피해자는 심리적 · 물질적 차별을 입증하기가 곤란한 경우가 많으며 그에 따라 실질적인 구제도 어렵다. 따라서 악의적인 차별행위를 강력하게 규제하기 위한 징벌적 손해배상을 도입한다면, 피해자의 권익 보호와 실질적인 보상을 보다 현실화하고, 차별행위의 재발 방지와 예방을 통하여 평등에 대한 실효성을 제고할 수 있을 것이다.

인터넷 서비스 사업자 등의 자율규제를 강조한 4건의 사설 중에는 자율규제와 함께 다른 주체의 노력을 요구하기도 하였다. 마지막으로 사회 구성원들의 자율적 노력을 해결책으로 제시한 사설 및 칼럼은 교류와 소통, 포용과 공감, 집단지성 등 공동체의 화합으로 혐오 문제를 타파할 수 있다고 보았으며, 그중에는 완전한 표현의 자유의 보장이 오히려 혐오표현을 이겨낼 수 있는 방안이라는 주장도 있었다.

그러나 '표현의 자유'의 실천으로 혐오표현이 잦아든다면, 법적인 제재 조치를 도입한 민주주의 국가는 없었을 것이다. 앞서 소개했듯이 세계 선진 국가들 중 혐오표현을 법적으로 규제하는 경우는 쉽게 찾아볼 수 있다. 타인을 자살에 이르게 할 정도로 경멸과 조롱과 비난과 적대감을 토해내는 온라인상의 댓글러들을 말로 싸우고 타일러 교화시킨다는 것은 너무나 이상적인 해결책일 수 있다.

아울러 국내 주요 일간지의 사설과 칼럼에서도 '혐오'라는 단어는 다양한 주제에 걸쳐 이용되고 있었다. 그중에서도 '정치' 이슈와 '사회적 약자 차별' 이슈가 두드러졌는데, 특히 '정치'+'혐오'는 2015년부터 2019년까지 꾸준히 언급되고 있었다. 그런데 '정치'+'혐오'가 사용된 문장을 보면, 언론은 정치권의 실책이 곧바로 국민의 정치 혐오로 이어지는 것으로 묘사하고 있었으며, 언론의 이러한 '혐오' 남발은 독자로 하여금 '혐오' 표현에 무감각해질 여지를 주며, 사설과 칼럼을 소비하는 독자들에게 자칫 정치를 혐오해야 하는 대상으로 여기게 하는 역기능의 우려를 낳고 있었다. 또한 사회적 약자에 대한 혐오 이슈는 보수 성향의 언론사에 비하여, 진보 성향의 매체가 상대적으로 많이 다룬 것으로 나타났다.

궁극적으로 지금까지의 논의를 종합적으로 정리하자면 혐오표현의 증가방지와 예방을 위한 적절한 대응방안으로 다음 네 가지가 우선순위로 제안 가능할 것이다.

첫째, 혐오표현에 대한 입법적 처벌 방안으로 포괄적인 '차별금지법' 제정이 필요하다. 한국은 표현의 자유가 보장되는 민주주의 국가이지만, 다른 사람에게 해악을 끼치는 혐오표현에 대해서는 국가가 간섭해야 한다는 견해가 다수이다. 한국도 국제연합의 일원으로서 국제인권규약을 존중해야 한다는 측면에서도 이와 관련된 입법이 조속히 마련되는 것이 바람직하다.

둘째, 일부의 혐오표현에 대하여 모욕죄를 개정하고, 관련 판결을 통하여 규제가 가능하다. 혐오표현의 일부는 우리 사회상규에 비추어 수용하기 힘든 만큼 형사처벌을 하는 것이 필요한 경우가 있을 수 있다. 또한 이러한 표현을 우연히 또는 일회적으로 사용하는 것이 아니라 반복적으로 특정인이나 그가 속한 집단을 대상으로 사용하는 경우에 발언을 한 사람을 처벌하는 방향으로도 규제가 가능할 것이라 생각된다. 어떤 표현을 규제하는 것은 표현의 자유에 저촉될 수 있다는 점에서 부담이 되지만 표현을 하는 사람을 중심으로 규제하는 경우 이러한 위험에서 벗어날 수 있을 것이다. 또한 제주 4·3 사건 희생자들 모욕 사건에서와 같이 집단의 구별 징표가 표출되는 구성원 전체의 행동이나 성향을 모욕의 대상으로 삼는 경우, 집단구성원의 많고 적음과 관계없이 집단표시에 의한 모욕으로서의 가벌성을 인정할 필요도 있을 것이다. 이를 다시 정리하면 '표적 집단의 성격을 고려하고, 집단구성원의 수가 소수일수록, 그리고 문제된 혐오표현의 강도가 세고 이를 반복적이고 악의적으로 사용하는 경우'에는 혐오표현에 대한 모욕죄 적용이 가능할 수 있을 것으로 판단된다.

셋째, 많은 연구자들이 지적하듯이 모욕죄 등의 법적 장치와 함께 정책적·제도적 대응방안이 같이 마련되어야 하며, 사회 구성원의 합의와 참여하에 자정하려는 시스템 구축이 필요하다. 무엇보다 표적 집단이 혐오표현에 대항할 수 있는 환경을 조성해야 하며, 정체성이 다른 공동체들 간의 교류를 적극 지원해야 한다. 교육교재에서 다양성과 관련한 내용이 있는지를 주지하고 특정 집단에 대한 고정관념 및 편견을 심어줄 수 있는 내용이 담긴 교재 사용을 지양해야 한다.

마지막으로 혐오표현을 막기 위한 상호문화교육 프로그램을 만들어야 한다는 제언이 있다. 상호문화교육은 모든 학생을 대상으로 그들 주위의 문화에 대한 이해를 증진시켜 그들의 편견을 줄이고 인종주의, 차별, 문화적 불평등에 대하여 비판적 시각을 가지게 되며 민족중심주의에서 벗어나 교류하도록 하는 것이다. 상호문화교육이야 말로 장기적이고 지속 가능한, 혐오표현 예방과 감소를 위한 가장 효과적이고 적극적인 교육적 접근방안이다. 특히 다문화 가정 인구가 130만 명을 넘어서는 2020년 현재에 와서는 이러한 프로그램이 특히 필요할 것으로 보인다.

만일 이러한 네 가지 방안이 가능하다면 혐오표현을 치료할 수 있는 실천적 논의가 가능할 수 있으리라 생각한다. 그러나 네 가지 방안 모두 중·장기적인 성격의 것이며 사회 각계가 모두 참여해야 하는 만큼 중·단기적으로 혐오표현의 피해를 줄일 수 있는 법적 테두리 내에서의 허용되는 최소한의 규제가 선행되어야 할 것이다. 단순히 표현의 자유의 장벽에 막혀서 규제 논의를 벌이지 못하는 사이에 혐오표현으로 인한 피해는 더욱 커지고 있고, 이로 인한 표적 집단이 되는 사회적 약자나 소수자들은 실질적으로 인격적인 훼손을 계속 경험하고 있다.

독일은 집단표시에 의한 명예훼손, 모욕죄를 인정하고 있으며 일본은 모욕죄로 혐한 헤이트 스피치를 규제하는 데 적용한 바는 우리에게 시사점이 있다. 물론 처벌이 능사는 아닐 것이다. 그리고 혐오표현을 심하게 하는 사람을 처벌해야지 왜 말과 발언을 처벌하려고 하는가 하는 문제제기가 가능할 것이다. 여전히 표현에 대한 과잉 규제의 의문이 남는다.

그러나 혐오표현은 표현이라기보다는 행위에 가깝다는 지적을 고려할 필요가 있다. 혐오표현을 순수한 표현으로 인정하는 경우 이를 법으로 제재하지 않는 미국의 경우에도 혐오표현이 증오를 선동하여 이것이 특정한 행위를 일으키는 도발적 발언(fighting words)이 되거나 또는 혐오 범죄가 되는 경우에는 이를 가중처벌하고 있다. 그래서 혐오표현에 대한 규제가 단순한 욕을 할 권리를 규제하기라기보다는 특정의 표적 집단이 사회적으로 위축되지 않도록 하기 위한 최소한의 완충장치라고 할 수 있다.

궁극적으로 이 책에서 반복적으로 주장해 온 바와 같이 한국도 외국에서와 같이 더 이상 방관만 하고 있어서는 안 되며 적어도 혐오표현의 문제를 해결하기 위한 방향을 잡아야 할 것이다. 그래서 혐오표현에 대한 논의가 시작되어 20년이 지난 오늘날 정체되어 있는 논의가 계속되어야 할 것이다. 특히 어떻게 규제할 것인가에 대한 사회적 공감대를[141] 이끌어낼 수 있도록 논의를 해 나가야 한다. 방법이나 우선순위에 있어서는 더 많은 논의가 필요할 것이라 여겨지지만 무엇보다 규제에 대한 사회적 필요성이 존재하고 있다는 점에서 규제를 위한 방향성 설정은 불가피하다고 판단된다. 특히 우리 사회의 정서적 측면에서 볼 때 수치심과 분노를 야기할 수 있는 혐오표현을 적절히 규제하고 그로 인한 피해의 구제를 할 수 있는 시스템을 구축해 나가야 할 것이다.

이러한 점은 과거 국회의 다양한 입법적인 시도들이 모두 불발로 끝났으며 향후에도 입법 활동이 과도하게 '정치화'되어 있어서 특별법이나 독립법을 만드는 것은 쉽지 않다는 점에서도 잘 드러난다. 포괄적 차별금지법 또한 현실적으로 제정이 힘든 상황이다. 대법원 양형위원회의 지침은 강제성은 없는 만큼 법원에서 표현의 자유를 억압한다는 비난을 감수하면서 혐오표현을 제재하려는 부담을 떠안으려고 하지는 않을 것이다. 규제를 둘러싼 논의를 정리하자면, 결국 외국의 경우에 혐오표현을 규제

141 다양한 협업 시스템의 일환으로 대학교 언론법 관련 과목에서 이러한 교육들이 최대한 많이 이루어진다면 이 또한 매우 효율적이라고 생각한다. 특히 차이와 차별이 제대로 인식될 수 있는 세상을 지혜롭게 살아가도록 하는 방안에 대한 논의를 강의에서 할 수 있으면 더욱 좋을 것이라 판단된다. 언론의 경우에 그 역할이 중차대한데 그동안 언론 자신도 인식하지 못하는 사이에 혐오표현의 확대에 일정 부분 조력자로서의 의심을 받아왔는데 이러한 점을 인식하고 만회할 수 있도록 기자들에 대한 교육 등이 요구된다고 할 수 있다.

하지 않는 나라는 한국뿐이라는 기존의 논의를 종합적으로 정리하고, 외국의 경험을 살펴서 '혐오표현의 허용과 한계를 둘러싼 다양한 이익들이 적절히 비교형량이 될 수 있는 보편적 이론적 틀을 구축하는 것이 필요할 것'이라 요약할 수 있다.

재차 강조하지만 지금까지 혐오표현의 규제를 둘러싼 논의가 지난 20년 동안 많이 있어 왔지만 최근에 논의가 부진한 상태로 머물고 있다. 이러한 사이에도 혐오표현으로 인한 피해는 진행 중이고 이에 대한 구제를 제대로 받지 못한 채 방치되어 버린 느낌이다. 물론 혐오표현의 문제를 완전히 해소할 수도 없을 것이라는 생각도 든다. 아마도 이 책에서 앞서 열거한 여러 가지 문제로 인하여 발생하는 혐오표현은 우리가 짊어지고 가야 할 짐이거나 사는 동안 치러야 할 사회적 비용이라고 할 수 있다. 이 책에서 추구하였던 바도 바로 우리의 짐을 가볍게 하고 우리가 치러야 할 비용도 최소화할 수 있는 방안 또는 대안을 이론적으로 실질적으로 탐구하고 제시하는 것이었다. 이 목적을 달성하기 위해서는 무엇보다 사회적 여론을 반영하여 이를 근거한 규제를 위한 협업 체계를 구축하는 것이 필요하다. 그리고 그 네트워크 선상에서 긴밀한 관계망을 유지하면서 장기적으로는 미국과 같은 제도적인 측면에서 혐오표현의 문제를 다루어야 할 것이라 사료된다.

어떤 행위나 표현에 규제를 하는 경우 국가의 개입이 없을수록 좋다고 인식되어지고 있으나 완전한 자율규제가 불가능하다는 점에서 국가의 개입은 불가피하다고 생각된다. 최대한 협업 시스템하에서 다양한 형태의 규제를 실행해 나가는 것이 가장 좋을 것이다. 다만 이러한 시스템이 자리를 잡는 데 시간적으로 많이 걸린다는 측면에서 우선순위를 정하고 이에 대한 논의와 공감대 형성을 이루어 갈 필요할 것이라 생각된다. 즉 이 책은 바로 이러한 논의와 공감대 형성을 위한 잘 정리된 자료의 의미를 갖도록 해야 한다. 물론 협업 시스템 전체가 동시에 작용할 수 있도록 해야 할 것이다. 그러나 전체가 다 조화롭고 자연스럽게 이루어진다는 것은 쉽지 않으므로 우선적으로 할 부분이 협업 체제를 이끌어 나가는 것이 옳다고 판단된다.

이 책에서는 우선적으로 혐오표현과 많이 닮아 있는 모욕죄를 통하여 혐오표현을 규제할 것을 제시하고자 한다. 이렇게 결정을 한 것은 여론이나 미디어 환경의 변화, 그리고 폭증하는 사회적 피해 때문이라고 할 수 있다. 규제가 필요하다는 여론의 확률이 크게 높았으며, 공적인 피해가 발생하였을 때 관련법이 필요하다는 논의에 근거하고 있다고 할 수 있다.

몇몇 연구자들은 이미 모욕죄를 통한 혐오표현을 줄일 수 있는 방법을 제안한 바도 있고, 모욕죄를 통하여 혐오표현을 규제하려는 외국의 사례들(독일이나 일본도 마찬가지임)에서도 알 수 있듯이 특별법이나 독립법을 만들기보다는 모욕죄와 관련된 형법을 정비하고 소위 제311조의2 규정을 만들어 성, 인종, 장애 여부와 성 정체성(성 소수자)에 대한 차별이나 폭력을 선동하는 공적인 표현의 경우에는 적당한 범위 내에서 기존 제311조의 형량에 준하거나 좀 더 형량을 상향조정하는 방법을 통하여 규제하는 것이 필요할 것이라 판단된다. 이와 함께 정치권에서 이에 대한 관심을 가질 수 있도록 다양하게 홍보할 필요가 있을 것이다.

이러한 법 개정 작업과 함께 민사적인 사례에 있어서도 손해배상 제도에 징벌적 손해배상 성격의 배상(배액배상제도)이 가능하도록 하는 방법이 필요하다. 이는 법원에서 법원의 재량에 따라서 다르게 해석할 수 있는데 이러한 점은 판결로 풀어가야 할 것이다. 법원은 다양한 형태의 판결 기준을 만들어 판결을 통하여 가능한 제대로 된 피해구제가 이루어질 수 있도록 함과 동시에 죄질이 나쁜 악플러의 징계에 대해서는 일벌백계식의 접근이 필요할 것이라 여겨진다.

참고문헌

국내 문헌

강양구 (2004). '열린' 인터넷을 위협하는 폭력 댓글.《신문과 방송》, 2월호, 166~169.

강현두 · 원용진 · 전규찬 (1997). 대중매체의 시공간 재구성과 소비주체 형성: 1920년대 미국의 라디오방송과 광고를 중심으로.《한국언론하보》, 42권 1호, 5~47.

강희숙 (2018). 혐오표현의 특징 및 변주 양상.《호남문화연구》, 64집, 33~64.

고홍석 (2019). 혐오표현물의 온라인 확산에 대한 인터넷서비스사업자(ISP)의 책임.《미디어와 인격권》, 5권 1호, 1~55.

구형찬 (2017). 혐오-종교 공생에 대한 다각적 접근의 필요성.《종교문화연구》, 29호, 1~24.

국가인권위원회 (2016). 〈혐오표현 실태조사 및 규제방안 연구〉.

______ (2018). 〈혐오표현 예방 · 대응 가이드라인 마련 실태조사〉.

______ (2019). 〈2019 혐오차별 국민인식 조사〉.

권명아 (2016). 신냉전 질서의 도래와 혐오발화/증오 정치 비교역사 연구.《역사문제연구》, 35호, 11~45.

______ (2018). 한국과 일본에서의 반헤이트 스피치 운동과 이론에 대한 비교 고찰 : 차별의 역사적 구조와 표현의 자유에 대한 논의를 중심으로.《여성문학연구》, 45호, 537~562

권순택 (2012.01.19.). 전라도 비하 네이버 카페, 당신이라면? 〈미디어스〉. http://www.mediaus.co.kr/news/articleView.html?idxno=22642

권영성 (2006).《헌법학원론》. 서울: 법문사.

권혜림 (2019.01.17.). 재일동포에 혐한 발언한 日남성 벌금형…첫 처벌 사례.《중앙일보》. https://news.joins.com/article/23300784

김남국 (2017). 다문화 사회에서 표현의 자유의 범위와 한계.《國際地域硏究》, 26권 4호, 89~124.

김대중·정학구 (2019). 일간지의 가짜뉴스 보도 경향과 프레임 분석 : 부산일보, 조선일보, 한국일보, 한겨레를 중심으로,《한국소통학보》, 18권 2호, 223~260.

김민선·이도영·이종원 (2019). 〈온라인 게임 내 혐오표현과 게임문화 개선에 대한 연구〉.《한국컴퓨터정보학회 학술발표논문집》, 27권 2호, 299~302.

김민정 (2014). 일베식 "욕"의 법적 규제에 대하여- 온라인상에서의 혐오표현에 대한 개념적 고찰. 《언론과 법》, 13권 2호, 131~163.

______ (2016). 소수자 공격하는 혐오표현 규제에 한목소리 : 언론중재위 세미나 '사이버 공론장 혐오표현과 모욕 표현.《신문과 방송》, 550호.

김봉수 (2011). '집단표시에 의한' 모욕죄의 성립논리에 대한 검토 - 집단표시에 의한 모욕의 개인귀속과정에 대한 분석 -.《형사법연구》, 23권 4호, 113~134.

김상호 (2008). 형법상 모욕과 비방.《저스티스》, 통권 103호, 52~71.

김성용·오세준 (2016). 정부의 부동산 정책에 대한 언론의 보도 프레임 분석.《한국콘텐츠학회논문지》, 16권 7호, 222~223.

김성천·김형준 (2001).《형법각론》. 동현출판사.

김수아 (2015). 온라인상의 여성 혐오표현.《페미니즘 연구》, 15권 2호, 279~317.

김수아·김세은 (2016). '좋아요'가 만드는 '싫어요'의 세계 - 페이스북 '여성혐오' 페이지 분석.《미디어, 젠더 & 문화》, 31권 2호, 5~44.

김원용·이동훈 (2005). 언론보도의 프레임 유형화 연구.《한국언론학보》, 49권 6호, 166~197.

김은미·선유화 (2006). 댓글에 대한 노출이 뉴스 수용에 미치는 효과.《한국언론학보》, 50권 4호, 33~64.

김일수·서보학 (2007).《형법각론》. 서울: 박영사.

김지수·윤석민 (2019). 인터넷 개인방송에서 혐오발언은 어떻게 비즈니스가 되는가?: 유튜브 및 아프리카TV 토크/캠방 방송에서의 여성 혐오발언을 중심으로.《한국방송학보》, 33권 3호, 45~79.

김지혜 (2015). 차별선동의 규제-혐오표현에 관한 국제법적·비교법적 검토를 중심으로.《법조》, 64권 9호, 36~77.

김학준 (2014). 〈인터넷 커뮤니티 '일베저장소'에서 나타나는 혐오와 열광의 감정동학〉. 서울대학교 대학원 석사학위논문.

김현경·박보람·박승환 (2012). 성소수자에 대한 혐오표현, 그 옹호의 논리를 넘어서: 표현의 자유론 비판과 시민권의 재구성.《공익과 인권》, 12권, 215~249.

김희정 (2009). 〈역사부정규제법제의 헌법적 정당성: 홀로코스트부정(Holocaust Denial)을 중심으로〉. 고려대학교 석사학위논문.

남복희 (2018). 〈한국 사회의 혐오표현 실태분석〉. 이화여자대학교 대학원 석사학위 논문.

노재철·고준기 (2016). hate-speech 등 인종주의적 혐오표현에 대한 법적 규제의 동향과 시사점.《법학논총》, 40권 3호, 3~31.

류지성 (2016). 최근 일본에서 헤이트스피치 규제에 관한 연구.《법제논단》, 26~50.

문연주 (2014). 일본의 혐오표현과 규제: 교토지방법원의 "가두선전금지 등 청구사건" 판결 사례를 중심으로.《일본연구논총》, 통권 39권, 89~125.

______ (2017). 인종차별적 혐오표현에 대한 일본사회의 법제도적 대응.《日本學》, 44집, 105~132.
문화체육관광부 (2019). 〈인터넷상의 혐오표현과 디지털 리터러시 연구〉. 문화체육관광부 연구보고서.
박건우 · 이정윱 (2019). 한국의 여성혐오에 관한 실증적 연구.《社會科學硏究》(서강대) 27집 1호, 70~99.
박경신 · 오경미 (2018). 예술작품을 둘러싼 여성혐오표현 논쟁과 작품 처분 방식에 대한 비판적 고찰.《문화정책논총》, 32집 2호, 173~200.
박권일 · 김학준 · 허윤 · 위근우 · 이준일 (2016).《#혐오주의》. 알마 출판사.
박미숙 · 추지현 (2017). 〈혐오표현의 실태와 대응방안〉. 한국형사정책연구원.
박배근 (2003). 국제인권법상의 언론의 자유와 증오표현언론에 대한 규제.《언론과 정보》, 9호, 27~54.
박상기 (1999).《형법각론》. 서울: 박영사.
박승호 (2019). 혐오표현의 개념과 규제방법.《法學論叢》(국민대), 31권 3호, 45~88.
박아란 · 양정애 (2016). 혐오표현과 여성혐오에 대한 인식.《Media Issue》, 2권 7호, 1~15.
박용상 (2008).《명예훼손법》, 서울: 현암사.
______ (2013).《언론의 자유》. 서울: 박영사.
______ (2019). 의견표현과 명예훼손. 한국언론법학회 특별기획세미나 자료집. 2019년 12월 17일.
박용숙 (2014). 미국에서의 증오표현행위의 규제에 관한 판례경향.《강원법학》, 41권, 467~509.
______ (2014). 혐오표현에 대한 규제방법의 모색을 위한 시론적 연구.《法學論叢》 38집 2호, 27~64
______ (2018). 혐오표현의 개념과 규제방법.《법학논총》(국민대학교 법학연구소), 31권 3호, 45~88.
박원우 · 윤혜영 (2018). 〈1인 미디어의 혐오표현 실태분석〉. 글로벌문화콘텐츠학회 학술대회 자료집, 141~145.
박장희 (2019). 〈모욕죄를 둘러싼 주요 쟁점과 국내 판례에 대한 경험적 연구〉. 서울대학교 박사학위논문.
박지원 (2016). 혐오표현의 제재 입법에 관한 소고.《美國憲法硏究》, 27권 3호, 103~136.
박진우 (2007). 프랑스의 언론법제 : "언론 자유의 위배"에 관한 법적 규정.《언론중재》, 통권 105호, 52~64.
박창호 (2012). 인터넷 댓글과 폭력성.《사회이론》, 42호, 93~122.
박태순 (2014). 사이버 혐오표현의 실제와 규제방향.《방송통신 심의동향》, 제2014-1호, 4~5.
박해영 (2015). 혐오표현(Hate Speech)에 관한 헌법적 고찰.《공법학연구》, 16권 3호, 137~169
박현아 (2017). 온라인게임 공간의 명예훼손 및 모욕죄에 대한 고찰.《문화정책총론》, 31(2), 194~214.
박현아 · 이재진 (2016). 온라인 MMORPG 약관의 아이템 현금거래 금지 조항에 대한 이용자들의 인식 연구.《언론과 법》, 15권 1호, 143~182.
______ (2018). 온라인 게임의 확률형 아이템 규제 개선방안에 관한 연구.《방송통신연구》, 통권 101호(겨울호), 123~152.

______ (2019). 온라인게임 공간의 혐오표현 규제 가능성. 《언론과 법》, 18권 2호, 225~263.
박혜진 (2009). 사이버모욕죄 도입에 대한 비판적 검토. 《안암법학》, 28권, 315~347.
박호현 · 장규원 · 백일홍 (2017). 혐오표현의 규제 가능성에 대한 논의. 《한국피해자연구》, 25권 3호, 177~205.
박희영 (2004). 사이버범죄방지조약의 발효와 한국 형법의 대응법규. 《선진사상법률연구》, 통권 23호, 65~118.
방송통신심의위원회 (2016). 소셜미디어 시대 혐오표현의 확산과 대응. 2016 국제 라운드테이블 자료집.
배상균 (2017). 일본의 혐오표현 형사규제에 관한 검토: 헤이트스피치해소법을 중심으로. 《형사정책연구》, 28권 2호, 65~96.
배연관 (2015). 인터넷상의 증오발언에 관련된 법적 문제점에 관한 고찰: 지역차별 발언 및 성 차별 발언에 관한 문제점을 포함하여. 《KHU 글로벌 기업법무 리뷰》, 8권 1호, 163~198.
배종대 (1996). 《형법각론》. 서울: 홍문사.
서울대학교 인권센터 (2016). 혐오표현의 실태와 대책. 서울대학교 인권센터 토론회 자료집.
설진아 · 조아라 (2017). 북한의 정치사회적 이슈에 대한 지상파 방송보도 프레임 분석: 2013년 장성택 처형 사건을 중심으로. 《언론과학연구》, 17권 2호, 129~163.
성동규 (2007). 네티즌 댓글의 무분별한 인용보도와 인격권. 《언론중재》, 27권 1호, 98~105.
손태규 (2018). 모욕법 폐지는 가능한가? - 한국과 세계 각국 모욕법의 현황 비교 연구. 《공법학 연구》, 19권 3호, 249~281.
손희정 (2015). 혐오의 시대 - 2015년, 혐오는 어떻게 문제적 정동이 되었는가. 《여/성이론》, 통권 32호, 12~42.
송두헌 (2018). 〈게임 내 이성혐오 가해자와 피해자의 성격 패턴 분석〉. 한국정보통신학회 논문지, 22권 11호, 1481~1488.
송민수 (2016). 한 · 일 넷우익 사이트와 혐한 · 반일 의식- 니찬네루 · 재특회와 디시인사이드 · 일베 저장소를 중심으로. 《영상문화콘텐츠연구》, 통권 10집, 127~148.
신평 (2004). 《명예훼손법》. 서울: 청림출판사.
심경수 (2007). 증오언론(Hate Speech)과 십자가 소각(Cross Burning)에 관한 판례경향 - R. A. V. v. City of St. Paul 및 Virginia v. Black 사건을 중심으로. 《美國憲法硏究》, 18권 1호, 39~80.
심우민 (2014). 임시조치 합헌결정의 입법학적 검토. 《사이버커뮤니케이션학보》, 31권 1호, 199~239.
심재진 (2012). 영국에서의 직장내 괴롭힘 규제. 《노동법논총》, 25집, 45~78.
안희경 (2017.06.12.). [세계 여성 지성과의 대화](6)마사 누스바움 "혐오는 원치 않는 변화가 두려워 '마녀' 같은 탓할 상대 찾는 것". 《경향신문》. http://news.khan.co.kr/kh_news/khan_art_view.html?artid=201706122047005&code=970100#csidx323e9e75535cdcd8b5651347d63dded
앤서니 루이스 (2010) (박지웅 · 이지은 옮김). 《우리가 싫어하는 생각을 위한 자유》. 간장.
양대근 (2015.08.19.). 배설하듯 악플…경찰 전화 받으면 후회할걸요. 《헤럴드경제》. http://biz.heraldcorp.com/common_prog/newsprint.php?ud=20150819000540
양정혜 (2015). 일간베스트 저장소 (일베) 이용자에 대한 대학생들의 인식과 태도 -대구지역을 중심으로.《한국사회과학연구》, 34권 1호, 53~82.
양혜승 (2018). 포털과 지역혐오 : 네이버 범죄뉴스의 지역혐오댓글에 대한 내용분석.《韓國言論學報》, 62권 6호, 7~36.
언론중재위원회 (2019). 〈해외언론법제연구보고서: 해외 각국의 혐오표현 관련 미디어 규제 현황과 법제 연구〉. 언론중재위원회 연구보고서.
엄진 (2016). 전략적 여성혐오와 그 모순 : 인터넷 커뮤니티 '일간베스트저장소'의 게시물 분석을 중심으로.《미디어, 젠더 & 문화》, 31권 2호, 193~236.
연합뉴스 (2000.08.17.). 독일 언론 극우파 퇴치 사이버 전쟁,
오선희 (2016). 판례로 본 인터넷 공간에서의 모욕과 의견표현 자유의 한계. 언론중재위원회 정기세미나 자료집, 2019년 10월 23일, 곤지암리조트, 58~77.
오영근 (2006).《형법각론》. 서울: 박영사.
오희순 (2016). 〈한국에서의 인종차별에 대한 법적 규제에 관한 연구〉. 동아대학교 대학원 박사학위 논문.
유민석 (2015). 〈혐오발언에 대한 담화행위론적 연구〉. 동국대학교 대학원 석사학위논문.
유용민 (2017). 〈사법 보도의 뉴스 특성에 관한 연구-통합진보당 및 간통죄 사건 헌법재판 보도 비교분석〉. 연세대학교 박사학위 논문.
유은준 (2019). 혐오표현에 맞서는 방법으로서 이해.《인간 · 환경 · 미래》 제22호, 229~250.
유의선 (2019). 혐오표현의 법적 규제에 대한 일 고찰.《언론과 법》, 19권 2호, 193~224.
유제민 (2014). 이른바 '여성 아나운서' 사건을 통해 살펴 본 집단표시에 의한 명예훼손.《FOCUS ON MEDIA》, 겨울호, 16~29.
윤이경 (2016). 대학 내 단체 카톡방 성희롱 사건에 대한 대응방안.《이화젠더법학》, 8권 3호, 79~119.
윤철수 · 김경호 (2017). 비선실세 국정농단과 대통령 탄핵 관련 미디어 담론 분석 : 5개 일간신문 사설의 프레임 구성을 중심으로.《정치커뮤니케이션 연구》, 통권 45호, 69~101.
윤하나 · 김상호 (2018). 욕망을 추동하는 커뮤니케이션의 거리와 혐오의 일상화.《언론과 사회》, 26권 1호, 5~33.
이광진 (2017). 혐오표현과 표현의 자유.《법과 정책 연구》, 17권 1호, 321~346.
이보배 (2016). 사이버 공간에서의 혐오표현(Hate Speech) 규율을 위한 입법방향 검토.《KHU 글로벌 기업법무 리뷰》, 9권 2호, 219~244.
이상경 (2015). 사이버공간에서의 표현의 자유와 반사회적 혐오표현의 규제.《헌법학연구》, 21권 4호, 197~239.
______ (2017). 온라인 혐오표현 등 혐오표현의 새로운 양상에 관한 연구.《헌법재판연구》, 4권 2호, 123~147.
이선옥 (2015). 과학주의시대 - 여성혐오라는 정동.《여성문학연구》, 36권, 91~116.
이수연 외 (2014).《여성의 온라인 인권피해 현황과 개선방안 연구》. 서울: 한국여성정책연구원.
이수창 (2014). 성희롱 행위에 대한 형사법적 규제.《형사법의 신동향》, 44호, 114~157.
이승선 (2018). 공적 인물이 발화하거나 방송에서 발생한 혐오표현의 특성에 관한 탐색적 연구.《언론과학연구》, 18권 2호, 107~146.

이승현 (2016a). 혐오표현 규제에 대한 헌법적 이해.《공법연구》, 44권 4호, 133~166.
______ (2016b). 여성혐오적 표현과 표현의 자유의 한계.《이화젠더법학》, 8권 2호, 1~34.
______ (2016c). 〈혐오표현에 대한 헌법적 고찰〉. 연세대학교 대학원 박사학위논문.
______ (2017a). 해외 인권위원회의 혐오표현 대응정책 소개와 시사점.《언론과 법》, 16권 2호, 1~34.
______ (2017b). 혐오표현 규제를 둘러싼 로날드 드워킨과 제레미 월드론의 논쟁.《법과 사회》, 55호, 31~64.
이영주 (2014). 사이버 공간에서의 막말, 저속한 언오, 혐오적 표현에 대한 심의.《방송통신심의동향》, 2014-1호, 16~29.
이은주 · 박준모 (2016). 성별과 노출 빈도에 따른 여성 혐오 발언 규제 지지도의 차이 - 메시지의 반여성적 시각 및 영향력 지각을 중심으로.《언론정보연구》, 53권 2호, 265~304.
이은진 (2015). 〈성소수자의 표현의 자유를 위한 정치할당제 도입에 관한 헌법적 연구: 혐오표현 문제를 중심으로〉. 고려대학교 대학원 석사학위논문.
이재상 (2000).《형법각론》. 서울: 박영사.
이재승 · 박경숙 (2013). 지역 텔레비전의 다문화 관련 뉴스 프레임 분석: KBS제주, 제주MBC, JIBS, KCTV, JEJU를 중심으로.《언론과학연구》, 13권 1호, 326~358.
이재진 (1999). 혐오언론(hate speech) 현상에 대한 법제론적 고찰.《언론학보》, 19집, 99~125.
______ (2000). 가상공간에서의 혐오언론의 문제 - 미국의 경우를 중심으로.《사이버커뮤니케이션학보》, 6호, 104~146.
______ (2002).《한국언론윤리법제의 현실과 쟁점》. 서울: 한양대학교 출판부.
______ (2006).《언론 자유와 인격권》. 한나래.
______ (2007). 인터넷에서의 모욕죄 적용의 실태와 쟁점.《한국방송학보》, 21권 5호, 127~164.
______ (2008). 사이버모욕죄-언론자유의 제한인가, 보완인가.《관훈저널》, 109호, 101~106.
______ (2009).《인터넷 언론 자유와 인격권》. 한나래.
______ (2015). 한국 언론 ADR의 현실과 쟁점.
이재진 · 이민주 (2006). 1920년대 일제 '문화정치' 시기의 법치적 언론통제의 폭압적 성격에 대한 재조명.《한국언론학보》, 50권 1호, 221~251.
이정기 (2015). 명예훼손 소송에 있어 '집단표시' 문제에 대한 탐색적 연구.《언론과 사회》, 23권 3호, 53~93.
이정념 (2016). 2016년 유럽연합의 〈불법 온라인 혐오발언에 대응하기 위한 행동기준 (Code of Conduct on Countering Illegal Hate Speech Online)〉이 지니는 법적 의미와 쟁점 검토.《법과 사회》, 53권, 137~157.
______ (2019). 혐오표현의 법적 정의와 그 제한을 위한 몇 가지 기준들.《법학연구》, 30권 1호, 335~360.
이정훈 (2006). 사이버 범죄에 관한 입법동향 및 전망.《사이버커뮤니케이션학보》, 20호, 233~275.
이주영 (2015). 혐오표현에 대한 국제인권법적 고찰: 증오선동을 중심으로.《국제법학회논총》, 60권 3호, 195~227.
이준웅 · 박장희 (2018). 모든 더러운 말들: 증오발언 규제론 및 규제반대론 검토.《(서울대학교)法學》, 59권 3호, 1~43.

이준일 (2014). 혐오표현과 차별적 표현에 대한 규제의 필요성과 방식.《고려법학》, 72권, 65~90.
_____ (2017). 혐오표현의 판단기준: 차별금지사유로서 성적 지향을 중심으로.《헌법재판연구》, 4권 2호, 99~121.
임석순 (2018). 부작위에 의한 종범의 보증인지위 발생근거 : 혐오표현물을 방치한 정보통신서비스 제공자의 형사책임을 중심으로.《刑事法硏究》, 30권 4호, 111~133.
임정수 (2007). 초기 UCC 생산과 소비의 탈집중 현상.《한국방송학보》, 21권 1호, 211~242.
임중호 (2013) 형법 일부개정법률안(안효대 의원 대표발의, 제5550호) 검토보고.
장재옥 · 이은옥 (2015). 징벌적 손해배상 개념의 수용가능성,《법학논문집》 39집 3호, 81~115.
장철준 (2019). 디지털 시대 헌법상 표현의 자유 개념 변화를 위한 시론 : 혐오표현 문제를 중심으로.《언론과 법》 18권 1호, 71~102.
전시은 (2016). 인터넷 공간에서의 증오표현의 유통과 규제 : 표현의 자유에 대한 언어학적 · 사회학적 고찰을 바탕으로.《KHU Global business law review》, 9권 1호, 209~236.
전찬영 · 나은희 · 최철호 · 김민정 (2018). 방송통신심의위원회의 혐오표현 통신심의에 대한 탐색적 고찰: 온라인 혐오표현의 실태 및 규제 현황.《방송통신연구》, 104호, 78~102.
정윤식 (1997). 뉴미디어 시대 표현의 자유와 한계.《언론중재》 17권 1호(봄), 16~26.
정일권 · 김영석 (2006). 온라인 미디어에서의 댓글이 여론에 미치는 영향에 관한 연구: 여론 동향 지각과 제3자 효과를 중심으로. 한국언론학회 2006년 봄철정기학술대회 발표논문집, 631~650.
정희라 (2013). 2006년 영국의 인종 및 종교적 혐오 방지법 : 무슬림과 종교적 소수자 보호를 위한 정책.《EU연구》, 35호, 193~215.
제레미 월드론 (2017)《혐오표현, 자유는 어떻게 해악이 되는가?》, 홍성수 · 이소영(역), 이후.
조계원 (2017). 한국에서 증오범죄의 가능성과 규제 방안.《법과 사회》, 55호, 65~97.
조규범 (2016).《혐오표현에 대한 입법적 과제》. 서울 : 국회입법조사처.
조소영 (2002a). 적의적 표현행위(Hate Speech)의 헌법적 좌표 : 민주주의의 다양성의 의미(민주주의의 위기).《공법연구》, 30권 4호, 119~134.
_____ (2002b). Cyberspace에서의 Hate speech의 규제에 관한 연구 : 美國의 判例와 學說을 중심으로.《연세법학연구》, 8권 2호, 249~270.
_____ (2004). 규제의 필요성과 규제방법론에 대한 헌법적 평가: 대학 내에서의 적의적 표현행위에 대한 규제학칙을 중심으로.《헌법판례연구》, 6호, 91~111.
_____ (2016). 표현의 자유의 현대적 쟁점에 대한 헌법적 고찰: 온라인에서의 적의적 표현행위(Hate Speech)에 대한 규제를 중심으로.《공법연구》, 45권 1호, 239~262.
조제성 (2019). 과도한 인터넷 사용과 혐오표현 가해에 관한 연구.《한국중독범죄학회보》, 9권 제1호, 73~90.
조홍중 · 전리상 (2017). 차별 용어에 대한 비판적 검토: 직업 · 교육 · 질환 · 장애 관련 차별 용어를 중심으로.《발달장애연구》, 21권 2호, 23~44.
조홍중 · 유승주 (2016). 사회적 마이너리티에 대한 차별적 표현과 표현의 자유에 대한 사회학적 담론.《지체중복.건강장애연구》, 59권 1호, 101~114.
주디스 버틀러 (2016) (유민석 옮김).《혐오발언》. 알렙.

지성우 (2012). SMART 미디어시대 인터넷 콘텐츠 심의의 규범적 문제점과 법제정비 방안.《성균관 법학》, 24권 3호, 259~281.

차선자 (2015). 표현의 자유와 성희롱 – 대상이 특정되지 않은 성적언동을 중심으로.《법학논총》, 35권 1호, 279~313.

최란 (2018). 현행법상 혐오표현의 규제, 특히 명예에 관한 죄 적용 가능성을 중심으로.《미디어와 인격권》, 4권 2호, 47~86.

최영 (2006). 저널리즘 관점에서 본 시민 저널리즘.《언론중재》, 26권 2호(여름) 4~15.

최종선 (2018). 국내외 혐오표현 규제 법제 및 그 시사점에 관한 연구.《法學論叢》(한양대), 35집 3호, 33~57.

최철영 (2015). 미국연방헌법의 표현의 자유와 일본의 증오언설- 일본의 증오언설에 대한 국제형사법 적용가능성.《미국헌법연구》, 26권 3호, 299~325.

캐롤린 엠케 (2017)(정지인 옮김).《혐오사회》. 다산초당.

표성수 (2015). 형법상 모욕죄의 문제와 개선방안.《법조》, 64권 4호, 5~44.

한국언론진흥재단 (2019). 〈혐오 보도의 문제점과 개선방안 연구〉. 한국언론진흥재단 연구보고서.

한국정보화진흥원 (2019). 온라인 혐오표현의 이해와 디지털시민역량(Digital Citizenship) 교육의 필요성. 아름다운 인터넷 세상 동향 보고서.

한상규 (2014). 모욕죄에 있어서 피해자의 특정과 집단표시에 의한 모욕죄의 성부.《법학논총》, 27권 2호, 277~309.

한혜경 (2003). 인터넷 이용자의 여론 지각과 의견 표현: 현실공간과 사이버공간의 비교.《한국언론정보학보》23호, 189~222.

한희정 (2016). 이주 여성에 관한 혐오감정 연구: 다음 사이트 '아고라' 담론을 중심으로.《한국언론정보학보》, 75호, 43~79.

홍성수 (2015). 혐오표현의 규제 - 표현의 자유와 소수자 보호를 위한 규제대안의 모색.《법과 사회》, 50호, 287~336.

______ (2015.8.19.). '혐오할 자유'보장하는 미국? 멋모르는 소리!.《한겨레21》. http://h21.hani.co.kr/arti/society/society_general/40155.html

______ (2016). 사이버상 혐오표현의 법적 쟁점과 규제 방안.《언론중재》, 140호, 44~57.

______ (2018).《말이 칼이 될 때》. 어크로스.

______ (2019a). 혐오(hate)에 어떻게 대응할 것인가? : 혐오에 관한 법과 정책.《法學研究》30권 2호, 191~228.

______ (2019b). 역사부정죄의 정당성 근거 : 한국 역사부정죄 법안에 대한 비판적 검토.《法學論叢》, 39집 1호, 173~201.

홍주현·나은경 (2016). 온라인 혐오표현의 확산 네트워크 분석: 이슈 속성별 확산 패턴 및 혐오표현의 유형과 강도.《한국언론학보》, 60권 5호, 145~175.

황성기 (2005). 인터넷신문의 법제화와 언론중재.《언론중재》25권 2호, 4~18.

황승흠 (2014).《인터넷 자율 규제와 법》. 커뮤니케이션북스.

황승흠·황성기 (2003).《인터넷은 자유공간인가?: 사이버 공간의 규제와 표현의 자유》. 커뮤니케이션북스.

외국 문헌

Abrams, F. (2017). *The soul of the First Amendment*. Yale University Press.

Adler, J. (1990, December 24). Taking offense. *Newsweek*, 48~55.

Article19 (2015). *Hate speech explained: A toolkit*.《혐오표현 해설》. 서울대학교 인권센터.

Bailey, W. (1980). The supreme court and communication theory: Contrasting models of speech efficacy. *Free Speech Year Book*, 19, 1~15.

Barnes, R. D. (1992). Standing guard for the P.C. militia, or, fighting hatred and indifference: Some thoughts on expressive hate-conduct and political correctness. *University of Illinois Law Review*, 1992, 979~1029.

Bauer, R. A. (1964). The obstinate audience: The influence process from the point of view of social communication. *American Psychologist*, 19(5), 319~328

Blanchard, M. A. (1992). *Revolutionary sparks: Freedom of expression in modern America*. NY: Oxford University Press.

Boggs, D. J. (1999). Reining in judges: The case of hate speech. *Southern Methodist University Law Review*, 52, 271~304.

Bollinger, L. C. (1986). *The tolerant society: Freedom of speech and extremist speech in America*. New York: Oxford University Press.

Butler, J. (1997). Excitable Speech. 유민석 역 (2016).《혐오 발언》. 서울: 알렙.

Cannie, H. & Voorhoof, D. (2011). The abuse clause and freedom of expression in the European Human Rights Convention: An added value for democracy and human rights protection? *Netherlands Quarterly of Human Rights*, 29(1), 54~83.

Carey, J. W. (1989). *Communication as culture*. Boston: Unwin Hyman.

Carter, S. L. (1992). *Reflections of an affirmative action baby*. New York: Basic Books.

Cavazos, E. A. (1992). Note: Computer bulletin board systems and the right of reply: Redefining defamation liability for a new technology. *Review Litigation*, 12, 231~265.

Chetty, N. & Alathur, S. (2018). Hate speech review in the context of online social networks. *Aggression and Violent Behavior, 40*, 108~118.

Cockburn, A. (1991, May 27). Dangerous diversions: Hate speech and political correctness. *The Nation*.

Cohen-Almagor (2011). Fighting hate and bigotry on the Internet. *Policy & Internet*, 3(2), art 6, 1~28.

Coliver, S. (ed.) (1992). *Striking a balance: Hate speech, freedom of express, and non-discrimination*. New York: Free Books.

Cooper, A. (1995, April 16). Bigots getting a free ride. *Los Angeles Times*, p.M2.

Craddock, J. M. (1995). Constitutional law — "Words That Injure: Laws that silence": Campus hate speech codes and the threat to American education. *Florida State University Law Review*, 22(4), 1047~1089.

Delagdo, R. (1982). Words that wound: A tort action for racial insults, epithets, and name-calling. *Harvard Civil Rights-Civil Liberties Law Review, 17*, 133~181.

_____ (1992). Campus antiracism rules: constitutional narratives in collision. *Northwestern University Law Review, 85*, 343~384.

Delgado, R. & Yun, D. (1994). Essay: The neoconservative case against hate-speech regulation-level, D'Souza, Gates, Carter, and the toughlove crowd. *Vanderbilt Law Review, 47*, 1807~1876.

Dunant, S. (ed.) (1994). *The war of the words: The political correctness debate*. London: Virago.

Dworkin, R. (1996). *Freedom's law: The moral reading of the American constitution*. Boston: Harvard University Press.

Entman, R. M. (1991). Framing U.S. coverage of international news: Contrasts in narratives of the KAL and Iran air incidents. *Journal of Communication, 41*(4), 6~27.

_____ (1993). Framing: Toward clarification of a fractured paradigm. *Journal of Communication, 43*(4), 51~58.

Finn Jr., C. E. (1989). The campus: An island of repression in a sea of freedom. *Commentary*, September.

Fleisher, S. (1994). Campus speech codes: The threat to liberal education. *John Marshall Law Review, 27*, 709~748.

Frye, M. (1992). Getting it right. *Signs, 1992*, 775~781.

Gale, M. (1991). Remaining the First Amendment: Racist speech and equal liberty. *St. John's Law Review, 65*, 19~148.

Gandy, O. H. (1994a). The information of superhighway as the yellow brick road. *The National Forum, 74*(2), 24~28.

_____ (1994b). *The panoptic society*. Boulder, CO: Westview Press.

Gates, H. L. Jr. (1993, September 22-27). Let them talk: Why civil liberties pose no threat to civil rights. *New Republic*.

Gitlin, T. (1980). *The whole world is watching: Mass media in the making and unmaking of the new left*. Berkeley, CA: University of California Press.

Goldberg, D. T. (1995). *Multiculturalism: A critical reader*. Oxford: Basil Blackwell.

Greenwalt, K. (1990). Insults and epithets: Are they protected speeches? *Rutgers Law Review, 42*, 1~42.

Hare, I. (2006). Crosses, crescents and sacred cows: Criminalizing incitement to religious hatred. *Public Law, 2006*, 521~537.

Hentoff, N. (1992), *Free speech for Me-But not for Thee: How the American left & right relentlessly censor each other*. New York: HarperCollins.

Kang, M., Lee, J. & Park, S. (2020). Meta-analysis of Hate Speech Studies in South Korea. In M. Kang, R. Marie-Orange, W. Kim, P. Hall (Eds.), *Beyond hate and fear: Hate Speech in Asia and Europe* (pp. 16-30). London: Routledge.

Keane, D. (2007). Attacking hate speech under Article 17 of the European Convention on Human

Rights. *Netherlands Quarterly of Human Rights, 25*(4), 641~663.

Kovaleski, S. (1995, August 4). Universities vexed by use of their Internet connections for hate mail. *Washington Post*, p.A4.

Kretzmer, D. (1987). Freedom of speech and racism. *Cardozo Law Review, 8*, 445~514.

Kovaleski, S. (1995, August 4). Universities vexed by use of their Internet connections for hate mail, *Washington Post*, p.A4.

Lambert, M. (1995, May 28). Information highway patrol. *Sun-Sentinel*, p.1G.

Lasswell, H. D. (1948). The structure and function of communication in society. In L. Bryson (Ed.), *The Communication of Ideas* (pp.37~51). New York: Harper and Row.

Lawrence, C. R. (1990). If he hollers let him go: Regulating racist speech on campus. *Duke Law Journal, 1990*, 431~483.

Lee, J. (1997). Understanding hate speech as a communication phenomenon: Another view on the campus speech code issues. *Communications and the Law, 19*(2), 55~77.

Lively, D. (1994). Reformist myopia and the imperative of progress. *Vanderbilt Law Review, 46*, 865~893.

MacKinnon, C. A. (1993). *Only words*. MA: Harvard University Press, Cambridge.

MacKinnon, C. A. & Dworkin, A. (Eds.) (1998). *In harm's way: The pornography civil right hearings*. Boston: Harvard University Press, Boston.

Matsuda, M. (1991). Public response to racist speech: Considering the victim's story. *Michigan Law Review, 1991*, 2320~2364.

Matsuda, M. et al. (1993). *Words that wound: Critical race theory, assaultive speech, and the first amendment*. Chicago, IL: Chicago University Press.

Mengistu, Y. L. (2012). *Shielding Marginalized Groups from Verbal Assaults*, in (Michael Herz & Peter Molnar eds.,) *The content and contest of hate speech.*, 352~377.

McGowan, F. et al. (1991). A libertarian critique of university restrictions of offensive speech. *California Law Review, 79*, 825~874.

Mill, J. S. (1869). *On liberty*(republished London: The Walter Scott Publishing Co., 1989).

Milton (1644). *Arepagitika*. 임상원 편역 (2013). 《아레오파지티카》. 나남.

Napoli, P. M. (2001). *Foundations of communication policy*. New York: Hampton Press.

Nussbaum, M. (2018). *Monarchy of fear*. Simon & Schuster.

Oster, J. (2015). *Media freedom as a fundamental right*. 한영학 · 이재진 역 (2017). 《미디어 자유는 기본권이다》. 서울: 커뮤니케이션북스.

Popper K. R. (1945). *The open society and its enemies*. London: George Routledge & Sons.

Post, R. C. (1991). Racist speech, democracy, and the First Amendment. *William & Mary Law Review, 32*, 267~327. https://scholarship.law.wm.edu/wmlr/vol32/iss2/4

Price, V., Tewksbury, D., & Powers, E. (1997). Switching trains of thought: The impact of news frames on readers' cognitive responses. *Communication Research, 24*(5), 481~506.

Russel, D. E. & Radford, J. (eds.) (2018). *Femicide*. 전경훈 역 (2018). 《페미사이드: 여성혐오살해의

모든 것》. 책세상.

Safire, W. (1991, August 4) On Language: Ode on a G-String. *New York Times Magazine*, section 6, p.12.

Scanlon, T. (1972). A theory of freedom of expression. *Philosophy and Public Affairs, 1*, 204~226.

Schauer, F. (1980). Social foundations of the law of defamation: A comparative analysis. *Journal of Media Law and Practice, 1* (May), 3~23.

______ (1982). *Free speech: A philosophical inquiry*. Cambridge: Cambridge University Press.

Semetko, H. A., & Valkenburg, P. M. (2000). Framing European politics: A content analysis of press and television news. *Journal of Communication, 50*(2), 93~109.

Simpson, E. (2006). Responsibilities for hateful speech. *Legal Theory, 12*, 157~177.

Smolla, R. (1992). *Free speech in an open society*. New York: Vintage Books.

Sottiaux, S. (2011). Bad tendencies in the ECtHR's hate speech principles. *European Constitutional Law Review, 7*, 40~63.

Stains, L. (1993). Speech impediment. *Rolling Stone*, August, 45~80.

Sunstein, C. (1995). *Democracy and the problem of free speech*. New York: Free Press.

Tuchman, G. (1978). *Making news: A study in the construction of reality*. New York: Free Press.

Valkenburg, P. M., Semetko, H. A., & de Vreese, C. H. (1999). The effects of news frames on readers' thoughts and recall. *Communication Research, 26*(5), 550~569.

Van der Wurff, R., & Van Cuilenburg, J. (2001). Impact of moderate and ruinous competition on diversity: The Dutch television market. *Journal of Media Economic, 14*(4), 213~229.

Waldron, J. (2012). *The harm in hate speech*. 홍성수 · 이소영 역 (2017). 《혐오표현, 자유는 어떻게 해악이 되는가?》. 서울: 이후.

Washington Post (2017, May 16). Trump ran against political correctness. Now his team is begging for politeness. https://www.washingtonpost.com/posteverything/wp/2017/05/16/trump-ran-against-political-correctness-now-his-team-is-begging-for-politeness/

Weber, A. (2009). *Manual on hate speech*. Council of Europe Publishing.

Whitman, J. Q. (2000). Enforcing civility and respect: Three societies. *The Yale Law Journal, 109*(6), 1279~1398.

Wolfrum, R. (1999). The committee in the elimination of racial discrimination. *Max Planck Yearbook of United Nations Law, 3*, 489~519.

Wolman, A. (2019). Combating hate speech at the local level: A comparison of East Asia and European Approaches. *Nordic Journal of Human Rights, 37*(2), 87~104.

Wright, R. G. (1985). Racist speech and the First Amendment. *Mississippi College Law Review, 1985*, 3~34.

USA Today (2019, February 13). If you've been harassed online, you're not alone. More than half of Americans say they've experienced hate. https://www.usatoday.com/story/news/2019/02/13/study-most-americans-have-been-targeted-hateful-speech-online/2846987002/

인터넷 자료

《경향신문》(2009.11.27.). 인도인에 "더럽다" 한 30대 모욕죄 인정, http://news.khan.co.kr/kh_news/khan_art_view.html?art_id=200911271810425

______ (2016.05.24.). [사설] 정신질환자 강제 입원 조치, 인권침해 우려 있다. http://news.khan.co.kr/kh_news/khan_art_view.html?art_id=201605242044005

______ (2016.08.28.). [사설] 추미애 신임 더민주 대표 앞에 놓인 과제들. http://news.khan.co.kr/kh_news/khan_art_view.html?art_id=201608282044005

______ (2017.01.05.). [사설] 비례확대, 18세 투표, 결선투표하자. https://news.khan.co.kr/kh_news/khan_art_view.html?art_id=201701052100005&code=990101

______ (2018.05.31.). [사설] 지방도, 정책도 없이 비방전만 난무하는 지방선거. http://news.khan.co.kr/kh_news/khan_art_view.html?artid=201805312102025&code=990101

______ (2018.08.09.). [사설] 워마드 수사, 신중하고 공평한 법 집행이 필요하다. http://news.khan.co.kr/kh_news/khan_art_view.html?artid=201808092040005&code=990101

______ (2018.10.01.). [사설] 노인 4명 중 1명이 죽고 싶다고 하는 한국 언제까지. http://news.khan.co.kr/kh_news/khan_art_view.html?artid=201810012040005&code=990101

______ (2019.03.11.). [사설] 자유한국당, 비례대표 없애는 게 선거제 개혁인가. http://news.khan.co.kr/kh_news/khan_art_view.html?artid=201903112042005&code=990101

______ (2019.05.19.). 혐오표현 가중처벌 가능해졌다…표현의 자유 침해 우려도, http://news.khan.co.kr/kh_news/khan_art_view.html?artid=201905192149015&code=940100

______ (2019.11.25.). [사설] '악플 살인'과 여혐, 더 이상 묵과하면 안 된다. http://news.khan.co.kr/kh_news/khan_art_view.html?artid=201911252044025&code=990101

구자윤 (2015.06.10.). 국민 78% "사이버 명예훼손·모욕 처벌 강화해야"[On-line], Available: http://www.fnnews.com/news/201506101501222917

김지헌 (2017.07.17.). 여성비하논란 웹툰 작가를 '한남충'으로 지칭한 대학원생 벌금. 《연합뉴스》. http://www.yonhapnews.co.kr/bulletin/2017/07/17/0200000000AKR20170717161100004.HTML?input=1195m

김홍록 (2015.09.20.). 5·18 희생자 비하한 일베 회원 모욕죄 확정. 《서울경제》. http://news.naver.com/main/read.nhn?mode=LSD&mid=sec&sid1=102&oid=011&aid=0002741416

《뉴스원》(2019.01.17.). "당신은 범죄자" 경찰관 모욕 변호사 1심 유죄→2심 무죄, http://news1.kr/articles/?3527219

《동아일보》(2018.06.11.). [사설] 최악 무관심 네거티브에도 지역의 미래는 포기 말아야. http://www.donga.com/news/Politics/more27/article/all/20180610/90515424/1?comm

박형상 (2007). "인터넷에 욕설 댓글 올리면 모욕죄". 《중앙선데이》, 2007.07.15., 13쪽.

《연합뉴스》(2000.08.17.). 독일 언론 극우파 퇴치 사이버 전쟁, https://www.yna.co.kr/view/AKR20000817000100082

______ (2007.05.23.). "민병철·안성기·김제동 '선(善)플달기'동참", http://news.kbs.co.kr/news/view.do?ncd=1360096

______ (2007.06.06.). TV출연 체중감량 여고생 자살 … 악플 때문?, https://www.yna.co.kr/view/AKR20070606075600063

______ (2015.04.08.). 경찰관 모욕했다고 함부로 현행범 체포 못한다.《연합뉴스》https://www.yna.co.kr/view/AKR20150407186100004

이재진 (2018.12.18.). [매경춘추] 경계, 내 안에 잠재한 혐오.《매일경제》. https://www.mk.co.kr/opinion/contributors/view/2018/12/786357/

______ (2019.10.28.). [이슈논쟁] 악플 방지 위해 징벌적 손배 도입해야.《한겨레》. http://www.hani.co.kr/arti/opinion/column/914890.html

이준웅 (2019.10.28.). [이슈논쟁] 설리의 죽음을 억압의 핑계로 삼지 말라.《한겨레》, http://www.hani.co.kr/arti/opinion/column/914891.html

이현정 (2017.07.04.). "너 욕했지?" 게임하다 모욕죄 신고 일쑤…경찰 피로도 급증,《헤럴드경제》. http://news.heraldcorp.com/view.php?ud=20170704000092

이혜리 (2019.05.19.). 혐오표현 가중처벌 가능해졌다…표현의 자유 침해 우려도,《경향신문》. http://news.khan.co.kr/kh_news/khan_art_view.html?artid=201905192149015&code=940100

전성훈 (2009.11.27.). '인종차별적 발언' 법원서 첫 모욕죄 인정.《연합뉴스》. http://news.naver.com/main/read.nhn?mode=LSD&mid=sec&sid1=100&oid=001&aid=0002996128

정제윤 (2015.03.31.). '파퀴벌레 · 짜장'…'한국 여기저기서 외국인 혐오'꿈틀. 〈JTBC뉴스〉. http://news.jtbc.joins.com/article/article.aspx?news_id=NB10830165

《조선일보》(2016.01.04.). [사설] 사실상 3黨 체제, 국민은 100일간 하는 걸 보고 심판할 것. https://news.chosun.com/site/data/html_dir/2016/01/03/2016010302005.html

《중앙일보》(2016.04.07.). [사설] 대구 · 광주의 텃밭 민심 이반에 주목한다. https://news.joins.com/article/19855719

______ (2016.05.26.). [사설] 반기문 대선 도전 시사에 걸린 기대와 우려. https://news.joins.com/article/20084822

______ (2017.01.24.). [사설] 민주당, '박근혜 누드화' 내건 표창원 제명하라. https://news.joins.com/article/21172456

______ (2019.01.17.). 재일동포에 혐한 발언한 日남성 벌금형…첫 처벌 사례, https://news.joins.com/article/23300784

______ (2019.12.16.). [사설] 밥그릇 싸움의 도구로 전락한 국회. https://news.joins.com/article/23657529

《파이낸셜뉴스》(2015.06.10.). 국민 78% "사이버 명예훼손 · 모욕 처벌 강화해야", https://m.fnnews.com/news/201506101501222917

______ (2019.02.06.). '경찰모욕 무죄' 진보단체 대표, 국가배상 승소, https://www.fnnews.com/news/201902061103502212

《PD저널》(2017). 혐오표현 규제? "더 많은 표현의 자유 위해" http://www.pdjournal.com.

______ (2018). "성 소수자 하차 결정, 나쁜 선례로 남을 것". http://www.pdjournal.com.

______ (2019a). 혐오와 분노에 투영된 시대의 자화상. http://www.pdjournal.com.

______ (2019b). 정치인 혐오발언 퍼나르는 언론, 혐오표현 근절 최대 걸림돌. http://www.pdjournal.

com.
《한겨레》(2016.04.11.). [사설] 민주주의 훼손하는 '소수자 혐오' 선거운동. http://www.hani.co.kr/arti/opinion/editorial/739195.html
______(2017.05.30.). [권인숙 칼럼] 동성애 인정하면 동성애가 퍼진다? http://www.hani.co.kr/arti/opinion/column/796873.html
______(2018.11.15.). [사설] 우려스러운 '이수역 폭행사건' 논란. http://www.hani.co.kr/arti/opinion/editorial/870431.html
______(2019.03.01.). [사설] 3·1운동 100돌, 여전히 절실한 민주주의와 평화. http://www.hani.co.kr/arti/opinion/editorial/884204.html
______(2019.10.15.). [사설] 한 여성 연예인의 죽음 앞에서. http://www.hani.co.kr/arti/opinion/editorial/913294.html
《한국여성단체연합》(2014). 온라인상의 여성 혐오표현 모니터링 보고서. http://women21.or.kr/policy/4379
《한국일보》(2019.06.20.). 일본 가와사키시, 혐한 발언에 벌금 규정 추진, https://www.hankookilbo.com/News/Read/201906201303011688
《헤럴드경제》(2015.08.19.). 배설하듯 악플…경찰 전화 받으면 후회할걸요, http://biz.heraldcorp.com/common_prog/newsprint.php?ud=20150819000540
______(2017.07.04.). "너 욕했지?" 게임하다 모욕죄 신고 일쑤…경찰 피로도 급증, http://news.heraldcorp.com/view.php?ud=20170704000092
홍성수 (2015.8.19.). '혐오할 자유'보장하는 미국? 멋모르는 소리!.《한겨레21》. http://h21.hani.co.kr/arti/society/society_general/40155.html

이재진 한양대학교 미디어커뮤니케이션 교수로 저널리즘과 언론법제 강의와 연구를 하고 있다. 서울대학교 언론정보학과 학사 및 석사, 미국 아이오아대 석사, 그리고 미국 서던일리노이대에서 박사학위를 받았다. 2020년 3월부터 한양대학교 입학처장 직을 수행하고 있다. 현재 한국언론법학회 고문, 〈미디어와 인격권〉 편집위원장, 유네스코 한국위원회 위원을 맡고 있으며, 한국언론학회장(제45대), 한국언론법학회장(제9대), 언론중재위원, 장애인방송시청보장위원회 위원, 여론집중도조사위원회 위원, 방송통신심의위원회 위원, 간행물윤리위원회 심의위원, 선거보도심의위원회 위원, 서울시 선거방송토론위원회 위원, MBC 시청자 평가위원, EBS 경영평가위원, 조선일보 독자권익보호위원회 위원 등을 지냈다. 2009년 제8회 철우언론법상과 2006년 방송학회 학술상(저술), 2000년 언론학회 신진학술상을 수상하였고, 한양대학교 연구우수교수 및 강의우수교수로 선정된 바 있다. 세계인명사전 *Marquis Who's Who in the World*에 2013~2020년 연속 등재되었고, 2017~2019 Albert Nelson Marquis Lifetime Achievement Award 수상자로 선정되었다. 대표 저서로 《Beyond Fear and Hate: Hate Speech in Asia and Europe》(2020, 공저), 《언론과 공인》(2018 세종도서 선정 우수학술도서), 《인터넷 언론 자유와 인격권》(2010 학술원 우수도서), 《언론 자유와 인격권》(2007 학술원 우수도서), 《한국 언론윤리법제의 현실과 쟁점》(문광부 우수도서) 등 30여 편의 저술과 챕터가 있으며, 110여 편의 전문 학술 논문을 게재·발표하였다.

이영희 한양대학교 미디어커뮤니케이션학과 겸임교수로 연구논문의 이해와 교양과목을 강의하고 있다. 화면해설작가로 활동하며 2018년 한양대학교 미디어커뮤니케이션학과에서 언론법제·정책 전공으로 박사학위를 받았다. 시각장애인을 비롯한 소외계층의 미디어접근권 연구에 많은 관심을 가지고 있으며, 그 외에도 미디어법제와 정책 연구를 지속해 나가고 있다. 논문의 우수성을 인정받아 2018년에는 한국언론법학회 유당신진언론법상과 한국언론학회 우수논문상을 각각 수상하였다. 현재까지 다수의 전문 학술 논문을 게재 및 발표하였고, 주요 논문으로는 〈동일성유지권 제한에 있어서의 부득이한 변경에 관한 연구: 판례 분석을 중심으로〉(2019), 〈헌법적 공공복리와 저작재산권 제한으로서의 공정이용〉(2019), 〈시각장애인의 저작물 접근권 개선방안에 관한 연구〉(2018) 등이 있다.

혐오와 모욕 사이

펴낸날 2020년 5월 15일 초판 1쇄

지은이 이재진·이영희 ◉ **펴낸이** 김우승

펴낸곳 한양대학교출판부 ◉ **출판등록** 제4-7호(1972.2.29)

주소 서울 성동구 왕십리로 222 ◉ **전화** 02.2220.1432-4 ◉ **팩스** 02.2220.1435

홈페이지 press.hanyang.ac.kr ◉ **이메일** presshy@hanyang.ac.kr

본문디자인·편집 정준기 ◉ **표지** 안광일 ◉ **인쇄** 네오프린텍

이 책은 뉴스통신진흥자금을 지원받아 저술·출간되었습니다.

ISBN 978.89.7218.684.7 (93070)